● 薛晨红／主编

静水深流

青溪中学
迈向新优质学校的探索之路

上海三联书店

为了明天的远航
（序）

2013年9月，青溪中学开办。作为奉贤区大型居住社区内的第一所全日制公办初级中学，我们对她曾有着这样的期许：能契合奉贤新城发展脉搏，培育新型现代人综合素质，使学校成为与奉贤新城发展相匹配的新优质学校。而今，七年的光阴匆匆流过，她不仅向百姓、向社会递交了一份满意的答卷，还正以稳健优雅的步伐、持续发展的态势，行进在新的征程中。

不忘创业艰苦，永葆进取初心。青溪中学是一所设施现代，功能齐全，结构合理，环境怡人，融洽和谐的现代化学校，现为"上海市新优质项目学校""上海市教委教研室教研联盟合作学校""上海市心理合格学校""奉贤区教育科研优秀校""奉贤区绿色学校"，先后荣获"奉贤区文明单位""奉贤区优质校"称号，连续多年获得"奉贤区和润品质奖"，连续四届毕业班在中考中成绩喜人，已然成为了一所朝气蓬勃、积极向上的，老百姓满意的家门口学校。由稚嫩走向成熟、由名不见经传走向享有一定盛誉，青溪人始终坚守着艰苦创业、追求卓越的本色，不骄不躁、规范办学。学校秉承"青出于蓝、溪汇成海"的校训，以"学生开心有进步、教师安心有担当、家长放心有认同"为学校发展目标，一如既往地构建着人文和谐、蓬勃向上、充满活力的，能让师生放飞梦想的精神家园。

注重立德树人，提升学生素养。立德树人，就是要教会学生如何做人，教会学生如何做事，也要求学校要倾心培养一个个"立体"的人、"健全"的人。青溪中学建校以来，坚持把德育工作做实、做细、做到位，做到学生的心坎上。始终以爱国主义教育、"贤文化"教育为主线，弘扬民族精神；以青溪"五有"学子日常行为规范为抓手，注重学生良好行为习惯的养成；以"每月一节"为载体，培育"五有"新人；以"班级导师"制度为着力点，力求培养出一批又一批德才兼备、心中有爱的优秀青年；以"'学分制'＋学生成长手册"为平台，率先改进评价方式，进行了学生综合素质评价的有效探索。此外，学校也重视"学校、家庭、社会"三结合教育网络建设，努力办好家长学校；组织学生走向社区、走向社会，去慰问孤儿、孝敬老人、宣传环保、协助交通；带领学生走向世界，去探访青溪源头、寻访老区、走进英国的课堂、体验芬兰的风土人情……"'寻根'青溪、'放眼'世界"课程在两岸三地论坛中的大放异彩，正如他们所说，血脉酝养华夏，言行融汇世界，奉贤的孩子、青溪的孩子正在用脚步丈量土地，用真诚感知生活，都能做有根有梦的中国人、贤少年。与人为善有爱心、知书达理有修养、见多识广有眼界、知难而上有毅力、开拓进取有创意，这是青溪中学对学生的要求和期盼。

构建人文课堂，丰厚办学内涵。实施"人文课堂"是走向轻负高质的必由之路，青溪中学在这个方面也做出了非常有效的探索。几年来，不断修订并完善的课程方案，为青溪课程与教学的发展指明了方向。三类课程中，他们将基础型课程的校本化实施做得扎实、细致。对于一所需要先站稳脚跟、打好地基的新学校而言，他们的思路无疑是正确的。通过"教学五环节"的细化落地，通过"减负增效"的深究细磨，他们扎扎实实地做好了每一件小事，也踏踏实实地享有了每一份成功。青溪中学教师的平均年龄仅为30岁，下大力气培养青年教师是实施人文课堂的当务之急，也是学校领导的明智之举。在这一点上，薛晨红校长充分发挥了个人的专长，充分利用了成功教育集团、区内外的资源优势，还聘请了大量的市级专家，充实了"青溪源教师工作室"的专家资源库，对青年教师进行了强针对性指导。同时，鼓励青年教师主动提升教育教学能力，夯实功底。多年来，坚持在备课上花功夫，积极开展行动研究、反思研究，自主、愉悦、高效的课堂教学，提升了学校的办学内涵，更促进了学生全面而富有个性的发展。

聚焦学习领导，注重引领辐射。七年前，青溪班子队伍里的干部大都是年轻稚嫩的，历经几年的培养，他们也都日渐羽翼丰满，陆续成为成熟的管理者，有几位也调任其他学校，挑起了校长的重任。我们常说一个好校长等于一所好学校，事实上一个好校长关键是能带出一个好的管理团队，进而带动全体师生，才能造就一所好的学校。管理者不能仅是某一方面的专家，更要突出管理者的专业性和全面性，他们必须精通学校管理工作的各个层面，只有这样学校管理才能更加精细。作为一所年轻的学校，如何培养中层干部，使他们能够做、愿意做、做得好呢？青溪中学给出的答案是规范先行。首先，要提升中层精细管理力，要让中层明确岗位职责，提升精细管理的系统性、针对性。其次，要有机制跟进。青溪中学创新地开展了"AB角制度"和"轮岗制度"的探索，由表及里、由点到面，解决了很多管理方面的困难，更大大提升了中层干部的统筹协调力。

蔡元培先生曾说：教育者，非为已往，非为现在，而专为将来。七年来，青溪中学全体师生回归本心、深耕当下，他们的行动无疑是对这句话最为生动的诠释。当前，随着新中考改革和高中招生制度改革的推进，要求我们初中的教育日益关注学生综合素质评价，日益关注学生学习品质和学习方式；同时义务教育优质均衡发展的深入推进，也迫切需要初中学校提升适应学生差异、促进不同基础学生适性发展的能力。希望青溪人能以此为契机，进一步提升学校办学的品质，同时，带动教育集团的整体发展，为全面建设"自然、活力、和润"的南上海品质教育区、打响南上海教育品牌，继续创造青溪的新高峰、新传奇！

目　录

第四章　经验辐射

第一章　顶层设计

奉贤区青溪中学三年发展规划

（2018/09—2021/08）

一、现状分析

青溪中学位于奉贤大型居住区内，2013 年 9 月开办。办学五年来，学校秉承"青出于蓝、溪汇成海"校训，确定了"契合奉贤新城发展脉搏、培育新型现代人综合素质、使学校成为与奉贤新城发展相匹配的老百姓满意的家门口好学校"的办学目标。以"扁平式分层分级管理"为模式，坚持高标准精细化管理；以"学生开心有进步、教师安心有担当、家长放心有认同"为办学愿景，构建人文和谐、蓬勃向上、充满活力的师生放飞梦想的精神家园。

（一）成绩与优势

1. 成绩：在 2015 年 9 月至 2018 年 6 月期间，学校获"上海市第二批新优质项目学校"、连续两年度获上海市平安示范单位；获奉贤区文明单位、奉贤区优质校、奉贤区"五一劳动奖状"、奉贤区教育系统师德建设"十佳先进集体"、奉贤区教师专业发展先进校、获 2015 年度和 2017 年度奉贤区"和润"发展奖、获 2016 年度和 2018 年度奉贤区"和润"品质奖、连续三年获奉贤区课程教学优秀奖、连续三年获奉贤区消防工作先进集体、奉贤区绿色学校、奉贤区绿化合格单位。

2. 优势：（1）一流的教育设施，合理、优美的校园环境，和谐健康、积极向上的育人氛围，为学校个性化发展提供了有力支撑；（2）经过五年的规范建设和锤炼，已基本形成了一整套科学的办学体系。在校园文化建设的提升、内部管理制度的完善、课程建设的凝练、队伍建设的优化及亮点的挖掘方面有了新发展，取得了新成绩，获得了政府和社会的赞誉；（3）拥有一支专业素养较高、教学经验较丰富、年龄结构较合理的教师队伍：1 人获上海市教育楷模称号、1 人获"上海市教学能手"称号、1 人获奉贤区名校长称号、3 人获奉贤区名教师称号、6 人获奉贤区骨干优秀教师称号，上海市中青年教师教学比武一、二等奖获得者 8 人次；（4）办学亮点日趋成熟：在国家基础型课程校本化实施、校本德育课程序列化开展、"青溪源"教师工作室培养、德教合一的班级导师制尝试、"五有学子"成长平台运用等方面进行了比较全面系统的挖掘、培育和凝练，初步形成了青溪办学亮点；（5）区教育局和属地政府对学校的发展给予了很大的关注和期待，学校的社会声誉愈来愈高，有更多的百姓在周边购房入住，愿将自己的孩子送入学校学习。

（二）问题与挑战

1. 问题：(1)新教师比例大,学校未来的发展急需大批优秀的班级导师、有一技之长的学科教师和一个在区域内有影响力的卓越教师团队、一支敬业爱岗的后勤保障队伍,队伍建设任重道远;(2)处于大型居住区,所招收的学生主要来自动迁户和光明地区的 4 个村,还有一部分来自金海路以东的金海苑动迁居民、经济适用房的居民等,家长文化层次低、经济条件参差不齐,与学校前两轮所制定的办学目标有一定的差距,一定程度上给学校的发展带来了阻力。

2. 挑战：(1)随着社会及家庭对学校教育要求越来越高、家长对孩子的教育期望值越来越高,他们既关注学科成绩,又关注全面健康发展,这就要求学校及教师务必不断转变观念,增强课程意识,努力提高教育教学水平;(2)区域优质教育资源增多导致学校之间竞争越来越激烈,作为新办学校更要明确定位,形成新的发展思路和举措。

二、目标定位

（一）指导思想

根据《上海市中长期教育改革和发展规划纲要(2010—2020)》《上海市教育综合改革方案》和《奉贤区教育改革与发展"十三五"规划》等文件精神,紧密结合奉贤区建设"自然、活力、和润"的南上海品质教育区的发展定位,确立了"办一所阳光健康的家门口好学校"的目标,破瓶颈、补短板,坚持立德树人,深化课程与教学改革,推进学校文化与管理、课程发展、教育科研、队伍建设、特色创建等方面的创新发展,努力实现由"规范"办学向"特色"发展的跨越,突出办学质量,稳健走好每一步,达成各项工作的预期目标高度。

（二）总体目标

学校管理科学规范精细,注重内涵提升;教育教学推进有序精致,追求高效落实;后勤保障及时有力,追求精益求精。全体青溪人能以"学生开心有进步、教师安心有担当、家长放心有认同"为愿景,为办成一所政府支持、社会认可、师生喜爱、家长满意的健康阳光的家门口好学校而不懈努力。

（三）工作策略

1. 以"三心"愿景实现和"青溪文化"建设为抓手,形成全校师生认同的校园文化和制度文化,提升师生凝聚力。

2. 以"党建领航"所开展的各项活动为抓手,形成全体党员认同的政治坚定、清正廉洁、勇于担当的工作作风,培养一支有创造力、凝聚力和战斗力的党员队伍。

3. 以"三全育人"所开展的各项活动为抓手,形成全校师生认同的育人环境,培育与奉贤新城发展相匹配的"五有学子"。

4. 以"三类"课程的规范设置和有效实施为抓手,形成"中国灵魂、国际视野"的课程体系,努力让每一位学生在基础性、趣味性和多样性的课程中培养兴趣,发展智能,润泽心灵。

5. 以"学生七彩成长"所开展的各项活动为抓手,形成德智体美劳全面发展的理念,培养全面发展的青溪"五有"学子。

6. 以"青溪源教师工作室"和优秀教研组建设为抓手,形成"青溪源"教师培养模式,打造"专业、敬业、乐业"的卓越教师团队。

三、重点项目

(一)"三心愿景"推进项目

【主要任务】 通过深化学校文化系统的具体内容,倡导"三心"主导价值观念,即"学生开心有进步、教师安心有担当、家长放心有认同",引导教师、教育学生,使他们习得且共同具有体现青溪学校特色的主导思想观念和行为方式。同时通过重心下移式的扁平管理,探索分级管理、分层负责的扁平化管理模式,传递管理理念,形成管理制度文化。争取获"上海市文明单位"称号、"上海市绿色学校"称号、"上海市花园单位"等。

【重点措施】

1. 逐年加强对办学理念、校训、三心的深刻理解,组织全体教师开展领会办学理念、校训、愿景等文化认同活动。

2. 形成完整的青溪中学管理系统。制定科学完善的管理制度、有序规范地落实制度,探索分级管理、分层负责的扁平化管理模式,传递学校管理理念,形成管理制度文化,修订并完善《青溪中学章程》和《青溪中学管理手册》。

3. 专项投入经费进行校园文化布置,整体构建学校文化。逐年完善长廊特色文化的布置,形成本土文化传统底蕴与国际视野相融合、人文氛围与科学精神相统一的育人氛围。

4. 形成具有一定特色的校本节庆文化项目,举办校园文化主题特色活动,弘扬学校办学精神。如建校纪念日、文化艺术节、体育科普节、英语文化节等。

5. 完善学校网站管理网络,统筹协调,发挥功能。同时开辟并不断完善新窗口(如党建、文明单位创建等),逐步形成青溪特色文化网站。

6. 参照2018年奉贤区和谐校园(文明单位)创建标准,组织各部门分条线参照创建指标,分年度制定创建计划,在实施过程中逐步积累资料,积极做好创建准备。

(二)"党建领航"推进项目

1. "火车头—后备军—领航岗"队伍建设计划

【主要任务】 建设一支政治坚定、团结务实、奋发有为、开拓创新、清正廉洁的坚强领导班子队伍，培养一支能够担当重任、经得起考验、有发展潜力的后备干部队伍，构建一支有创造力、凝聚力和战斗力的党员队伍。

【重点措施】

（1）完善和落实中心组学习制度、民主生活会制度、重大问题报告制度、基层调研制度等相关制度，着力增强各级领导班子整体功能，充分发挥学校领导班子的示范引领作用。

（2）进一步完善"校长（书记）室—教学管理部、德育管理部、人力资源部、总务保障部—年级组、教研组、备课组、班级"的"三级"扁平化教育管理体系的应急处置负责制和问责制，加强对中层干部的教育、管理和监督。建立年轻干部定期交流思想、汇报工作制度和领导班子定期与年轻干部谈话制度，及时了解干部的心中所想，切实关心和帮助他们解决思想、工作、学习和生活中的实际问题。

（3）深化学校中层岗位"AB角负责"的管理模式及"跟岗锻炼"后备人才培养模式，为学校中层管理培养人才梯队。完善公平竞争、择优选用的干部选拔、任用、管理制度，形成平等竞争、优胜劣汰、能上能下的干部使用机制。

（4）抓好"两学一做"党内教育常态，促使广大党员始终保持清醒的政治头脑和正确的政治方向。设立党员"领航岗"，突出党员示范性，积极发挥党员干部"三个作用"（带头作用、骨干作用、桥梁作用），努力实现"推出一位领航党员，带出一批领航岗位，服务一所幸福学校"的行动目标。

2."党建十"党建引领计划

【主要任务】推进深度融合，把党建工作融入学校各项工作，把党的工作贯穿于学校工作全过程，把建树优良校风、师德师风建设与党性、党风、党纪教育有机结合，贯穿于党支部建设全过程。

【重点措施】

（1）充分发挥学校党支部的政治核心作用，理顺关系、健全组织、创造条件、加强领导，切实把加强学校党建工作摆上重要议事日程，把党建工作贯穿于教育教学全过程、全领域为推进工作提供坚实有力的组织保证。

（2）加强党风廉政教育和师德师风教育，严格执行责任追究制和师德一票否决制，定期对党员干部和学校教职员工进行考核，并将考核结果与业绩评定、奖励惩处和选拔任用挂钩。定期开展"师德五表率""我最喜爱的老师""感动青溪"等评比，对涌现出的优秀典型予以表彰，树立典型。设立校长信箱、家长接待日等师德投诉举报平台，每学期开展学生、家长满意度调查，构建学校、教师、学生、家长和社会多方参与的师德监督体系。

（3）加强对群团组织工作的领导。每年专题研究一次工会、共青团、妇女委员会的工作，指导其依照法律和章程开展工作，使群团组织成为领导班子与教师职工联系的桥梁和纽带。充分发挥群团组织的职能，支持其开展形式多样的思想教育及丰富多彩的文体活动。充分发挥各组织的民主管理、民主监督作用，凡是发展中的重大问题，以及关系到干部职工切身利益的大事，都要通过群团组织，广泛征求干部职工的意见，力求民主。

（三）"三全育人"推进项目

1. 育德能力提升计划

【主要任务】落实"全员育人"。建立专项培训和常态化培训相结合的全员覆盖培训机制,优化完善育德能力的相关课程和培训模式,切实提高教师的育德能力,力争三年内建立1—2个在区域有影响的"班主任工作室",培养2—3名市、区级骨干班主任和5—6名区、校级优秀青年班主任。

【重点措施】

（1）完善育德能力培训体系。每学年开展教师育德能力全员培训,针对新形势下的德育新要求,有针对性地增加心理健康辅导、家庭教育指导等相关内容,以理论学习、专题研讨、实践应用等多样形式提升教师育德能力。

（2）加强德育骨干队伍建设。挖掘经验丰富且有一定影响力的优秀班主任,成立1—2个在区域有影响的"班主任工作室",通过示范引领,带动培养一批骨干班主任和优秀青年班主任,促进业务成长,提升其师德水平,激发其创新精神,并在区域范围内形成一定影响。

（3）推进"班级导师制"全面实施。深入实施"德教合一——班级导师制",优化实施细则和管理考核办法,形成"全员育人"格局。

2. 一体化德育课程实施计划

【主要任务】落实"全程育人"。以推进"五有"学子校本德育课程实施和开展学科德育探索为抓手,将社会主义核心价值观和中华优秀传统文化有效融入各学科（课程）之中,完善课程实施、管理与评价环节,形成与新中考相匹配的"五有"学子成长学分制评价体系。以开展各类主题活动为切入点,推进社会主义核心价值观的培育与践行,争创上海市行为规范示范校、上海市红旗大队。

【重点措施】

（1）构建校本德育课程体系。全面实施"五有"学子德育校本课程,结合社会主义核心价值观"六进"要求,进一步丰富内容、优化实施和管理细则,形成较完善的"五有学子"课程体系。

（2）打造学科德育精品课程。紧密结合中小学课程改革,深入实施各学段、各学科落实社会主义核心价值观的教学指导意见,每学年开展以学科德育渗透为主题的教学评比或案例评比,形成一批学科德育精品课程。

（3）开展多样主题教育活动。系统梳理学生主题教育活动,明确各年级的日常主题教育目标和重点,结合区"七彩成长"项目、校每月一节活动,系统开展优秀传统文化教育、行规养成教育、安全教育、劳动教育、法制教育、禁毒教育等各项主题教育活动,争创上海市中小学行为规范示范校。

（4）加强团队活动阵地建设。加强少年儿童思想政治教育工作,大力开展理想信念教育;以重大节日、纪念日为契机,广泛开展"红领巾心向党""红领巾相约中国梦"系列主题教育实践活动以及离队、入团仪式教育，坚定少年儿童听党的话、跟党走的理想信念；开展"核心价值观记心中""争当四好少年""优秀传统文化在我身边""学习雷锋好榜样"等系列活动，传播社会主义核心价值观，号召少年儿童争当践行社会主义核心价值观的小模范；争创上海市少先队红旗大队。

（5）提升心理健康教育水平。健全学生心理危机干预机制，加强心理危机事件专题研究，提高心理危机预防与干预能力；加强学校心理健康教育教师队伍建设，在针对全体教师开展心理健康教育的基础上培育1—2名心理健康教育骨干人才。

（6）完善"五有"学子评价机制。对接新中考要求，优化"五有"学子评价机制，依托"五有"学子学分平台开展学生综合素质评价，关注学生全面发展和个体差异。

3. 协同育人平台建设计划

【主要任务】 落实"全方位育人"，整合学校资源、家庭资源、社会资源，合力构建学校家庭社会"三位一体"的育人模式，争创上海市家庭教育示范校。

【重点措施】

（1）加强学生生涯发展指导。针对中学生特点，开展职业生涯认知教育；加强学生职业生涯发展教育师资队伍建设，组建一支校内校外专兼职指导队伍；充分利用家长资源、社区资源和共建资源推进学生生涯辅导工作。

（2）构建家校共育良好格局。加强家庭教育指导资源库建设，形成家庭教育指导校本教材；加强家庭教育指导师队伍建设，培育一批家庭教育指导师，提升教师的家庭教育指导水平；组建"家长志愿者""家长讲师团""家长辅导员"三支队伍，开展"家校节"活动，打响学校家庭教育品牌，争创上海市家庭教育示范校。

（3）拓宽学生校外实践渠道。在继续做好与红星居委、巴士集团等结对单位的共建工作的基础上，继续挖掘校外教育资源，拓展德育活动基地，开展多样活动。

（四）"课程三化"推进项目

1. 基础型课程校本化实施计划

【主要任务】 以"明确、准确、精确"为标准，以学科备课组共同设计单元及课时目标、任课教师细化教学目标为手段，将各学科《课程标准》的细化落到实处；以问题驱动、课题带动为主要形式，确定各学科校本化实施的重点内容，开展2—3个基础型课程校本化实施项目研究；以集团化办学资源为依托，开展集团大教研活动，实现集团基础型课程的整体推进。

【重点措施】

（1）通过《课程标准》研读、单元设计研讨、备课组课时目标制定等主题教研活动的开展，实现各学科课程标准的细化，制定各学科课程校本化实施细则，尤其注重统编教材的落实与推进。

（2）探索跨学科重组、整合式教学模式。部分学科自由组合实施基于问题的跨学科整合教学，如开设横跨语文、历史、思品三门学科的"中华文化经典阅读"课程，开展科学、劳技、物理、化学多门学科融合的STEM课程研究等。

（3）以问题驱动、课题带动为主要形式，开展基础型课程校本化实施项目研究。如"文科类教学的有效性策略及设计""理科类教学中文化内涵的发掘""作业设计的有效性研究""基础型课程单元教学设计与实施"等，提升教师的课程整体规划力、课程执行力，提升教师课堂教学的有效性，减轻学生的学业负担。

（4）成立青溪教育集团大教研组，分学科开展联合教研活动，以网络教研、小初衔接、部分学科分层教研、跨学科教研等为抓手，重点解决集团教研中存在的突出问题。

（5）建立《青溪中学非考试学科课堂质效考核制度》，由学校学业质量监控小组通过定期听课、教研活动参与、学生评价、学生学业调研、学生活动等形式，对非考试学科教师进行客观、全面的考核评价。

2. 拓展型课程生本化建设计划

【主要任务】经过三年时间，学校拓展课课程经过筛选、修缮、沉淀达到形成特色、成为品牌的目标；增强教师课程意识，挖掘师资潜力，逐步培养教师开发课程的能力，每一位教师完成一门学科拓展课程的开发；引导学生提高主体意识，突出学生的主体地位，培养学生主动参与拓展活动的意识，并在认知结构、学习方式、实践创新等方面得到进一步完善和提高。

【重点措施】

（1）组织教师参加各级层面的培训活动，提升教师科目设计能力、活动设计能力、实际教学能力和自我完善能力。三年内每位教师完成一门学科拓展科目的开发与实施，经过筛选、修缮，将优秀科目纳入学校拓展课课程体系。

（2）以教研组为单位，以学校课程总目标为指导，确定每个学科的自主性学科拓展内容。继续完善并提升学校业已形成的特色课程，如"大厨来了""消防体验课程"等；继续发挥各类社团的育人功效，发展学生的艺体特长。

（3）逐步形成学校拓展型课程骨干教师梯队，完善骨干教师培养制度，通过交流工作得失、介绍实践方法、分析教学经验、主持课题等途径，促进骨干教师发挥示范引领作用，推动全体教师的专业发展。

（4）加强拓展型课程开发与实施的过程性管理，做到规划合理、行动有序、保证质量、实践与反思并举，形成一套固定的课程开发流程、申报与筛选制度、管理制度、评价制度，真正提升学校拓展型课程的品质。

3. 探究型课程个性化服务计划

【主要任务】通过自主学习，在实践过程中，培养学生发现问题、应用知识解决问题的能力，激发学生的创造力，培养学生广泛的兴趣爱好。通过实践活动和亲身体验，初步学会利用已有的知识和技能以及通过收集和处理信息的方法来解决问题的本领，让学生在探究中体验乐趣、感受成功、体现价值。

【重点措施】

（1）以《探究型课程学习包》为内容，扎实开展各年级主题式探究活动，鼓励学生个性发展,形成年级特色,初步培养学生的探究意识和实践能力,培养学生合作精神和社会责任感,为下一阶段的发展服务。

（2）以环保创新实验室、思维创新实验室为主要平台,指导部分学生开展环保创新DIY、思维创新等方面的小课题或项目研究,引导学生逐步掌握科学、正确的思维方法,着力于学生创造性学习的提升。

（3）深入开展"寻根""放眼"主题活动,形成分年级、分主题的品牌特色项目,引导学生关注历史、关注社会、关注世界,培养责任意识、国际理解能力,着力于学生合作探究能力的提升。

（五）"品质课堂"推进项目

1. 人文课堂品质化建设计划

【主要任务】教师目标：通过课堂教学方式的改善,做课堂教学的组织者、参与者、引导者,自身的专业素养和课堂引领力有所提升。学生目标：做课堂的主人,做自我发展与提高的主人,敢问、肯问、善问,自身的思维品质及综合素养有所提升。课堂目标：自主、合作、探究;民主、和谐、智慧。成效目标：课堂效果、教学效果、学习效果切实提高。

【重点措施】

（1）从教学方式、学习方式、师生互动方式、内容呈现方式等方面深化课堂教学研究,不断探索提高课堂效率的途径。组织多种形式的公开课、研讨课,如新进教师汇报课、职初教师评比课、卓越教师展示课、主题类竞赛课等,将磨课、说课、听课、评课等推向更高层次。

（2）重视对学生的研究,关注个体差异,重视学法指导和学习习惯的培养。课堂内注重对学生的人文关怀,构建和谐互动的师生关系;注重学生思维品质的提升,努力让学生由觉得有趣发展到拥有兴趣,最后到产生志趣;对学科的基本学习方法和习惯进行整理,梳理成文。

（3）以教育信息化为依托,根据学与教的需要,重点探索信息化建设环境下的智慧课堂模式,培育智慧型的教师队伍,提升教师的教育智慧,变革学生的学习方式,提高课堂的教学质效。以六、七年级部分学科为试点,形成《青溪中学智慧课堂评价标准》和一套有价值、可推广、可复制的经验,促进我校智慧课堂的创新发展,推动我校智慧校园体系的建设。

2. 教学五环节精致化实施计划

【主要任务】围绕提高教学质效这一中心,加强备课、上课、作业、辅导、评价等五个环节的深化研究,基本形成具有青溪中学特色的教学常规要求,并组织开展相关专题研究系列活动：制定一份规范的单元设计、设计一份有创意的教案、上好一堂有质量的辅导或评讲课、撰写一份有深度的课例、出好一组有新意的作业题、拟制一张有水准的试卷。

【重点措施】

（1）备课组集体备课,注重单元整体设计,在实践基础上进行再反思、再设计,对各册教材的目标、内容、训练、评价的分层、信息技术课件进行开发,归纳出校本成果。

（2）体现课堂教学中学生主体性,将注重教学活动的形式转向注重教学活动的实效。观课评课落实"六个度":知识点的落实度、学生的主动参与度、老师对每个学生的关注度、施教的分层度、教学过程的开放度、师生互动的有效度。

（3）通过"课堂教学日志"及时了解学生作业量和作业批改情况,实行"邀请听课制度"组织教师探讨课堂教学。

（4）因材施教,抓好辅优补缺工作。对待学有余力的学生,要注重引导、助力特长,提升思维品质、扩展学生视域;对待学有不足的学生,要满腔热情、耐心辅导,注重知识铺垫、注重学法指导。

（5）重视作业批改与学习辅导,鼓励教师对学有困难的学生实施作业面批。继续推进"学分制+《学生成长记录手册》"的学生综合素质评价模式,发挥评价的激励、导向、诊断、矫正功能,强化过程性评价。

（六）"助力革新"推进项目

1. 数字校园建设计划

【主要任务】充分利用现代教育技术,开展构建教育新模式,提高学生综合素质的研究。合理配置和使用现代化教育设备,利用计算机技术和网络通讯技术对学校的教学、科研、管理和服务等所有信息资源进行全面的数字化,推动学校进行制度创新、管理创新,最终实现教育信息化、决策科学化和管理规范化,创设适合青溪师生共同发展的数字化环境。

【重点措施】

（1）加强信息化软硬件环境的建设。做好学校硬件实施设备的管理和维修工作;每年投入资金购买相关教学软件,激励教师自制课件、设计网页等;改版学校网站,使校园网内容更丰富、更实用;依托集团办学资源,加强教学资源库的建设,如素材库、试题库、课件库、优秀教案库等。

（2）加强信息化制度建设。制定出切实可行的各职能部门和人员岗位职责;制订全体教师资源建设与应用考核指标和评估、奖惩办法;制订师生联网安全保护管理条例。

（3）加强师资培训,从现有教师队伍中再培养一批乐于钻研、善于运用信息技术进行教育教学的带头人,形成一支学校教育信息化的技术人员队伍。

（4）积极参与课题研究,提高信息化科研质量。梳理各学科使用教育信息技术手段开展教学的得失,围绕信息技术与其他学科教学的整合积极开展课题研究。

（5）创新教育教学模式,培养学生的创新精神和实践能力。与学校课程改革工作相结合,创设"智慧课堂"。

2. 教科研提升计划

【主要任务】人人参与课题研究,打造"精选题、真实践、勤反思"的科研氛围,实施科研课题与常态研究相结合的管理策略,提高教师的科研水平,力争三年内构建能持续推动校园发展、具有校园特色的科研品牌。

【重点举措】

（1）确定一个对校园工作起导向作用的整体性、探索性的主干课题，围绕主干课题开展"人人都有小课题"活动，逐步建成具有校园特色、贴合校园发展实际的科研网络体系。

（2）建设开题论证、中期检查、结题答辩等课题"三段介入"常态化管理模式，对校园各级课题进行动态管理，用心推进校园一线教师课题研究规范化管理进程，保证校园教师的各类教研课题能够正常开展研究工作，强化对研究成果的理性思辨，提升科研课题的研究特质与推广价值。

（3）继续完善贴合我校实际的校本教研模式，把优秀教研组建立、教研组专题研究、年级段教学研究、学术沙龙等活动紧密结合起来，扎实有效推进教师个人专题研究活动。争取在三年内，实现七个教研组成为区"优秀教研组"的目标。

（七）"七彩成长"创建项目

1. 体质健康促进计划

【主要任务】围绕奉贤区学生七彩成长活动的整体要求开展各项活动，同时积极推行《国家体育锻炼标准》，加强和改进学校体育卫生工作，提高学生体质健康水平，力争三年内使学生体质健康合格率达到 95％以上；积极参加市、区中学生运动会等各类体育比赛活动，各项成绩争取进入区前 5 名。

【重点举措】

（1）根据奉贤区学生七彩成长活动的整体要求，每年度积极参与七彩成长的活动，力争每年上报一项成为区级支点计划，扎扎实实地开展相关活动，真真切切地提升学生体质健康，使之成为学校的一项常规工作。

（2）抓好三课两操两活动，做好大课间等活动的设计与实施，保证学生"每天校园体育锻炼一小时"，做到人人参与、师生共练。

（3）分年级、有侧重地开展好各类体育社团、运动队的训练活动，积极参加市、区中学生运动会等各类体育比赛活动。

（4）围绕学期教研主题，高效开展教研活动，提升教研活动实效性，注重年级学段的衔接，探索创新的教学模式。

（5）全面开展多种形式的健康教育活动，重点做好心理健康、控制吸烟、环境保护、远离毒品、预防艾滋病、预防意外伤害等健康教育工作。

（6）建立学校传染病登记、报告机制，积极开展学生常见疾病的预防与健康教育、筛查、治疗等工作。

2. 科技创新实施计划

【主要任务】通过科技创新活动的开展，激发学生创造新意识和创造能力；加强环保创新、思维创新、编程等特色社团支持力度，培养一批个性化发展、具有创新意识的"绅士""淑女"，争取三年内成为市级科技特色学校。

【重点举措】

（1）充实科技教师队伍，对青年科技骨干教师着手进行校内、外培训，三年内每人形成一个科技特色项目或一门特色校本课程。

（2）充分利用拓展课阵地，落实好环保创新、思维创新及木工实验室的使用及推进，做好机器人编程项目的开发与实施，培养学生的创新意识和动手能力。

（3）积极参加市、区各类科技比赛活动，培养一批具有创新意识的绅士和淑女，创设一项学校科技特色品牌，使学校成为市级科技特色学校。

3. 艺术人文提升计划

【主要任务】坚持以美育人、以文化人。以提高学生艺术素养、陶冶高尚情操、培养深厚民族情感、激发创新意识为导向，将艺术实践活动纳入课程管理，促进每个学生形成一两项艺术特长和爱好。

【重点举措】

（1）积极引导学生阅读欣赏中外文学艺术经典，鼓励高雅艺术进校园、非物质文化遗产进校园、民族民间优秀文化进校园。

（2）开展校训、家训育人活动。充分利用图书馆、博物馆、文化馆等各类文化资源，广泛开展中华民族传统优秀文化、革命文化、社会主义先进文化教育，培育青少年学生文化认同和文化自信。

（3）充分利用美术课、音乐课、艺术课和乡村少年宫活动等阵地，开展艺术普及教育，提高普及质量，将艺术教育落实到每位学生。

（4）探求学校艺术教育的亮点，扎实开展"合唱""琵琶""舞蹈"等特色社团活动，开发并完善相关校本课程。

（5）开展好每年一次的"艺术节"活动，逐年积淀，形成具有明显本校特色的艺术优势。

（八）"青溪启慧"推进项目

1. 人文素养提升计划

【主要任务】通过分阶段汲取人文养料的学习活动，丰富教师知识结构的同时，加强文化积淀，丰厚人文素养；组织多种类型的艺术欣赏、高雅艺术讲座、审美情趣培训等活动，激发教师对高雅艺术的兴趣；组织丰富的团队文化建设讲座、拓展训练、体验活动等，提升教师的专业能力，拓宽教师教育教学视野。

【重点措施】

（1）阅读经典，丰富教师人文知识结构。配合学校读书节活动，组织阅读人文类书籍，开设读书交流论坛；开展教育理论类、文学名著类书籍的阅读、研讨与论文撰写；有计划地将教育感悟、教学智慧、生活情趣的论文汇编成集。

（2）走进高雅，提高教师艺术审美能力。有计划地开展审美情趣培训，定期开展高雅艺术讲座，赏析交响乐、芭蕾舞、中外名画，介绍世界名著美文等；开展教师礼仪文化培训课程,塑造教师优雅职业形态,提高教师的外在形象力。

（3）专业提升,拓展教师感悟认知视野。聘请专家团队对教师的教育教学能力进行定期指导;组织教师参加各兄弟学校的教育教学研讨、观摩、现场会等活动;组织开展教师团队拓展活动和团队文化建设讲座等。

2. 职初教师培训计划

【主要任务】通过师徒带教、学识测试和组内同伴互助等形式,帮助其确立正确的教育思想和理念,不断提高其专业素养、反思能力和现代化操作技能,逐步提升课程执行力。

【重点措施】

（1）师徒带教,稳步入门。根据《青溪中学师徒带教制度》,为每位新教师聘请带教师傅,逐年规范并精细过程化管理。每学期进行师徒备课本的展示,师徒同课异构课的课堂展示,每学年进行"青溪源"新教师综合能力现场展示活动。

（2）建立常规,训练技能。每学年组织职初教师常规测试,更好地引导职初教师准确把握任教学科的主干知识体系,全面熟悉任教学科课程标准,有效提升学科专业素养。每学年举行亮相课、比武课和汇报课,并不断在市、区两级层面上搭建多种锻炼并展示自我的舞台。

（3）同伴互助,促进成长。职初教师的每一次亮相课都在教研组内通过集体备课、组内磨课、专家会诊、全校展示、说课评课、专家点评、大会反馈等一系列环节,扎实提高新教师的课堂教学能力,促进其快速成长。

3. 骨干教师培养计划

【主要任务】通过加强宣传骨干教师的敬业、爱生、勤奋、进取的先进事迹,发挥他们的示范、导向和辐射作用;积极搭建和创设各类平台,促进骨干教师进一步提升专业素养。

【重点措施】

（1）记录事件,反思自我。鼓励老师们记录事件,反思自我,形成案例集;开展自我评课,寻找亮点,寻找反思,向自身学习。

（2）科研引领,提升自我。在专业学术期刊上发表教育教学研究论文一篇以上,并作为主要承担者参与一项校级或教科研项目;参与完成展示课的录制,并有较好的效果及推广价值。

（3）制度扶持,优先培养。学校积极扶持骨干教师独立主持或参与校级及以上教科研课题,为他们创造脱颖而出的条件;优先考虑其申报的教科研课题,优先安排外出参加学术活动;学校制度的扶持促使骨干教师在学校内乃至教育集团内有所担当。

4. 卓越教师提升计划

【主要任务】通过《奉贤区卓越教师培养发展方案》制定提升计划,加强对学校内卓越教师培养对象的考核、管理、评价,充分发挥卓越教师的模范带头作用,同时强化"青溪源"教师工作室的培养力度。

【重点措施】

（1）研发课程创建品牌。提倡教师自主开发课程,提升开发意识,让教师成为课程建设的开发者、参与者和研究者。课程建设中,鼓励教师契合学校"绅士淑女"学堂,尊重学生的个性，满足学生的需求，认可学生的差异，调动学生的内在动力。三年中卓越教师研发1门教师培训课程或者研发1门校本课程。

（2）带教引领培育新秀。落实师徒带教工作，实现教学相长。三年中名校长将主持名校长工作室，或带教2人以上优秀青年干部；名教师主持名教师工作室，或带教2人及以上教育集团内学校中青年骨干教师。

（3）示范辐射有所担当。为卓越教师搭建展现才能的平台，让他们充当组织者、主讲者，展示研究成果、学习心得、教育理念等。三年内名校长在教育集团内及以上范围内做3次主题报告；名教师在教育集团及以上范围内做3次教学展示或主题报告。

（九）"保障护航"推进项目

1. 后勤服务水平提升计划

【主要任务】落实后勤人员的岗位责任制，提升服务质量，提高后勤服务的群众满意度。进一步完善校产、财务管理制度，加强学校各服务岗位的日常工作实效管理的力度，提高学校后勤服务信息化与网格化管理能力，力争在三年内形成更为完善的总务保障管理体系。以"星光灿烂""城乡一体化"项目为抓手，在校舍改造、校园环境建设、教育教学设施等方面进行规划，有计划地分步实施，使学校的物质文化建设有质的改变。

【重点措施】

（1）常规工作，服务到位。积极配合教学管理部、德育管理部做好各项教育教学活动保障工作；做好绿化、净化、美化校园工作，加强对学校的保洁、绿化养护等工作的常规管理；加强食堂配菜质量监管，严把食品卫生安全关；完善和细化学校的校产、财务管理制度，并确保制度的有效落实。

（2）内部管理，不断加强。加强对后勤岗位人员的岗位履职考核；后勤保障队伍团结一致，尽心尽力为全校师生服务；发动全校老师参与总务工作，把年级组长、班主任、专用室管理员纳入到学校资产管理员的队伍中来，与各年级组长、各班班主任、各专用室管理员签订公物保管、维护责任书；大公物管理检查力度，做到当面检查、登记，对全校公物损坏情况进行检查登记。

（3）高品质推进校园文化建设与环境改造。根据学校资金安排，逐步推进校园文化建设与环境改造，保证两者的协调与整体性，让校园成为自然探索和体验生命的基地；积极推进学校"星光灿烂""城乡一体化"项目建设，对于已建成的"电视台""图书馆提升"等项目，积极配合教育教学部门，重点抓实施与使用；对于规范中的项目，根据学校的发展的实际情况，做好更科学、更合理的规划与设计。

2. "市安全文明校园"创建计划

【主要任务】深入开展市安全文明校园创建活动，不断完善校园安全管理体系，打造一支高素质安全管理队伍，继续争创上海市安全文明校园。

【重点措施】

（1）完善各项安全制度和预案，建立安全保卫工作领导责任制和责任追究制，逐级签订责任书。定期对各类事故隐患进行检查和整改,定期对设施设备进行检查。经常性地对学校食堂、食品卫生进行督促检查,确保师生餐饮安全。

（2）完善学校"发生重大疫情防控工作"应急预案和校园安全长效管理机制,强化校园安全的日常管理。强化校园消防安全教育和演练,大力开展安全文明校园、毒品预防教育、生命教育和心理健康教育,巩固成绩,常抓不懈,推进学校安全文明校园建设。加强学校及周边治安长效常态管理。抓好对青少年预防毒品的教育工作,做好青少年保护工作。

（3）社校互动,齐抓共管,加强校外安全教育。指导家长配合学校履行监护人职责,配合学校对学生进行安全教育,形成学生安全教育的合力。

四、监控和保障

1. 组织保障

各项目的具体推进由部门负责人落实,由校长室直接领导。定期总结、梳理规划项目推进情况,各部门互通有无、协同工作。

2. 后勤保障

由总务保障部全面负责提高学校后勤服务信息化与网格化管理能力、全面做好安全工作,进一步加强学校各服务岗位的日常工作实效管理的力度。同时,在项目推进过程中,做好校长室的财务参谋工作,执行好经费使用计划,准确提供有关数据、情况。在经费使用上,努力做到精打细算。

3. 评价保障

由校长室统一协调,各部门制订相应的年度实施方案和评估体系,明确规划实施的节点要求,开展规划实施情况的年度自查和检测。针对阶段性的问题进行及时整改、跟进。可适当聘请相关部门的领导、专家对本规划的推进与实施进行指导。

青溪中学

2018 年 11 月 30 日

青溪中学 2019 学年课程计划

一、学校概况

奉贤区青溪中学是奉贤大型居住区内一所全日制初级中学，2013 年 9 月正式开办。目前有 19 个班，650 名学生，68 名教师。六年来，学校在校园文化建设、课程建设、队伍建设、特色打造等方面进行了比较系统地挖掘、培育和凝练，初步形成了一整套科学的办学体系。目前学校是奉贤区文明单位、上海市安全文明校园、上海市平安示范单位、上海市中小学中华传统文化经典诵读特色学校、上海市第二轮新优质项目学校、上海市教委教研室联盟协作单位、奉贤区教育集团理事长单位、奉贤区教育信息化优秀校，获奉贤区师德建设先进集体、奉贤区"和润"教育品质奖，获"中国好作业"优秀组织奖、奉贤区"五一劳动奖状"等。

二、课程设计

（一）课程目标

1. 课程建设目标——根据学校学生实际与二期课改的课程目标要求，通过课程统整，完成适合我校的课程目标设置。同时形成适合我校学生的课程设置、教学模式、评价标准，最终实现学生和学校的全面发展。

2. 课程培养目标——培育具有"中国灵魂、国际视野"的青溪"五有"学子。学校通过三类课程的设置，努力为学生创设良好的学习氛围，以学生为本，面向每一位学生，激发学生兴趣，开发学生潜能，培养学生能力，让每一位学生都能健康和谐发展，成为与奉贤新城发展相匹配的，具有"中国灵魂、国际视野"的青溪"五有"学子。

（二）课程分目标

1. 基础型课程目标

基础型课程旨在贯彻"以学生发展为本"的课程理念，向学生传授各学科基础知识、基本技能和基本方法，注重养成习惯、培养能力、掌握方法。注重提高学生的思想道德素质、科学文化素质、身体心理素质，充分挖掘不同学生的学习潜能，激发学习兴趣，并且使他们的个性得到健康、和谐的发展。

2. 拓展型课程目标

通过拓展型课程的学习和实践，促进学生的全面发展和个性发展，培养具有"中国灵魂、国际视野"的青溪"五有"学生：知书达礼有修养、见多识广有眼界、与人为善有爱心、知难而上有毅力、开拓进取有创意。具体将我校拓展型课程分为文明礼仪类、知识技能类、人文素养类、体育竞技类、科技创新类等五类课程。

3. 探究型课程目标

通过课程的实施，强化学生的实践能力和创新意识、创新思维，提高探究与实践的能力，强化发展与合作意识，使学生具有不断探索、不怕失败的科学精神和态度，具有获得成功的喜悦与不断进取的品质。根据我校实情，探究性课程主要以探究学习包、小课题研究两种形式进行。小课题研究主要分为以下两个方向：寻根（传统文化教育）、放眼（国际理解教育）。主要通过学生社团、社会实践、乡村少年宫等活动具体开展实施。

（三）课程设置

1. 三类课程结构示意图

附：课程设置说明

（1）基础型课程能力点：

品德社会：融入生活情景、学会交流合作、树立人生理想；

体育健身：开展健身锻炼、学习体育技能、发展身体素质；

生活语文：广泛阅读、理解感悟、快速写作、运用发展；

思维数学：启迪思维、学会运用、培养能力、探究实践；

交际外语：听说领先、读写跟上、注重交际、学以致用；

创意美术：增强感知、获得情趣、艺术熏陶、创意作品；

绿色科学：观察自然、注重环保、实验探究、生活创新；

畅享音乐：感受音乐魅力、欣赏音乐戏剧、享受音乐人生；

……

（2）限定性拓展型课程内容：

德育常规活动：如校会、班会、队会、午会等；

传统节日活动：如军训、学农、民防实践活动、春秋游、传统节日主题活动等；

校园节日活动：九月读书节、十月体育节、十一月英语文化节、十二月建校纪念日、三月学雷锋节、四月科技节、五月艺术节、六月师生活动节等校本节日；

主题仪式活动：如升旗仪式、入团、各种纪念活动仪式等；

大课间活动：中文阅读、英文阅读、24 点活动、球类活动、棋类活动、武术活动、每周新闻等；

……

（3）拓展型课程科目内容：

修养课程	听	《外国音乐剧欣赏》
	说	《跟着电影说英语》、《味觉英语》
	读	《我是小小演说家》
	写	《"青"文学社》
	行	《"绅士、淑女"礼仪趣谈》
	算	《在思维游戏中探秘》、《奇趣数学》、《玩转三阶魔方》
眼界课程	琴	《琵琶》
	棋	《国际象棋》、《跳棋》、《五子棋》
	乐	《室内小乐队》
	书	《汉字的小时候——甲骨文》、《墨韵》
	画	《国画入门》
	舞	《苗舞》
爱心课程	民族教育	《传统文化知多少》
	生命教育	《我从哪里来》、《宝贵的生命》、《在游戏中忘却忧愁》
	学生品德	《我为青溪献一计》、《青溪啄木鸟在行动》
	职业道德	《职业体验（公交、教师、环卫、护士等）》
	家庭美德	《敬老之行》
	社会公德	《地球小卫士》、《争当五有学子》

毅力课程	篮球	《篮球少年》
	足球	《足球小子》
	网球	《网球少年》
	游泳	《游泳入门》
	体操	《舞动青春》
	田径	《田径短跑》
创意课程	小种植	《盆景艺术》
	小编织	《毛线编织》、《手工缝纫》
	小发明	《创新实验室》
	小实验	《环保DIY》
	小制作	《我是小鲁班》、《教你做西点》
	小饲养	《爱心动植物养成记》

2. 青溪中学每周课时安排：

		六年级	七年级	八年级	九年级	备注
基础型课程	语文	4	4	4	4	详见说明
	数学	4	4	4	5	
	外语	4	4	4	4	
	思想品德	1	1	2	2	
	科学	2	3			
	物理			2	2	
	化学				2	
	生命科学			2	1	
	地理	2	2			
	历史		2	2		
	社会				2	
	音乐	1	1			
	美术	1	1			
	艺术			2	2	
	体育与健康	3	3	3	3	
	劳动技术	2	1	2		
	信息科技	2				
	周课时数	26	26	27	27	

续　表

		六年级	七年级	八年级	九年级	备注
拓展型课程	学科类、活动（可包括体育活动）	5	5	5	4	详见说明
	专题教育或班团队活动	1	1	1	1	
	社区服务	每学年 2 周				详见说明
探究型课程		2	2	2	2	详见说明
晨会或午会		每天 15—20 分钟				
广播操、眼保健操		每天约 40 分钟				
周课时数		34	34	35	34	

附：课时安排说明

（1）为落实阳光体育工程，确保每周开展"三课两操两活动"体育锻炼，各年级的体育活动课由学校统一布置、统一组织、统一活动，内容由体育组安排，由体育教师负责。每个班级每天有一节 40 分钟的体育课或活动课，加上早上的广播操和下午的韵律操，确保阳光体育活动每天一小时。

（2）初中阶段生命科学总课时为 102 课时，八年级第一学期每周安排 2 课时，第二学期每周安排 3 课时，九年级第一学期每周安排 1 课时。

三、课程实施与管理

（一）教师高效落实教学"五环节"

1. 备课——加强针对性

（1）认真学习课程改革理念，深入钻研学科课程标准，研读全册教材，了解掌握学科特点，把握知识与能力、过程与方法、情感态度与价值观三维教学目标，根据学生实际情况对课程进行开发与整合。

（2）关注学生自主学习情况，掌握学生的知识基础和学习能力，从学生的实际出发，确定教学重难点，设计教学环节，选择恰当的教学方式方法和媒体。

（3）备课组有准备地开展集体备课，要求定时、定点、定内容。各任课老师按学校要求认真写好教案，教案应体现教学目标、重点难点、教学步骤、方法、环节设计意图与准备、板书设计与作业布置、课后反思等。

2. 上课——提高实效性

（1）认真落实预设的教学目标，合理调整生成的教学内容，教学流程科学恰当。

（2）营造平等、和谐、民主的课堂教学氛围，能适时开展有效的研讨活动，使学生在主动学习的情境下愉悦地学习。

（3）恰当使用教学媒体与技术，选择灵活的教学方法，有效培养学生的思维能力与创新意识。

（4）课堂关注每一位学生，不轻易打断学生的发言，不随便否定学生的发言，对学生在课堂上的表现进行恰当及鼓励性的评价。教师教学行为要有亲和力，课堂氛围民主、和谐。

3. 作业——重视有效性

（1）精心设计作业，培养学生预习能力，为课堂教学打下基础。

（2）课后作业设计目的性强，有层次，作业量适当。

（3）作业要求规范，培养学生良好的作业习惯。精心批改学生作业，及时做好反馈矫正工作，做到有发必收、有收必批、有批必评、有评必纠。

4. 辅导——关注层次性

各科老师要充分利用课内外时间有计划、有针对性地开展辅导工作，注重辅优补差工作，特别是对学困生要进行耐心细致的辅导，严禁讽刺挖苦，学校对学困生学习做好跟踪评价工作。

5. 评价——注重激励性

做好学生成绩的考查监测工作，学生学业测评纳入教学计划；学校、年级组、教研组、备课组、教师个体要认真做好测评分析工作，同时发挥评价的激励作用，旨在提高学生的学习积极性以及教师对自身教学的反思与改变。

(二) 落实三类课程

1. 加强落实基础型课程

（1）课程着力点：品德社会、体育健身、生活语文、思维数学、交际外语、创意美术、绿色科学、畅想音乐等。

（2）加强课程三维目标的落实，注重学生核心素养的培养。如品德社会课程融入生活情景、学会交流合作、树立人生理想；体育健身融入开展健身锻炼、学习体育技能、发展身体素质；生活语文课程注重广泛阅读、理解感悟、快速写作、运用发展；思维数学课程注重启迪思维、学会运用、培养能力、探究实践；交际外语课程注重听说领先、读写跟上、注重交际、学以致用；创意美术注重增强感知、获得情趣、艺术熏陶、创意作品；绿色科学课程注重观察自然、注重环保、实验探究、生活创新；畅享音乐课程注重感受音乐魅力、欣赏音乐戏剧、享受音乐人生。

（3）对于基础型课程，学校根据学生的年龄特点和认知规律，结合学生的实际学习需求，全面、高效地落实课程目标。

2. 优化拓展型课程

（1）课程实施流程：教师申报——教学部审定——课程介绍——学生选课——教学部编班调整——课程开放——常规管理——学期考核。开学初教师申报、教学部审核，开出各年级拓展课程项目供学生自主选择课程进行学习。

（2）要求所有指导教师有"教案—讲义—教材"的拓展型课程教材开发过程。

（3）任课教师在每学期开学前须写出教学目标、教学计划，应对学生的整个学习阶段有一个整体规划，在学期结束时应有总结。

（4）教师要认真做好各项准备工作，每次兴趣活动前都必须点名并作记录。平时过程评价与期末考查相结合，应有学生成绩记录或作品成果情况记录，并在期末上报年级组长及教学部。

（5）拓展型课程的管理工作由教学部统一负责并具体实施。教学部每学期抽查和定期检查教师拓展型课程的教案，平时加强巡视和组织听课评课。

（6）学校每学期组织拓展型课程成果展示交流暨优秀成果评选活动。

3. 开发探究型课程

（1）由校长、教学部主任、探究型课程教研组长和年级组长组成探究型课程管理小组，负责"探究型课程"的组织、协调、督促、检查及对教师培训。

（2）年级组内的任课教师均为课程指导教师，具体负责课程的组织和管理。学生班干部和课题组长也参与对课程的管理。

（3）初中学生的自我保护能力较弱，容易产生事故和危险。所以探究活动中加强安全管理，充分利用起校内、校际和家长资源，不可以放任自流，确立指导教师负责制。

（4）按照预先设计的课程实施方案等组织课程实施，并随时研究解决实施中的问题。每一阶段试验结束，进行相应的总结，提出下一阶段的目标、任务和实施步骤，并根据实践中提出的问题修改原有的方案。

（5）课程实施中注意随时积累相关资料，建立"探究型课程"档案库。分阶段调查学生的感受和进展情况，随时分析各种相关数据，为本课程的建设提供更科学的依据。

（6）学校每学期组织探究型课程成果展示交流暨优秀成果评选活动。

四、课程评价

要发挥学校课程计划的长远作用，就需要学校对课程计划的实施效果进行科学的评价与总结，作为后续学校课程计划调整和改进的基础与依据，这不仅是一种科学的工作策略与途径，也是学校制度和文化不断积淀、完善的重要载体和抓手。

（一）基础型课程评价重效能

围绕"完善常规、夯实基础、注重过程、提高质效"，开展教学五环节（备课、上课、作业、辅导、评价）常规建设工作。以"绿色学业评价"的实施为引领，明确学生学科学习能力培养的要求和方法，依托课堂研究夯实基础型课程的有效实施，形成多元、发展性评价体系。

1. 课堂关注"六个度"：知识点的落实度、学生的主动参与度、教师对每个学生的关注度、施教的分层度、教学过程的开放度、师生互动的有效度。力求体现教学设计和实施的"三个一"：至少有一个兴趣点、至少有一个互动点、至少有一个创新点。

2. 发挥评价的激励、导向、诊断、矫正功能，强化过程性评价，将评价贯穿于教学的全过程,注重评价的客观性和多元性。

(二) 拓展型课程的评价重兴趣

1. 对教师的评价

对教师的评价也是过程和结果兼重的评价。两者在评价体系中占有同等重要的地位。针对目前情况,我们对教师的评价采用了四个权重相当的指标,并划分为 A、B、C 三个等次,具体见下表:

评价等第及赋值 评价指标及权重	A(10)	B(8)	C(4)
听课情况(0.25)	随堂听课反映较好	随堂听课反映一般	随堂听课反映较差
学生组织情况 (0.25)	学生组织井井有条,课堂指导恰到好处,组织形式有个性特色	学生组织较好,课堂指导到位	学生组织不够好,要么散乱,要么放任自流,课堂指导不到点子上
案例完成情况 (0.25)	能写出完整的案例,内容翔实	案例较完整,有一定的内容	不能写出完整的案例,较马虎
学生评教情况 (0.25)	学生对教师各方面反映较好,90%以上同学表示对该课程感兴趣	学生反映一般,60%左右同学表示对该课程感兴趣	对该课程感兴趣同学不足50%

四项指标权重与所得等级赋值的积之和乘以公共系数 10 后即该教师所得分值。分值达到 80 分以上为优,70～80 分为良,70 分以下为一般。

2. 对学生的评价

学生评价重点在于参与的过程,包括参与程度、所表现的合作能力、表达交流能力等。学生可以选择适合自己的评价方式和手段,既可以是“成果式”的,也可以是“过程式”的。评价结果由学生自身、同学、教师及家长分别记录在“学分制”成长平台上及《学生成长记录册》上。

(三) 探究型课程评价重创新

1. 评价原则——以激励为主

我校探究型课程学习的价值取向是关注青少年对自然的亲近与探索,关注青少年对社会的体验与融入,关注青少年对自我的认识和完善。评价的原则是以激励为主的课程评价,以过程评价为主,需要综合运用多样化、开放式的评价方式,如:自评与他评相结合,多途径的间接评价等。

2. 过程评价——观察与谈话

教师通过观察学生在探究活动中的表现,和学生进行交谈,了解他们在学习探究型课程中的情况,在探究过程中的设想、实验、调查、结论、结题、展示各个环节中的想法、看法等,并把观察和谈话的结果记录下来,以便对学生的兴趣、学习态度、克服困难的精神、合作交流的意识和能力、探究问题和解决问题的能力等做出相关的评价。

3. 结果评价——交流与答辩

在课题探究的各个阶段,可以对探究方案、探究报告、探究成果进行展示、交流或答辩。可以是班级同学之间的展示和交流,也可以是年级范围内的展示和交流。把所探究的成果和所做的工作清楚明白地告诉他人,与他人进行广泛的交流,是探究型课程学习的重要环节,也是激励学生的一种良好方式。成果交流可以用答辩的形式,由课题组人员作为主讲人,汇报课题探究过程和结果,由教师、学生代表组成评审组提出问题。

探究结果评定可以采用自评与互评相结合、学生评与教师评相结合的方式。既有定性评价又有描述性评价。

评定的内容可有两方面组成:

参与程度:有明确的探究课题、有探究的资料积累、有浓厚的探究兴趣、有坚强的探究意志。

合作精神:能大胆表明自己的观点、能虚心听取别人的意见、能热心帮助别人进行探究、能服从分工并完成任务。

(四) 建构"学分制＋《学生成长手册》"多元评价体系

1. "学分制＋《学生成长手册》"的目标和意义

通过"学分制"评价学生综合素质,转变广大师生、家长重视学业考试成绩而忽视学习过程、重视结果而忽视学生进步和努力程度、重视升学率而忽视学生品德发展和个性发展的评价观念,引导师生和家长树立科学的学生综合素质评价理念;通过实践研究、不断诊断和改进,逐步建立"学分制＋《学生成长记录手册》"的学生综合素质评价模式;通过实践研究,鼓励广大教师在实际评价操作过程中,建立本学科、本项目的评价指标的标准,不断创新评价方法。

2. "学分制＋《学生成长手册》"的实施

传统的评价方式主要是在《学生成长手册》期中、期末对学生进行评价,只是写一个等第结论,关注的是结果。但学校实行"学分制"评价以后,学校组织开发了一个信息平台,把学校"五有"培育目标细化到与三类课程紧密结合的对应的几类项目中,具体细化成日常行规、兴趣特长、活动参与等不同的栏目、不同的观测点进行评价,每位老师下发一个iPad,学校里无线网络全覆盖,操作很便捷,关注学生在学校学习、生活的过程,最终由教师、班主任、导师对大数据进行分析,得出结论,及时帮助学生进步。

在"学分制＋《学生成长记录手册》"评价学生综合素质的实施过程中,项目研究工作团队经过一段时间的实践研究,对学分指标进行诊断、增补、删减、修改,使其不断完善。

3. "学分制＋《学生成长手册》"的成效

经学校全面试行、项目组人员在专家团队的指导下不断诊断,反复验证,证明本方案具有可行性、可操作性之后,学校将以"学分制＋《学生成长记录册》"的模式,对学生进行综合素质评价。同时,每学期、每学年学生累计学分作为评选青溪中学"三好学生"即"五有"学子全面发展奖与"五有"学子单项奖的重要依据,进一步健全对学生激励机制。

实施一学年中,学校各年级组层面组织了 30 多场彰显学生个性化发展的活动,学生参与率 100%;同时,学生积极参与市、区级的各类比赛二十多次,获奖人数 60 多人次,学校还评为"中国好作业"优秀组织奖。李若冰同学荣获 2016—2017 年度"上海市优秀少先队员"称号,周惠同学荣获 2016—2017 年度"上海市奉贤区优秀少先队员"称号。

（五）构建监督检查与实施保障机制

1. 形成"精细管理,规范先行"的课堂教学管理制度

精细化管理,是学校管理责任的具体化、明确化。"坚持做好每一件小事,就能创造奇迹"。

（1）关注指导管理全覆盖,确保学校教育教学问题的精准解决。

课堂是教学的主阵地。如何对教学过程进行有效管理,听课是非常重要的突破口。通过听课,确保对每一位教师的课堂进行监控。开学第一课,期中、期末复习期间,公开课、教学比武课等为必听课。通过课堂观察能更深入了解教师的教学常态,进而进一步了解各组室教学情况,发现问题,及时解决。

（2）加大不同学科课型听课指导力度,确保常规管理对课堂教学的全面督查。

无论是听课、备课还是巡视,都要求对不同课型进行检查,包括新授课、复习课、练习讲评课等。决不允许出几道题目、夹几张练习卷、考试卷就算备课。对于不同课型的检查,另一层面也是督促教师们去研究复习课和讲评课,促使他们对整个知识系统进行梳理和总结,对练习和试题进行研究。

（3）预设阶段性备课检查观测点,确保常规检查对备课力的有效度。

学校检查备课遵循固定与随机相结合。每学期的三次固定的大检查分别是开学前、期中与期末后,而随机性的检查包括听课过程中的备课本抽查、专项督导时的备课本检查等。每一次大型检查定主题,有专项性检查点:如教学目标制定的适切性,重难点呈现的有效性,课堂教学时间的有效管理,教学反思的针对性等。不同课型的检查时间也是有阶段侧重性的。开学前着重开学第一课及新授课的检查,期中期末着重复习、练习课的检查。

2. 坚持"四次评价、四级分析"的学业质量评价体系

坚持做好"四次评价、四级分析"。"四次评价"指每学期两次月考和期中、期末考试,"四级分析"指教师、备课组、教研组、教导处层面的质量分析。每次考试之后,任课教师基于质量检测与评估导出数据,撰写质量分析报告。各年级组召开质量分析会议,备课组长和班主任进行各自层面的质量分析汇报,并做好 PPT。

备课组长就考试成绩,呈现的问题及下阶段的措施三方面进行汇报。考试成绩分析指整个年级的三率一分、最大值、75%分位、中位数、25%分位及最小值,各分数段人数分析,典型错题得分率(以图表标注),后进生情况等。呈现的问题要偏重教师的"教"中存在的问题,改进措施一定要具体且实际,有操作性。期末质量分析中,备课组长还要进行寒暑假作业布置的交流。

　　班主任层面从成绩、问题与措施三方面着手。班主任要分析的数据还有班级各门学科在年级中的情况,各个学生在整个年级分布情况,特别要关注临界线附近的学生,并做好每位学生历次大型考试的排名走势图,关注学生学业成绩的发展趋势。问题和措施要从班级的班风、学风建设方面着手。

　　课程方案是学校教育教学的灵魂,是师生共同成长的指明灯,只有不断优化和完善学校的课程方案,才能更好地促进学生的学习成长和教师的专业发展,提升学校的育人品质,推动学校的内涵发展。

奉贤区青溪中学

2019 年 9 月

附表1：青溪中学课堂教学评价表

执教教师		听课时间	年　月　日　星期　第　节					
执教学科		执教班级						
执教内容								
评价指标		评价标准		评价等第				
				优	良	中	合格	不合格
教学目标		目标定位明确,符合课标要求和学生实际,具有可操作性						
教学内容		合理使用教材,准确把握重点与难点,知识结构清晰合理						
教学策略与方法		有效组织、管理课堂,师生关系平等融洽						
		方法恰当,关注学生的学习过程,重视对于学生的启发与引导						
		学生有足够的时间参与学习,活动有深度和广度,并能积极促成新资源的生成						
		采用积极、多样的评价方式,语言具有激励性和启发性						
		教学技术手段的设计应用适时适度,操作规范熟练						
教学效果		落实课程标准,目标达成度高						
		学生学习积极主动,学习兴趣与学习能力得到培养						
教学特色		课堂教学有自己鲜明的个性特色与教学风格						
德育渗透		学习环境的创设、教师语言的设计有利于学生身心健康的发展						
总体评价		（请阐述优点或特色,缺点及改进方法） 评价人：						

附表2：简易量化观测汇总表

	教师行为		学生学习	
教师讲授	1. 教师讲解时长 2. 教师提问次数	学生活动	1. 个体自主活动　　　次,时长 2. 小组合作活动　　　次,时长	
课堂评价	总次数	学生应答	1. 总次数　　　,群答次数 2. 个体次数　　　,人数	

附表 3：学生课堂应答分布与次数记录量表

黑　　　板

	第一列	第二列	第三列	第四列	第五列	第六列	第七列	第八列
1								
2								
3								
4								

青溪中学初中学生社会实践实施方案
（试行）

一、指导思想

根据教育部《中小学德育工作指南》（教基〔2017〕8号）、《上海市初中学生综合素质评价实施办法》（沪教委规〔2019〕3号）等文件精神，结合上海教育综合素质评价改革的目标与任务，根据《上海市教育委员会、上海市青少年学生校外活动联席会议关于印发〈上海市初中学生社会实践管理工作实施办法〉的通知》的要求，结合我校实际，特制定青溪中学初中学生社会实践实施方案，力求做到公开、公平、公正，全面客观反映学生德智体美劳等方面综合素质状况和水平，引导学生主动发展。

二、基本原则

1. 坚持价值导向

社会实践要坚持与理想信念教育、社会主义核心价值观教育、中华优秀传统文化教育、生态文明教育、心理健康教育等有机结合。

2. 注重统筹兼顾

充分利用社会资源，注重实践资源的整合，既要重视课堂教育，又要强化实践教育，兼顾社会实践资源和学校办学目标的融合。

3. 注重自主协作

关注学生主体意识，符合学生年龄特点、认知规律和教育规律，引导学生自主参与，通过团队合作，共同完成实践任务。

4. 注重客观公正

利用"上海市初中学生综合素质评价信息管理系统"和"上海市初中学生社会实践电子记录平台"，规范评价程序，如实记录学生社会实践情况。

三、工作目标

整体反映学生德智体美劳全面发展情况和个性特长；引导学生践行社会主义核心价值观，弘扬中华优秀传统文化、革命文化和社会主义先进文化；增强学生社会责任感，培养创新精神和实践能力。让每一位学生都能健康和谐发展,成为与奉贤新城发展相匹配的具有"中国灵魂、国际视野"的青溪"五有"学子。

四、组织领导

学校成立以校长为组长,校务办、德育部、教学部、总务处负责人为组员的学生社会实践管理领导小组,全面领导学生社会实践活动的组织、策划、实施。领导小组下设工作小组,由德育部负责人担任组长,实施社会实践活动。工作小组下设活动开发组、活动实施组、资源统筹组、活动评价组、安全保障组。

1. 社会实践管理领导小组

组长:薛晨红(校长)

成员:包蓓姹(副校长)、侯敏(副校长)

2. 社会实践管理工作小组

组长:包蓓姹(副校长)

副组长:侯敏(副校长)

成员:徐冲、王芸、周雯、顾佳红、年级组长、班主任

活动开发组:侯敏、徐冲、周丹、钟文涛

活动实施组:包蓓姹、王芸、周雯、顾佳红、薛翌一、年级组长、班主任

资源统筹组:薛晨红、包蓓姹、侯敏、杨心美

活动评价组:王芸、薛翌一、年级组长、班主任

安全保障组:严悦、李文杰

五、主要内容

学生社会实践的主要内容包括社会考察、公益劳动、职业体验、安全实训四大部分。

1. 社会考察

组织学生到爱国主义教育基地、公益性文化设施、公共机构、共建单位、专题教育社会实践基地等资源单位因地制宜地开展考察、调查、研学实践,培养学生调查研究的兴趣和能力,了解国家的历史文化和基本国情,增强国家意识和社会责任感。每个学生在初中阶段至少有1次进入爱国主义教育基地考察学习的经历。

社会考察(要求136课时,平均每学期2天半)

学期	区级项目	课时	春秋游社会实践	课时	爱国主义基地考察学习	课时	贤文化寻访	课时	课时总计
六上	军训(国防)	20					寻访"贤语"	4	144
六下			春季社会实践考察	8	烈士陵园	4	共建单位寻访	4	

学期	区级项目	课时	春秋游社会实践	课时	爱国主义基地考察学习	课时	贤文化寻访	课时	课时总计
七上			秋季社会实践考察（东方绿洲基地）	8			寻访"贤人"	4	
七下	学农（农耕）	20					共建单位寻访	4	
八上	民防	20					寻访"贤迹"青村古镇、奉贤博物馆	8	144
八下			春季社会实践考察	8			共建单位考察	4	
九上			秋季社会实践考察	8			寻访"贤迹"青村古镇、奉贤博物馆	8	
九下			春季社会实践考察	8			共建单位考察	4	
备注	区"重走'红色之路'、开启'世界之窗'"研学实践活动纳入社会考察内容，课时可以抵充同一年度中六七八年级爱国主义基地考察学习、"贤文化"寻访活动的相应课时								

2. 公益劳动

组织学生参加校内外的公益劳动，校内主要包括卫生保洁、垃圾分类、食堂保洁、教室布置等，校外主要包括敬老助残、送温暖献爱心等。引导学生掌握必备的劳动技能，养成良好的劳动习惯，树立社会责任感，磨练艰苦奋斗的意志品质。每个学生在初中阶段至少有 3 个劳动岗位的经历。

公益劳动（80 课时，平均每学期 1 天半）

年级	绿植养护	课时	校园内岗位	课时	校园外岗位	课时	课时总计
六	绿植养护	8		8		6	
七	绿植养护	8	卫生保洁、教室布置、食堂保洁、垃圾分类等	8	志愿者公益服务（敬老助残、送温暖献爱心等）	6	80
八	绿植养护	8		8		4	
九	绿植养护	8		8		0	
备注	校外志愿者公益服务由导师团队或家长志愿团队带领假日小队实施						

3. 职业体验

组织学生到职业院校等场所参观、学习、体验等，引导学生从"家长学校"中体验不同职业特点，帮助学生认识职业角色，了解职业特点，体验岗位实践，感悟体验过程，培养职业兴趣，初步形成生涯规划的意识和能力，树立早期职业发展目标。

职业体验（32 课时，平均每学期半天）

学期	活动内容	课时	课时总计
六上	共建单位职业体验	4	
六下	"家长学校"提供职业体验	4	32
七上	职业院校体验	8	

续 表

学期	活动内容	课时	课时总计
七下	共建单位职业体验	4	
八上	职业院校体验	4	32
八下	"家长学校"提供职业体验	4	
九上	职业院校体验	4	
备注	职业院校体验基地由教育局统一安排		

4. 安全实训

组织开展各类安全演练及实训体验,安排学生在学校开展火灾、地震、暴力入侵等突发事件逃生演练,在学校公共安全教育体验区、区公共安全教育体验中心、市级公共安全教育场馆等场所开展实训体验,让学生掌握交通安全、消防安全、防震减灾等相关知识和技能,切实提高学生的安全防范意识、应急避险和自救互救能力,引导学生珍惜生命、敬畏生命、热爱生命。

安全实训(24 课时,初中阶段共 3 天)

学期	活动内容	课时	课时总计
六年级	区公共安全教育体验中心实训体验(少年军校)	4	
	禁毒教育基地等其他场馆实训体验(少年军校)	2	
七年级	市公共安全体验中心实训体验(东方绿洲)	8	24
八年级	区民防馆等场馆实训体验(少年军校)	2	
其他	安全演练及教育	4	
	校公共安全教师实训体验(消防体验馆)	4	

六、工作流程

1. 制定方案

学生社会实践工作小组制定学生社会实践工作方案,包括时间地点、内容项目、课程建设、组织形式、教育培训、活动评价、安全保障等。将学生社会实践活动与劳动技术、道德与法治、地理、语文、历史、生命科学等学科结合,促进学生综合素质的提升。

2. 选好基地/场所(项目)

学校选择并主动对接市、区学生社会实践基地(项目),注重用好校园周边的社会资源,精心设计符合学生身心发展的社会实践活动。加强学校与基地、场所及有关单位的合作。

3. 组织落实

按照课程计划的要求,切实落实学生社会实践的组织、实施和评价,树立正确的学生发展观和评价观。做好学生网上统一身份认证、组织培训、活动开展、网上记录、信息核实、服务保障等工作，有序组织学生开展社会实践活动。

4. 写实记录

做好学生社会实践档案记录工作，在"上海市初中学生社会实践电子记录平台"上如实记录社会实践的类别、时间、内容、基地/场所(项目)、课时、获奖情况、记录人等信息。

七、记录方法

使用"上海市初中生社会实践信息电子记录平台"，学校为记录主体，采用客观数据导入、学校统一录入，学生提交实证材料相结合的方式，客观记录学生的学习成长经历。具体记录程序分为写实记录、整理遴选、公示确认、导入系统、形成报告等几个步骤。

学生参加学校集体组织的社会实践经历，由学校负责记录在"上海市初中学生社会实践电子记录平台"(以下简称"电子记录平台"，网址是 https://sj. 21boya. cn)，主要记录内容为社会实践的类别、时间、内容、基地/场所(项目)、课时、获奖情况、记录人等。相关数据在"电子平台"上公示后，导入"上海市初中学生综合素质评价信息管理系统"。

社会实践活动信息由学校在活动结束后在电子平台中统一录入。

学生参加学校集体组织的社会实践经历，由学校负责记录在"上海市初中学生社会实践电子记录平台"，具体录入与核实安排如下：

名称	录入部门或人员	核实部门或人员
社会考察	班主任、年级组长、德育部	班主任、年级组长、德育部、基地、共建单位、居委
公益劳动		班主任、年级组长、德育部、基地、共建单位、居委
职业体验		班主任、年级组长、德育部、基地、共建单位、居委
安全实训		班主任、年级组长、德育部、基地、共建单位

奉贤区青溪中学

2019 年 9 月

提升学习领导力，促进公办初中学校转型的行动实施方案（讨论稿）

青溪中学

一、行动实施方案的依据

通过学习 OECD 等关于学习领导力与学校转型的相关理论与实践的研究成果，以及解读教育部、市教委关于加强公办初中建设的相关文件精神，再通过对相关案例的分析研究，提出适合本校转型的学习领导力提升策略。

以问卷、访谈、座谈等方式，全面了解学校学生的学习状况，从学生、教师、家长、社会等多个层面出发，发现当前学习现状与转型理想之间的差距，从中筛选出能够促进学校转型的学习领导力关键因素并形成系统的分析报告。

根据调查结果，从校长、中层、教师、学生及家长等多个层面以学校文化重塑为中心、以系统思维为重点、以循证改进为依托、以合作参与为路径、以情意协调为侧重等几个维度进行策略研究；经过对上述策略实践研究后进一步探索评估体系，验证学习领导力提升策略的有效性，边实践边评估完善边推进；在此基础上研发学习领导力的评价系统，进而形成学校的可推广经验。

二、行动目标

聚焦学习，通过探索提升学习领导力，实现学生主动的创新性与个性化学习，推动创新型的、强有力的、整体性的学习环境设计、实施与维系，重塑教师发展和领导管理，构建以学习为中心、以学生发展为基点的学校组织体系，将学校办成一所以学生学习为中心的现代公办初中，为上海公办初中建设提供新的学校样态。

三、行动安排及成果记录要求

本行动以三年为周期（2020.1—2022.12）：

1. 准备期（2020.1—2020.8）

① 组建行动实施组，明确任务分工职责。

② 梳理学习国内、国外学习领导力、学校转型的相关理论与实践研究，形成文献综述，为本行动实施的科学定位提供依据。

③ 采用问卷、访谈、座谈等方式，基于证据对学校现状开展调查，从学生、教师、家长、社会等多个层面出发，发现当前在学习现状与转型理想之间的差距，从中筛选出可以促进学校转型的学习领导力关键因素并形成系统的分析报告，明确学校转型的方向。

2. 实践研究阶段(2020. 9—2022. 2)

① 根据调查结果，从校长、中层、教师、学生及家长等多个层面，以学校文化重塑为中心、以系统思维为重点、以循证改进为依托、以合作参与为路径、以情意协调为侧重，从这几个维度进行策略研究，并开展行动。

② 经过对上述策略实践研究后进一步探索评估体系，验证学习领导力提升策略的有效性，边实践边评估完善边推进，在此基础上研发学习领导力的评价系统。

3. 总结与成果转化阶段(2022. 3—2022. 12)

撰写结题报告，形成可供其他学校参考的实践模式。

四、完成行动实施的条件和保证

(一) 行动实施负责人及成员有较强的科研能力

本行动实施主要负责人是上海市奉贤区青溪中学校长，有在教育学院担任培训中心和教研中心副主任的经历，有丰富的教师培训管理和课程教学管理经验，具备深厚的教育教学理论和较强的科研能力，对学校教育和管理有着较丰富的实践经验和理性思考。曾参与市级项目《教师作业设计现状调研的工具开发与实施方案》《奉贤区优化中小学校本课程实施过程中管理与指导的实践研究》的研究，还积极参与特级校长主持的多项市级、区级的引领区域性教育发展的课题与项目。曾经领衔主持多项市级课题及区级重点课题，如市级课题《"新城教育联盟体学校"新教师成长的实践与研究》、区级重点课题《多元联盟背景下新城学校新教师校本模式的探索与研究》；近五年来，先后有《青出于蓝　溪汇成海》等十多篇学术论文在《改革》等省市级以上中文核心刊物上发表。

本行动实施研究组成员中有分管副校长、教导主任等学校五大部门的负责人，还有积极投身教育教学研究的青年骨干教师，这些人员均单独领衔或参加过市级教育研究项目，且都既有从事学校管理的经验，又具学校管理研究能力。从研究人员的年龄、职称、学术领域、工作岗位来看，围绕本行动实施所需要的行动实施任务分配、行动实施的时间保障、行动实施的理论与思想支持都是充分的，由此，行动实施组保证能够按时、保质保量完成行动提出的实施任务。

(二) 学校已有的研究基础

我校于 2013 年 9 月开办。办学六年来，学校秉承"青出于蓝、溪汇成海"校训，以"让每一位学生都成为'绅士''淑女'"为办学理念，确定了"契合奉贤新城发展脉搏、培育新型现代人综合素质，使学校成为与奉贤新城发展相匹配的老百姓满意的家门口好学校"的办学目标。以"扁平式分层分级管理"为模式，坚持高标准精细化管理；以"学生开心有进步、教师安心有担当、家长放心有认同"为办学愿景，构建了人文和谐、蓬勃向上、充满活力的师生放飞梦想的精神家园。目前，学校是上海市新优质项目校、奉贤区优质校，多次获奉贤区"和润"品质奖，连续三年获奉贤区课程教学优秀奖；近两次上海市学业绿色指标测试各项指标均远远高于市平均；近两年从学生、教师及家长参与区域"七彩成长""乐业育人"等满意度大调研结果看，满意度非常高，已经成为老百姓满意的家门口好学校。同时，在辐射引领方面，随着区域推进城乡教育一体化发展进程，我校被命名为"紧密型资源联盟体"盟主学校、集团理事长单位、自发组成的"新城教育联盟体"盟主学校及"初中强校"工程项目支援学校，学校在学区化、集团化办学机制创新方面进行了系列探索，在中层领导能力提升、教师活力激发、家长参与学校管理能力的提升、学生管理方式的创新等教育治理能力方面取得了显著的成果。尤其是近三年以星光项目和支点项目为引领，结合新中考要求，不断完善学校教育治理体系，推进学校管理变革，努力探索教师评价创新和学生评价创新体系，激活学校自主发展活力，取得了一系列重要成果。上述这些成果对于我校行动实施提升学习领导力、促进学校转型发展提供了翔实数据和奠定了扎实的基础。

五、预期行动实施成果

	序号	行动实施阶段（起止时间）	阶段成果名称	成果形式	承担人
主要阶段性成果	1	2020 年 1 月—2020 年 3 月	行动实施方案	开题报告	薛晨红、侯敏
	2	2020 年 4 月—2020 年 5 月	现状调研	调研报告	顾佳红
	3	2020 年 6 月—2020 年 8 月	学校转型关键因素的研究	方案	包蓓妮、王燕锋
	4	2020 年 9 月—2020 年 12 月	中期报告	中期报告	薛晨红、侯敏
	5	2021 年 1 月—2021 年 12 月	学习领导力提升策略与行动研究	方案	徐冲
	6	2022 年 1 月—2022 年 2 月	学习领导力评估体系研究	方案	王芸
	7	2022 年 3 月—2022 年 12 月	总结与展示阶段	论文集	周雯、严悦

	序号	完成时间	最终成果名称	成果形式	预计字数	参加人
最终成果	1	2022 年 12 月	行动实施报告	报告	两万	薛晨红

奉贤区青溪中学
2019 年 9 月

"弘扬劳动精神　为孩子的幸福成长奠基"
劳动教育实施方案

青溪中学

　　青溪中学自开办以来,深入贯彻落实立德树人根本任务,确立了培养"知书达理有修养,与人为善有爱心,知难而上有毅力,开拓进取有创意,见多识广有眼界"的"五有"学子的育人目标,其中的"知难而上有毅力"和"开拓进取有创意"就是希望培养有劳动意识、丰富知识、动手能力的学子。通过几年的探索,我校围绕学校德育课程目标要求,将"我是小鲁班""大厨来了"等拓展课程,"每周家务一小时""食堂小小保洁员"等活动开展得有声有色,各年级、各班级、各小队利用年级组主题活动和小队实践活动等途径,开展班本化、人本化的特色劳动活动,作为课程中的选修拓展内容,完善"五有"学子课程体系。同时"五有"学子学分平台以学分的形式规范了评价考核,通过这一系列举措,劳动教育已纳入了我校一体化的德育课程,形成比较完整的教育体系。

　　劳动教育需要持之以恒的不断创新。作为一所年轻的学校,我们一直致力于把"青出于蓝　溪汇成海"的精神内化为青溪学子的自觉行为,用点点滴滴的"小事情"成就为孩子们的未来助力的"大德育"。德育工作永无止境,在劳动教育工作上,我校将会进一步创新工作思路、健全工作机制、确保工作实效,进一步培养学生良好的劳动意识和劳动品质,促进学生的全面发展。

一、指导思想

　　根据《关于加强中小学劳动教育的意见》的文件精神,我校特制定"弘扬劳动精神　为孩子的幸福成长奠基"劳动教育实施方案。在办学理念和育人目标的引领下,我校积极探索"生活化德育"模式,扎实有效开展形式多样的劳动教育活动,为学生全方面成长打下坚实基础,为发扬劳动精神提供广大平台。

二、方案目标

　　引导学生珍视劳动,了解劳动常识,掌握劳动技能,养成良好劳动习惯;关心他人和集体,树立正确的劳动价值观;在活动中培养学生的劳动创意;引导学生体会父母的艰辛,懂得感恩;促进学生在实践中学知识、重体验、讲文明,把"青出于蓝　溪汇成海"的精神内化为青溪学子的自觉行为,用点点滴滴的"小事情"成就为孩子们的未来助力的"大德育"。

三、实施原则

实施主要原则	实施细则	备注
强化组织领导，落实主体责任	提高认识，加强规划统筹	在《青溪中学课程方案》中将培养目标细化，我校在校本拓展型和探究型课程中开辟了"我是小鲁班""教你做西点""每周家务一小时""食堂小小保洁员"等劳动技能类、劳动创造类课程
	健全机制，完善制度建设	设立劳动实践评价机制和实践经费保障机制，并制订了《劳动安全制度》《劳动课程岗位职责》《劳动课课堂教学评价方案》《卫生责任、绿化责任包干制》《文明餐桌评比制》等具体常规制度；成立专门的"劳动教育工作领导小组"，做到有领导具体负责，有人员具体办事，分工负责，责任落实到位
	落实责任，形成管理网络	
丰富教育载体，提高教育实效	加强学科渗透，润物无声	按照市教委文件规定进行劳动教育的课程设置；设有劳技专用室一间，还设有"木工室""烘焙室"等劳动拓展课专用教室，除劳技课日常教学使用外，也为拓展型课程提供场地；开展仪式教育、主题教育、节庆教育、体验教育、家庭教育，力求教育载体的丰富性
	打造校本课程，具有特色	
	多彩活动，寓教于乐	
探索生活德育，加强实践育人	生活"作业"学做家务，培养感恩之情	形成一套体现我校"五有"学子育人特色的德育校本课程《青溪流淌　未来绽放——"五有"学子成长手册》，提出不同的劳动建议，并以此为指导布置开展"每周家务一小时"活动；每逢寒暑假、学雷锋日和植树节等节日积极开展"慰问社区孤老""打扫社区卫生""垃圾分类宣传"等活动，于每学期开展"假期社会实践活动积极分子"和"优秀假日小队"等评比；每月以流动红旗为载体，分别开展班级与包干区卫生、绿化养护区整理和"食堂小小保洁员"等劳动实践活动；在"诚信书吧""阅读长廊"等角落设置志愿岗位，由学生负责整理和管理，设立至今未缺失一本书
	参加志愿服务，助力公益行动	
	学生自主管理，创建温馨校园	
	举办社团活动，彰显无限创意	

四、评价原则

1. 课程评价重过程

学校要求劳技课程每个学期都要做好学生成绩的考查监测工作，将学生学业测评纳入教学计划。学生评价重点在于参与的过程，包括参与程度、所表现的合作能力、表达交流能力等。学生可以选择适合自己的评价方式和手段，既可是"成果式"的，也可以是"过程式"的。评价结果由学生自身、同学、教师及家长分别记录在"学分制"成长平台上及《学生成长记录册》上。

2. 综合评价重引导

学校以区级课题《依托"德育学分制＋成长记录手册"完善学生综合素质评价的实践研究》为抓手，围绕"五有学子"育人目标，探索形成一套较科学、较全面的评价体系，并建立了学分制平台，劳动作为其中的一项重要的内容，纳入了记录与评价，并以此作为评选"五有学子"和升学评优的重要依据，引导学生、老师、家长改变教育观念，注重学生德智体美劳的全面发展。

3. 表彰评比重示范

除每月开展的"行为规范示范""卫生示范""文明餐桌"流动红旗评比外，每学期，学校还对在"每周家务一小时""食堂小小保洁员"等劳动活动中表现突出的个人授予"劳动之星"称号，并通过微信推送等方式予以表彰展示，营造劳动光荣的氛围，发挥示范辐射作用。

"专业领航、优质管理"提升青年中层干部执行力实施方案

青溪中学

现行的中小学校管理体制中,校长是学校的法人代表,对学校的教育教学和行政管理工作全面负责,党组织在学校发挥着政治核心作用。学校党政领导是学校的决策层,而学校领导的决策一经形成,必定要依靠学校的中层干部这个"执行层"去贯彻执行。学校中层的执行力,直接影响到学校的发展进程。

青溪中学作为一所新办学校,存在着学校对管理层干部执行力的高要求与青年干部管理经验缺失之间的矛盾。学校队伍建设关注和研究的是两支队伍,一是教师队伍,二是干部队伍。其中最关键的又是干部队伍建设,一支好的干部队伍才能带出和塑造一支好的教师队伍。

我校现有中层管理干部 6 人,其中 35 岁以下 4 人,具备中层干部管理经验的仅有 1 人。我校中层管理干部个人能力、专业素养较强,但身份的转变与管理经验的缺乏,亟需学校采取措施。因此通过学校有效的方法快速提升中层队伍的管理能力,最大效度地发挥这支队伍的执行力,使其尽快能够独当一面成为校长的得力干将,是我校始终在思考并践行着的管理层面的重点工作。

一、指导思想

根据《义务教育学校管理标准》《中小学校领导人员管理暂行办法》的文件精神,我校特制定"专业领航、优质管理"提升青年中层干部执行力实施方案,以期通过有效方法快速提高中层队伍管理能力,提升中层队伍执行力,达到工作效率最大化。

二、方案目标

通过培养,帮助学校中层干部达到更新教育观念、完善知识结构、优化思维方法、提高管理和研究能力的目的。坚持以提高中层干部的思想政治素质和树立素质教育观念、科学发展观观念为重点;结合实践锻炼,强化岗位业务知识、强化干部岗位成才意识;帮助中层干部确立在科学发展观思想基础上的二期课改新的办学理念;培养一支全心全意为办"老百姓满意的家门口学校"服务,德才兼备、勇于改革、善于创新、与奉贤新城发展相匹配的中层干部队伍。

三、实施原则

实施主要原则	实施细则	备注
树立中层干部思想，细心涂抹每个干部的"青溪文化底色"	构建共同价值观念	学校以"清正楼"命名行政办公楼，以"淡然为人、卓越为学"的校风教育为载体，让这支年轻的管理队伍成为榜样，并以此带动全校教职工共筑师德高地
	培养团队协作精神	
	形成良好行为规范	
外塑形象内铸素质，加强干部能力建设	制定计划目标	中层干部的素质，尤其是执行力决定着学校发展。所谓执行力，就是把计划、方案、学校的办学理念和思想变成现实的综合能力，它是深谋远虑的洞察力，敢于突破常规的创新能力，能够应付复杂局面的综合指挥协调能力，以及勇挑重担、雷厉风行、敢于创新的工作作风的综合体现。执行过程包括计划、组织、协调、激励、控制、评价六个主要环节，因此需从优化执行过程的六大环节入手，完善六个环节的运行机制，提升青年干部的管理执行力
	理顺职责分工	
	强化沟通协调	
	改善激励措施	
	跟进检查监督	
	重视总结评价	
借助外力开展自培，三方助力合力共赢	激发内力、自学提高	利用本校拥有的众多的优质资源，如先后两轮接受上海市成功教育集团的委托管理、成为了上海市教委教研室联盟协作单位、中国教育追踪调查研究基地等，与进才北校、卢湾初级中学结成民间联盟，同时也是奉贤区教育学院基地学校，也成为了奉贤区紧密型办学资源联盟体的盟主学校等。因此可以从激发内力、借助外力、同伴互助三个角度开展对青年干部的培养
	挖掘外力、巧用资源	
	同伴互助、切磋共进	

四、预期效果

1. 提升素质，更新观念

通过方案的实施与培养，我校中层干部的思想政治素质将不断提升，并树立素质教育的新观念。干部们将处处以校为重，忧患意识、责任意识、大局意识和发展意识也将不断增强。

2. 加强凝聚，优化执行

通过方案的实施与培养，学校中层干部的凝聚力和问题处理能力将得到切实提高，进而提高学校的内涵发展，学校中层干部的理解力和实践能力也将得到显著进步，进而推动学校的跨越式发展。

3. 强化专业，有力领导

通过方案的实施与培养，青年干部的专业能力与领导力将不断增强，在学科方面与领导能力方面都将得到显著提升。

五、注意事项

（一）校长需充分认识到中层干部在学校管理中的作用举足轻重，故应选择并提拔最合适的人选，载舟覆舟，所宜审慎。

（二）学校需真正形成完整的、多元的管理闭合回路和管理框架。校长应着力发挥中层干部在学校决策形成过程中的参谋、智囊作用，提高中层对决策的认知、理解水平和执行决策的准确性、自觉性。

（三）需理顺校长与中层干部的职责分工、权限划分、工作流程，特别是理顺和规范副校长与中层干部正职的职权关系、工作流程、议事规则。同时，应健全学习培训、交流轮岗、评价制度等。

2015 年 3 月

第二章　项目推进

奉贤教育促进学校创新发展
"支点"计划

项目意向书

项目名称：依托"班级导师制"创新"德教合一"教育管理模式的实践研究

申报单位（盖章）：奉贤区青溪中学

申报日期：＿＿2016＿＿年＿9＿月＿10＿日

奉贤区教育局制

2016 年 5 月

项目名称	依托"班级导师制"创新"德教合一"教育管理模式的实践研究			
项目类别(请在相应的表格内打√)	德育活动类	√	课程教学类	
项目负责人	包蓓姹	联系电话		37527392
期限(请在相应的表格内打√)	一年		二年	|三年 √

项目介绍	1.项目研究的背景、目标、内容与方法；2.拟解决的核心问题；3.预期成果等(限2000字以内) **研究背景** 　　导师制起源于英国，是一种有效的教育指导制度，导师对学生科学、合理地指导能使学生个体的禀赋得到更为充分的发挥。但在实践过程中，受到各方面条件的限制，在我国义务教育阶段，多是采用传统的班主任制，无法为每个学生提供个性化的学习和指导，重学业轻德育的现象还普遍存在。 　　背景1：目前教育部强调要加强学生核心素养的培养，育人导向发生了变化，尤其初中阶段要注重学生理想信念和核心素养的培养，关注学生的生命质量和价值，突出终生发展的核心素养。 　　背景2：青溪中学自2013年开办以来，提出让每个学生都成为新时代"绅士、淑女"的办学理念和"五有"学子的培养目标。并通过秉持小班化教学，促进学生的个性化发展，为其终生发展奠定良好的基础。但随着办学规模的不断扩大、新教师比例的不断增加，依靠传统的"班主任制"已经无法满足学生的个性化发展需求与青年教师的专业成长需求了。 　　背景3：学校处于大型居住区，所招收的学生来自大多数来自农村原住民家庭及少部分南桥镇边缘的居民家庭，家长文化层次低，且离异家庭多，一定程度上给学校教育带来了阻力。 　　基于上述三方面的背景，我校提出了德教合一的"班级导师制"这一新型的教育管理模式，不仅能有针对性地解决实际问题，而且在实施素质教育中具有较强的现实意义。 **研究目标** 　　1. 通过实行"班级导师制"，让学生逐步形成适合个人终生发展和社会发展需要的必备品格和关键能力，推动学生个性化发展和全面和谐成长，从而提高学生的核心素养。 　　2. 通过实行"班级导师制"，打造全员育人氛围，实现德育和教学的高度融合，提高全体教师教书育人能力。 　　3. 通过实行"班级导师制"，建立新型教学人际关系和教学模式，构建新型和谐校园，达到教育质量的全面提升。 **研究内容** 　　1. "班级导师制"国内外相关理论的学习研究：通过对国内外已有的"导师制"相关理论和实践成果的学习，深化对"班级导师制"的理解，通过相互之间比较分析，为科学地实施"班级导师制"提供借鉴，在此基础上制定《青溪中学"班级导师制"实施方案》。 　　2. 导师选聘方法的研究：通过对教师情况和学生需求的摸底调查，制定科学的导师选聘方案和规范化的操作流程，每学年确定导师和导师长，依据双向选择的原则与受导学生进行结对。 　　3. 导师主要职责与工作制度的研究：按照对学生"思想引导、心理疏导、生活指导、学习辅导、个性发展指导"的要求，制定《青溪中学"班级导师制"实施细则》，明确导师与导师长的主要职责和各项制度。 　　4. 导师考核评价机制的研究：根据定性与定量、过程与结果相结合的原则对导师与导师长进行考核，制定月考核和学期考核方案，并制定相应的奖励措施。
项目介绍	**研究方法** 　　本研究将采用文献法、调查法、行动研究法等综合研究方法。主要研究方法为： 　　1. 文献资料法：收集有关"班级导师制"的资料，并进行整理分析保存，供研究过程中查阅借鉴。 　　2. 实践研究法：在实践中思考本项目的研究内容，并进行反思，对"班级导师制"教育管理模式进行矫正型实践，修改不足，改进实施方法，完善实施模式。

项目介绍	3. 案例研究法：在典型案例中深度、多维度发掘，从中获取有助于推动实践的理论思考与实验成果。 4. 调查研究法：在实施此课题之前与课题实施之后，对实验学生采用问卷、访谈等方式进行调查研究，并根据调查结果及时调整相应的措施。 5. 经验总结法：对每个阶段展开的工作及时进行总结，归纳，形成阶段性的理论成果。 **实施步骤** 1. 准备阶段(2016.07—2016.08) 成立项目小组，进行项目前期调查，并通过组织理论学习、数据采集，了解"班级导师制"国内外研究现状，初步形成实施方案。 2. 试点实施阶段(2016.09—2017.08) 在六年级试点实施"班级导师制"，对六年级教师情况与学生需求进行摸底，确定导师与导师长人选，明确目标要求，与受导学生签订培养计划书。定期召开导师会议，对实施过程中的经验及时总结，问题及时研讨，在实施过程中不断完善《青溪中学"班级导师制"实施细则》。 3. 全面实施阶段(2017.09—2018.08) 在试点的经验基础上，在全校各年级实施"班级导师制"，制定《青溪中学"班级导师制"工作手册》，召开各年级、各层面学生会议和导师会议，完善实施细则和评价方案。 4. 总结阶段(2018.09—2019.06) 进行总结工作，以学习体会、案例集、论文集等形式展示实验成果，提炼模式，并形成结题报告。 **拟解决的核心问题** 德教合一的"班级导师制"教育管理模式在初中阶段的具体实施方法和有效管理手段。 **预期成果** 通过本项目的实施，使学生思想工作由过去的班主任一个人在做，转化成全体导师一起做，德育和教学实现高度融合，师生关系比以前更加密切，家长和社会对学校的信任和认可度进一步提升，形成一套适合初中阶段的"导师制"教育模式。

推行德教合一导师制
探索德育工作新模式

——青溪中学"支点"计划项目汇报材料

奉贤区青溪中学是奉贤新城内一所全日制初级中学,于 2013 年 9 月开办。学校位于奉贤桃乡青村镇,传说中一个美丽的先贤讲学的地方,如今是全体青溪人寻梦的地方。学校未来的办学规模为 24 个教学班,目前共开设 16 个教学班,学生总数为 475 人,教职工为 60 人。

青溪中学自 2013 年开办以来,一直秉持小班化教学,促进学生的个性化发展,也一直倡导人人都是德育工作者的理念。为深入落实《中共中央国务院关于进一步加强和改进未成年人思想道德建设的若干意见》,推进中小学课程改革的深入实施,构建"全员育人、全过程育人、全方位育人"的德育工作体系,促进学生全面发展,我校于 2016 年提出了德教合一的"班级导师制"这一新型的教育管理模式,并申报成为区"支点"计划项目,目前该项目已完成第一阶段的试点,并在六、七年级深化实施,计划到 2018 学年在全校铺开。现将项目情况汇报如下:

一、总体情况

我校之所以提出德教合一"班级导师制"这一新型的教育管理模式是基于以下几个背景:

1. 学生层面:采用传统的班主任制,无法为每个学生提供个性化的学习和指导,而导师制对学生科学、合理的指导能使学生个体的禀赋得到更为充分的发挥。

2. 教师层面:随着办学规模的不断扩大,新教师比例不断增加,但限于学校的班级数,大多青年教师不能有担任班主任的机会,导致重学业、轻德育的现象还普遍存在,依靠传统的"班主任制"已经无法满足青年教师的专业成长需求了。

3. 学校层面:从德育主任、教导主任分别担任德育、教学管理工作 AB 角起,我校已开始了"德教合一"教育模式的探索。前期,我校从年级组入手,探索实施以年级组为单位的扁平化管理模式,实行年级分管领导与年级组长负责制,由分管的行政领导和年级组长全面负责该年级组的德育和教育工作,定期召开年级组会议、组织年级组主题活动,加强对年级组长的考核,确保管理实效。

基于上述背景,我校于 2016 年提出了德教合一的"班级导师制"这一新型的教育管理模式,并相继出台了《青溪中学班级导师制方案实施》和《青溪中学班级导师制实施细则》等相关制度,于 2016 年暑期进行了专题培训研讨,2016 学年在六年级进行了试点。试行一学年以来,学生在各级各类活动中取得了显著的成绩;学生、家长对学校的认可度比以前高了,师生关系更加融洽了;年轻教师对职业认同感也提升了,教育教学的成效日渐提高;学校成为家长满意、社会认可的新优质项目学校。

在取得成绩的同时,我们也在实施过程中发现了许多问题,因此2017学年,我们在前期试点的基础上,对导师制进行了进一步的优化和细化,新学年在六、七年级继续试点,目前项目领导小组成员7名,聘任导师24人(其中导师长8人),参与项目人数31名,超过全校教职工数的50%,项目组定期组织相关交流研讨,完善导师制方案细则,在实践中提升全体教师育人能力,并在实施过程中,不断反思,总结经验,完善实施细则,为下一阶段在全校范围内推广做好准备。

二、主要工作

1. 领导重视,精心筹备

"班级导师制"工作是我校尝试探索的一种新型教育教学模式,学校领导十分重视,为开展好此项工作,学校成立了以校长为组长的领导小组,由德育部和教学部主任担任副组长,负责具体实施。

德教合一"班级导师制"项目领导小组

组　　长：薛晨红

副组长：包蓓姹　侯　敏

组　　员：徐　冲　周　雯　王　芸　杨卫晨　全体导师

项目领导小组成员更是作为年级组分管领导、导师,深入参与此项活动,以提高项目组全体教师的思想认识。紧紧抓住这个载体,在试点年级实现全员育人,师生共同成长,构建和谐校园。项目组利用暑假,积极学习相关知识,几经研讨,制定了《青溪中学班级导师制实施方案》《青溪中学班级导师制实施细则》《班级导师(长)工作责任书》《班级导师工作手册》等相关工作制度,为此项工作的顺利开展做好了前期准备工作。

2. 全员参与,优势互补

本着"全员参与、优势互补"的原则,在选配导师时,项目组有意识地将青年教师与有经验的教师进行组合,主课教师与副课教师加以组合,每个班配备3人导师团队,导师团队优势互补、通力合作,既有各自重点负责的10名左右的学生,又作为一个团队负责整个班级的各方面工作,针对不同学生的特点,分配不同的老师,以推动学生的个性化发展及全面成长。2016年9月30日和2017年9月15日,我们分别召开16学年和17学年班级导师签约仪式,导师团队由原本的12人扩充到了24人。

3. 多措并举,扎实开展

导师们全面了解结对学生的学习、生活、心理等基本情况,通过综合分析,针对学生实际情况,完善学生档案,制订工作计划,并在日常工作中认真开展各项工作,定期与学生、家长进行交流,每周每位导师均与结对的所有学生与家长进行至少1次深入交流,对学生进行"思想引导、学业辅导、生活指导、心理疏导"，取得了一定的教育教学效果，导师们在教育、教学的各项常规考核中都取得了不俗的成绩。

4. 定期交流，广纳良言

为更好地了解"班级导师制"的实施情况，学校定期召开试点年级各个层面的交流座谈会，每学期至少召开4次导师工作会议，2次家长代表座谈会，2次学生代表座谈会。

座谈会上大家畅谈"班级导师制"实施以来的真实感受，导师们尤其是年轻导师们纷纷表示"班级导师制"的试行，使他们的教育观念发生改变，从之前的只关注学生学业水平到关注学生的全面发展，这也使得老师的敬业精神、职业操守、思想境界在不断提高，这是真正意义上的教学相长；家长们纷纷表示，试行了"班级导师制"后，让原本1名班主任管30多名学生，家长一学期也不一定能和班主任交流几次的情况，变成了如今1个班级有3位导师，每名导师具体负责10多位学生，感觉老师更关注孩子了，与家长的沟通也更多了，有时家访甚至2、3名导师一起来，让家长能更全面了解孩子的各方面情况，家长很欢迎；学生们则表示，通过原班主任的宣传，大家明白了有了导师，并不是原来的班主任就不管我们了，而是有更多的老师来关心我们，能有更多的机会跟我们交流，给我们指导，让我们感觉很幸福……

5. 搭建平台，注重过程

传统的班主任工作对学生的评价主要是在《中学生成长手册》期中、期末对学生进行评价，只是写一个等第结论，关注的是结果。但学校实行导师制以后，学校组织开发了一个信息平台，把日常行规、兴趣特长、活动参与等设置成不同的栏目、不同的观测点进行评价，每位导师下发一个iPad，学校里无线网络全覆盖，操作很便捷，关注了学生在学校学习、生活的过程，导师们对大数据进行分析，得出结论，及时帮助学生进步。

三、成绩经验

1. 学生发展更加全面。在选配导师时，项目组有意识地将青年教师与有经验的教师进行组合，主课教师与副课教师加以组合，而导师与学生的配对，则交由导师团队和负责班级进行自主双向选择。由此，针对不同学生的特点，分配不同的老师，以推动学生的个性化发展及全面成长。一学年中，六、七年级层面组织了20多场彰显学生个性化发展的活动，参与率100％；同时，学生积极参与市、区级的各类比赛十多次，获奖人数30多人次，学校还被评为"中国好作业"优秀组织奖。

2. 师生关系更加融洽。学生思想工作由过去的班主任一个人在做，转化成全体导师一起做，师生关系比以前更加密切，家长和社会对学校的信任和认可度进一步提升。更多学困生不仅在学习上得到了帮助，更重要的是通过导师的帮扶，使学生更感受到来自老师的关心和帮助，体会到了家一般的温暖，精神上得到抚慰。他（她）们觉得在青溪中学可以获得更多的自信心、成就感，对未来有了更多的希望和寄托，对老师、对学校有了更多的热爱和依恋，如教师节寄给老师们的贺卡中称导师们为"姐姐"和"哥哥"等家人之间的称呼，还有表达的浓浓的情意,充分显示出师生关系的融洽。

3. 德育教学更加融合。教师的教育观念不断改变,教师由重教书轻育人的学科老师逐渐成长为学生的人生导师,教师履行教书育人职能的水平得到提高,从只关注学生学业水平到关注学生的全面发展的要求也使得老师的敬业精神、职业操守、思想境界在不断提高,这是真正意义上的教学相长。2017年教师节表彰活动中,王萍丽获区优秀园丁奖,张莉、徐成成等7位青年教师获镇师德标兵及优秀骨干教师。

4. 区域辐射更加深远。在项目初见成效之时,我们也以论坛交流、现场展示等形式,在集团、联盟体,甚至更广泛的区域范围内进行了推广,将改革成果惠及更多的兄弟学校。如2016年德育专项研讨会时对这一项目进行介绍,4位导师长分享经验;2017年4月新城资源联盟体班主任成长共同体启动仪式上,两位导师长做了汇报交流;在德育基础性评估、德育行规检查、德育工作专项督导等检查活动中都做了相关专题的汇报,得到专家们的一致肯定和好评;薛晨红校长在赴贵州省务川自治县全体校长培训活动中,对此项目做了专项交流等。

四、反思举措

1. 对导师间的分工细化不够。每个班级三位导师间合作与分工还不够具体与明确,如对学生的个别辅导比较注重,但对导师参与班级集体活动要求不是很明确,部分年轻导师由于经验不足,在班级管理上和与家长的交流沟通上还不够成熟,无形中加重了导师长的工作量等。在新学年的试点中,项目组也充分考虑了这些意见建议,对导师制的实施细则进行了改进,如新学年由导师共同承担早上朗读课、午会课和班会课,对青年教师开展针对性的培训交流活动等。

2. 对导师制的培训指导不够。由于相关的培训指导没有及时跟进,相当一部分老师对导师工作的意义认识不到位,操作流程、目标要求不清晰。对导师工作的指导、督查跟不上,研讨交流及工作中发现的问题目前还没有得到全部解决。在新学年试点中,学校已经制定了培训计划,留出专项经费投入,将进一步加强培训指导,不断完善导师制工作。

3. 对导师制的深入研究不够。随着实践的不断深入,要求理论研究要先行一步,做好评价指导,经验总结推广,案例分析等方面工作,让导师制能始终沿着正确道路走下去。新学年试点中,继续加强对导师考核力度,除了在绩效考核中有体现,还将在工作量中充分体现,确保全体导师的工作热情与积极性。

针对以上问题,我们会在今后的项目推进过程中从理论、指导、落实、监督、考核等各方面不断调整改进,并将班级导师制逐步在全校各年级内铺开,真正形成一套适合初中阶段的、适合青溪的"导师制"教育模式。

附件

奉贤区教育局促进学校创新发展"支点"计划
项目申报书

项目名称："五有"学子德育校本课程的开发与实践研究

申报单位(盖章)：奉贤区青溪中学

申报日期：___2017___ 年 ___12___ 月 ___30___ 日

奉贤区教育局制

2017 年 12 月

单位承诺

我单位承诺对填写的各项内容的真实性负责。如获准立项,我单位承诺以本申报书为有约束力的协议,遵守相关规定,按计划认真开展建设工作,取得预期建设成果。

申报单位(公章)

年　月　日

一、基本信息

项目名称	"五有"学子德育校本课程的开发与实践研究			
项目类别 (请在相对应的表格内打√)	德育 活动类	√	课程 教学类	教育教学指 导与服务类
项目负责人	包蓓姹	联系电话	13564600064	
行政职务	副校长	电子信箱	153490257@qq.com	
执行期限	一年	是否为 2017 年已申报 需深化研究项目	否	

二、实施方案

1.研究的目标与意义;2.研究的内容与方法;3.项目的组织实施与进度安排;4.拟解决的核心问题;5.预期的成果。

研究目标与意义

1. 通过研究德育校本课程标准的体例、内容与要求,确定切合我校实际的德育课程目标、内容与要求,探索"五有学子"育人目标与校本课程的结合途径。

2. 通过编写内容切实、形式活泼、结构系列并具有学校特色的德育校本教材,整合各类德育资源,探索新的德育活动方式,使学校德育活动更具有系统性和实效性。

3. 通过德育校本教材的实践运用,提高学生自育能力、提升教师育人水平,推动学校素质教育不断深化,使学生的素质得到全面发展。

研究内容与方法

1. 文献研究法:系统查阅国内外有关德育校本课程开发与实践方面的教育文献资料,学习他人实践经验,吸取他人理论精华,为研究提供借鉴或指导。

2. 调查研究法:课程开发前,深入学生、教师、家庭、社区进行广泛的调查研究,全面了解学生发展需求和学校德育工作现状,分析现有的缺陷与存在的问题,研究与探索新形势下德育工作的新途径与新方式;课程开发实践之后,对实验学生采用问卷、访谈等方式进行调查研究,并根据调查结果及时调整相应的措施。

3. 行动研究法:在德育校本课程的开发研究和组织实施的过程中,也按照"计划行动总结"的基本策略,循环往复,分段递进,逐步实现研究目标。

4. 案例研究法:在典型案例中深度、多维度发掘,以点带面,点面结合,从中获取有助于推动实践的理论思考与实验成果。

5. 经验总结法:对每个阶段展开的工作及时进行总结、归纳,形成阶段性的理论成果。

组织实施与进度安排

　　1. 准备阶段(2018.01—2018.02)

　　成立项目小组,制定项目研究计划和研究方案;进行项目前期调查,并通过组织理论学习、数据采集,了解学生需求和学校德育工作现状,初步确定"五有"学子德育校本课程目标、内容与要求。

　　2. 课程开发阶段(2018.03—2018.08)

　　细化"五有"学子德育校本课程目标和内容要求,编写分年级的德育校本教材,探索多样化的德育实施方式,改进和完善德育评价方式;邀请相关专家进行指导,组织开展教师、学生、家长等各层面的调研、座谈,不断完善教材文本。

　　3. 课程实践阶段(2018.09—2018.11)

　　在全校各年级全面使用"五有"学子德育校本教材,开展主题班会评比、教育案例征集等实践活动,召开各年级、各层面学生会议和教师会议,完善文本教材、丰富实践形式、提升应用实效。

　　4. 总结阶段(2018.12)

　　进行总结工作,以校本教材、案例集、论文集等形式展示实验成果,提炼模式,并形成结题报告。

拟解决的核心问题

　　将德育活动日常化、生活化、系统化、校本化,融德育内容、途径和载体于一体。在实际操作中,使德育成为一门课程,从思想、道德、心理和行为等方面予以引导,使其理论和实践教学内容浑然一体,学生可以主动参与各种形式的德育实践,既有德育的基本要求,又有鼓励学生主动参与德育实践活动的载体和操作手段,真正做到教育目的和教育形式的有效结合。

预期成果

　　"五有"学子德育校本课程目标和内容要求

　　"五有"学子德育校本课程教材

　　"五有"学子德育校本课程教材教案集、案例集

三、项目组组织架构及参与人数

项目参加人数:42

项目组组织架构:

1. 领导小组

　　组　　长:薛晨红

　　副组长:包蓓姹　王燕锋

　　组　　员:侯　敏　徐　冲　杨心美　周　雯　王　芸　严　悦　杨卫晨

2. 课程开发小组

　　组　　长:包蓓姹

　　副组长:侯　敏　徐　冲

　　组　　员:各教研组组长与一名骨干教师(共12人)

3. 课程实践小组

　　组　　长:王燕锋

　　副组长:周　雯　杨卫晨

　　组　　员:各年级组长、班主任(共20人)

立足德育校本课程培育青溪"五有"学子

——青溪中学"支点"计划项目汇报材料

奉贤区青溪中学是奉贤新城内一所全日制初级中学,于2013年9月开办。自2013年开办以来,学校一直致力于培养"五有"学子的育人理念,不断探索、思考这一理念与校本课程的结合途径。因此,我校于2017年12月开始着手"五有"学子德育校本课程的开发与实践研究,并申报成为区"支点"计划项目,目前该项目已经在全校四个年级全面铺开实施。现将项目情况汇报如下:

一、项目价值

我校之所以开发"五有"学子德育校本课程并进行实践研究是基于以下几个背景:

1. 学生层面:之前的"五有"学子如同"三好学生"称号一样,对学生来说更多的像一个口号,学生并不知道成为五有学子的具体要求,所以不知道从何努力。使用"五有"学子德育校本教材后,学生能通过一个个具体和生动的教材内容的学习,让自己成为一名真正的"五有"学子。

2. 教师层面:对于班主任来说,之前对学生思想道德教育相对来说比较散乱,并没有很好的系统性,"五有"学子德育校本课程,从课时安排、教材准备、作业反馈等各个方面,为他们提供了对学生德育教育全面培养的抓手,从而培养出符合学校办学理念的优秀学生。

3. 学校层面:2002年教育部颁布了《关于积极推进中小学评价与考试制度改革的通知》,明确指出,建立以促进学生发展为目标的评价体系;《中共中央国务院关于进一步加强和改进未成年人思想道德建设的若干意见》明确指出,学校是对未成年人进行思想道德教育的主渠道,必须按照党的教育方针,把德育工作摆在素质教育的首要位置,贯穿于教育教学的各个环节。作为一所刚刚办学五年,定位为与新城发展相匹配的上海市新优质项目学校,我校思考的是目前学校的德育教育工作是否真的有实效,还是仅仅停留在课堂里、说教中。因此,有针对性地开发德育校本课程,扩大学生知识面,拓展学生视野,切实提高学生道德素养是我校德育教育的当务之急,研发适合我校校情的"五有学子"成长手册德育校本课程就是我校在这一方面的思考和探索。

基于此背景,我校于2017年12月开始着手"五有"学子德育校本课程的开发与实践研究,在寒假期间,项目组负责老师编写完成了"五有"学子德育校本教材。2018年2月份开学,在全校四个年级全面铺开使用本套校本教材。

二、项目管理

"五有"学子德育校本课程开发与实践是我校德育工作的重点项目,学校领导十分重视,为开展好此项工作,学校成立了以校长为组长的领导小组,下设课程开发小组,由教导主任侯敏任组长,负责课程开发;课程实践小组,由副校长兼德育主任包蓓姹任组长,负责具体实施。

"五有"学子德育校本课程项目

1. 领导小组

组　　长：薛晨红

副组长：包蓓姹　侯敏

组　　员：王燕锋　徐冲　杨心美　周雯　王芸　严悦　杨卫晨

2. 课程开发小组

组　　长：侯敏

副组长：徐冲　王芸

组　　员：各教研组组长与一名骨干教师(共 12 人)

3. 课程实践小组

组　　长：包蓓姹

副组长：周雯　杨卫晨

组　　员：各年级组长、班主任(共 20 人)

项目领导小组成立后,各小组在组长的组织引领下,利用专家讲座、小组讨论交流等,积极学习相关知识,几经研讨,制定了《青溪中学"五有学子"德育校本课程实施方案》《青溪中学"五有学子"德育校本课程实施细则》等相关工作制度,为此项工作的顺利开展做好了前期准备工作。

三、项目实施

1. 精心编撰,形成教材(课程开发小组)

(1)学习教育理论,搜集相关素材。项目前期,我校分别利用开学前及期末教师培训的时间,先后邀请了浦东新区教育发展研究院德育研究员姚瑜洁老师、闵行区德研员陈耀清老师及上海市班主任工作室带头人特级教师松江区仓桥学校王卫明老师等德育专家做了相关主题的报告。4月19—21日,学校组织校级骨干班主任10人赴杭州参加由中国人生科学学会青少年德育教育专业委员会主办的"中小学班主任工作技能提升与心理健康教育"高级研修班。通过相关的学习,充实理论知识,同时搜集相关资料,为编写教材做好准备。

(2)分析校情学情,精心编撰教材。发挥全校六位教研组长及学科骨干教师的专业特长、针对四个年级不同的年龄特点,精心选择了与之相符的学习内容,共编写出四本教材,每本教材分为:知书达礼有修养、见多识广有眼界、与人为善有爱心、知难而上有毅力、开拓进取有创意五大版块。教材的内容力求生活化、场景化,与常规的课堂接受式学习区别开。教材内容生动有趣且有意义,让学生学习这套教材,达成我校培养"五有"学子的教育目标。

2. 实践应用,优化实施(课程实践小组)

(1)全面铺开,有序推进。2017 年第二学期一开学,"五有"学子成长手册编撰完成,在全校范围内试点铺开,学校确定德育校本课程的上课时间为每双周的班会课,以及每周一中午的午会课。教学由班主任主要负责完成,每学期举行"五有"学子德育校本课程优秀教案及班会课评比活动,要求全校教师参与听课、评课活动,通过奖励机制以及相互学习帮助教师们在课堂实践中提高"五有"学子德育校本课程的上课能力。

(2)定期交流,广纳良言。为更好了解"五有"学子德育校本课程的实施情况,学校定期召开教师、学生两个层面的交流座谈会,每学期至少召开 4 次相关工作会议。座谈会上大家畅谈"五有"学子德育校本课程实施以来的真实感受,有的年轻班主任说:用了这套教材,每周定时上课,感觉整个班级的班风一下子有了明显的改变,特别是"与人为善有爱心"的这个内容,孩子们特别喜欢,因为要求不仅仅写出自己所做的好人好事,还要用心观察周围同学的爱心之举,并在班级里进行交流、分享。通过这个小小环节,很多大家平时没有关注到的细节之处都被发掘出来了,同学们互相学习,都更加乐于帮助别人,整个班级都表现出一股勃勃生机。有的同学说:最喜欢"知难而上有毅力"的环节,平时过多的关注学习成绩,通过这一内容的学习,规定自己每天的运动内容和时间,坚持了一个学期,感觉身体好多了,锻炼后的精神也更好了,从而提高了学习写作业的效率,没想到运动不但没有浪费时间,还让学习更轻松了。当然在讨论中,大家也都提出了一些意见和建议,如"见多识广有眼界"是不是能在鉴赏的范围上有所扩大,不仅仅是音乐美术作品,可不可以有一些建筑、电影等其他艺术种类优秀作品的推荐;校本课程的教学是不是可以邀请一些有专长的家长或是志愿者来共同参与等等。通过师生交流,也将帮助我们更好地进行"五有"学子德育校本课程改进建设。

(3)搭建平台,注重反馈。在一个学期的学习结束之后,每位学生的学习成果都会记录在学生用的"五有"学子成长手册中,同时上传至我校的"五有"学子学生成长平台,在每学期都会生成学生的成长档案,并作为各项区级、镇级、校级评优的重要依据。

3. 反思改进,精益求精(项目领导小组)

在一学期的实践运用过程中,我们也收集到了不少有价值的意见建议,暑假期间,项目领导小组对此进行了专题研讨,总结主要问题有:

(1)校本教材的内容还需要进一步的修改、完善。计划适当添加一些与宪法、社会主义核心价值观等相关内容,使本套教材内容更加全面。

(2)对教师在使用本套教材时的指导、督查跟不上。许多研讨交流及工作中发现的问题没有得到及时解决。

（3）在上学期的教案收集、午会课评比中发现，部分教师的教案及课堂教学质量不高，导致学生学习的效果不太好。

针对以上问题，我们会在今后的项目推进过程中从理论、指导、落实、监督、考核等各方面不断调整改进，并将"五有"学子德育校本教材进一步修改完善，形成适合我校校情的、能够很好地达成我校育人目标的德育校本课程。

四、项目绩效

1. 帮助学生健康成长

转变了学生重视学业考试成绩而忽略品德发展和个性发展的观念，引导学生树立科学的综合素质发展观，促进学生各方面全面发展，健康成长。项目实施一学期，七（4）破岩中队、八（2）远航中队荣获 2018 年奉贤区优秀"动感中队"称号，李若冰等二十几位学生荣获市、区艺术、体育、科技等各级评比奖项。

2. 提高教师育德能力

通过项目实施，促进教师特别是青年教师的全面发展，在这样的教师校本培训中我们教师的育德能力都有了长足的进步，一年期班主任钱星燕老师在奉贤区"贤文化"班会课教案及课堂教学评比中均荣获区二等奖，邹丽娜老师带领的九（1）班荣获奉贤区温馨班级评比二等奖。

3. 推动学校素质教育

在"五有"学子德育校本课程的开发与实践的过程中，融合了学校的各项德育资源，把午会课教育、学生综合发展评价、艺术、体育、科技能方面的活动都全面的体现出来了，能够很好地提高学生自育能力、提升教师育人水平，推动学校素质教育不断深化，使学生的素质得到全面发展。

奉贤区青溪中学

2018 年 11 月 11 日

附件 3

奉贤区教育局促进学校创新发展"支点"计划
项目申报书

项目名称：青溪中学构建"寻根·放眼"课程体系的实践研究

申报单位（盖章）：奉贤区青溪中学

申报日期：＿＿2018＿＿年＿＿12＿＿月＿＿25＿＿日

奉贤区教育局制

2018 年 12 月

单位承诺

　　我单位承诺对填写的各项内容的真实性负责。如获准立项，我单位承诺以本申报书为有约束力的协议，遵守相关规定，按计划认真开展建设工作，取得预期建设成果。

申报单位（公章）

年　　月　　日

一、基本信息

项目名称	青溪中学构建"寻根·放眼"课程体系的实践研究				
项目类别 （请在相对应的表格内打√）	德育活动类 （体卫艺科）		课程教学类	√	指导与服务类
项目负责人	薛晨红		联系电话		37527396
行政职务	校长		计划参与教师数		70 人
研究期限	1 年		是否为 2018 年已申报需深化研究项目		否

二、实施方案

1.研究的目标与意义；2.研究的内容与方法；3.项目的组织实施与进度安排；4.拟解决的核心问题；5.预期的成果。（不超过 3000 字）

一、研究的目标与意义

（一）研究的目标

　　奉贤地处上海南部，因相传春秋时期孔子七十二贤弟子之一的言子在奉贤青溪（今青村镇）结坛讲文，境内文风因而大盛，并由此孕育出"敬奉贤人，见贤思齐"的"贤文化"和崇文重教尚贤的优良传统。作为项目的研究者和开发者，我们认为，身处贤文化的发源地，同时也身处如此多元的世界，培养国际视野与培育本土情怀是不可分割的。为此，我们选取了《"寻根"·"放眼"课程》作为项目的名称。学校希望通过《"寻根·放眼"课程》项目，使青溪学子感受传统贤文化及世界多元文化的魅力，使"贤文化"成为青溪学子各项活动的底蕴和特色，初步了解传统文化及国际人文知识，具备国际交流的方法与能力，掌握从人类角度观察和思考问题的人文精神，从而不断提升人文素养，促进全面发展。

（二）研究的意义

1. 有效促进学生核心素养的形成。

　　"寻根·放眼"课程的实施，以培养学生的核心素养为目标，每一项课程内容均明确指向一项或几项核心素养，以培养学生国际理解素养为中心，兼顾其他素养的形成，使其具备能够适应终生发展和社会发展需求的关键能力和品格。

2. 为教师专业发展提供广阔平台。

　　教师通过"活动中研究，研究促课程"的模式，以研究为引领，通过行动研究，记录相关信息和数据，进行反馈、撰写案例等。

3. 构建科学、系统、具有时代性的特色校本课程。

　　通过本课程的设置，使学生了解到本土文化和他国文化都是世界文化的一部分，都在推动着世界文明发展与进步。只有遵循"和而不同，多元一体"的理念和具备宽阔的胸怀视野，才能在多元文化交往中谨守包容、接纳的心态，善于理解不同的文化传统和风俗习惯，具有"共存"观念，愿意承担起对全球共同体的责任。

二、研究的内容与方法

　　在开发《"寻根·放眼"课程》项目之前，我们多次对学生、家长和教师进行了访谈和问卷调查，以确定符合学生发展需要的项目内容。我们在调研掌握学生基本情况及家长预期的基础上，结合我校的育人目标，特开发设计出兼具科学性和实效性的项目内容。

　　《"寻根·放眼"课程》体系包含三个类别：通识课程、体验课程、分享课程。

寻根·放眼课程	通识课程	理解课程	五大洲典型国家文化	必修
			SBS	
			《i奉贤·贤文化》读本(六年级)	
		行为课程	知书达理有修养	
			见多识广有眼界	
			与人为善有爱心	
			知难而上有毅力	
			开拓进取有创意	
	体验课程	传统文化	奉贤桥文化	选修
			奉贤的语言	
			家乡的特产	
			……	
		文化艺术	艺术基本功	
			展示你我的美(艺术社团)	
		媒介素养	小记者	
			动画编程	
			电视台	
		创新思维	创新环保DIY	
			思维创新实验室	
		国际交往	跟国外爸妈学英文	
			不一样的课堂	
			文化差异我发现	
			各国文化风采展示	
			走近名校	
			走近名都	
	分享课程	个性绽放	个人原创展示	必修
			团队合作汇报	
		精彩表达	电视台分享——学子讲坛	
			班级分享	

（一）通识课程

这一课程为必修的通识性课程，主要由青溪中学的教师进行授课，方式为专题授课与学科渗透相结合，包括"理解"类课程和"行为"类课程。

1. "理解"类课程是"了解多元文化，增进国际理解"课程的简称。包括由我校教师自主研发的语言学习与应用(SBS牛津英语学科拓展课程)、人文历史与知识(五大洲典型国家文化的学习与了解)、区本教材《i奉贤·贤文化》读本在六年级的使用，希望通过这一课程，使学生了解贤文化、了解世界多元文化，增加人文底蕴。

2. "行为"类课程是"发扬礼仪文化，参与社会实践"课程的简称。是针对我校的育人目标培育"五有"学子而细化的行为准则，确立培育"知书达理有修养，见多识广有眼界，与人为善有爱心，知难而上有毅力，开拓进取有创意"的课程指向，结合《青溪中学"五有"学子成长手册》，立足课程，为青溪学子的成长提供无限可能。这一课程的培训，对于学生在国际交往中的行为表现发挥良好的指导作用，以"知书达理有修养"为例，在当年的游学活动中，青溪学子在异国他乡的公共场所安静有礼的良好形象，得到了当地学校的高度赞扬。

（二）体验课程

这一课程为学生选修的实践体验课程，由我校教师或外国教师进行授课，授课地点既包括学校、社区、博物馆等国内实践基地，也包括国外大学、国际友好学校等。体验课程包括"传统文化"课程、"文化艺术"课程、"媒介素养"课程、"创新思维"课程、"国际交往"课程。

1. "传统文化"课程，通过了解历史悠久的"贤文化"，使学生了解、热爱本土文化，理解、欣赏、弘扬中华传统文化和社会主义先进文化，促进学生形成文化自信。

2. "文化艺术"课程，通过学习艺术知识、技能和方法，掌握发现、感知、欣赏和评价美的能力，形成健康的审美价值，提高学生的文化修养。

3. "媒介素养"课程，随着学校信息技术的不断革新，尤其是电视台的设备更新、编程课程的引进，促使我校开始了媒介素养课程的探索，力求使学生了解必要的信息技术，在学习中感受科技促进发展的同时也关切人的生存和发展。

4. "创新思维"课程，由我校教师自主开发课程内容，带领学生进行"环保创新""思维创新"的共同学习和探究，通过达成任务目标，培养学生逻辑思维、理性分析、想象创作、实践操作、团队合作等能力。

5. "国际交往"课程，通过国内外不同主题的学习，了解在国际交往中应具备的开放包容心态，了解世界发展的动态，关注全人类面临的挑战。学生自主选修该课程，学校进行遴选，由教师根据上级部门统一安排带领学生前往相应国家进行研究。该课程不仅达成增进国际理解的目标，还锻炼了学生多种综合能力。

（三）分享课程

这一课程为学生必修的表达分享课程，由我校教师组织、带领学生共同完成。指导学生将"寻根""放眼"活动中的收获按照知识理解、技能形成、情感认知、思想经验四个维度与老师和同学分享，在学习的过程中，鼓励学生在表达形式上突显个性、勇于创新、乐于分享。此外，这一课程也是对通识课程、体验课程学习效果的反馈，作为达成课程目标的分析依据，便于课程内容的调整和改进，优化"寻根·放眼"课程。

三、项目的组织实施与进度安排

第一阶段：项目领导小组进行理论学习与顶层设计（2018.12—2019.3）

第二阶段：课程实施，过程性资料积累（2019.3—2019.11）

第三阶段：项目成果汇总（2019.11—2020.1）

四、拟解决的核心问题

我校在过去的几年中陆续开展了很多诸如"探访青溪源头""走进晨光""走进芬兰""走进英国"等活动，但对于此类活动的思考和梳理，以及对活动课程化理念的具体落实还不够深入。为此，通过本项目的申报，我们试图以"寻根·放眼"课程为统领，对各种零散的活动进行梳理，逐渐完善该课程，使其具有推广性。我们也将进一步思考，如何将此课程更好地与学校课程融会贯通，切实将学习与实践有机结合，更好地实现培育具有中国灵魂、国际视野的课程育人目标。

五、预期的成果

1. 完善的《青溪中学"寻根·放眼"课程体系》及过程性资料。

2. 与之相关的特色校本课程若干。

3. 教师、学生心得体会。

4. 教师论文、案例集。

三、项目组组织架构及参与教师数

项目参加人数：70 人
项目组组织架构： 组　　长：薛晨红 副组长：包蓓姹、侯敏 组　　员：顾佳红、王芸、周雯、年级组长、教研组长、班主任、全体任课教师

"寻根"青溪·"放眼"世界

——奉贤区青溪中学德育课程工作汇报

一、政策依据和工作思路

培育和践行"立德树人"教育理念，学校是主阵地，学生是主体，把立德树人理念融合到学校办学理念和课程设置中，能更好地贯彻党的教育方针，提高学生的思想道德素养。奉贤地处上海南部，因相传春秋时期孔子七十二贤弟子之一的言子在奉贤青溪（今青村镇）结坛讲文，境内文风因而大盛，并由此孕育出"敬奉贤人，见贤思齐"的"贤文化"。在《2019年奉贤教育工作要点》中指出：深化中小幼一体化的"贤文化"德育体系，要坚持立德树人的大德育理念，围绕深入推进社会主义核心价值观教育和中华优秀传统文化教育，突出学生的国家意识、政治认同、公民人格、文化自信培养。

我校身处"贤文化"发源地，同时也身处如此多元的世界，培养国际视野与培育本土情怀是不可分割的。学校希望通过《"寻根·放眼"课程》项目，使青溪学子感受传统"贤文化"及世界多元文化的魅力，使"贤文化"成为青溪学子各项活动的底蕴和特色，初步了解传统文化及国际人文知识，培养学生爱国情怀，培养新时代的"小贤人"。

学校从立足传统文化教育、关注国际理解教育入手，依托学科课程、主题活动课程、社会实践课程、家校共建等多样形式，构建了"中国灵魂寻根之行"和"国际理解放眼之旅"两大主题课程。

"寻根"课程：以"青溪"为根，以学生假日小队、学校社团活动等为主要形式，充分让学生通过寻访古迹、拜访老人、查阅史料等方式，感受"贤文化"的悠远魅力。

"放眼"课程：国际理解课程通过故事、游戏、写作、艺术、音乐、讨论等形式创造愉悦的学习环境，每一个主题都与学生的日常生活相联系，提高学生学习全球文化的意识，培养他们用尊重的态度及积极的心态参与，引导学生具备持续的跨文化学习的能力和学习服务世界的意识，同时将我们本土"贤文化"带向世界。

二、实施过程及特色做法

在开发《"寻根·放眼"课程》之前，学校多次对学生、家长和教师进行了访谈和问卷调查，以确定符合学生发展需要的项目内容。在调研掌握学生基本情况及家长预期的基础上，结合我校的育人目标，开发设计出兼具科学性和实效性的内容。每一位青溪学子在六到九年级需完成48课时的课程学习，教师团队由校内与校外团队组合，大部分课程由我校教师自主开发授课，而如"传统文化"课程的刻纸课程就由外聘教师带领我校助教老师共同授课，助教在课程的实施中逐渐内化课程，最终将此课程发展为可以单独授课的课程。《"寻根·放眼"课程》包含三个类别：通识课程、体验课程、分享课程。

（一）通识课程

通识性课程为必修课，主要由我校教师进行授课，方式为专题授课与学科渗透相结合，包括"理解"类课程和"行为"类课程。

"理解"类课程是指"了解多元文化，增进国际理解"。包括由我校教师自主研发的语言学习与应用（SBS 牛津英语学科拓展课程）、人文历史与知识（五大洲典型国家文化的学习与了解）、区本教材《i 奉贤·贤文化》读本在六年级的使用，通过这一课程，使学生了解贤文化、了解世界多元文化，增加人文底蕴。

"行为"类课程是指"发扬礼仪文化，参与社会实践"。针对我校的育人目标培育"五有学子"而细化的行为准则，确立培育"知书达理有修养，见多识广有眼界，与人为善有爱心，知难而上有毅力，开拓进取有创意"的课程指向，结合《青溪中学"五有学子"成长手册》，为青溪学子的成长提供无限可能。

（二）体验课程

这一课程为学生选修的实践体验课程，由我校教师或外国教师进行授课，授课地点既包括学校、社区、博物馆等国内实践基地，也包括国外大学、国际友好学校等。体验课程包括"传统文化"课程、"文化艺术"课程、"媒介素养"课程、"创新思维"课程、"国际交往"课程。

"传统文化"课程：通过了解历史悠久的"贤文化"，使学生了解、热爱本土文化，理解、欣赏、弘扬中华传统文化和社会主义先进文化，促进学生形成文化自信。

"文化艺术"课程：通过学习艺术知识、技能和方法，掌握发现、感知、欣赏和评价美的能力，形成健康的审美价值，提高学生的文化修养。

"媒介素养"课程：随着学校信息技术的不断革新，尤其是电视台的设备更新、编程课程的引进，促使我校开始了媒介素养课程的探索，使学生在学习中感受科技促进发展的同时也关切人的生存和发展。

"创新思维"课程：由我校教师自主开发课程内容，带领学生进行"环保创新""思维创新"的共同学习和探究，通过达成任务目标，培养学生逻辑思维、理性分析、想象创作、实践操作、团队合作等能力。

"国际交往"课程：通过国内外不同主题的学习，了解在国际交往中应具备的开放包容心态，了解世界发展的动态，关注全人类面临的挑战。该课程不仅达成增进国际理解的目标，还锻炼了学生多种综合能力。

(三) 分享课程

这一课程为学生必修的表达分享课程,由我校教师组织、带领学生共同完成。学生将"寻根""放眼"活动中的收获按照知识理解、技能形成、情感认知、思想经验四个维度与老师和同学分享,在学习的过程中,鼓励学生在表达形式上突显个性、勇于创新、乐于分享。

三、课程评价

根据我校学生现状,在不改变社会主导的考试等终结性评估手段的同时,更好地利用《上海市学生成长手册》。不只是对学生学习成果及表现作测定,而更重要的是在评估之后对学生提出改进的建议;不只是重视学生的外显行为,还要评估学生学习兴趣以及在学习中的投入程度,实现形成性评估与终结性评估的统一。

评选我校"五有学子"。具体有开拓进取有创意学子、见多识广有眼界学子、知难而上有毅力学子、知书达理有修养学子和与人为善有爱心学子。每学期期末,学生根据学校《"寻根·放眼"课程》以及实践活动中的表现,通过个人申报、班级推荐、年级推选的方式,最终由学校统一评定,颁发"五有学子"奖。

(一) 评价原则

1. 科学性原则。对《"寻根·放眼"课程》的评价要运用科学的评价方法,提高评价的效度和信度。

2. 可操作性原则。评价方法要简单可行,可操作性强。

3. 全面性原则。对课程的评价既要考虑到教师课程目标的实施情况,学生能力的提高水平,又要考虑实践活动的开展情况。

(二) 评价内容

1. 对教师开发的课程方案的评价。主要包括:课程提纲、教学计划、教材、教案。

2. 对教师校本课程教学的评价。

3. 对学生的评价。主要包括:学生上课出勤率;课业完成情况,如上课听讲、学习的态度、小组合作情况等;课程学习阶段性评价,如学习任务完成的质量和进步程度。

(三) 评价方法

1. 教师观察记录。教师对学生在课程学习过程中表现出的情感、态度、能力、行为进行观察并记录。

2. 描述性评语。在课程实施过程中与学生在学习过程中进行交流,对该课程的学习态度、表现等以描述性的语言形成文字,鼓励学生巩固学习,修正不足,继续努力。

3. 学生自评。教师引导和帮助学生对自己在课程学习中的表现与成果进行自我评价,以提高自我认识、自我调控的能力。

4. 学生互评。学生依据一定的标准互相评价,如此可以帮助学生逐步养成尊重、理解、欣赏他人的态度,相互促进。

课程评价的方式、方法不是固定和唯一的,每一种评价方法都有自己适用的范围,教师应该根据各自课程特点和实际情况灵活地运用以上方式、方法,并在《"寻根·放眼"课程》开发中探索创新,使其不断完善。

四、主要成效和经验

(一)中国灵魂寻根之行

➤ 寻古贤印迹——依托社区资源,开展"贤文化"教育。

依托社区资源,开展"贤文化"教育是我校开展的重点活动,结合学校实际情况以及所处奉贤青村镇的各种资源,学生们在辅导员老师的组织和带领下开展了各项与"贤文化"相关的主题队会、小队活动。如"贤文化"班队会评比活动,"追寻先贤足迹,探访青溪源头"实践调研活动等,不仅使学生们在活动的过程中学习了知识,在劳动中落实了志愿者活动,同时也令同学们立志成为社会主义的接班人,努力使家乡奉贤美,奉贤强。

➤ 踏今贤足音——依托共建资源,开展实践活动。

"贤文化"不仅仅是悠远的历史,更是美好的当下与灿烂的未来。为让学生确实感受到自己家乡奉贤的美丽,丰富学生社会实践活动,迄今为止,学校已开展了"走进巴士""走进晨光""走进马勒"等活动,了解了奉贤巴士新引进的纯电动公交车噪音小、起步快和零排放的优势,对中性笔的制作原理有了更加清晰的认识,学习了发动机各个部件的作用和工作原理……各企业也针对中学生的特点,安排了给发动机的不同部位拧上不同螺丝、制作 DIY 九宫格手账等体验环节,让学生们真正体验了新一代科技技术带来的果实。

➤ 扬贤人风采——依托社会资源,开展团队活动。

为更好地激发学生对家乡的认同感、归属感、责任感,学校充分利用社区资源,开展雏鹰假日小队、志愿者服务队等活动,促进教育成果向校外延伸。学校举行"为队旗添彩,让贤城更美"少先队志愿服务主题大队会,聘请奉贤巴士集团团委书记殷莉、奉贤区水务局团委书记钱洁等来自奉贤各行各业的优秀团委书记担任校外辅导员。启动仪式后,各小队在校外辅导员的指导下,走出校园,积极开展"守护碧水清流""同心梦志愿服务""医院禁烟宣传"等志愿者服务活动,为家乡的美好未来贡献出力所能及的力量。

(二)国际视野放眼之旅

➤ 校内拓视野——依托文化活动,构建跨界课程体系。

我校通过三类课程的设置,努力为学生创设良好的学习氛围,以学生为本,面向每一位学生,激发学生兴趣,开发学生潜能,培养学生能力,让每一位学生都能得到健康和谐发展,成为与奉贤新城发展相匹配的具有"中国灵魂、国际视野"的"小贤人"。必修的基础型课程为每个学科确定了培养能力点,尤其突出我校外语教学的优势,注重交际、学以致用;限定性拓展型课程内容丰富多样,以各类节庆、主题活动为抓手,激活热情、激发潜能;非限定性拓展课则分为文明礼仪类、知识技能类、人文素养类、体育竞技类、科技创新类等。

➤ **校外践真知——依托家校联动,打造精品游学课程。**

为开拓学生的视野,培养学生的国际理解力,依托我区"开启世界之窗"项目,我校每学年都组织部分学生进行游学活动。2016学年的韩国济州岛之行,使青溪学子到感受异国人民的热情;2017学年的英国之旅,让学生感受到浓厚英伦文化与精神;2018学年暑假,青溪学子远赴芬兰游学,在芬兰小伙伴的陪伴下体验了芬兰的课程。青溪学子在异国他乡的公共场所和学校安静有礼的良好形象,得到了当地学校的高度赞扬,契合我们"知书达理有修养"的培养理念。在一次次的思想碰撞和实践探索中,我们的游学课程更具针对性和操作性,青溪学子们也学会了带着问题去观察、去体会、去感受,渐渐拥有了放眼世界的眼光和博采众长的品质。

学校在《"寻根·放眼"课程》引领下为学生搭建了解家乡文化,放眼看世界的平台,为学生成长助力,每学年都有学生在市区级活动中获得相关奖项,如"奉贤区经典古诗文诵读""上海市中小学生'我是非遗传习人'创意征文大赛""'小创客'再现家乡古桥设计大赛"等。

"寻根·放眼"两大主题的探索实践在深入学习贯彻立德树人教育理念和"十九大"精神的背景下,也具有了新的责任与使命。我校一定会在今后的工作中,继续深入贯彻立德树人教育理念和"中国灵魂·国际视野"的育人理念,注重对中华优秀传统文化的认同与弘扬,建立真切的家乡认知,增强对"贤文化"的认同感、归属感、自豪感,推进具有地域特色的民族精神教育。

编号_____

类别	师德与素养	
	知识与技能	√
	实践体验	

奉贤区校本培训项目

申

请

书

项目名称："绅士淑女学堂"课程开发培训

负责人：薛晨红

联系电话：13501755287

负责人单位：奉贤区青溪中学

申请日期：2016.05.20

奉贤区教育培训管理中心

填表须知

一、项目负责人必须是该项目培训的实际主持者,并在培训中承担相应的任务。

二、精心设计并提纲挈领地填写"项目培训设计"方案中的各个专题,能较详尽地反映出项目培训的背景、目标、内容及实施等方面的内涵。

三、项目培训小组成员指项目设计人员,实际操作培训的人员。

四、申请书须经学校领导审核签署明确意见并加盖公章后方可上报(一式三份)。

五、申请书须用钢笔认真如实填写(可以复印),书写要清晰,工整。

一、基本情况

培训项目名称				"绅士淑女学堂"课程开发培训				
项目负责人	姓名	薛晨红	年龄	49	职称	中学高级	职务	校长
	工作单位	奉贤区青溪中学		E-mail	2249481058@qq.com	联系电话		13501755287
项目培训小组成员	姓名	年龄	职称	工作单位	学术专长	承担的培训内容		
	薛晨红	49	中学高级	青溪中学	学校管理	课程设计		
	侯 敏	34	中学一级	青溪中学	教学管理研究	理论学习		
	徐 冲	30	中学一级	青溪中学	教学管理研究	理论学习		
	项大勇	35	中学一级	青溪中学	物理科技研究	科技创新课程开发		
	卫 勤	41	中学高级	青溪中学	艺术人文研究	工艺美术课程开发		
	徐 辉	40	中学一级	青溪中学	体育创新研究	体育创新课程开发		
	顾佳红	35	中学二级	青溪中学	人文艺术研究	科技艺术课程开发		
	周 雯	35	中学二级	青溪中学	艺术人文研究	人文艺术课程开发		
	沈梦微	24	中学二级	青溪中学	生命科学研究	创新实验课程开发		
参加培训的对象			1—3年新教师		参加培训人数		30	
项目完成的期限		1年	总课时数		32	申请学分		3分

二、项目培训背景和意义

(包括本项目培训的现实意义、培训对象的需求情况)

现实意义之一:扭转部分教师对于课程的曲解。经调查,现在很多教师,尤其是青年教师对于"校本课程"有着以下曲解:(1)课程的编制是课程专家们的事,教师仅仅是课程的执行者,专家对于课程的理解理所当然地能与教师对课程的理解相一致;(2)课程即是一种固定的、静态的文本,是由课程专家们制定的,课程的实施仅仅是一个文本复现的过程;(3)教师的教学过程是一种类似于工场技术人员的操作过程;(4)学生的学习只是接受专家编排的、由教师复现的固定的知识,学生只是课程的接受者,而不是课程的编制者或者说参与者。为从思想根部转变这样的意识,本培训具备非常重要的现实意义。

现实意义之二:改变校本课程就是活动课、拓展课的陈旧认识。过去一些学校在开设"选修课、活动课"的过程中积累了不少成功的经验,这可以说是为校本课程开发观念的生长准备了良好的土壤条件,是校本课程开发的源头活水。然而许多"拍脑袋决定"或者说没有按学生需要决定的课外活动、活动课、选修课不是严格意义上的校本课程。基础教育课程改革与现行课程之间存在继承与创新的问题,校本课程是对原来活动课和选修课的继承、规范和发展，有些活动课、选修课，特别是一些兴趣小组活动，本身就体现了校本课程开发的基本理念，是校本课程的表现形态，可以直接归入校本课程，而有些与校本课程开发的理念相去甚远的，就需要加以改造、规范和发展。

　　现实意义之三：回答"校本课程开发就是编教材吗?"的问题。校本课程开发不仅仅指具体的课程教材，更重要的是开发的整个过程。把校本课程开发过程仅看成是学校、教师自编教材，在实践上容易误导教师们盲目仿效专家编教材的方式，而编出"校本版"的知识中心教材，造成新的"抓纲务本"。在校本课程开发的初期，教师的课程开发能力正处在成长阶段，学校校本课程的体系与结构都有待完善，适宜向教师提供一些参考性课程指南，不适宜编写教材，待体系逐步完善学校开发能力逐步成熟之后，可以考虑编写活页教材，但必须经过严格的报审与审核程序。

三、项目培训设计

（包括本项目培训目标、培训内容、培训形式、考核形式和操作模块）

培训目标：

　　了解我校校本课程理念，明确校本课程开发的设计流程，掌握校本课程开发设计的操作要点、评价方法等，能在实际校本课程开发过程中加以落实，提高课程设计与开发的实效，促进教师专业成长，提升我校教师的课程执行力。

　　培训内容：

一、校本课程开发相关理论培训（共 3 课时）

　　1. 什么是校本与校本课程。校本课程与地方课程、国家课程之间的关系怎样。

　　2. 怎样理解校本课程开发；校本课程开发的基本理念；校本课程开发应遵循哪些原则。

　　3. 校本课程开发应利用哪些资源；校本课程开发的途径有哪些。

二、校本课程开发基本操作常识培训（共 9 课时）

　　1. 校本课程开发的程序是怎样的。

　　2. 如何进行科学的学校资源评估。

　　3. 确立校本课程目标的方法有哪些。

　　4. 如何确定总体课程结构。

　　5.《学校校本课程开发设计方案》包含哪些内容。

　　6. 教师如何撰写《课程纲要》。

　　7. 如何实施校本课程的课程评价。

　　8. 如何安排校本课程的时间。

　　9. 校本课程的评价主要有哪几方面。

三、校本课程开发的实践（共 20 课时）

青溪中学"绅士、淑女"学堂校本课程	文明礼仪类	民族教育
		生命教育
		学生品德
		职业道德
		家庭美德
		社会公德
	知识技能类	小种植
		小编织
		小发明
		小实验
		小制作
		小饲养

人文素养类	琴	
	棋	
	诗	
	书	
	画	
	舞	
体育竞技类	球	
	射	
	骑	
	投	
	跳	
	跑	
科技创新类	听	
	说	
	读	
	写	
	算	
	想	

培训形式：

1. 集中培训：①大集中：以学校的集中培训、研讨活动为主,以学科专业知识、技能培训提高及教学研讨活动为主;②小集中：1—3年的青年教师集中学习。

2. 分散培训：以教师个人自学为主的自学研修,以各学科小组选学理论专著为主,学校每学期指定部分学习材料,青年教师要写好读书和业务学习笔记,撰写学习心得体会或论文并进行交流。

3. 专题讲座：由学校中层以上领导和骨干教师、学科带头人、优秀教师或校外专家,教研员进行专题讲座,帮助老师树立正确教育观念,激发教师自我提高意识。

4. 专题研讨活动：围绕校本课程开发中出现的一些带共性、有研究价值的问题,围绕某一个专题,组织研究课,在参与、体验、反思中总结经验,转变教育观念,通过研讨、交流,学习他人长处,提高认识,促进自己提高,促使整体水平提高。

5. 运用现代信息技术和借助多媒体组织教师观看相关录像视频、录像课等进行微格培训。

6. 外出学习：组织教师外出参观学习校本特色课程等。

7. 总结交流：通过撰写案例、论文、经验、心得、反思等,提升教师基本素质和业务水平。

操作模块：

模块一　校本课程开发相关理论培训(共3课时)

模块二　校本课程开发基本操作常识(共9课时)

模块三　校本课程开发的实践(共20课时)

考核形式：

模块一：理论测试;

模块二：过程性作业评价;

模块三：完成一门校本课程的开发。

四、预期效果及展示方式

预期效果及展示方式

预期效果：青年教师在课程理念上能有所更新，并结合青溪中学课程目标开发属于自己的 1—2 门校本课程。能在开发过程中，关注学生的需要，促进有差异的个性发展。

展示方式：教材展示。

五、完成项目的条件与保证

（包括经费的预算、主讲教师能力、完成培训的外部条件等）

校本培训实施经费、预算为 100000 元左右

1. 聘请专家讲座：20000 元。
2. 外出听课、参观所用差旅费、资料费等：20000 元。
3. 购买相关书籍：2000 元。
4. 校本教材汇编：50000 元。
5. 成果展示活动：8000 元。

六、项目论证意见

校（园）意见

　　我们要以校本课程开发为契机，关注教师专业发展，鼓励教师的创造热情，发挥个性特长。要在课程开发的过程中，关注学校的特色，充分发挥学校作为课程决策中心的作用；同时，更要关注学生的需要，促进有差异的个性发展。而这一切的实施都离不开青年教师，这支校本课程执行的新生力量军。为此，我们经过讨论，一致同意开设此门培训课程，并希望这项工作能扎实开展、富有成效。

单位（盖章）　　　　　　负责人（盖章）

年　　　月　　　日

项目培训评审小组意见

负责人（盖章）

年　　　月　　　日

项目培训领导小组意见

负责人（盖章）

年　　　月　　　日

让每位学生都成为绅士淑女

——青溪中学"绅士淑女课堂"课程培训工作汇报

一、指导思想

青溪中学课程教学工作在教育局、教育学院的关心支持下,从实际出发,分析教育教学工作的基础条件和所面临的挑战,以"贴近课程改革要求、贴近学校实际、贴近学生需求"为指导思想,将"加强课程建设,推进课程实施,提高课程实施的规范性和有效性"作为核心目标,围绕校本课程开发的工作思路"以绅士淑女课堂为载体,探索学校校本课程开发、设计与教学指导的方法策略,逐步积累校本课程教学资源,促进教师专业成长,培养有个性发展的绅士淑女"开展了一系列促进校本课程开发与实施进程的培训工作。

二、情况分析

1. 校本课程设置基本情况

我校目前 4 个年级有 16 个教学班,58 名教师,开设拓展课 23 门,集中授课时间是周五下午 1、2 节。根据办学条件和实际情况,坚持大多数"校本开发"和少部分"使用学习包"相结合的形式,全面落实拓展型课程的实施。成立拓展型课程教研组,采用了排进课表分课时教学的形式,同时也采用指导学生课外研究的形式。

2. 师资情况

担任拓展型课程的教师绝大部分是兼职教师,及部分外聘教师。我们根据教师的学科背景、兴趣特长来安排课务,也聘请了一部分专业人员定期指导,尽管有一定的难度,但教师们热情高涨,学校努力开展针对实际需求的培训工作。

3. 课堂教学情况

根据平时的教学调研和随堂听课,结合校级教学公开课以及中青年教师拓展课教学评比活动中的教学行为,课堂基本情况表现为:

① 教师重视对教学目标的设计,基本能符合课程的特质要求,接近学生接受的能力。②教学质效比较高,青年教师能发挥其优势,乐于收集资料,利用现代教学手段,通过课件等促进教学过程。③教学指导策略的运用较好,青年教师善于接受新事物,且工作热情高,有一定的发展空间,所以这类教师将是拓展型课程建设和实施的生力军。

三、工作成效

● 主要培训工作

（一）专题培训，提高课程理解力

1. 通识培训

由于大多数教师是兼职教师，开展拓展型课程的通识培训是相当必要的。项目执行初期开展课程培训，解读《上海市普通中小学课程方案》《上海市研究型课程指南》《青溪中学"中国灵魂国际视野"课程方案》等课程改革理论，深入认识拓展型课程的功能、目标、定位、价值，使教师树立起课程新理念，提升课程开发和建设意识。2016 年暑期，特邀请市教研室原副主任赵才欣老师前来现场指导和开设讲座，教师对课程价值意义、特点要求有了全面认识。

2. 学校课程方案设计培训

为了促进教师对拓展型课程的整体设计、系统安排，学校利用暑期培训，开展拓展型课程实施方案培训，由薛晨红校长、侯敏教导主任做专题讲座，指导教师全面了解学校的课程方案，对拓展型课程开发、实施、管理、评价、保障等作出的全面规划与部署，使它成为学校拓展型课程建设的纲领性文本，成为教师课程内容设计和教学的重要依托。

3. 教学指导策略培训

我们积极输送教师参加由区教育学院组织的 STEM 课程的培训，参加过培训的三名教师分别承担了三门校本课程的教学；同时由教学部组织开展课程理论与教学实践相结合的专题培训，比如《探究型课程实施中的教师有效指导》《调查研究法的指导》《实验研究法的指导》《学习单的设计与运用》等专题，通过教育学院提供的来源于教学一线的具体案例为教师提供实践策略和成功经验。

4. 主题内容开发与设计培训

为了促进学校校本化的实施拓展型课程，我们学习并总结市区结对学校（进才北校、卢湾初级中学）及联盟体内兄弟学校的有效做法，指导教师结合自身的教学实践开展《探究课程内容资源的开发策略》《学习包内容解构的目的、方法、流程》《探究问题空间的分析策略》《探究主题的分析与设计》等培训，教会大家运用"思维导图"等软件整理信息、设计探究主题。

（二）以评促建，提高课程实施积极性

举行各类评比活动，以促进教师探索拓展型课程实践的积极性，也使获奖成果辐射到教育集团。

1. 课堂教学、说课评比

组织拓展型课程课堂教学评比、说课评比活动，从中发现价值意义重大的探究内容、

发现教学专业能力优秀的教师并鼓励其参加区级活动,其中音乐拓展课《琵琶语》获乡村少年宫展演一等奖,心理拓展课《呵护花蕾》获镇评比一等奖,木工拓展课《我是小鲁班》获镇优秀奖。

2. 教学案例、教学论文评比

围绕教研专题,组织校级教学案例、教学论文评比,同时选择优秀论文参加区级评比,汇编了2辑《清思集》。

3. 活动成果展示

每学期学校组织拓展课成果展示活动,关注过程性评价,要求每门学科开设一节公开展示课,并进行评比;每位教师展示学生的作品进行评比和义卖。

● **基本成效**

1. 对拓展型课程的认识普遍提高,课程实施正常有序

目前,任课教师对课程有了清楚的认识,特别是已经能够准确地把握它与学科课程的区别,还能主动将拓展型课程与学科课程、学校的各类教育教学活动有机融合,使它们互为促进、优势互补。

2. 教师的课程开发和实施取得较好的成果

在开展了系列课程实践活动之后,教师在开发具有本校特色的校本课程资源方面做出了努力,不仅制定了实施方案,还编写了教材、教学设计等资源,获得了比较好的成果。2015年以来,我们一共开设了23门课程,其中开发成熟的校本课程有6门:"五有"学子德育课程、消防安全校本课程、我是小鲁班、天天美食、思维创新、环保创新。

3. 建立学校的特色课程网站

为了使校本课程资源更好地服务于学校的课程实施,学校于2017年9月,建立了"青溪中学校本特色课程网站",设立了主题研讨、课程要求、学校方案、学习设计、活动案例、校本课程、论文交流等栏目。同时做到动态资源与静态资源相结合,使日常的教研活动与互动平台建设相辅相成。

四、问题分析

1. 部分教师不能适应校本课程的教学

校本课程是一门新的课程,没有现成的经验可循,特别是中学段的探究开放度大,很多教师自身都不知道如何开展研究,更不知道如何进行课程的教学,有相当数量的教师甚至没有对校本课程的教学赋予相当的精力去探索准备,这是目前校本课程推进的重大阻碍。

2. 校本课程整体规划、实施管理尚有许多不足

校本课程的常态、有序、有效实施,依赖于学校翔实可操作的课程实施方案,所以学校每学年都要制定符合本校实际,彰显课程理念、课程特色的实施方案,并且该方案还应具有很强的操作性、连贯性、前瞻性。实际上,学校在制定方案时,新学校未充分考虑学校、学生、社区实际，所以方案与实际操作契合度不是很高，课程实施过程随意性大，任课教师孤军作战。

3. 部分教师的教学指导有效性欠缺

由于对指导教师角色定位的认识不清、对如何有效指导认识不足、对校本课程特质和课程理念钻研不透，不少任课教师在课程实施过程中盲目操作，对活动主题、教学、课型、活动背景、预设目标、情景创设、活动环节、课前准备、课中活动、课后延伸等一系列的问题，缺乏深入细致的考量，招致探究活动指导无的放矢，效果不明，效益低下。

五、发展思路

1. 加强校本教研，进一步促进课程的校本化实施

课程的活力在于学校主体，我们要抓住教研组长和骨干教师的作用，探索课程的校本化实施，从课程方案完善、课程内容丰富、课程管理评价，以及教研组专题教研入手，带动教师校本课程实施热情。

2. 加强骨干培养，进一步引领学校校本课程实施

骨干教师的校本课程专业能力，代表着学校课程研究的水平。围绕已开发的课程，让更多的教师参与实践，在实践研究中培养骨干教师；也要发挥中心、核心团队组教师的能力，通过分组和结对带教培养部分优秀教师成为教学骨干。还要在加强校内培养的基础上，争取机会加强校际互动，吸取外校外区的课程实施经验并在本校移植。

3. 加强资源整合，进一步扩大校本课程的实施力度

作为一门课程，校本课程的实施不仅是几位任课教师的工作，也不是学校教学部的工作，所以要加强课程的实施力度，关注和主动联合校内其他部门，引导学校积极整合学校德育、学校科技教育、读书活动等条线，针对校本课程有课时没有统一课程内容的特点，合作互补，扩大校本课程实施的范围，提升学校的课程实施力量。

上海市教育科学研究项目
申报书

项目名称："新城教育联盟体"学校新教师成长的实践与研究

项目申报人：薛晨红

项目类别：一般项目

申报人所在单位：上海市奉贤区青溪中学

填表日期：2015 年 3 月 25 日

上海市教育委员会

2015 年 3 月修订

填表说明

一、项目名称应准确简明，反映研究内容，最多不超过 32 字（包括标点符号）。

二、每项项目限报申报人一人。项目申报人必须是该项目的实际主持者，并在该项目研究中承担实质性任务。每一申报人同一时间内只能承担一项上海市教育科学研究项目。以前申报的市级项目尚未结项，未经市科研管理部门鉴定和验收者，不能再次申报。

三、项目类别分重点项目和市级项目二类。

四、本数据表将全部录入计算机方能进入评审程序，申报人必须逐项认真填写。

1. 有选择项的直接将所选的代码填入前方框内。（封面上方两个代码框不用填写）

2. 部分栏目填写说明

工作单位：按单位和部门公章填写全称

通讯地址：按所列的三个部分详细填写，必须包括街（路名）和门牌号，不能以单位名称代替通讯地址。注意填写邮政编码。

主要参加者：是指除项目申报人之外的课题研究人员与子项目负责人等，人数不得超过 11 名。（不包括项目顾问）

预期成果：指预期取得的最终成果形式，限选报两项，教材、软件等不作为研究成果。

五、项目申报人须具有高级职称，不具有高级职称者，须由同专业两名正高级职称人员推荐，区县基础教育单位的项目申报人可以由同专业两名副高级以上职称人员推荐。

六、"申报人所在单位意见"由项目申报人所在的单位领导签署；"科研管理部门意见"由项目申报单位的科研管理部门或区县科研室签署；"财务管理部门意见"由申报单位的财务处或区县教育局财务科签署；"行政管理部门意见"由申报单位或区县教育局的领导签署。

七、本申报表一式五份，请用 A4 纸双面打印，于左侧装订成册后上交。

一、数据表

项目名称	"新城教育联盟体"学校新教师成长的实践与研究														
研究领域	D	A 高等教育　B 职业教育　C 成人教育　D 基础教育　E 学前教育　F 特殊教育													
学科分类	F	A 教育发展战略　B 教育基本理论　C 教育心理　D 教育史　E 比较教育　F 教育管理　G 德育　H 美育　I 体育　J 课程教材　K 综合　L 其他													
所属系统	E	A 师范类高校　B 其他高校　C 教育行政　D 专业研究机构　E 中小学　E 幼儿园　F 成人职业教育　G 其他													
申报人姓名	薛晨红	性　　别	女	身份证号	310226196710211844										
行政职务	校长	职　　称	中学高级	研究专长	教育教学管理										
工作单位	上海市奉贤区青溪中学			电子信箱	qxzx20130901@126.com										

通讯地址	奉贤区大型居住社区褚家路 276 号				邮政编码			201406
联系电话	37527396 （单位） ／ （家庭） 13501755287 （手机）							

	姓名	性别	出生年月	职称	研究专长	学历	学位	工作单位
主要参加者	姚晓春	男	1964.04	中学高级	管理、教研	本科	学士	尚同中学
	宋勤标	男	1964.01	中学高级	管理、科研	本科	学士	金水苑中学
	朱权华	女	1966.06	中学高级	管理、科研	本科	学士	思言小学
	胡爱花	女	1965.01	中学高级	管理、教研	本科	学士	明德外国语小学
	詹恩东	男	1965.12	中学一级	管理、德研	本科	学士	金水苑小学
	秦丽斌	女	1969.04	中学高级	教学研究	本科	学士	青溪中学
	侯　敏	女	1982.06	中学一级	教学研究	本科	学士	青溪中学
	王燕锋	女	1977.04	中学一级	案例研究	本科	学士	青溪中学
	包蓓姹	女	1984.04	中学二级	教学研究	本科	学士	青溪中学
	顾佳红	女	1983.11	中学二级	资料综述	本科	学士	青溪中学

项目类别	一般项目	申请经费（单位：元）	4	0	0	0	0
预期最终成果	结题报告	预计完成时间	2017 年 12 月 20 日				

二、申报人和项目组成员近五年内取得的与本项目有关的研究成果

成果名称	著作者（第一作者）	成果形式	发表刊物和出版单位	发表出版时间
《浅谈农村学校初中牛津英语课程资源开发与利用的渠道》	薛晨红	论文	《上海教学研究》	2012.06
《农村学校初中牛津英语教材使用策略的研究》	薛晨红	论文	《奉贤教育》	2012.03
《初中学段市"课程与教学"调研小结与思考》	薛晨红	论文	《奉贤教育》	2012.04
《教学有效性需要从学生发展的角度去把握》	姚晓春	论文	《现代教学》	2010.05
《小学科学长周期探究案例集》	姚晓春	著作	上海科级教育出版社	2012.10
《促进学校实现跨越式发展——书香校园的思考》	宋勤标	论文	《现代领导》	2010.06
《校长文化引领学校文化思辨》	宋勤标	论文	《现代领导》	2010.06
《人文课堂：教师专业成长的主旋律》	宋勤标	论文	《新课程》	2011.12
《对基础教育均衡发展的思考》	宋勤标	论文	《中国农村教育》	2010.08
《学校管理中的一二三》	宋勤标	论文	《奉贤教育》	2013.03
《让应用成为习惯》	朱权华	论文	《教育传播与技术》	2012 年第 1 期
《从 13 人到 60 人：让交互式电子白板应用成为可能》	朱权华	论文	《上海市农村中小学教育信息化应用推：进项目报告文丛》	2012.09

成果名称	著作者 （第一作者）	成果 形式	发表刊物和出版单位	发表出版时间
《以科研为引领　提高学校德育质量》	朱权华	论文	《工作室在行动》	2014.01
《基于发展需要的校本课程建设探索》	朱权华	论文	《奉贤教育》	2014.02
《让教师感受生命涌动与专业成长——基于新农村教师专业发展多元评价的新探索》	朱权华	编著	上海远东出版社	2013.06
《行走在精细化课堂教学的道路上》	胡爱花	论文	《新课程》	2010.07
《在生命教育三步曲中绽放生命的光彩》	胡爱花	论文	《现代领导》	2010.06
《思想与激情起飞,生命和使命同行》	胡爱花	论文	《现代领导》	2010.06
《学校发展中课程创生的思考与实践》	胡爱花	论文	《上海教育科研》	2011.03
《每堂课都要有明确的教学重点》	秦丽斌	论文	《奉贤教育》	2014.10
《巧用导学案"延伸拓展",指导学生"以读促写"》	秦丽斌	论文	《奉贤教育》	2011.04
《指导初中学生英语命题作文"六步修改法"的实践与研究》	秦丽斌	论文	《上海市首批"培训者的培训"培训师成果集》	2011.05

三、申报人和项目组成员近五年来承担的研究项目

项目名称	项目类别	批准时间	批准单位	完成情况
《沪郊农村牛津英语教材使用策略的实践与研究》	市级	2009.11	上海教学研究	已结题
《多元联盟背景下新城学校新教师校本培训模式的探索与实践》	区级重点课题	2014.03	奉贤区教育局	已中期
《奉贤区优化中小学校本课程实施过程中管理与指导的实践研究》	区级	2012.03	奉贤区教育局	已结题
《农村边远学校青年教师校本培养的实践研究》	区级重点课题	2012.02	奉贤区教育局	2013.12 获区教科研成果三等奖
《构建"天鹏"校本课程提高德育实效的实践研究》	区级重点课题	2014.05	奉贤区教育局	研究中
《基于信息化平台建设优化教师绩效管理的实践研究》	区级重点课题	2011.05	奉贤区教育局	已结题,2014 年优秀课题成果
《基于交互式电子白板转变教与学方式的实践研究》	市级信息化项目	2012.06	上海市教育委员会	已结题,此课题同时被列为 2012 年奉贤区教育信息化项目
《教育委托管理视野中学校内部管理机制创新的实践研究》	区级重点课题	2014.06	奉贤区教育局	研究中,此课题为区教育局市级重点课题子课题
《"互动教学反馈系统"在课堂中的有效应用研究》	市级信息化项目	2014.07	上海市教育委员会	已结题,此课题同时被列为 2014 年奉贤区教育信息化项目

续　表

项目名称	项目类别	批准时间	批准单位	完成情况
《城市化进程中，小学教学生态环境优化与学生学习品质养成的实践研究》	国家教育部子课题	2012.07	奉贤区教育局	已中期
《"敦品·力行"引领学校文化建设整体设计的策略研究》	区级重点课题	2013.03	奉贤区教育局	已中期
《借助课堂微格法培养职初教师教学微技能的实践研究》	上海市信息化一般课题	2014.03	奉贤区教育局	已中期
《初中牛津英语语法"分年级递进"教学的实践研究》	上海市第三期名师基地学员课题	2013.03	上海市第三期双名工程"刘健、施志红"基地	已中期

四、项目设计论证

情报综述(可添页)

对本项目相关国内外研究现状述评
一、教育联盟体(共同体)的相关研究

　　教育联盟体(共同体)就是指教育机构之间为了实现一定目标而结成的优势互补、有合作也有竞争的教育联合体，主要的特征有：一是联盟的主体必须是独立的教育机构；二是联盟的目标与教育活动相关。教育联盟不仅可以使学校间优势互补、节约资源、降低成本，而且更容易获得外界的认同和资助，形成强大的竞争力，在激烈的教育市场争夺中取得优势地位。

　　1. 国外的相关研究

　　(1) 国外教育联盟的发展。①美国高校联盟的发展源自美国大学在体育竞赛上的合作。1896 年,美国中西部七所高校自发结成大学体育联盟,后陆续又有三所大学加入,形成十所高校联盟,即十大联盟(Big Ten Conference)。1956 年,美国东北部的哈佛大学、耶鲁大学、普林斯顿大学等八所著名高校建立联盟,即著名的美国常春藤联盟(The Ivy League),该联盟也成为世界最为著名的高校联盟。后美国各地高校又结成了大约有三十个高校联盟,在发展中,许多联盟已经不再局限于某方面的合作,已在招生、人才培养、课程、学术研究、教学资源、校园活动、体育赛事等多方面加强了合作,并暗自竞争,形成了各自不同的特色。②与美国高校联盟发展相比,欧洲各国高校联盟的发展要晚一些。1985 年,欧洲不同国家的 38 所大学组成的大学网络,即科英布拉集团(The Coimbra Group)。1994 年,英国 20 所一流研究型大学组成了高校联盟,称罗素大学集团,该联盟被称为英国的常春藤联盟。1991 年成立的法国巴黎高科集团,是集全法最具声望的 11 所工程研究生学校结成的高校联盟。③20 世纪 90 年代后期,为了寻求高校之间更广泛的合作,不同国家大学在加强与本国、本地区大学合作基础上,形成了不同层次、类型的大学联盟。这些大学联盟的发展有力地推动了国际高等教育的交流与合作,促进了各地区大学合作意识的觉醒,使大学迈出国界,在全球范围内寻求合作。

　　(2) 国外著名大学联盟运行机制。①美国大学联合会。1900 年成立的美国大学联合会(AAU),被学界公认为第一个大学联盟。AAU 运行机制由三大体系构建而成：决策体系、管理体系和质量保障体系。决策机构是理事会(校长委员会),负责决策下达和权力分配等领导性事务。管理体系由执行委员会、华盛顿办公室及各分支机构组成,负责 AAU 日常工作运转,督导其他委员会工作等问题。成员资格委员会是 AAU 质量保障体系的核心,拥有成熟会员审定资格。在 AAU 完善的运行机制保障下,各成员大学发展良好,为美国乃至世界高等教育事业做出了巨大贡献。②英国罗素集团。由英国 20 所研究型大学组成的罗素集团,致力于提升研究水平、增加学校收入、降低政府干预及提倡大学合作等问题,如今形成了完善的运行机制,具有专业的决策体系。罗素集团具有专业的决策体系,由主席和总干事在专业小组的协助下全面负责。管理体系和质量保障体系职能并不独立,各专业小组在发挥各自核心职能同时兼顾整个体系运行,全面参与集团运作,这也是资源丰富设施完善的高水平大学联盟的优势。③澳洲八校联盟。成员皆以研究作为发展使命的澳大利亚八校联盟也是大学联盟研究领域关注的焦点。相较美国大学联合会和英国罗素集团而言,八校联盟的运行机制更灵活,以成员校长组成的董事会为核心,设多个专门委员会,涵盖主要的学科领域和大学行政部门等,定期组织会面以交换信息及商讨合作事宜。此外,八校联盟在运作上采取法人担保的有限公司形式,特别设立的专业性常设机构秘书处,也是该联盟的一大特色。八校联盟发展迅速,极大地促进了澳大利亚社会经济发展,使澳大利亚成为了世界高等教育的强国之一。

　　（3）国外教育联盟发展产生的作用。从国外教育联盟发展的总体趋势看，无论是单项或多元合作，无论是在本国、本地区或跨国合作，无论是民间或官方合作，或是多层次多类型的合作，其在发展中产生的作用确是明显的。①促进了联盟学校自主意识的觉醒。这些组织的建立不仅旨在促进资源的合理利用，实现资源共享，更重要的是通过建立合作协议，加强了各成员的自律，确立了成员的主体地位，促进了其自主意识的觉醒。②提升了联盟学校的综合实力。学校联盟旨在促进学校的发展，如美国常春藤联盟，其结盟宗旨就是通过院校间的合作和竞争，提高大学的声望和学术水平；积累学生的学习经验，扩大学习机会；丰富学生的生活，共享学校资源，节约经费开支。可见，通过不同高校间的合作，可有效提高资源利用率、减轻各自办学经费紧张的压力，在形成整体资源优势的同时，促进高校之间的错位发展，增强异质竞争，在不同程度上提升高校综合实力。③推动了区域教育的均衡发展。如作为罗素大学集团成员的金砖五校代表了英国最顶尖的科研实力、师生质量，每年都会吸引大批的海外学者来这里学习，使之成为英国，乃至世界高等教育发展最快的地区。

　　2. 国内的相关研究

　　从所查询到的资料来看，近十年我国针对教师成长的教育共同体的研究大致是从四个视角出发的：①教育共同体与信息技术整合的视角；②解决区域内部教育均衡发展问题的视角，如青岛四方区教育体育局与胶南市教育体育局携手打造城乡教育共同体；③教师专业发展视角，其中较为典型的是周淑艳的硕士学位论文《专业发展背景下教师学习共同体构建研究》，她认为教师学习共同体是促进教师专业发展的有效途径，并对英、美两国关于学习共同体的案例进行分析，提出我国建构教师学习共同体的障碍及其对策；④学习生态学视角，较为典型的是杜萍的论文《从学习生态学视角研究教师学习共同体》。

　　而从实践角度，当今的中国基础教育界，正在兴起一场"教育共同体运动"。许许多多的人为了追寻共同的教育理想，自觉地组合在一起，通过持续不断的相互作用而改变着原有的行走方式，推动着基础教育的发展。比如①著名学者朱永新教授主持的全国教育科学规划重点课题"新教育实验"倡导的就是一种"新教育共同体"的集体行动。自2003年12月正式立项起，在短短的3年内把全国20多个省市238所学校凝聚在一起（其中挂牌学校131所），形成了江苏的吴江、海门、张家港、姜堰，河北省的石家庄桥西区等新教育实验基地。"新教育共同体"以"为了一切的人，为了人的一切"为核心理念，以教师专业发展为基点，围绕营造书香校园、师生共写随笔、聆听窗外声音、培养卓越口才、构筑理想课堂、建设数码社区等"六大行动"，形成了一种独特的教育研究范式。它的建立为教育行政部门研究区域教育共同体建设与发展提供了一种很好的范式，也为区域教育共同体建设的实践与探索，提供了比较丰富的实践经验。②国家督学、著名教育改革家李希贵先生主持的国家教育科学"十一五"规划课题"新学校行动计划"，旨在通过对实验校的测量与分析，诊断并研究，解决学校课程、文化建设等学校发展中存在的问题，提取理想学校的基因，破解理想学校的密码，构建理想学校模型。来自全国教育发达地区的江苏、山东、北京、上海、浙江等省市的多所优质学校参加了这一科研活动，形成了"新学校共同体"。③华东师范大学教授、博士生导师陈玉琨先生担任主任的华东师范大学慕课中心联合我国清华大学附中等知名高中、初中与小学，分别组建了C20慕课联盟（高中）、C20慕课联盟（初中）与C20慕课联盟（小学）。这些C20联盟，专注于开发基础教育阶段各学科的教学微视频，推动了全国各地"慕课"的建设。C20联盟还积极探索大数据时代背景下，借助于最新数字化手段，个别化、自主性与互动式的创新型人才培养模式的构建，革新传统课堂教学模式，给学生更多的思维空间和自由，提高人才培养质量，从而推动我国基础教育的改革。

　　3. 主要观点陈述

　　综合国内外的相关研究，我们感觉到，要解决学校发展过程中日益复杂的问题，凭一校之力已不能及，加强合作，建立教育联盟体是教育发展的必然趋势。而从相关研究中我们也获得了许多启示，如：①选择互动性强的联盟成员是联盟成功运行的核心；②建立有效的运行与组织构架是联盟健康运行的关键；③突破资源配置的实际障碍是联盟运行的主要途径等。

　　同时，我们也感觉到在已有的国外研究中，针对高校联盟的研究较多，针对基础教育联盟体的较少，国内的研究中，对城乡结对形成的教育资源联盟的文章或研究成果较多，深入地从实践模式的角度从事"区域教育联盟体研究"的较少，针对"新城教育联盟体"的相关研究则更是几乎没有。由此可见，随着新城的不断崛起和当代教育不断走向现代化发展，要推动和实现教育高水平均衡，关于新城教育联盟体的发展尚需要持续的研究、探索和建构。

二、新教师成长的相关研究

　　新教师的成长及专业发展受到许许多多因素的影响，对于新教师的培养，注重激发其成就动机，创造良好的成长氛围，建立新教师成长的激励机制，为其成长提供良好的条件。

　　1. 国外的相关研究

　　（1）美国的相关研究。从所查询到的资料来看，美国教育自20世纪80年代以来非常重视教师的成长，并把学习共同体作为促进教师成长的重要途径，而且在具体实施中所取得的效果也比较好。促进美国教师成长的主要内容涉及：①从教师自身发展而言，读书自学、反思性实践、参与行动研究与校本课程开发等是教师专业发展的重要途径；②从教师专业发展的外在因素而言，定期与不定期的培训、专业发展学校和教师教育等是教师成长的重要途径；③研究影响教师动机和学习机会的组织和职业条件。主要途径是通过建立学习共同体，教师以学习者、领导者和合作者的身份，投入到团队的合作探究、学习团队学习、课堂观摩学习等专业发展活动中，通过参与这些专业学习共同体中的专业活动，教师们获得了良好的人际支持，提高了他们的自我效能感，增强了他们对学校的认同感，促进了专业知识的共享和创新，也激发了他们专业发展的主体意识。学习共同体活动主要从以下两点开展：①管理者和教师不断地学习和合作，提高自身的专业素质，进而推动整个团队的发展，最终促进学生的学习和发展。②学习和合作是基本保证。团队成员处于一种民主平等的氛围中，他们互相学习、分享知识和经验，协同工作，相互支持，共同承担责任等，这些都可以有效地促进成员自身及团队的发展。

(2) 香港的相关研究。香港教育也十分注重新教师成长研究，尤其是致力于新教师的教学改善。教学改善以学生的发展为终极目标，以院校合作为主要途径对新教师进行专业成长的培养。研究内容主要为：①进行集体备课。每小组定期召开众多的课前系列会议，根据学校的教学安排，教师和研究员共同选择研究班级和初拟学习内容，研究课会在施教期间进行，并根据教师已有实践经验、学校研究文献和研究员的理论知识。②进行共同观课。几位教师会分几轮进行研究课的实施，而其他教师与研究小组成员负责观课，同时做好每一堂课的录像工作和听课笔记，以便在每一堂课结束后的课后会议中做进一步分析，分享小组成员在课堂中的学习心得和观察结果，以期在下一轮的教学中改善研究课。③进行系统反思。内容主要包括研究目标、步骤、成果等的记录文件及报告，并与其他教师及公众分享成果。所得反馈将成为下一循环研究的重要参考资料。主要途径是：香港的院校合作模式是其进行教学改善、培养新教师成长的重要途径。通过院校合作教会教师从教科书中识别有价值的学习内容，对教材的内容作出取舍，建立课堂学习研究，使学生更有效地掌握知识，也使教师深入理解学科知识，"促进教学专业知识库的创建"。但院校合作中也存在问题：合作角色不入位。院校合作的核心特征在于伙伴之间的平等、合作和关系的持续性，但在实际运作中却往往并不如此。大学人员处于知识金字塔的顶层，是新课程改革的呐喊者和倡导者。在协作的实践过程中，他们自觉或不自觉地在合作中掌握话语权，成为主导者、支配者，而教师沦为专家理念和方案的执行者，这就失去了作为伙伴的合作意义。

2. 国内的相关研究

从所查询到的资料来分析，近年来我国针对新教师发展的研究主要有以下几个方面：

(1) 针对解决新教师入职适应问题的研究。如上海市 H 区在新教师发展现状和需求调查的基础上，以新教师的发展需求为基点，从教师进修学院新教师培训、师范院校教师教育课程和学校师徒带教等方面提出了解决新教师入职适应问题的相关对策建议：①提供课堂教学能力的指导；②进行针对性和实用性更强的培训；③加强课堂管理；④加强培养学生发展方面的指导。

(2) 针对影响新教师成长的因素的研究。研究表明在开展入职培训和继续教育工作中，应充分考虑新教师的特点，努力激发其成就动机，创造良好的成长氛围，建立新教师成长的激励机制，促进新教师的专业成长。其做法主要有：明确入职培训的意义和作用，加强入职培训的针对性；建立科学合理的管理机制和有效的激励机制；建立科学的评价机制；创造优良的校园环境，加强对新教师的心理调适。

(3) 针对新教师任教学校的引导作用的研究。研究表明我国现有学校的主要做法有：①设置专业成长工作小组；②建立学校内师徒制；③鼓励经验教师开放课堂，支持新任教师积极参与教学观察，即听课；④分配合适的工作，将新教师分配在便于向师傅和其他经验教师请教的办公室里；⑤提供充分的教学准备时间；⑥提供充足的教具及书面资料，明确学校的正式与非正式规定，帮助新教师尽快了解他们的角色期待和一些必要的信息。

3. 主要观点陈述

综合看来，新教师的成长离不开外力支持。教师成长的职业生涯包括：①准备期：是教师从事教育工作以前的阶段，是接受教育和学习的阶段。②适应期：是教师走上工作岗位，由没有实践体验到初步适应教育教学工作，具备最基本、最起码的教育教学能力和其他素质的阶段。③发展期：是教师在初步适应教育教学工作后，继续在教育教学实践中锻炼自己的教育教学能力和素质，使之达到熟练的程度的时期。④创造期：是教师开始由固定的、常规的、自动化的工作进入到开始探索和创新的时期，是形成自己的独到见解和教学风格的时期。中国教育在培养新教师的方法上借鉴了国外的经验，如学习共同体，为教师成长提供了良好的环境支持，有利于教师合作，特别在提高教师科研能力、社会服务能力以及管理经营能力取得了很大的成就。但我们发现国外相关研究中针对高校新教师成长的较多，对义务教育阶段新教师成长的则较少，对入职教育培训的研究较多，而对在职培训的研究较少。我国对新教师成长培养尝试仍处于初级阶段，发展并不完善，培养新教师成长的模式产生于美国，有其产生、发展的社会基础，而中美两国在诸多方面都存在较大差异，而且教师专业发展学校教育实习自身存在有待探索的问题，因此要在我国推广这一教育实习模式，要因地制宜分析，学习美国教育实习的理念而不是形式。

续　表

当今我国中小学教师继续教育机构普遍想方设法采取种种措施促进新教师的成长,在专业方面包括以下几个方面:①教学活动;②科研活动;③社会服务活动;④管理经营活动;⑤人事管理;⑥自我检查、评价;⑦教师的业绩提高。同时教师的成长也少不了职业生涯中对挫折时的应对,健康心态的养成,职业的归属感等等。

参考资料:
1. 李红恩、高丙成,《教育联盟:教育发展的助推器》,中国教育报,2014 年 5 月 5 日。
2. 王奕、李华,《国外著名大学联盟运行机制与启示》,高等建筑教育,2013 年第 22 卷第 1 期。
3. 郭建耀,《美欧高校联盟发展及其对我国的启示》,煤炭高等教育,2012 年 06 期。
4. 张军,《高校联盟研究国内外现状综述及其对江苏地区公办本科高校联盟的启示》,语文学刊,2013 年第 8 期。
5. 程琳,《近十年我国教师学习共同体研究述评》,河北大学成人教育学院学报,2011 年 9 月第 13 卷第 3 期。
6. 张荣伟,《"新教育实验"的基本理论与实践探索》,校长阅刊 2006 年第 3 期、第 4 期。
7. 李希贵,《"新学校行动计划"解读》,基础教育月刊,2007 年第 3 期。
8. 沈笑英、陆姹妮,《慕课与翻转课堂:数字化时代教学模式的变革》,教学月刊中学版,2014 年第 9 期。
9. 姚红玉,《新教师专业发展的趋势与策略》,教师教育研究,2005 年 06 期。
10. 纪明泽、周坤亮、夏寅,《新教师发展需求的调查与分析》,上海教育科研,2011 年 12 月。
11. 刘清洁,《对香港院校合作模式的评析》,西南成人教育学报,2013 年第 3 期。
12. 黎进萍,《基于合作的教师专业发展模式——美国专业发展学校 PDS 合作模式探究》,河西学院学报,2006 年第 22 卷第 6 期。
13. 王萍,《香港的院校协作教师教育额及其启示》,河南教育学院学报,2009 年第 28 卷第 1 期。
14. 杨翠,《PLC 视域下的美国教师专业发展研究》,河南大学,2010 年硕士论文。
15. 黎进萍,《专业学习共同体中的教师专业发展:美国的实践及启示》,西北师范大学,2007 年硕士论文。

研究方案

● 本项目核心概念的界定,选题意义及研究价值。
● 本项目的研究目标、研究内容、研究方法、实施步骤。
● 本项目的关键问题和拟创新点。

　　　　　　　　　　　　　　　　　　　　　　　　（限 3000 字以内,用小四或五号字体打印）

核心概念的界定
　　项目:"新城教育联盟体"学校新教师成长的实践和研究。
　　1. 新城:是指政府规划设计的具有与大城市相近的职能健全的独立城市。目前上海有奉贤新城、松江新城、金山新城、青浦新城等 9 个新城。
　　2. 新城教育联盟体学校:是指由新城公建配套的一批新学校所组成的教育联盟体。本课题指奉贤新城内的 6 所新学校所组成的联盟体,含青溪中学、尚同中学、金水苑中学、明德外国语小学、思言小学、金水苑小学。其实质是一种"学校和教师成长共同体"。具有以下五个特点:①"三新三高"特点:新城规划高、新学校起点高、新教师比例高;②对促进新教师成长有共同需求;③6 所学校是 3 对相对应的中小学(教育理念具有一定的衔接性、生源对口招生);④学校内、外部资源比较丰富;⑤所有学校在同一新城区域。
　　3. 新教师成长:本研究所涉及的新教师专指从事教育教学三年内的初始教师。新教师成长过程就是新教师逐步掌握和运用教育知识、胜任教师这一职位的过程。

选题意义与研究价值
　　奉贤区将奉贤新城定位为南上海的独立城市、长三角节点城市、人文城市,未来的新城将是产业与城市高度融合的综合性、服务型的核心城市。奉贤正在按照"一个核心、两岸线、三组团"(突出奉贤新城核心,加快杭州湾北岸、黄浦江南岸的开发,奉贤新城、东部、海湾组团发展)进行总体规划布局。一所所新城学校如雨后春笋般破土新建,与区域经济社会发展相匹配的新城教育,具有着输送人才、提供智慧、保障民生、促进和谐的重要战略地位。
　　"推进学区化、集团化办学,探索组建学区、跨学段的教育集团,推进集团化办学,放大优质资源,促进校

续 表

际平衡"是区域教育改革促进城乡教育一体化发展的重要举措。分析本课题中6所新城学校具有"三新三高"(新城规划高、新学校起点高、新教师比例高),"学校内、外部资源比较丰富"等特点。为了放大特级教师孙元清等市教育专家团队、上海成功教育集团等外部资源,充分利用联盟体内的区骨干校长,区原教研室和发展室专家,曾获市语文、思品、美术学科教学比武一等奖教师等校际资源。在区教育局的支持下,6所新城学校自觉地成立"新城教育联盟体",符合促进新城学校优质均衡发展的需要。

新城学校的内涵品质打造的关键在师资队伍建设,而这些学校都面临着一个共同的问题:新教师占比超过50%。他们年轻有活力,教育理论丰富。但他们尚未具备教师的职业能力,缺乏应有的教育教学经验。因此,通过促进新教师成长以提升新城教育内涵品质已迫在眉睫。

从现状看,面向新教师成长的区域培训针对性不强,不能促进新教师尽快适应职业生活,更有可能加剧其遭遇"现实冲击"。

因此,本研究具有以下优势:①依据新教师个性化需求,充分运用外部优质资源及灵活多样的培养模式,为他们提供多形式、多渠道学习平台。②通过建立联盟体内外专家、校长(教师)团队开展课例研究,加速新教师理论和实践的结合。③利用联盟体学校成员自身的优质资源交流、互换,为新教师成长搭建展示平台。④通过建立管理互动、教师流动、教研联动、课程走动、科研驱动、评价促动等基础性工作机制,促进新城学校优质均衡发展。

本研究将对未来其他新城、新学校、新教师的成长的研究具有一定的推广意义,也为相关的理论研究提供鲜活的案例和丰富的经验。

研究目标

通过组建新城教育联盟体,在调查与研究的基础上放大新城教育优质资源,探寻促进新教师成长的有效途径,建立并完善新城教育联盟体新教师成长的运行机制,从而推进新城教育均衡发展,打造新城品质教育。

研究内容

1. 新城教育联盟体学校的现状研究。

(联盟体中的不同学校情况的排摸,包括学校特点、学校领导特点、学校资源、生源特点、家长特点、主管部分的评价和期待等。)

2. 新城教育联盟体学校中新教师的调研。

(联盟体学校中新教师的调研包括:新教师院校来源、学历、优弱势;新教师职业认同感、心理健康,归属感等;新教师所期待的专业发展模式等。)

3. 建立新教师成长的运行机制。

(1)管理互动:建立联系会议等制度;

(2)教研联动:建立学术沙龙等研讨机制;

(3)课程走动:建立新城学校间课程资源共享机制;

(4)科研驱动:建立科研项目、课题研究机制;

(5)评价促动:建立新教师考核评价机制;

(6)平台互动:建立信息技术保障机制。

4. 联盟体合作背景下学校新教师成长的路径研究。

(1)开展师徒带教、浸润式培训;

(2)联盟体教师教研协作;

(3)教育教学技能大赛;

(4)教师教育实践专题培训;

(5)新教师才艺交流展示;

(6)见习期教师规范化的培训。

5. 影响新教师成长的因素的研究。

新教师自我专业发展意识、职业价值认同、成就动机及学校的奖惩机制等。

方法及措施

本课题采用文献资料法、调查分析法、行动研究法等研究方法。

1. 文献资料法

主要是通过教师教育方面的相关书籍的阅读,获取相应的教师成长的国内外的理论知识。同时利用计算机网络对近年来关于教师展业发展的学术论文、期刊的下载、阅读、整理,了解国内外总体新教师入职教育的理论及其现状。

2. 调查分析法

课题组将通过问卷、调查表、谈话、研讨会等方式,对联盟体中的不同学校情况进行排摸,如学校(学校领导)的特点、生源的特点、学校资源、家长特点、主管部门的评价和期待等;对联盟体中新教师的来源、学历、优弱势、职业认同感、心理健康、归属感等调研。

　　3. 行动研究法

　　本课题的研究将主要采用行动研究法,以课题研究目标为引领、以联盟体各类优势资源为依托,针对联盟体内新教师的具体需求和存在问题开展各类实践与研究活动,并在此过程中不断对联盟体运行机制、培训方式、培训内容等进行完善,不断进行反思与调整,进一步探索新城新学校新教师的培养路径。

实施步骤

　　时间安排:本课题从 2015 年 3 月至 2017 年 12 月,共分四个阶段。

第一阶段: 2015 年 3 月——2015 年 6 月

　　准备阶段,主要开展文献研究和讨论研究。组织课题组成员进行理论学习,研读相关教育文件,并查阅文献和进行调查研究;根据课题研究的需要,将调查到的实际情况与查阅的文献要点进行梳理和综合分析、归纳及比较;经过集体讨论,制定研究计划。

第二阶段: 2015 年 7 月——2017 年 1 月

　　实施阶段,主要开展行动研究与调查研究。根据第一阶段的研究计划,运用统分结合的方式和子课题个人负责制的方法,结合教学实践、实验分析以及国内外已经取得的类似研究成果,展开行动研究和调查研究,多层次、多视角地探索新教师成长的因素,以研讨会、访谈等方式开展研究,归纳出有效促进新教师成长的运行机制和培养路径。分工撰写分项研究内容方案,初步形成研究报告。

第三阶段: 2017 年 2 月——2017 年 6 月

　　完善阶段,主要在反思前面的研究经过和成果的基础上,回顾总课题的研究目标,更新和完善各项工作,撰写研究论文。在此过程中继续开展调查研究,查阅文献以及进行实践分析。

第四阶段: 2017 年 7 月——2017 年 12 月

　　总结阶段,课题结题工作。组织和筹备课题总结汇报会,由课题总负责人撰写结题报告。

本研究拟解决的关键问题

　　依据新城教育联盟体学校的五个特点,研究促进新城学校新教师成长的运行机制。

拟创新点

　　1. 本研究是一批校长结合管理实践经验领衔下的研究,有别于某一教育机构或某一位著名专家引领的研究,将为相关理论研究提供丰富的案例和经验。

　　2. 本研究是顺应新城区域经济发展的要求,根据区"学区化、集团化办学"指导思想,民间自觉建立一种教育联盟体,通过研究联盟体背景下促进新教师成长的运行机制,寻找促进新教师成长的培养路径,是本课题研究的创新之处。

完成项目的可行性分析

申报人和主要成员曾完成哪些重要研究项目;曾经所获成果的社会评价;完成本项目的研究能力和时间保证;资料设备;研究手段。

　　课题组主要成员是来自新城教育联盟体 6 所中、小学校的校长,成员的年龄、结构、职称、教学经历、专长等的分布较为合理,作为新城教育联盟体的成员单位的负责人,所有课题组人员都曾主持和参与完成过区、市级课题的研究,并在自己专业上有自己独特的发展,同时在学校推进新教师专业发展上做过研究。

　　课题负责人为奉贤区青溪中学校长,曾是奉贤区教师进修学院教研中心副主任、英语高级教师,长期从事教育教学研究和学校管理工作,积累了丰富的学校管理经验,有很强的科研能力。她主持的市级课题《沪郊农村牛津英语教材使用策略的实践与研究》已顺利结题。撰写的《浅谈农村学校初中牛津英语课程资源开发与利用的渠道》于 2012 年发表于《上海教学研究》;《农村学校初中牛津英语教材使用策略研究》于 2012 年发表于《奉贤教育》;《正确处理阅读技巧传授与文本解读的关系》《浅谈阅读教学中教学任务布置的有效性》《提升课程力服务区域课程教学改革》等论文先后发表于《奉贤教育》并于 2011 年至 2013 年期间在区级层面进行交流;负责组织并参与 2008—2010、2011—2013 连续两届奉贤区课堂教学高级研修班培的各项活动。2012 年,参与市级项目《教师作业设计现状调研的工具开发与实施方案》研究小组,担任副组长。2013 年参与市级项目《奉贤区优化中小学校本课程实施过程中管理与指导的实践研究》,是其中的核心研究成员。同时还积极参与特级校长主持的多项市级、区级的引领区域性教育发展的课题与项目。

　　课题组其他成员中五人为新城教育联盟体学校的校长,他们长期从事学校教育教学管理和队伍建设工作,他们有很强的科研能力,曾主持多项市级和区级重点课题,多次发表过与本课题研究相关的论文,为本课题研究奠定了扎实的基础。其余 5 人中有专门负责学校师资培训的师干训负责人,也是奉贤区见习期教师培训基地的具体操作人、还担任资源联盟体培训的具体工作,有学校的教导主任、政教主任,同时也是上海市名师基地学员及区名教师,他们不仅具有丰富的校本教研经验,较为扎实的教育科研方法基础和研究意识,更具有丰富的教学经验。同时,课题组成员对新城教育联盟体在推进新教师成长过程中存在的问题有一定的认识与思考。这些都是本课题研究得以顺利进行的先决条件。

课题组前期已对新城联盟体内各校就"推进新教师成长"的设计、实施、管理、评价等现状作了充分的调研,对各校就"推进新教师成长"的设计、实施、管理、评价等的实践操作、存在的问题有一定的认识,积累了一定经验。研究期间,课题组人员将定期学习相关理论知识,定期组织课题组人员进行交流和反思,不断完善研究方案,使课题研究顺利开展得到保证。

课题组所在的上级主管部门奉贤区教育局为促进奉贤新城教育的快速、高质量地发展,采取了全方面、多渠道的支持,使奉贤新城教育联盟体聚集了区域最优质的信息资源和科研资源等,为本课题的研究工作提供资源保障和技术支持;同时为新城教育联盟体学校提供外力的支持,为所有的新城教育联盟体学校新教师安排区内见习基地、见习期培训任务,为教育联盟体内的多家成员单位安排了市级托管项目,让市级优质资源注入新城教育联盟体,促进新城教育联盟体新教师成长。这些为课题的顺利完成提供了坚强的后盾。

课题组所在的单位将全力以赴,加强资源统筹,将研究经费纳入支出预算,以满足课题研究的基本需求。同时,作为新城教育联盟体牵头单位,协调各联盟体成员学校分享区域优质的信息资源、研训资源、科研资源,为本课题的研究工作提供资源保障和技术支持,这也是完成研究任务的不可或缺的基本条件。

五、预期研究成果

主要阶段性成果限报 10 项			
序号	研究阶段(起止时间)	阶段成果名称	成果形式	承担人
1	2015.03—2015.04	课题研究方案	方案	薛晨红、秦丽斌
2	2015.04—2015.05	对新城教育联盟体学校新教师成长的理性认识、情报综述	分析报告	朱权华、包蓓姹
3	2015.07—2015.12	新城教育联盟体学校现状、新教师成长现状的调研	调研报告	姚晓春、顾佳红
4	2016.01—2016.03	影响新教师成长的因素的研究	研究方案	胡爱花、侯敏、王燕峰
5	2016.04—2016.06	新城教育联盟体促进新教师成长的运行机制的研究	研究方案	朱权华、王燕锋
6	2016.07—2016.10	中期报告	中期报告	薛晨红、侯敏
7	2016.11—2017.01	联盟体合作背景下学校新教师成长的路径研究	讲义汇编	宋勤标、秦丽斌、
8	2017.02—2017.04	培训讲义汇编	研究方案	詹恩东、包蓓姹
9	2017.05—2017.08	现场教学展示案例光盘	光盘、活动资料	秦丽斌、王燕锋、顾佳红
10	2017.09—2017.10	新城教育联盟体学校新教师培训体会心得、案例、论文	论文案例集	薛晨红、侯敏

最终研究成果(最多限报 2 项)			
序号	完成时间	最终成果名称	成果形式	负责人
1	2017.10—2017.12	结题报告	结题报告	薛晨红

六、经费预算

年度	研究内容	支出费用类别	单价	数量	总额	标准依据
2016	情报收集	图书费	30 元	80	2400	
2016	情报收集	购买图书差旅费	100 元（含市内交通费 80 元，午餐 20 元）	11	1100	沪财行〔2014〕9 号
2016	情报收集	U 盘等设备	200 元	11	2200	
2016	情报收集	文献检索费	50 元	11	550	
2016	调查研究	差旅费	100 元（含市内交通费 80 元，午餐 20 元）	11	1100	沪财行〔2014〕9 号
2016	调查研究	材料费（纸张、印刷、照相等）			1000	
2016	方案设计	专家咨询费	800 元	4	3200	沪财行〔2014〕35 号
2016	方案设计	专家差旅费	160 元（含市内交通费 80 元，餐费 40 * 2 元）	4	640	沪财行〔2014〕9 号）
2016	方案设计	加班劳务费	100 * 2 元	11	2200	
2016	实施研究	培训费	160 元（含讲课费 100 元，交通费 60 元）	11	1760	沪财行〔2014〕35 号
2016	实施研究	外出学习费	400 元（含伙食费 100，交通费 60 元，住宿费 180 元，其他 60 元）	11	4400	沪财行〔2014〕35 号
2017	实施研究	培训讲义汇编	200 元	11	2200	
2017	实施研究	阶段性成果汇编（方案、案例、论文等撰写与汇编）	200 元	11	2200	
2017	完善研究	专家指导费	800 元	4	3200	沪财行〔2014〕35 号
2017	完善研究	专家差旅费	160 元（含市内交通费 80 元，餐费 40 * 2 元）	4	640	沪财行〔2014〕9 号）
2017	成果展示	现场教学活动（组织费、客饭）	20 元	150	3000	沪财行〔2014〕9 号
2017	成果展示	成果印刷费（含材料费）	20 元	150	3000	
2017	成果展示	专家指导费	800 元	2	1600	沪财行〔2014〕35 号
2017	成果展示	专家差旅费	160 元（含市内交通费 80 元，餐费 40 * 2 元）	2	320	沪财行〔2014〕9 号）
2017	成果展示	活动组织加班费	200 元	11	2200	

续　表

年度	研究内容	支出费用类别	单价	数量	总额	标准依据
2017	其他				1090	
累计					40000	

注：1. 项目研究周期一般为二年，重点项目每年按照 4 万元的额度进行预算，市级项目每年按照 2 万元的额度进行预算。

2. 项目支出费用的类别可以是：

(1) 场地租赁费：主要用于组织项目研究等租赁场地而发生的支出；

(2) 差旅费：主要用于项目运行过程中开展相关考察、业务调研、学术交流等所发生的差旅费支出（含城市间交通费、住宿费、伙食补助费和市内交通费）；差旅费标准及有关规定详见《上海市市级机关差旅费管理办法》（沪财行〔2014〕9 号）规定；

(3) 设备费：主要用于项目运行所需设备的购置、租赁、使用等相关支出；

(4) 材料费：主要用于项目运行过程中消耗的各种原材料、辅助材料等易耗品的采购及运输等支出；

(5) 出版、文献、信息传播、知识产权等费用：主要用于项目运行过程中需要支付的出版费、资料费、专用软件购买费、文献检索费、专业通信费、专利申请及其知识产权事务等支出；

(6) 劳务费：主要用于直接参加项目人员（项目所在单位在职人员除外）的劳务性支出；

(7) 专家咨询费：主要用于项目运行过程中支付给临时聘请的咨询专家的支出；

(8) 培训费：主要用于项目组织开展培训的支出；支出标准及有关规定详见《上海市市级机关培训费管理办法（沪财行〔2014〕35 号），其中因公短期出国培训详见《因公短期出国培训费用管理办法》（财行〔2014〕4 号）；

(9) 其他支出：主要用于项目运行过程中发生的除上述费用之外的其他支出。

七、推荐人意见

不具有高级职称的申报人，须由两名具有高级职称的同行专家推荐。（申报人的职称为中小学教师系列的，需副高以上，其他系列的需正高）推荐人须认真负责地介绍项目申报人的专业水平、科研能力、科研态度和科研条件，并说明该项目取得预期成果的可能性。

第一推荐人姓名　　　　　职称　　　　　研究专长

工作单位　　　　　　　推荐人签章

　　　　　　　　　　　（须本人亲笔签名或本人印章）

第二推荐人姓名　　　　　职称　　　　　研究专长

工作单位　　　　　　　推荐人签章

　　　　　　　　　　　（须本人亲笔签名或本人印章）

八、项目申报人所在单位意见

本单位完全了解项目申报人的业务素质能够胜任该项目的研究任务,并保证其所填写的内容是真实可信的;本单位会提供完成本项目所需的时间和条件,并承担本项目的管理责任和信誉保证。
本单位完全了解项目申报人的业务素质能够胜任该项目的研究任务,并保证其所填写的内容是真实可信的;本单位会提供完成本项目所需的时间和条件,并承担本项目的管理责任和信誉保证。 负责人签章 单位公章 年　月　日

九、项目申报单位意见

项目申报书所填写的内容是否属实;该项目负责部门和参加者的政治业务素质是否适合实施本项目的工作;本单位能否提供完成本项目所需的时间和条件;本单位是否同意承担本项目的管理任务和信誉保证。		
科研管理部门意见	财务管理部门意见	行政管理部门意见
公　章 年　月　日	公　章 年　月　日	公　章 年　　月　　日

十、上海市教育科学规划领导小组办公室审批意见

   公　　章： 负责人签章： 年　月　日

《"新城教育联盟体"学校新教师
成长的实践与研究》
结题报告

青溪中学　薛晨红

一、研究背景和意义

奉贤新城是上海"十二五""十三五"重点打造的郊区新城。奉贤区将奉贤新城定位为长三角节点城市、人文城市,未来的新城将是产业与城市高度融合的综合性、服务型的核心城市。近几年来,奉贤新城发展迅猛,为更好地服务新城地区经济社会发展,奉贤以新城建设为契机,根据产业配套、人口集聚和设点布局,不断优化教育资源配置,在新城区域内新建了一批高品质学校,即青溪中学、尚同中学、金水苑中学、明德外国语小学、思言小学、金水苑小学。这一批新城教育资源将起着输送人才、提供智慧、保障民生、促进和谐的重要战略作用。

2015年上海市出台了《关于促进优质均衡发展、推进学区化集团化办学的实施意见》,奉贤区紧紧抓住这一契机,因地制宜地选取教育资源相对集中的南桥城区进行试点,组建了五个学区集团。在此试点的基础上,新城地区6所新建的公建配套学校主动合作,抱团发展。我校作为新城内第一所公办初中,组织牵头,组建了"新城教育联盟体",尝试探索促进教育均衡发展新举措,努力构建区域内城区教育的新生态。

本课题中6所新城学校具有"三新三高"(新城规划高、新学校起点高、新教师比例高),"学校内、外部资源比较丰富"等特点。学校面临的主要问题是:新教师占比超过50%。他们年轻有活力,教育理论丰富,但他们尚未完全具备教师的职业能力,缺乏应有的教育教学经验。因此,促进新教师成长以提升新城教育内涵品质已迫在眉睫。

本研究旨在达成以下愿景:教育联盟体依据新教师个性化需求,充分运用外部优质资源及灵活多样的培养模式,为他们提供多形式、多渠道学习平台;利用联盟体成员学校自身的优质资源交流、互换,为新教师成长搭建展示平台;通过建立管理互动、教师流动、教研联动、课程走动、科研驱动、评价促动等基础性工作机制,促进新城学校优质均衡发展。

本研究将对未来其他新城、新学校、新教师的成长培养路径及相关运行机制的研究,具有一定的推广意义,也为相关的理论研究提供鲜活的案例和丰富的经验。

二、研究的概述

(一) 研究目标

通过调查与研究新城教育联盟体内新教师成长的现状、特点、优势与存在的问题等，建立并完善联盟体学校合作背景下新教师成长的运行机制，放大新城教育优质资源，探寻促进新教师成长的有效途径，从而推进新城教育均衡发展，打造新城品质教育。

(二) 研究内容

1. 新城教育联盟体学校新教师成长模式的理性思考。
2. 新城教育联盟体学校新教师成长现状的调研分析。
(1) 新城学校的现状研究
(2) 新城学校新教师的现状研究
3. 新城教育联盟背景下推动新教师成长的实践探索。
(1) 新教师成长的培训管理机制
(2) 新教师成长的培训运作路径与方法
(3) 新教师成长的培训考核机制

(三) 研究方法

本课题采用文献资料法、问卷调查法、访谈法、个案调查法等研究方法。

(四) 研究过程

本课题从 2015 年 3 月至 2017 年 12 月，共分四个阶段。

1. 第一阶段：2015 年 4 月——2015 年 6 月

准备阶段，主要开展文献研究和调查研究。组织课题组成员进行理论学习，研读相关教育文件，并查阅文献和进行调查研究；根据课题研究的需要，将调查到的实际情况与查阅的文献要点进行梳理和综合分析、归纳及比较。然后，经过集体讨论，制定研究计划。

2. 第二阶段：2015 年 7 月——2017 年 1 月

实施阶段，主要开展行动研究与调查研究。根据第一阶段的研究计划，运用统分结合的方式和子课题个人负责制的方法，结合教学实践、教学实验分析以及国内外已经取得的类似研究成果，展开行动研究和调查研究，多层次、多视角地探究新教师专业成长的要求和新教师所需要具备的素质指标，摸清影响新教师专业成长的各种因素，以座谈会、研讨会、访问等方式开展研究，找出有效的能促进新教师专业成长的方案和对策。此阶段结束时，各子课题分工撰写工作随笔，并初步形成阶段性研究报告。

3. 第三阶段：2017 年 2 月——2017 年 6 月

完善阶段，主要在反思前面的研究经过和成果的基础上，回顾总课题的指导思想，更新和完善各项工作，撰写研究论文。在此过程中继续开展调查研究，查阅文献以及进行实践分析。

4. 第四阶段：2017 年 7 月——2017 年 12 月

总结阶段，进行课题结题工作。组织和筹备课题总结汇报会，由课题总负责人撰写结题报告。

三、研究的成果

（一）新城教育联盟体学校新教师成长模式的理性思考

1. 核心概念界定

（1）"新城"：是指政府规划设计的具有与大城市相近似的职能健全的独立城市。本研究内所指的新城是指奉贤新城。奉贤新城是上海市"十一五"期间提出的"1966"城乡规划体系中 9 个新城之一，是上海市"十二五"期间重点推进建设的三大新城之一。作为奉贤区的政治、经济、文化中心，奉贤新城将建设成为上海杭州湾北岸地区的综合性服务型核心新城、上海服务长三角南翼以及大浦东开发的重要门户枢纽。

（2）"新城教育联盟体学校"：是指新城公建配套的一批新学校所组成的教育联盟体。本课题指由奉贤新城内的 6 所新学校所组成的联盟体，含青溪中学、尚同中学、金水苑中学、明德外国语小学、思言小学、金水苑小学。其实质是一种"学校和教师成长共同体"。具有以下五个特点：①"三新三高"特点：新城规划高、新学校起点高、新教师比例高；②对促进新教师成长有共同需求；③6 所学校呈现中小学学段贯通的优势（教育理念具有一定的学段衔接性、生源对口招生）；④学校内、外部资源比较丰富；⑤所有学校在同一新城区域。

（3）"新教师成长"：综合考虑学校乃至区域发展的需求，本研究所涉及的新教师专指开始从事教育教学三年内的教师，不包括学校的行政人员、后勤人员。他们学科专业知识较强，教育教学具有活力和创新意识，但尚欠缺教育教学实践经验，对自身专业发展有着强烈的内在需求，需要专业的引领与帮助。新教师成长过程就是新教师逐步掌握教育教学规律、灵活运用教育教学知识、胜任教师职位的过程。

2. 情报综述概要

（1）国外的相关研究

从所查询到的资料来看，美国教育自 20 世纪 80 年代以来非常重视教师的成长，并把学习共同体作为促进教师成长的重要途径。促进美国教师成长的主要内容涉及：①从教师自身发展而言，读书自学、反思性实践、参与行动研究与校本课程开发等是教师专业发展的重要途径；②从教师专业发展的外在因素而言，定期与不定期的培训、专业发展学校和教师教育等是教师成长的重要途径；③研究影响教师动机和学习机会的组织和职业条件。主要途径是通过建立学习共同体，教师以学习者、领导者和合作者的身份，投入到团队的合作探究、学习团队学习、课堂观摩学习等专业发展活动中，通过参与这些专业学习共同体中的专业活动，教师们获得了良好的人际支持，提高了他们的自我效能感，增强了他们对学校的认同感，促进了专业知识的共享和创新，也激发了他们专业发展的主体意识。学习共同体活动主要从以下两点开展：①管理者和教师不断地学习和合作，提高自身的专业素质，进而推动整个团队的发展，最终促进学生的学习和发展。②学习和合作是基本保证。团队成员处于一种民主平等的氛围中，他们互相学习、分享知识和经验，协同工作，相互支持，共同承担责任等，这些都可以有效地促进成员自身及团队的发展。

（2）国内的相关研究

近年来我国针对新教师发展的研究主要有以下几个方面：①针对解决新教师入职适应问题的研究。如上海市 H 区在新教师发展现状和需求调查的基础上，以新教师的发展需求为基点，从教师进修学院新教师培训、师范院校教师教育课程和学校师徒带教等方面提出了解决新教师入职适应问题的相关对策建议。②针对影响新教师成长的因素的研究。研究表明在开展入职培训和继续教育工作中，应充分考虑新教师的特点，努力激发其成就动机，创造良好的成长氛围，建立新教师成长的激励机制，促进新教师的专业成长。③针对新教师任教学校的引导作用的研究。研究表明我国现有学校的主要做法有：1）设置专业成长工作小组；2）建立学校内师徒制；3）鼓励经验教师开放课堂，支持新任教师积极参与教学观察，即听课；4）分配合适的工作，将新教师分配在便于向师傅和其他经验教师请教的办公室里；5）提供充分的教学准备时间；6）提供充足的教具及书面资料，明确学校的正式与非正式规定，帮助新教师尽快了解他们的角色期待和一些必要的信息。

（3）需要改进和研究的地方

中国教育在培养新教师的方法上借鉴了国外的经验，如学习共同体，为教师成长提供了良好的环境支持，有利于教师合作，特别在提高教师科研能力、社会服务能力以及管理经营能力方面取得了很大的成就。但我们发现无论是国内还是国外相关研究中，针对学习共同体下的教师培养面对高校的较多，针对义务教育阶段新教师成长的较少，而针对新城区域集团化、学区化的学校新教师的成长研究则更少；对入职前教育培训的研究较多，而对在职培训的研究较少。我国对新教师成长培养尝试仍处于初级阶段，发展并不完善，培养新教师成长的模式产生于美国，有其产生、发展的社会基础，而中美两国在诸多方面都存在较大差异，而且教师专业发展学校教育实习自身存在有待探索的问题，因此要在我国推广这一教育实习模式，要因地制宜分析，学习美国教育实习的理念而不是形式。

3. 关于新教师成长的理性思考

我区一直以来都十分重视新教师的培训，见习教师规范化培训是奉贤区教育工作旳一个重点。奉贤区从完善见习教师规范化培训的顶层设计入手，探索集中培训先行、浸润与实战式相结合的培训方式，建设区校两级培训课程，建立综合评价机制，摸索出了富有区域特色和实践成效的一系列规章制度、运行机制和实施策略。

通过设立培训基地、集中培训、师徒结对、组织观摩、教师自学、统一考试评价等方式，有效提升了见习教师的综合素养，为正式投入一线教学打下了坚实基础。但这种大规模、广范围的培训仍只能满足新教师的共性需求，对于新教师的个性发展、所属学校的实际情况关注不够，也无法真正为见习教师提供更多的教学实践机会。同时，由于面广、人多等客观因素的限制，在监控、管理等方面还存在一些弊端。

因此，基于新城学校新教师比例高的特点，对新教师快速成长以及个性化专业发展有着更加迫切的需求。以"新城联盟体"为单位，以学习共同体的模式，为新教师提供多形式、多渠道学习机会，为新教师成长搭建更多、更广阔的成长平台，从而促进新城学校优质均衡发展。

（二）新城教育联盟体学校新教师成长现状的调研分析

1. 新城学校的现状研究

2015 年 11 月，盟主学校科研室面向新城教育联盟体六所学校的校长与师干训领导进行座谈，开展了新教师培养情况的调查。

（1）新教师比例在这六所新城学校中占很大比重

六所学校在编在岗教师总人数为 199 人，平均年龄为 29.5，1—3 年期教师共有 69位，占全体总人数的 35％。

基于学校的发展，学校对师资队伍建设非常重视，尤其对新教师成长的期望较高。希望新教师们在最短的时间内成长为合格、成熟的教师，胜任教育教学各项工作。一年内基本规范合格，三至五年内部分新教师能达到优秀，在区域层面崭露头角。

（2）各校有一定新教师校本培训模式，但也遇到许多现实困难

在新教师培训方面，无论是创设成长资源，还是外聘专家指导，包括校本培训各种活动比赛，如搭建教学比武展示平台、学识水平测试等等，各校都在思考切实可行的举措和创新亮点。如思言小学的多方面、多维度、全方位评价法，明德外国语小学的"大拇指教育在行动"教师培训系列活动，青溪中学的"青溪源"教师工作室等都体现出了学校领导对新教师培训的校本化思考与实践。

但是，各校在操作过程中也遇到了许多现实困难，主要包括：1)各校高级教师、学科带头人、骨干教师比例偏低，无法对新教师起到引领作用。一个师傅带教多个徒弟成为常态，甚至有些学科校内聘请不到带教师傅。2)新学校班级数额较少，教研组、备课组建设也刚刚起步，许多学科备课组只有新教师一人，学科教学上得不到及时的帮助。3)在新教师德育能力培育方面，新教师担任班主任的比例较高，而有一定引领作用的优秀班主任更是少之又少，如何快速提升新班主任班级管理能力乃至全体新教师的育德能力也是六所新学校的共同难题。4)各校新教师培养需要大量的外部资源，各校本身能够获取的资源有限。

2. 新城新教师的专业成长现状调查

2015 年 11 月，学校科研室面向新城教育联盟体六所学校 1—3 年期的 69 位新教师，

开展了基本信息、新教师职业认同感、新教师心理健康、新教师教育教学现状、新教师专业发展培训情况的调查问卷。本项调查共发出问卷 69 份，实际收回有效问卷 69 份，回收率达 100％，且全部有效。调查结果如下：

（1）新教师基本情况

性别	男性	女性
	6	63

工作人数 年限	一年期	二年期	三年期
	27	27	15

班主任人数 工作经历	一年	二年	三年	无	正在担任
	24	2	8	35	24

　　如图表所示，69 名新教师中男性只占 6 名，女性 63 名。1 年期教师 27 人，2 年期教师 27 人，3 年期教师 15 人。其中有 24 名教师有 1 年班主任经历，2 名教师有 2 年班主任经历，8 名教师有 3 年班主任经历，目前正在担任班主任的有 24 名。

　　此外，六所新学校中，新教师学历水平和专业化水平普遍较高，本科 66 名，研究生 3 名（均来自尚同中学）。其中，师范类专业毕业 49 名，非师范类 20 名。所教学科与其毕业专业一致的有 49 名，不一致的 20 名。新教师对自我的学历进修意愿较高，现在正在进行高一层次学历进修的有 5 名，有进行高一层次学历进修意向的有 48 名。

（2）新教师成长需求

① 职业认同感较强，但对目前的教育工作有情绪波动

　　新教师群体对教师职业的认同感较强，能体会到职业乐趣与自豪感。有 44％的新教师都是因为"喜欢和热爱教育事业且能实现自我价值"而选择教师职业。但新教师对目前教育工作的满意度一般。62％新教师认为比较满意，在面对"如有重新选择职业机会，你是否还愿意从事教师职业"的选择时，有 41％的教师选择"是"，有 16％选择"否"，其余 43％的新教师则选择了"视情况而定"，显示了他们对自我职业前景的迷茫与不确定性。

"如有重新选择职业机会，你是否还愿意从事教师职业？"结果统计：

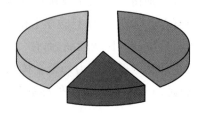

■ 愿意选择　■ 不愿意　□ 视情况而定

影响新教师职业认同感的积极因素有："学生"是教师幸福感的主要来源，"工作环境"是新教师认为最能影响自己工作积极性的因素，以及"新教师的家人对他们的职业选择表示 100％的支持与满意"。同时消极因素有："收入低"与"晋升空间小"位列前两项，"其他"选项占 13％，补充的理由为"工作时间长"。对于目前的工作量，感觉"工作量大，很疲惫"和"工作虽然辛苦，但很喜欢"各占 41％。可见，现阶段新教师面临的工作压力较大。

② 心理健康状况良好，但情绪衰竭感已经开始显现

心理问卷 C1—C17 题主要从新教师的情绪衰竭、去个性化和成就感三方面进行了调查。新教师们工作热情还是比较高，现阶段工作成就感也较高，可见新教师群体的工作主动性和积极性是比较容易调动与激发的。但 43％的新教师在工作中有挫折感且已经感到情绪疲惫，34％想要暂时休息或另调其他职务，72％经常盼望有假期。有 21％的新教师感觉自己从事教师职业后，变得更冷淡，刻意与工作相关事物保持一定距离。

"您觉得教师承受的各种压力来自于?"结果统计：

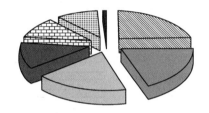

▨ 教学任务重　■ 社会的期望压力　▨ 升学率压力
■ 课程改革的压力　▫ 体制改革的压力
▦ 家庭生活的压力　■ 其他

对于教师职业的特殊性，本课题组调查了新教师们面对学生与家长，分别承受的压力现状。根据数据可见，有 47％的新教师担心长期下去会渐渐失去对学生的耐心，而面对家长，有 25％的新教师感觉到压力。因此，学校层面需要对新教师在特殊学生教育与家校联系方面作相关培训。

③ 教育教学具有活力和创新意识，但有个体差异，且科研意识薄弱

新教师具有更强的运用现代教育技术的意识和能力，勤于思考，会有更多的想法，乐于将教育融入生活，他们的课堂往往更加有生机，有活力，更受学生喜爱。此外他们的基本专业素养非常高，对教育学、教育心理学和学科教学理论知识 100％经过专业系统的学习。他们对工作的敬业精神也较高，精心准备日常教学活动材料，认真备课、上课、辅导学生的符合率达 100％。新教师在创新意识方面也更关注，在课堂教学活动中能显示出来。但是因为教学实际经验的缺乏，以及自我的追求与努力的个体差异，新教师个体的成长速度也是存在差异的。同时，新教师会进行教学反思，但是缺少积累，有教科研的意识但是缺少教科研的方法。

④ 对自身专业发展有着强烈的内在需求，需要专业的导向与帮助

影响教师专业发展的主要因素排名前三的分别是自身能力、团队气氛和教学兴趣。

近几年来,对于教师培训的重视已处于相当的高度。但是,对于区域层面的职初教师见习期规范化培训,45%认为有一定作用,也有 20%的新教师感觉效果不大或其他。对于学校内部采用的师徒带教形式,83%的新教师感觉收获很大,远远超过区域层面的见习期规范化培训。而当被问到遇到教学上的疑难问题会如何解决时,68%的新教师会向师傅请教,77%的新教师会向本组其他教师请教。可见,因为时间、空间的原因,校本培训模式更利于新教师的专业发展。

对于现阶段的校本培训,影响培训效果的因素主要是培养的形式和培训的内容。为了提高培训的效果,必须要了解新教师自身的需求。

"教育教学专业能力"方面,新教师需求统计:

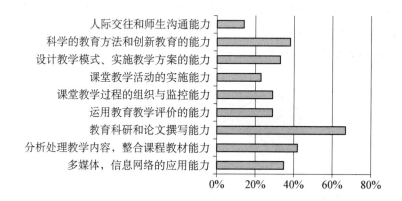

在"教育教学专业能力"方面,需求前三的分别为"教育科研和论文撰写能力"(67%),"分析处理教学内容、整合课程教材的能力"(42%)和"科学教育方法和创新教育能力"(38%)。

"班主任管理"方面,新教师需求统计:

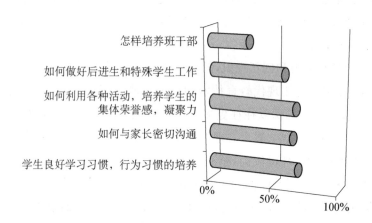

在"班主任管理"方面,需求前三的分别为"如何培养学生集体荣誉感、班级凝聚力"(68%)、"学生良好学习习惯和行为习惯的培养"(67%)和"如何与家长密切沟通"(64%)。

"教科研能力"方面,新教师需求统计:

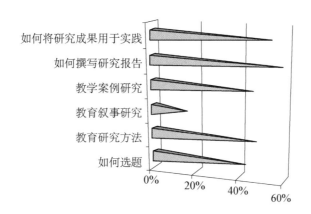

在"教科研能力"方面,需求前三分别为"如何撰写研究报告"(59%)、"如何将研究成果用于教学实践"(54%)和"教育研究方法"(48%)。

(三)新城教育联盟背景下推动新教师成长的实践探索

1. 建立联盟体新教师成长的培训管理机制

(1)基于共同愿景的联系会议制度

实行联系会议制度是加强教育联盟学校相互联系和沟通的重要渠道。联系会议的议题由教育联盟学校中核心学校校长或成员学校校长根据近阶段教育教学工作实际情况和需求共同研究确定,主要围绕教师队伍培养三年规划、每学期新教师培养工作计划、成长共同体主题活动方案研讨等。出席联系会议的人员,根据每次会议研究的具体内容,一般由与议题有关的行政部门负责同志及课题项目组成员一同参加。联系会议的会务安排,由核心学校校长办公室筹办。通过定期的会议,开展交流合作、资源整合,实现共同利益最大化,提升学校内涵发展,推动联盟体工作有序开展。

如基于联盟体几所新校新教师德育素养提升的共同需求,在新学期初的工作会议上就商议出创建"温馨班级"现场会的主题活动。在活动开展前,由盟主学校德育主任联系联盟体各校德育主任集中盟主学校,召开筹备会议。各校德育主任交流活动设想,对具体方案进行细致讨论,并逐一确定活动议程。随后再对活动进行分工、环节设置、时间安排等做更加精确的细化,确保活动的顺利有效开展。

(2)多位一体的新教师成长保障机制

创新新教师培养模式,优化人才成长环境,助推新教师成长、成才,就必须建立多位一体的新教师成长保障机制。一是组织保障。各校成立由学校校长负总责、分管副校长具体抓、各部门具体落实的领导小组。二是重视过程管理。每一次联盟体活动从提出活动主题、商议活动流程、具体活动展开及过程性资料等都做好资料收集。三是措施保障。①全力搭建"校本研修"平台。由学校教科室牵头,通过读书活动、专题讲座、师徒结对、教学研究、国培研讨、论文交流、课题研究、课程开发等方式进行研修培训。②建立校内外师徒制（双导师制度）。充分发挥名师及骨干教师的引领作用，学校制定"双导师"实施方案，签订师徒协议书，明确双方的权利和义务，鼓励师徒双方携手共进。同时鼓励经验教师向新教师开放课堂。③给予适度工作岗位选择权，助推自主发展。给教师工作的自由度，在每学期期末都会进行教师的岗位倾向调查，其目的主要是让教师在工作中，有时间、空间、方法等方面的自由选择权利，能最大限度发挥主观能动性，展示各自专业优势和才能，不断从工作中汲取创造性的获得感，不断增强工作能力，提高业绩。同时，根据各位新教师的具体特点，为不同层次的教师制定职业规划，给有能力的新教师适当压担子，促使他们更快成长。

（3）学科教研共同体的教育教学联动研讨机制

为了更好地发挥教育教学研讨在深化课程教学改革、提高教学质量等方面的作用，新城教育联盟体建立了学校教研联动机制。组建以各学校各学科教研组长为核心的教研中心组，开展学科教研。同时，将各学校名师、骨干教师和学科带头人组织起来，组建学科教研中心组和网络联系群，根据各校教研活动的安排或需要，统筹安排新教师走动到各学校参加学科教研活动，或以新城教育联盟体为单位，挖掘新教师普遍存在的教研难题，进行联动研讨，促进校级交流和互助提高。除了教研方面，基于新教师比较薄弱的科研方面，组织开展"课题研究"交流活动及教研成果的展示。对新教师进行如何撰写论文、如何选题、如何填写课题申请报告的专题培训，并进行教学反思、教育叙事、研究论文等成果展示活动，以课题研究带动新教师专业成长，提升新教师专业素养。

（4）学术沙龙式的新教师互助机制

"新城教育联盟体新教师学术沙龙"是基于"新城教育联盟体"、六校 1—3 年期青年教师教师自主管理的、互助互学的学术性团体，其目的是为青年教师搭建专业发展、思想交流、教学研究、科研探讨、成果共享的平台，全方位地提高青年教师的师德、修养、教学和科研等综合能力。活动形式和主要内容有：研讨式、汇报式、论坛式、嘉宾访谈式、观摩式、咨询式和其他形式等。"新城教育联盟体"内 1—3 年期青年教师为学术沙龙正式会员；此外六所学校内 35 周岁以下青年教师自愿申请加入，经秘书处同意，可以聘为名誉会员。"新城教育联盟体新教师学术沙龙"设秘书处，秘书处是沙龙的核心机构，由秘书长和执行秘书组成。

（5）基于课程开发的资源共享机制

目前六所学校新教师是学校课程资源开发的主力军，为了让这些新教师发挥团队作用，开发出适合新城学校发展的共享课程，以提高学生综合素质。六校以多学科同享、各校师生共赢为目的，在因地制宜全面开设综合实践活动课程、校本课程的基础上，联盟体各校充分挖掘本校校本课程资源，实践"共享、共建、共生"的区域校本课程、综合实践课程共享策略。指导新教师课程资源开发主要工作有：①制订计划，明确研修方向；②成立学科中心活动组，统一认识；③校内外资源共享；④学科联合教研活动；⑤教学论文评比；⑥课程资料互换；⑦区域"星光灿烂"计划项目；⑧乡村少年宫特色课程项目；⑨初中学段周五下午拓展课程共享及小学段 330 课程共享等。

2. 研制新城教育联盟体新教师成长的培训运作路径与方法

（1）成立新城教育联盟体教师工作室，完善培训管理

新城教育联盟体成立于2015年，由我校联合六校校长室，组织各校教学部、德育部、人力部负责人成立领导小组。我校作为课题负责单位担任盟主角色主持工作。2015年联盟体成立后，基于课题着力于新教师成长的培训，成立了新城教育联盟体教师工作室，构建新城新教师培训模式，推动各校教师队伍建设。各校重视对新教师教育教学能力培训工作的领导、协调和管理，每学期初召开联盟体工作会议制定本学期新教师培训计划，主要从师德、教学、德育、科研四方面入手，研讨培训具体安排。

（2）制定长远规划，建立成长档案，实现精准发展评估

各校明确发展方向，确定发展目标，认真制定《队伍建设三年规划》及年度计划，对队伍建设积极谋划，引导新教师进行自我专业反思定位，找出优势，分析不足，确立目标，制定新教师个人专业发展三年规划。联盟体邀请专家对所有新教师的三年规划进行发展评估，并进行未来职业发展规划的指导。此外，各校给3年期内每位新教师都建立了个人电子发展档案，每学年上交存档。通过正确领导、科学规划、精确管理，教师专业发展有了目标确立，有了管理保障，新教师专业发展学校建设纳入了良性运行轨道。

（3）制定师德规范，活动助推，达成职业价值认同

① 学习政治理论，强化教育意识

发挥党支部、团支部等先进组织作用，组织新教师认真学习马列主义、毛泽东思想、邓小平理论、"三个代表"重要思想和科学发展观，坚持党的教育方针，立足职业教育现状，遵循教育规律及学生成长成才规律，牢固树立正确的世界观、人生观和价值观，自觉抵制各种错误思潮和腐朽思想文化的侵蚀，具有坚定的社会主义信念，过硬的思想作风修养和高尚的思想道德品质。其次，注意针对性和实效性加强思想政治工作，有计划地组织新教师学习《教育法》《教师法》《中小学教师职业道德规范》等法律法规，引导新教师要树立高尚的职业理想和先进的教育理念，爱岗敬业，教书育人。

② 制定师德规范，形成自律意识。

学校根据《教育法》《教师法》《高等教育法》《公民道德建设实施纲要》等法律、法规及有关规章，并结合学校实际情况，研究制定学校自己的《教师职业道德规范》。突出学校特点，突出教师教书育人功效。通过制定、完善、落实师德规范，进一步规范青年教师的教育、教学活动，教育引导青年教师自觉履行《教师法》规定的职责和义务，树立正确的教育观、质量观和人才观，在政治思想、道德品质、学识学风上，以身作则，为人师表。

③ 弘扬师德师风，培养敬业精神。

每学期，学校组织各类比赛活动，弘扬新教师中的积极正能量，树学习标杆，培养新教师爱岗敬业精神。如"三风一训"新教师征文比赛，"七彩校园，幸福成长"青年教师演讲比赛，"身边的感动"青年教师摄影比赛等等。同时以校园网与微信作为平台，将新教师的成长心得、心路历程、师徒结对的成果感受等进行推送宣传。学校每学期末都会召开"倾听成长的声音"新教师座谈会，学校中层以上领导、骨干教师及所有新教师们集聚一堂，谈工

作、谈生活,在轻松的互动交流中增强了他们的职业归属感,激励他们要热爱自己的岗位,更要热爱自己的生活。

（4）夯实德研培训,锤炼团队,创新培训模式

① 成立"班主任成长共同体"

"新城联盟学校班主任成长共同体"成立于 2017 年 4 月,由青溪中学、尚同中学、金水苑中学三所学校组成,聘请区首届中小学班主任工作坊带头人戴军花老师为共同体导师。共同体成员学校作为有着相似发展背景、特点,也面临着相同问题的新城初中,本着"抱团取暖、自主发展"的理念,打造一支"德艺双馨"的"教育家型班主任"队伍。

共同体成立以来,积极探索实施途径,以微讲座、微论坛、微报告等形式促进班主任专业成长。邀请导师开设专题讲座、三校联合开展主题辩论赛、开展班主任特色工作论坛交流等活动,为班主任提升育德水平搭建各级各类平台。"班主任成长共同体"由各校轮流承担培训活动,培训形式多样,联盟体学校共同参与。活动发挥了新城联盟班主任共同体的优势,增进了联盟体内各校的交流与学习,对提升班主任队伍的专业素质起到的积极作用。

时间	主题	地点	内容
2017.11.27	"思索、分享、共进"	金水苑中学	1. 班主任"德育微讲堂" 主讲人：青溪中学　张莉　唐丹怡 尚同中学　韩瑾　陆韩园 金水苑中学　邵彩燕　王晓辉 2. 点评研讨
2018.03.19	"同交流,共成长"	尚同中学	1. 主题班会课《品腐乳　味文化》 执教者：青溪中学　钱星燕 2. 说课评课
2018.06.06	"班级,我们温馨的家"	青溪中学	1. 微班会展示 2. 班主任论坛 3. 导师讲话

通过新城班主任成长共同体开展的各种活动,很好地促进了青年班主任的快速成长。如青溪中学一年期班主任钱星燕老师参加了奉贤区"贤文化"班会课评比,在共同体内全体教师的帮助下,荣获教案评比二等奖与教学评比二等奖;通过开展"班级,我们温馨的家"班主任主题论坛活动,为班主任们创设了交流的平台,拓宽了班主任的工作思路,提高了育人的整体水平,增强了教育实效。

② "班级导师制"创新班主任培训模式

我校创新性地以"班级导师制"为主要形式,打破班级管理边界,改变以往一班一个班主任的常规模式,将所有三年内职初教师聘为班级导师,每班配 3—4 名导师,每人负责 7—8 名学生,3—4 名导师中定一名导师组长(相当于班主任),针对这些导师进行相关班级管理的培训。

➤ **常规培训**

● **班级管理常规工作及基本要求**

- 班级活动设计、组织技巧及深远意义
- 如何上好班会课
- 如何发挥学生在自主管理、自我服务方面的作用
- 与学生、科任老师、家长沟通技巧
- 学生工作个案分析与指导

➢ **专题培训（根据职初教师的实际需求可有所选择、调整）**

- 新时期初中班主任工作新思路、新内容、新策略
- 班级文化建设
- 以人为本与敢管会管的班级日常管理技巧与策略
- 学生的良好心理素质的培养，心理咨询及青春期教育的技能
- 班主任工作中的法律风险规避与班主任权益保护

➢ **培训方式：**

i. 专家引领。积极组织职初教师参加各级各类班主任培训，组织观看专家专题报告的录像，聘请教育专家来校做专题报告，聘请学有专长的优秀班主任做指导老师。

ii. 同伴互助。通过分组 PK 的形式，创造充分的研讨交流的机会，围绕问题，建立问题条件与问题目标之间的多向联系，碰撞出教育智慧。让"班级导师们"能博采众长，获得公众评论其教育状态的机会，以集体的智慧矫正个人思想上的偏颇和不足，加快其经验化的进程。

iii. 实践探索。将所有职初教师安排成班级导师，每班配以 3—4 名导师，每人负责班级 7—8 名学生，指定一名导师组长（即传统意义上的班主任），以实务带动校本培训，在实践中充实知识、提升能力。

iv. 问题驱动。推崇"实践＋反思＋研讨＋实践"的行动学习培训模式，其核心就是"问题"——发现问题、分析问题、解决问题。而这个问题的产生就来自职初教师的切身需求，能在最大程度上激发其学习内驱，通过对于"班级导师"工作情况的调研、指导老师观察的结果和"班级导师"在案例总结中常关注的问题，提炼典型问题，作为每期活动研讨话题，每学期解决职初教师两到三个方面的困惑，提升培训的针对性和有效性。

（5）加强学科专业研修，拓宽培训路径

① 成立新城教育联盟体联合教研组

校本教研已成为被老师认可的教研制度，但实施过程中仍存在很多问题，如制度落实不到位、教研形式单一、教研内容不符需求、反思意识淡薄、互助实效不佳等。为此，联盟体学校形成合力，通过联合教研组的共同建设来寻找教师的发展点，通过有效的联合教研活动来切实提高联盟体内全体新教师的专业素养，探寻有助于青年教师快速成长的联合教研组合作研修模式。

2015 年 9 月，新城联盟体联合教研组成立。3 所初中和 3 所小学各学科教师组成联合大教研组，各年级备课组组成联合大备课组，通过 QQ 群、电话、微信、校园网等信息平台，共享资料，加强交流，及时进行备课组活动。各联合教研组坚持做到大型教研组活动

同参与。

② 探寻有效联合教研组合作研修模式

作为盟主，我校先后接受了上海市成功教育集团的两轮托管、与上海市许多名校结盟、依托区教研中心各学科专家力量，并长期聘请上海市各学科专家来校指导等，内外部资源丰富。各路专家的引领确保了研修的思维深度，拓宽了眼界的宽度，提升了操作的精度，确保了实际效度。我们也在专家的引领下，在国家基础型课程的校本化实施方面有了一些收获，并逐渐探索出了一套适合青溪校情的教研组研修模式和课程建设模式。如英语教研组的听评课模式，数学教研组的"五步法"研讨模式等等。因此，我们将该模式通过联盟体的教研组合作研修模式辐射到联盟体成员学校，成为常规教研联动的模式。每学期的联盟体教研活动，都有各成员学校共同参加。

以数学组研讨模式为例：每周四第1节执教者说课、集体研讨；第2节各自上课、执教者反思整改、专家随机听课；第3节执教者上课、全体听课；第4节集体再研讨、执教者再反思。数学组以"基于标准、夯实基础、发展能力"为主题进行了全区层面的教研活动展示（2015学年）。英语组的七年级备课组基于单元教学内容分析与设计的备课组活动，也在第十二届教学节进行了教研组主题教研展示（2015学年）。在这样的一种研修模式下，联盟体内的年轻教师在课堂教学方面都取得了飞速的进步。

③ 主题教研联动促进联盟体合作研修共进

新教师的历练成长必须聚焦课堂教学，各校及联盟体不断在市、区两级层面上给新教师搭建多种锻炼并展示自我的舞台。青年教师的每一次亮相都通过集体备课、组内磨课、专家会诊、全校展示、说课评课、专家点评、大会反馈等一系列环节，扎实推进新教师的课堂教学能力。联盟体主题式跨校联动教研解决了各校个别学科老师少、非考试学科教研活动少、单打独斗的现状，有效提高了年轻教师的专业素养和课堂教学能力。

时间	主题	地点	内容
2016.11.23	"智慧课堂、有效教学"	青溪中学	1. 体育学科课堂教学展示 七年级体育： 《篮球：行进间单手高手投篮》 执教： 青溪中学陈真龙老师第一课时 金水苑中学的诸秋岚老师第二课时 2. 评课研讨
2017.05.09	"教研联动　合作共赢"	青溪中学	由跨校联动教研组内的5位青年教师针对七年级第四单元《欧洲民间歌舞音乐揽胜》，分为课前研讨、上课、课后反思三个环节，向大家展示这一新模式的教研过程
2016.11.15	"互动创生，有效教学"	尚同中学	尚同中学启动为期一周的青年教师评比活动，联盟体优秀教师担任评委一起磨课评课

④ 一徒多师，"N导师"促进全面发展

基于联盟体各校新教师多、能胜任师傅的优秀骨干教师较少的困境，联合联盟体内资源，进行跨校师徒结对，采取"N对N"的模式。即一个新教师有本校师傅、联盟体内带教师傅、市区专家带教师傅。而一名优秀骨干教师则要带教本校和联盟体学校的多位新教师。对于新教师而言,多位师傅的助力必定能让他更加开阔眼界,吸收更多的优秀经验。而对于带教师傅而言,一人带教多名新教师看似加重了带教任务,实则徒弟们可以进行同伴互助,共同分享交流经验,反而能够促进他们自身的成长与提高。

每年度联盟体内都要举行师徒带教拜师签约仪式,主题为"同心协助促成长、团结共赢携未来"的联盟体学校合作方案,合作内容包括青年教师教育教学能力及专业理论素养;青年教师教育教学基本功;青年教师对教材教法等的学科专业研究;青年教师团队建设。成果展示有:师徒备课本的展示,师徒同课异构课的课堂展示,以及每学年的新教师综合能力现场展示活动。通过跨校师徒带教合作,积极促进区域新教师的共同成长。

⑤ 竞赛展示助推,培养专业综合能力

岗位练兵也称为基本功训练,每一学年联盟体都会精心设计新教师学识水平测试方案,助推每一位教师具有扎实的教学基本功。传统的基本功训练和比赛有:"三字一画"(钢笔、毛笔、粉笔、版画);"三话一具"(讲故事、演讲、朗诵、教具);"三课一命题"(备课、上课、说课、练习设计和试卷命题能力)。随着科技发展,又有一些配合时代的新的基本功培训和比赛:"三思考一开发"(文本再构、教学反思、案例分析、课程开发能力);"二制作二应用"(课件制作、微课制作、移动触摸屏应用、电子白板应用等)。

新教师的成长也并不仅仅局限于教育教学能力的成长,更在于其综合能力的发展。"新城教育联盟体"也经过顶层设计,进行"倾听成长的声音"1—3 年期新教师座谈会等,从新教师的幸福感出发进行一次心灵的碰撞与交流。此外,联盟体也积极开辟各类舞台让新教师展示自我,比如市、区域层面公开课,各类评比如"青溪杯"教学比武等,"青出于蓝、溪汇成海"——"青溪源"见习期教师综合能力展示活动,明德外国语小学教师专业发展校本培训路径探索,暨"大拇指教师的修炼"校本培训展示活动等都开辟新教师的展示舞台,让新教师进一步有职业成就感的体验。

⑥ 立足校本课程,实现特色共享

校本培训课程是用来研究学校和教师发展的实际问题和需求的,因此更有针对性和实践性。针对新教师校本培训项目,各校每学年都会制定相对应的培训项目书,制定周密的培训计划,成立校本培训组织机构,确定培训目标、内容、时间、评价方法、制度保障等。培训项目包括新教师课堂教学技能培训、新教师班主任工作培训、新教师科研能力培训等。通过每学年末的新教师座谈会,使校本培训与新教师需求相结合,解决实际问题。

同时,基于各校各有特色的校本培训项目,在新城联盟体内每一学期的师干训干部会议中都会进行汇报和交流。对于落实情况或取得成效较好的校本培训项目,联盟体内会互相学习,实地观摩等。比如明德外国语小学的"大拇指教师的修炼"校本培训展示活动,思言小学的"提升教育教学技能,促进专业快速成长"见习期教师校本培训,青溪中学的多元联盟背景下新城学校新教师校本培训年度工作计划研制等。校本研修对于新教师的成长有着举足轻重的作用。

（6）科研培训重扶持，低起点，体现培训渐进性

① 提供专家指导辅助，促进自主研修

各校科研室除组织一些论文、案例、反思的撰写评比活动外，会借各组室教研活动和校园网站等平台，组织新教师进行市、区优秀科研成果和教研杂志的学习。新教师们也勤于思考，乐于反思，各校出版教师论文集，联盟体内共享学习。针对新学校新教师科研能力薄弱的困境，联盟体也积极邀请市、区教科研工作方面的专家开设讲座，为新教师们讲解怎样撰写课文，怎样申报课题。同时，在每一次讲座后都会布置相应的小论文、小案例进行练手，及时反馈培训效果。联盟体集合骨干教师的力量对新教师的作业进行评改，提出修改意见。通过一点一滴地指导与渗透，带领新教师对教科研入门。

② 立足小课题研究，渐进提升科研能力

新教师们对教科研能力的需求是最大的，大部分教师对教科研这块是一筹莫展，不会做课题，不会写论文。为此，联盟体结合区域"我的教改实验项目"，实施《小课题研究项目》，要求新教师每人就自己教育教学中正在研究的最主要问题设计项目。小课题项目申报书简化了文本形式，注重教师们研究的过程，主要目的是要求新教师学会带着思考工作，学会在工作中积累，在积累中提升。同时许多新教师在做项目的过程中有了写论文和做课题的想法，再进行论文发表和课题申报时，教师们就更有目的性与自信了。

4. 形成新教师成长的校本培训考核机制

新教师考核工作还是以各校自身情况制定方案，联盟体内只以各校新教师综合能力展示现场会的形式进行展现。

以我校为例，新教师培训考核验收工作由"青溪源"工作室协同学校教学管理部、德育管理部、人力资源部等共同完成。考核内容侧重于政治表现、工作态度、业务水平和课堂教学效果等方面。集中培训期间的考核采用案例分析、笔记、总结并结合出勤、作业等方式进行；分散实践培训的考核，采用上汇报课、编写教案、检查读书笔记等方式进行。

附：

青溪中学新教师校本培训考核评价表

考核项目	考核部门	考核内容	标准分	评分说明	评分得分		
					教师自评	指导教师评价	部门评价
职业感悟与师德修养	工会、人力资源部	师德修养	6	加强师德修养，严格遵守《中小学教师职业道德规范（教育部中国教科文卫体工会全国委员会 2008 年修订）》和《奉贤区教育局师德建设"五不准"实施细则》。			
		个人规划	3	参加见习教师规范化培训制定个人规划和参培计划书。			
		自我学习	3	读一本教师职业生涯或师德修养方面的书，写一份读书心得；同时完成 10 篇见习期教师职业生涯体验随笔。			
		培训总结	3	完成一篇包括对教师职业感悟在内的见习教师规范化培训总结。			
课堂经历与教学实践	教学管理部	解读课标	5	在带教教师指导下，通读学科课程标准，在教研组内作一次课标解读专题发言，有发言提纲。			
		编写教案	5	通读所教班级教材，完成一个单元的教材分析和教案编写，在教研组内说课，有说课提纲。			
		听课	10	积极听课，有目的、有针对性的观摩 10 节课，写成观课报告。			
职业感悟与师德修养	工会、人力资源部	上课	10	完成一门拓展型选修课的构思与教学大纲，试教一节选修课；导师、基地团队、双方学校有关人员把关，通过三次正式试教。			
		评课与教研活动	5	积极参加评课与教研活动，点评三节其他教师的课。			
		作业布置	5	结合跟班教学，编一个单元的学生作业，并写出理由。保质保量批改学生作业，有效地辅导学生，辅导学生不得少于每周两次。			
		命题与质量分析	5	设计一次单元考试试卷，实测后作质量分析；完成一次期中或期末考试班级质量分析。			
班级工作与育德体验	德育管理部	学生主题教育	5	就某个主题召开一次班干部会议，一次学生座谈会，就某位学生的某个问题作一次家访。			
		班会与社会实践活动	5	策划并主持一次主题班会，一次班级社会实践活动。			
		学生分析与评价	5	写一份班级情况分析，两位学生个案分析；会写学生学期综合评价短语。			
教研与专业发展	教学管理部、人力资源部	读书笔记	3	精读一本导师推荐的专业书，写出读书笔记；并能自学有关书籍。			
		教研组活动	5	参与教研组活动，承担有关任务。策划并主持一次备课组活动。			
		专业发展规划	2	在带教教师指导下，制定一份三年的个人专业发展计划。			

续　表

考核项目	考核部门	考核内容	标准分	评分说明	评分得分		
					教师自评	指导教师评价	部门评价
综合素养	教学管理部	自我基本功训练	2	进行钢笔字与粉笔字训练，在见习前期和见习后期各完成一份硬笔书法作品。			
		现代教育技术	3	能根据教学目标进行教具与多媒体课件设计、使用和制作，准备一份课件作业。			
工作学习表现	人力资源部	考勤	5	全勤得满分，无故缺勤一次扣 1 分，病、事假一次扣 0.5 分，迟到或早退一次扣 0.5 分（本项标准分扣完为止）。			
		学习态度	5	积极参加各项培训活动，认真完成各项作业，有明显的效果。			

四、研究的成效与反思

课题组在三年实践经验的基础上，取得了良好的成效。

1. 联盟体新教师教育教学成长迅速

新城学校各校新教师在校、区、市各级别获奖丰富，公开展示活动多，受到家长、社会的一致认可。各校均在区域层面上积极开展新教师展示活动，如 2014 年 6 月开展了"青溪源"见习期教师综合能力展示现场会活动，展示一年来我校对于青年教师的培养成果。2016 年 4 月，区"十三五"中小学校本培训推进会暨明德外国语小学"大拇指教师的修炼"校本培训展示活动在明德外小举行。市师资培训中心党委书记郑百伟，上海师范大学教育学院副教授杨帆，区教育局、区教育学院领导及教研中心教研员及全区各中小学校长、师干训干部等参加了本次活动。与会者一起观摩了 15 位明德外小 0—3 年期职初教师的课堂展示，一起观赏学生节目和职初教师风采展示，从职初教师课堂教学和才艺表演中，感受到了他们的进步与收获。

2015 年以来，联盟体新教师在市、区层面上的获奖多，在市、区域层面积极开设公开课，获得专家和教研员的一致肯定与好评。

2. 新城新教师成长的培养模式有一定的借鉴辐射作用

学校在校本研修实践过程中形成了一定教师专业发展的特色项目：本课题负责人薛晨红领衔的《多元联盟背景下新城学校新教师校本培训模式的探索与实践》立项为区级重点课题，获得 2016 年度奉贤区优秀教育科研成果二等奖；《"新城教育联盟体"学校新教师成长的实践与研究》情报综述荣获奉贤区 2015 年度优秀教育科研成果二等奖；《校本培训年度工作计划研制》案例上报了奉贤区"十二五"期间校本培训优秀案例征集；助力教师德育能力提升的《德教合一班级导师制培训》成为 2016 年奉贤区校本培训特色项目。新教师成长过程中各方面的成绩在区域范围内有一定的影响，新城联盟体新教师成长的培养模式对新城学校师资队伍建设有一定的借鉴作用。

3. 师资队伍建设促进学校发展

联盟体中青溪中学和明德外国语小学从 2013 学年建校时的"A＋X＋Y"资源联盟中的 Y 校,到 2015 学年跃升为 A 校,作为盟主学校引领区域办学质量的共同提升。同时两所学校都是上海市第二轮新优质项目学校,教育教学成绩位于区域前列,在区域内各层面获得了良好的口碑。师资队伍建设有效促进了学校内涵品质的发展。明德外国语小学和青溪中学分别被评为 2016 年度"奉贤区中小学教师专业发展"示范校"及"优秀校"。

4. 研究的反思

新教师的专业发展是学校发展的关键,在新教师专业发展学校的道路上我们还要不断反思,继续前行。在探索实践的过程中我们遇到了新的挑战和困难:如新城教育联盟体是自发的教育组织,由于没有教育行政的介入,组织联盟学校的校长和联盟内其他学校校长行政级别平等,在实际的运作过程中,联盟体内部在资源整合等方面存在很多现实困难;其次联盟体在新教师培养过程中对教师个性发展的研究与探讨还不够深入,或者说还未找到合适的方式鼓励个性的发展;再者新教师成长过程中,幸福感的缺失尤其表现在处理工作与家人之间的平衡,本课题还未深入研究。正是有问题的出现和反思的呈现,促使我们不断加深思考的程度、延伸探究的方向,让培养新教师的成长模式更加完善。虽然课题的研究已经结束了,但是"新城联盟体"不会解散,联盟体各校将同心协力,在培养新教师的路上不断前行,不断摸索,探索出与时俱进的方式方法,为教育事业添砖加瓦。

参考文献

1. 李红恩. 高丙成. 教育联盟:教育发展的助推器[N]. 中国教育报. 2014.
2. 王奕. 国外著名大学联盟运行机制与启示[J]. 高等建筑教育. 2013.
3. 张军. 高校联盟研究国内外现状综述及其对江苏地区公办本科高校联盟的启示[J]. 语文学刊. 2013.
4. 程琳. 近十年我国教师学习共同体研究述评[N]. 河北大学成人教育学院学报. 2011.
5. 纪明泽. 新教师发展需求的调查与分析[J]. 上海教育科研. 2011.
6. 刘清洁. 对香港院校合作模式的评析[N]. 西南成人教育学报. 2013.

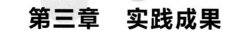

第三章　实践成果

教育管理

美丽校园在身边

青溪中学　王燕锋

奉贤区青溪中学成立于 2013 年 9 月，全体青溪人始终以"青溪流淌、未来绽放"为愿景，以办成一所师生喜爱、家长满意的新优质学校为目标，以文明创建为主线，凝心聚力，规范管理，高效落实，用优美的校园环境、过硬的教学质量、科学的学校管理、和谐的人际氛围满足了老百姓对优质教育的期待。

我们作为集团理事长单位把优质资源发扬传递，以大教育的视角开展工作，带动集团内学校共进共赢。我们成为奉贤区重要的消防宣传教育阵地，与贵州遵义务川的两所学校两地结盟进行对口援助，与摩步营机炮连等 8 家单位签署建立文明共建合作关系，与英国橡树园中学等学校成为姐妹学校，开展了互访活动，缔结国际友谊之花。

一、注重人文蕴育，师生合力共营"美丽校园"

学校的每个角落、每个墙面都体现着青溪的育人理念，发挥着它的育人作用。门口的"未来广场"喻示着让师生面向未来、走向世界，"诚信书吧"由学生自主诚信管理，底楼走廊上的《劝学》《弟子规》传递着为人为学的基本道理……学校景观的设计无不围绕着"中国灵魂、国际视野"的理念有序规划，真正做到让每一面墙壁说话。

我们开展师生主题征文、青年教师演讲等活动，让师生深刻领会学校"三风一训"；以班级为单位，定期开展"经典国学诵读"等主题活动，引领学生在活动中受到教育与启迪；通过开展"建校纪念日""英语文化节"等校本活动，为学生提供展示才华的舞台。由师生、家长共同设计、参与的活动使广大师生和家长都产生强烈的认同感和归属感。

二、发扬"美丽教师"品格，打造专业团队

我们在教师队伍培养上坚持外引内育双管齐下，教师队伍成长迅速，多名教师已在市区级崭露头角。

包蓓娆老师 2006 年毕业于复旦大学物理系，是第一批参加上海"三支一扶"的优秀学生党员。两年支教期满时，她选择留在奉贤任教。2013 年 9 月因工作需要来到青溪中学，现担任学校副校长、德育主任工作。"努力工作，快乐生活"是她的口头禅，她总是说自己是如此幸运，能从事一份自己喜欢的事业，它是如此有趣又有意义，因为每天她所面对的是天真、可爱、充满生命的活力和幻想的孩子。

副校长兼教导主任侯敏老师从教13年来逐渐在专业成长的路上找到了自己的特色：循循善诱，娓娓道来。她勤于梳理语文教材、建立学科教学知识框架，注重研究教学教法，一切以学生的学习为本。从一线教师到学校管理者，她能很快适应并迅速找准自己的定位，她开始引导这个年轻的团队关注"教什么、怎么教"，更进一步思考"为什么教"的问题，进而明确教育的真正价值在于培养有自信、有规划能力、有个性特长的各类人才。

学校积极开展《永铸师德魂，共谱青溪梦》师德建设项目的实践研究，教师每年签订《青溪中学师德承诺书》，弘扬高尚的师德风范，杜绝不利于学生健康发展、影响教师声誉的行为，进一步规范教师的教育教学行为，同时大力表彰先进教师，进一步弘扬"乐教、勤教、善教"的青溪教风。

三、深化教育改革，共筑"美丽课堂"

我们在深化国家基础型课程校本化实施的基础上，加强拓展型课程的开发实施与监控；狠抓教学常规、严格落实五环节，"减负增效"落实"绿色学业指标"；以教学节为契机，围绕"优化课程设计，提升育人品质"主题，重点加强校本特色课程的开发，获优秀组织奖；重视学生体能培养、严格保障体锻活动，确保学生每天"阳光一小时"；通过"绅士"、"淑女"项目创新实验室的建造，为学生提供木工、钣金、缝纫、烹饪、烘焙、编织等实际操作区域，培养我校学生的创新能力和动手能力。我们希望，青溪校园内这群远郊农村的孩子们，虽不是西装笔挺却有着绅士的广阔胸襟，不是雍容华贵却有着淑女的温文尔雅，当四年的初中生活结束时，每一个都能以绅士、淑女的姿态走出校园，走向未来。

四、构建育人体系，精心培育"美丽学生"

我们以培育青溪"五有学子"为抓手，积极构建育人体系。以生活化的养成教育、多样化的主题活动和全员化的育人环境为抓手，推进德教一体化、课程化，构建青溪特色育人体系，培育与奉贤新城发展相匹配的知书达礼有修养、见多识广有眼界、与人为善有爱心、知难而上有毅力、开拓进取有创意的青溪"五有学子"。根据"五有"目标，每月确定一项主题，开展序列活动。以"见多识广有眼界——实践活动月"为例，每年的寒暑假，围绕"寻根""放眼"两大主题，学校组织师生开展丰富的实践活动，学生们或通过寻访古迹、拜访老人、查阅史料等方式，感受"贤文化"的悠远魅力，或在旅行、阅读、演出欣赏等活动中学习全球文化的意识。

通过使用我校自主开发的"学分制＋《学生成长记录手册》"学生综合素质评价模式，希望以此转变师生、家长重视学业考试成绩而忽视学习过程的评价观念，引导其树立科学的学生综合素质评价理念。从学生的"德能、学能、身能、心能、创能"建立全校学生"学分制"大数据库，涵盖学生在学校生活的方方面面，真实记录学生成长的点点滴滴，对学生而言，这将是一份最好的初中生活成长档案。

　　"青出于蓝,溪汇成海",近七年来学校坚持做实做优教育的每一件小事,办好百姓满意的家门口学校,对"最美校园"的愿景的追求从未停留,青溪正逐步成为师生们的文化乐土、温馨港湾、幸福家园和道德高地。

聚焦成长关键事件　提升中层领导效力

青溪中学　薛晨红

管理者不能仅是某一方面的专家,更要突出管理者的专业性和全面性,他们必须精通学校管理工作的各个层面,只有这样学校管理才能更加精细。作为一所年轻的学校,如何培养中层干部,使他们能够做、愿意做、做得好呢?

一、规范先行,提升中层精细管理力

(一) 提升精细管理系统性

1. 关注指导管理全覆盖,确保常规检查对存在问题的精准解决

中层一学期的听课量为至少 30 节,并要确保对其分管的教研组及年级组的教师普听一次。通过课堂观察更深入了解教师的教学常态,进而基于现场,了解分管组室的教育教学现状,发现问题,及时解决。

2. 加大不同课型指导力,确保常规检查对课堂教学的全面提升

无论是听课、备课检查还是教学巡视,我们都要求对不同课型进行督查,加大除新授课之外不同课型的听课指导力度,倒逼学科教师研究复习课、评讲课等各类课型,促使他们系统梳理分析学科知识结构,加强对练习和试卷命题设计质效的研究。

3. 预设备课检查观测点,确保常规检查对教师备课的指导效能

固定检查是开学前、期中前与期末后,随机检查包括听课过程中的备课本抽查,专项督导时的备课本检查等。每次大型检查都确定主题和专项观测点,如教学目标表达的规范性,重难点的适切性,课后反思的有效性等。不同课型的检查时间也各有侧重,如开学前着重开学第一课及新授课的检查,期中期末着重复习、练习课的检查等。

(二) 提升精细管理针对性

1. 关注学生的"学",提升中层对学生学习状态的关注与研究

中层听课主要关注学生的"学",如师生的互动,教师的"教"是否面向全体学生,学生的参与度,学困生的表现等。备课检查也有三个着重点:①集体备课,个性彰显;②面向全体学生与分层教学的环节设计;③课堂的预设与生成设计。

2. 关注教师的"教",提升中层对教师成长需求的关注与研究

针对不同教龄的教师,在巡课中也有不同侧重点。针对一年内新教师,进教室听约

10分钟的片段,观察教师控班能力、组织能力等基本情况;针对二至五年的职初教师,进课堂听约8分钟,观察师生互动,关注教师的应变能力、处理预设与生成的关系等;针对成熟教师一般在教室外驻留约5分钟,关注教师对学生高阶思维品质的培养。

二、机制跟进,提升中层统筹协调力

(一) 由表及里,明确轮岗的重要性

从全面育人角度看,只有将德育和教学有机融合,才能成就学生的全面发展;从学校整体发展来看,轮岗打破了部门间的"壁垒",使中层在不同岗位的历练中掌握教育教学管理的基本规律,在德育管理中思考教学,在教学管理中渗透德育,推动学校工作质效的全面提升;从中层的成长规律看,通过岗位的轮换,中层能积累不同岗位的管理经验,不仅有了基于本岗位的工作视野,还有了居高临下、承前启后的高站位大格局。

(二) 由点到面,开展 AB 角制度和轮岗制度的探索

我校在创办三年后,启动了 AB 角制度和轮岗制度,如德育部主任与教学部主任、大队部与团支部的 AB 角设置,AB 角同时参与部门工作,能更客观全面地了解学校各条线的推进情况,也免去了后续执行中再协调的麻烦。

我们又将轮岗制度广而用之,推广到四大部门的正副职。根据轮岗人员的能力素质和个性特点,在工作性质相关的岗位间进行轮岗。如侧重统筹协调的办公室主任和总务主任进行轮岗,侧重管理技能的教学部与德育部进行轮岗。当然,轮岗也要遵循自主自愿原则,轮岗后更要强化在职辅导与互相协作。

三、技能更新,提升中层的数据分析力

(一) 基于大数据统计,做好学业质量的全面分析

每次调研测试后,教学部负责统计梳理各年级、班级、学科、学生的成绩数据,分别以教师和班级为单位进行划分,包括平均分、及格率、优秀率、各分数段人数等。期末,教学部还要关注学生对教师满意度的测评数据统计,从中分析师生关系,梳理出课堂教学存在的问题。

我们还要求分管教学的中层跟踪关注变量的动态发展,如通过标准差,关注整体的离散程度,并把数据分析结果通过图形分析的方式呈现给教师;又如通过变差,对每一位老师执教的班级作比较,对一个班级的各门学科作比较,从而了解每个班级、每门学科及每个学生的变化趋势值,深入了解学生的学业水平及每一位教师的课堂教学水平。

（二）基于大数据运用，做好年级管理的整体推进

各中层深入分管年级组参与质量分析，质量分析流程为：①年级组长组织会议（定主题、定时间、定地点并主持）；②备课组长和班主任进行各自层面质量分析；③其他任课教师补充交流；④分管中层总结反馈。中层基于大数据并结合该年级阶段性情况及整体情况，进行三个层面的反馈，即行政会、家长会、年级组大会。尤其是家长会上，中层要制作PPT，进行30分钟的反馈，用专业的数据分析，使家长直观了解孩子的学业水平状况，推进家校协作。

（二）基于"学分制"成长平台，做好学生综合素质评价

为整体反映学生德智体美劳全面发展情况和个性特长，引导学生践行社会主义核心价值观，弘扬中华优秀传统文化、革命文化和社会主义先进文化，增强学生社会责任感，培养创新精神和实践能力，让每一位学生都能健康和谐发展，成为与奉贤新城发展相匹配的具有"中国灵魂、国际视野"的青溪"绅士""淑女"，学校特开发"学生综合素质评价的'学分制'成长平台"，各中层深入分管年级组参与"学分制"成长平台的运用与管理。由学生对自己在每一个阶段的表现根据"五有学子"的20多项指标进行自评，接着学生互评，再是家长评价，最后是班主任评价。在整个项目运作过程中，中层要对学分指标进行诊断，增补并修改，所有的执行都要源于对数据的分析与判断，保证项目平台功能不断完善。

四、搭好支架，提升中层自我学习力

（一）后续跟进，推动学习的转化与再创造

1. 学习心得分享。借助学校"青溪源"教师工作室和校本培训平台，中层将培训收获总结提炼，在全校教师面前进行专题讲座，让全校教师见证成长。

2. 阶段总结反思。每次培训考察，中层都是带着问题，带着任务前往，培训结束后，及时梳理资料、分析他人工作经验，联系自我工作现状，进行阶段性总结反思，形成学习报告，向校长室进行汇报。

3. 提供平台实践。学校大胆放手，不断创造机会给中层，让他们将培训学习所得的好的工作思路化为可借鉴、可操作的实践项目。

（二）纵向储备，让更多教师具备中层素质

1. 跟岗制度。运用跟岗制度做好纵向储备，储备中层后备人才，如从优秀的青年教师中通过意愿调查、群众推荐，选出优秀的后备人才进入四大部门进行跟岗学习，各教研组选拔出优秀的青年教师进行教研组长的跟岗学习。跟岗学习的内容由部门主管和教研组长负责，跟岗教师不减少本身的工作量，不予绩效考虑，期限为一学期。

2. 扁平化管理模式。基于我校扁平化管理模式，注重权力下移，通过具体实践让基层领导者，如教研组长、年级组长，逐步成为具有领导力的后备中层力量。我们让每个教研组长承担学校的"每月一节"，方案、具体任务安排等都由组长全权负责；年级组长负责年级组质量分析、家长会等的方案制定、主持、统筹协调等一系列工作。基层领导在活动中实践，在实践中提升自我的领导力。

学校是师生共同成长的沃土，只有不断提升中层的领导力，才能更好地促进学生的学习成长和教师的专业发展。我们培育中层领导力，优化学校管理的最终目的，还是为了促进师生的共同成长，推动学校的品质发展。

让理想落地　让实践升华

——青溪中学课程创新与教学改革的探索实践

青溪中学　薛晨红

一、规划实施，夯实课程教学基石

青溪中学建校于 2013 年 9 月，学校确定了"契合奉贤新城发展脉搏、培育新型现代人综合素质、使学校成为与奉贤新城发展相匹配的新优质学校"的办学目标。秉承这样的理念和目标，我们在第一份三年规划中，对教学改革与课程创新确立了明确的工作目标，细致的实施要点和分阶段推进计划。

在构建"人文课堂"、实现"有效教学"的目标引领下，历经三年时间，青溪教师团队的课堂教学逐渐形成了扎实、高效的特色，获得了丰厚喜人的成绩。基于三年规划中教学改革目标达成度分析，我们总结提炼出以下经验：

1. 高效落实教学"五环节"，扎实有效推进常规工作，尤其注重备课检查，推门听课和作业反馈。

2. 关注国家基础型课程的校本化实施，形成青溪特色的校本教材，尤其注重教学资源库的开发与建设。

3. 实施"人文课堂、有效教学"策略，形成和谐民主的教研氛围，尤其依托各级专家指导校本研训活动。

4. 紧抓质量监控，形成科学评价机制，尤其注重每一次大型考试后的质量分析，落实整改与跟进措施。

三年中，教师的稳步成长、课堂的扎实有效、学生的点滴成功（首届毕业班 19 位学生都考入了区重点中学以上的高中）等等，都让我们这所刚刚起步的新学校呈现出出蓬勃向上的发展态势，为后续的课程与教学变革奠定了扎实的基础。

二、积极反思，寻找招考制度变革与学校教学现实的差异

然而，我们很快又有了新的困惑。记得那是第一届初三学生参加完市重点高中自主招生之后的一个周一上午，老师们交流研讨了以下本次自主招生的相关命题：

引发学生间热烈讨论的大多是这些问题：

● 家家都有防盗门，上面的猫眼利用的是凸透镜、凹面镜，还是平面镜？

- 地球自西向东自转，跳远运动员能否利用这个自然现象跳得更远？
- 请归纳总结一下你在初中阶段学习过的数学方法。
- 你如何看待大学生就业难的问题，女生比男生找工作难的问题。
- ……

这些题目考查学生的文理科综合运用能力，学科知识覆盖面广，关注学生的理解能力和思维品质。不少学生面对这样的命题，不知所措，直指我们教师学科教学中的软肋。我们的课堂教学到底存在什么问题？我们不禁陷入了沉思……

这一次自主招生给予我们如下启示：

- 我们的课堂缺少知识与生活的联系，缺少综合运用能力的培养；
- 命题考查的不是学生掌握多少静态知识，而是解决实际问题、创新思维、合作沟通等多方面能力；
- 学生回答的对与错不是评价重点，主要考查的还是学生在答题过程中表现出的思维方式和社会组织能力。
- ……

此时正值学校构思新一轮的三年规划，我们便以此为契机，在全校范围内进行了课堂教学变革的大讨论，掀起了青溪中学课堂教学变革的新浪潮。老师们发现自己课堂仍有这样的特征：教师中心、讲授为主；强化识记，轻过程、重结果；知识为本、传授呈块状结构。全校教师总结出以下问题：

1. 重知识目标，忽视三维目标的融合，未透彻理解"学生发展为本"。
2. 重合格率，忽视学生个性差异，未充分关注学生高阶思维能力的形成与训练。
3. 重课堂预设，忽视"生成资源"，未能积极鼓励学生质疑问难、独立思考。
4. 重教师引导，忽视学生主体，未能达到学生培养自主学习能力目标。
5. 重讲述和训练，忽视思维品质提升，未能充分利用课堂时空，提高效率。
……

三、深入研讨，指引全面变革方向

每一个青溪人都在思考着，行动着。我们的教师在改变，我们的学生在改变，我们的课堂在改变。这涉及一个看似简单实则深奥的教育问题，即教育的目的是什么？而答案只有一个，即一切为了每一个学生的终生发展。为此，我们确立了五个"走向"：掌握知识走向自主建构、关注结论走向关注过程、单向传输走向多向交流、技术操作走向思想引领、局部意义走向整体意义。

2016年度暑期培训，我们围绕这五个"走向"进行了全员大讨论，分五天进行深入研究及思维碰撞。各层面、各学科教师都提出了自己的理解与诠释。

最终，基于目前的教学现状，总结出了未来青溪中学课程教学愿景：

总体原则：适应学生全面发展需要

目标制定：体现教学目标多元整合

教师的教：营造信息资源的学习氛围；体现教学民主的课堂环境；生成适应变化的教学智慧

学生的学：注重多样化学习经历体验；启发问题生成与探究意识；引导训练方式的实际应用

目标达成：细化过程性教学评价

四、顶层设计，推进全员教学变革行动

基于这样的愿景，我们重新进行顶层设计，制定了新的课程教学实施项目与具体举措。

1. 课程与教学变革的基点——观念的嬗变

观念是行动的灵魂，教师的教学观念对其教学实践活动有着十分重要的影响。课堂教学改革必需首当其冲地要提高教师素质，更新观念，转变角色。因此，以学校龙头课题，市级课题《新城联盟体学校新教师成长的实践与研究》为引领，以"青溪源"教师工作室为平台，通过校本培训，外出学习，自我进修，让教师们首先从观念上产生改变。

如邀请市级专家孙宗良老师来校讲座《走向未来的课堂——谈课堂教学改革的内涵与趋势》；又如邀请市级专家王洁教授作了《做专业的教师——我们要做什么》。这两场报告，让教师清晰地认识到新课堂的价值导向是坚持立德树人，促进学生健康成长和全面发展。课堂教学的变革走向即为以学生的学习互动为中心、促进学生主动学习。

2. 课程与教学变革的必要维度——体系的调整

课程体系是学校开展教育教学工作的基础，具有决定学校整体发展水平和影响特色创建进程的重要作用。课程体系的调整是学校课程深度变革的必要维度。为此，我们重新修订了青溪中学"中国灵魂、国际视野"课程方案，整体架构"绅士""淑女"课程体系，分为基础型课程、拓展型课程和探究性课程。

以培育学生核心素养为价值取向，以培养青溪"五有"学子为目标，分别从修身技能类、人文素养类、文明修养类、体育竞技类和科技创新类五大方面开设了 20 余门校本特色课程，包括烘焙、木工、编织、越剧、刻纸、五子棋、盆景、环保实验、三阶魔方、影视趣配音、英语课本剧等。这些课程彰显了高度的综合性。一是科学性与人文性的统一，关注社会对教育的需求，关注学生的现实发展，为学生的未来发展、终生发展奠基。二是学校实际与学生需求的统一。这些特色课程的开发和实施基于学校的传统、文化和办学优势以及学生的特点，课程的核心价值是对学校发展、学生发展价值取向的提炼。三是知识与技能、过程与方法、情感态度与价值观的统一，这些特色课程作为学校课程体系的有机组成部分，其课程目标都符合课程改革的基本理念。

结合区"星光计划"项目，我们申报了"绅士""淑女"学堂项目和思维创新实验室、环保创新实验室项目，学校配备了木工车间、烘焙教室两间创新实验室。孩子们亲手制作出的小板

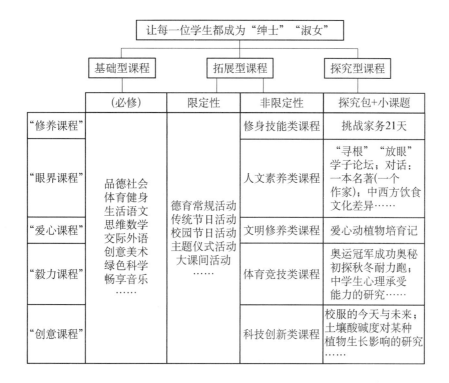

凳、花架、书架，亲手烘烤出的面包蛋糕，烹饪出的各色菜品，见证着他们生命成长的印迹；两间创新实验室为一些理科学习上学有余力、思维敏捷的孩子提供了进一步培养兴趣与发展能力的平台。我们的课程要培养的是学生应该具备的，能够适应终生发展和社会发展需要的必备品格和关键能力，而这些校本特色课程正是指向学生的核心素养培育。

3. 课程与教学变革的重心——基础型课程校本化实施

基于第一轮成功集团的委托管理，暨第一个三年规划期间，各教研组在专家的引领下，结合校本特色和学校整体发展需求，在国家基础型课程的校本化实施中，着力于教学资源库的开发与建设。比如语文组各年级的《经典文本细读集》，数学组的《周周练》作业集，英语组的牛津教材《教案集与课件集》。这些举措确保了青溪课堂教学的平稳推进，即使是刚进课堂的见习期新教师，也能借鉴团队共享的课件与教案，达成教学目标。

在第二轮委托管理，暨新三年规划中，我们将重心迁移到"以学生发展为本"的课堂教学变革中。基于本校特点，学生核心素养的提高，创新思维的培养，及自主学习能力和终身学习能力的发展，必须成为青溪课堂急需改变的方向。因此，我们仍以教研组为单位，确立教研主题，如语文组的《基于学生提问的课堂教学设计研究》，由教师的文本解读转向立足于学生的质疑提问。英语组的《如何有效设计 post-task 环节提升学生综合运用能力》，让教师们将重心由知识目标的达成转向学生综合能力的提高。

4. 课程与教学变革的推进器——教研组建设

要真正地让教师参与课堂教学变革，让先进的教学理念扎根于教师，运用于课堂，外显于学生的发展，必须允许教师们有一个感悟和累积的过程，有一个自我怀疑和自我超越的过程，有一个从借鉴模仿到亲身实践，并体验成功的过程。由此，学校的校本研训便显得尤为重要。

学校因地制宜，并充分利用外部专家资源开展校本研训，关注专业深度，拓宽学科视野，提升实践智慧，让每位教师都有获得感。目前，各教研组都已形成较为成熟的研修模式。

以数学教研组为例，由市、区级资深专家担任学科顾问，校骨干教师担任教研组长，以"五步法"研修模式为载体，通过学习探讨，专家指导，模仿尝试，实践反思，自主提高，扎实高效地进行每一次教研组研训活动。每周一次的成功教育集团专家指导，每两周一次的教研组主题活动，每月一次的市教研室专家团队指导，让每一位教师经历基于理念引领的实践打磨，真正促进每一节青溪课堂的改变。

5. 课程与教学变革的突破——活动课程化

依据学生生活和发展需求，我们重构教育资源。以校园主题节为节点，打破学科边界，开展学校节庆活动与课程的统整研究。以九月读书节、十月体育节、十一月英语文化节、十二月建校纪念日、三月交通消防安全节、四月科技节、五月艺术节、六月毕业季等校本主题节庆的"系列主题"为载体，实现跨学科、跨年级、跨校内外的资源统整，构建"校园主题节展示课程"。同时，把课程评价融入每年十二月建校纪念日和"六一"儿童节的相关庆典活动，力求突显"展示即评价"的理念。

"校园主题节展示课程"的主要特征是教与学的内容主题联系社会实际，是学生感兴趣的、由学生或学生群体发起的，并以游戏、聚会、活动、竞赛、考察、旅行等学生结伴的组织方式展开，使学生的课内经历和课外实践完美融合，实现课内外教育知性与德性的高度统一。每一次的活动都是学生展示自我的机会，小小的舞台，成就孩子大大的梦想，学生们从活动中获得了自信，体验着成功的喜悦。

变革之路没有终点，只有不断摸索，调整，应时而变。在新时代背景下，我们还有许多需要思考及急需解决的问题，如"互联网＋"的智慧课堂如何更好地为教学服务？大课堂理念背景下如何做好各学科的统整？如何根据新高考变革及时调整初中的课程教学？……但无论遇到何种困难，我们始终不忘的是高效课堂、多彩课程、学生发展。

我们的教育是为谁而教？为教师而教？为考试而教？为学校而教？还是为学生而教？答案是显而易见的，一切为了学生的终生发展。而我们青溪人也将以此为基点，上下求索、不懈前行，让理想落地，让实践升华。

"紧密型办学资源联盟体"背景下
教研组建设初探

青溪中学　侯　敏

一、背景分析

区域背景：近年来，奉贤区学校的硬件条件有了很大改善，部分学校与市区同类学校相比毫不逊色。但地处边远的部分乡镇学校的内涵发展还不尽人意，与城区学校相比义务教育的发展不平衡现象还较突出。为此，奉贤区教育局推出了第三轮《奉贤区建立紧密型办学资源联盟促进区域义务教育均衡发展实施方案》，"青溪中学资源联盟体"正是在这样的背景下于2015年9月成立，联盟体内四所学校分别为青溪中学（盟主）、四团中学、洪庙中学、塘外中学，三所成员学校均位于奉贤区偏远地区，且三所学校年轻教师较多，故以教研组建设促教师专业发展，势在必行。

资源联盟的现状：虽然，在四所学校内部，"校本教研"已成为被老师们认可并在学校中积极实施的教研制度，但各学校在校本教研的实施过程中仍存在很多问题：制度落实不到位；教研形式单一；教研内容不符需求；反思意识淡薄；互助实效不佳等。前期调研发现，四所学校的教师，尤其是青年教师们对于"有着人际互动的、有针对性的、有过程的'专业研究人员'和'经验丰富教师'的指导"有着十分强烈的需求。为此，四所学校如何形成合力，如何通过教研组的共同建设来寻找教师的发展点，如何通过教研组的有效活动来切实提高联盟体内全体教师的专业素养，成了我们资源联盟体成立一年来首先需要解决的问题。

盟主学校的思考：作为盟主学校，我们也进行了深度的回顾、反思、总结、提炼：建校三年来，青溪中学先后接受了上海市成功教育集团的两轮托管、与上海市多所名校民间结盟、依托区教育学院教研中心各学科专家力量，并长期聘请上海市教研室部分学科教研员、市名师基地部分学科专家来校指导等，如今已成为上海市第二轮新优质项目学校、上海市教委教研室教学协作联盟协作单位、中国教育追踪调查研究基地。各路专家的引领使我校校本研修确保了思维的深度、拓宽了眼界的宽度、提升了操作的精度、收获了实际的效度，也使得我们在教研组建设方面有了基础和足够的底气来承担此项工作，于是青溪中学资源联盟体成立了与学科对应的联合教研组。本文就将以数学组为例，简述一年来资源联盟体联合教研组建设的探索与实践。

二、策略实践

1. 以联盟为依托，借助优势资源，成立联盟教研中心组

联盟体联合教研的有效开展需要拥有一支起到引领与指导作用的教研核心团队，团队的成员应由学科专家、各校教研组长及组内部分优秀教师组成。其成员一定是以素质高、能力强、教学水平高的教师作为首选。其中，教研组长的职能也不容忽视，要使其成为联盟体联合教研活动的真正落实者。

青溪中学资源联盟体"数学中心组"由8人组成，由资深市、区级学科专家担任学科顾问，由青溪中学数学教研组长担任中心组组长，她本人也是奉贤区初中数学学科的中心组成员。中心组队伍由资源联盟体管理领导小组统一进行选拔、建立，这支队伍的建设成效如何，直接影响到联盟体联合教研是否能持续发展。

2. 以需求为根基，根据教学实际，确定联合教研的内容

要通过深入、广泛、全面的调研，选择联盟体内教师最需要解决的实际问题作为联合教研的活动内容，以"解决问题"为出发点，活动才可能是有效的。而相关的教研目标、过程、内容和方法的制定与选择，均应由联盟教研中心组来完成。确立教研的"研究点"是有效教研活动的关键出发点，没有代表性、并非来自于教师教学中的实际问题，就会使得教研活动的开展缺少针对性与实效性。深入学校调查收集数学教师们在学校教育教学实践中形成的真实问题和上次教研活动中产生的新问题都可以作为新的教研活动的研究起点。

在联盟体成立后的第一个月，我们通过各校数学教研组长向联盟体内的全体数学教师布置了任务，要求所有老师简单撰写个人专业成长规划。并安排中心组成员不定期到校指导与交流，确保做到"研"之有物。经过梳理与集体商议，结合四所学校数学教研组的现状，特制定了本年度数学联合教研活动的教研内容，并有序地在各个学段进行推进。

3. 以活动为载体，追求教研实效，开展高效的教研活动

联盟体联合教研活动毕竟不像校本教研那么频繁开展，这就要求每一次的联合教研活动都要追求实效和可持续发展。需要根据具体的内容来选择教研的策略与方法，在选择的时候应该以有效性作为基本原则。

（1）教研活动应体现实效性。在开展教研活动的时候，首先要想好如何让教师积极参与，参与实效性会怎么样。比如，提前一段时间告知教师教研的课题内容，让其提前准备。通过活动前的发现问题、方案预设、目标确定与任务布置，使教研活动具有针对性，并以此指导组内活动的个人设计、合作互助、方案形成，使活动前的安排具有实效性。

（2）开展多样的教研活动。我们曾开展过一项"青溪中学资源联盟体数学教师喜欢的联合教研活动方式统计"调查活动，结果见附图1。

从图表中可以看出，常规教研中听课、评课的形式，仍受到中学数学教师们的普遍欢迎，而外出参观学习则是教师们最为期待的，作为联盟体要为教师们搭建这样的平台。为

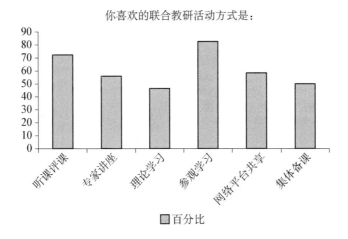

附图1　联盟体数学教师喜欢的联合教研活动方式统计反馈结果

此,学术沙龙、专家讲座、茶馆式交流、草根化研讨等都是很好的教研活动形式。当然各种活动都要与主题相吻合,校本教研和区域教研的目标相吻合,进行多种形式的整合。

（3）开展开放的教研活动。教研活动开放性体现在时间和区域上的开放,关于时间开放的含义就是不将教研活动看成是固定时间不变的,比如在午间或者课间进行教研访谈会等等,都是非常好的方式;区域上的开放,其含义是指不将活动局限一校、一地、一个年级或一个场所,要走出去,与其他区域联合在一起开展教研活动。

如在"基于标准、夯实基础、发展能力——青溪中学资源联盟体第二十届教学节联合教研活动（数学专场）"中,活动以"课题确定、课标研读→个人备课、课堂行动→评议反思、方案修正→反刍吸纳、再进课堂→撰写案例、经验总结"为基本流程,就打破了传统意义上教研活动的时空限制。

附表2　活动的基本流程

环节安排	具体要求	设计意图
前期准备	1. 联盟体内四所学校数学教研组准备视频录像课。执教者为青年教师,课题为《2.9分数运算的应用》,做好视频录制后上交,由中心组统一进行剪辑。	1. 录像课形式可以解决联盟体学校的时空差异问题,最大限度地减少地域因素的制约;同课异构能增强教研活动的有效性。
课堂初议	1. 现场观摩四所学校前期提交的课堂实录（片段）,每个观看20分钟,共4个。 2. 现场教师根据课堂观测点被分为四个小组,并根据观测点进行评议。 　观测点（1）：教材把握 　观测点（2）：教师表现 　观测点（3）：学生反映 　观测点（4）：师生互动 3. 现场交流、互动。	1. 真实呈现四所学校的课堂教学原貌,了解真实的学情。呈现片段,选取同一例题可提高同课异构的可比性,更有针对性。 2. 分观测点进行听课、评课,可提高听课效率。 3. 评议环节指出上课教师存在的问题,便于青年教师整改,也为即将上课的老师提供方向。

续　表

环节安排	具体要求	设计意图
再进课堂	1. 观摩现场课堂教学（由第5位青年教师执教，该教师全程参与此前的全部环节，并根据现场评议内容及时对自己预设的教学内容做出调整，再进课堂上课。） 2. 四个小组根据观测点进行听课。 3. 观测上课教师是否进行了整改。	1. 现场教学，还原整个课堂原貌，有助于让老师们将本例题放于整节课中整体观测，也可以观测课堂动态生成。 2. 仍然让老师们进行观测点听课评课，有利于老师们更有针对性地观测教师的改进等。
集中再议	1. 全体教师根据观测点进行评议。 2. 专家点评。	1. "观课—评课—再上课—再评课"环节，有助于教师在短时期内迅速调整教学环节，并及时感知效果。专家点评，保证了本次活动的权威性。

　　本次活动不仅提高了联盟体联合教研活动的实效性，使教研活动真正成为联盟体内教师专业成长的平台，也做到了教师间的同伴互助，拓宽了教研渠道，创新了教研新思路，提升了教研的品质。特别是教师践行了"自我反思—同伴互助—专家引领"培养模式，以优秀教师为主导，以教室为研究室，打破了联盟体时空的限制，零距离地接触课堂教学，面对面地交流互动，切实发挥了联盟体的集体智慧，促进了校际间相互交流和教学资源的互补共享。

　　此外，建设联盟体教研组学习平台，促进资源的整合；构建联盟体教研组专业发展模式，推动人员的整合；构建联盟体教研组文化建设的策略，践行文化的融合等，都是在紧密型办学资源联盟背景下进行教研组建设所需要考虑和解决的问题，这也将成为下阶段青溪中学联盟体的工作重点。只有这样，才能促进教研组在文化层面、精神层面、制度层面、行为层面的整合、重构、优化，从而推动联盟体内教研组的快速融合及可持续发展，最终，形成"教师——教研组——学校——联盟体"的持续性、跨越性发展。

让劳动教育扎实落地　为孩子幸福成长奠基

青溪中学　薛晨红

摘要：习近平总书记在全国教育大会强调，中小学要引导学生树立"劳动最光荣、劳动最崇高、劳动最伟大、劳动最美丽"的劳动审美观，把劳动作为最好的教育，真正做到"五育并举"、全面发展。青溪中学在"五有学子"育人目标的引领下，积极探索"生活化德育"模式，扎实有效开展形式多样的劳动教育活动；组成了劳动教育管理网络，人员从校长、中层领导、年级组长、班主任、学科教师、学生、家长及校外辅导员全覆盖；制定了具体常规制度，保证了劳动教育有章可循，引导学生、教师、家长改变教育观念，注重学生德智体美劳的全面发展。

关键词：劳动精神　劳动教育　立德树人

一、劳动教育的意义

根据2018年9月全国教育大会精神以及有关劳动教育的指导性文件，中小学要引导学生树立"劳动最光荣、劳动最崇高、劳动最伟大、劳动最美丽"的劳动审美观，把劳动作为最好的教育，真正做到"五育并举"、全面发展。习近平总书记在大会上强调，要以凝聚人心、完善人格、开发人力、培育人才、造福人民为工作目标，培养德智体美劳全面发展的社会主义建设者和接班人。学习领会这一重要论述，就需要我们深刻总结反思劳动教育的重要地位和劳动教育对青少年成长的重要价值。

从成人的意义上说，只有让学生学会劳动，培养他们的劳动精神，才能够使他们懂得劳动的艰辛，懂得合作的意义，懂得对劳动成果的尊重。从成才的意义上说，当今社会，处于快速发展的时代，新知识层出不穷，知识和人才的竞争空前激烈。新时代需要更多的理想信念坚定、知识结构合理、社会责任感强、具有创新精神的青年英才，而要做到这一点，光有学历和分数是远远不够的，需要我们的学生通过把握劳动精神的真谛，将劳动作为贯穿品德和知识的中心线索，在劳动教育中把握理想未来，在劳动教育中提升自身的综合素质，在劳动教育中铸造自己的意志品质。

二、劳动教育的现状与成因分析

笔者搜集整理发现，自1981年上海义务教育德育课程开始实施至今，劳动教育始终是中小学德育课程的重要内容,从劳动教育的实施现状来看,劳动课程目标明确、教学内容循序渐进。在《上海市中学思想品德和思想政治课程标准》中对劳动教育与目标做了明确的规定,突出了劳动观念、劳动技能、劳动态度和劳动习惯几方面的教育培养要求,并贯穿于整个义务教育阶段的教学中。在教材的编写上,基于德育课程标准,形成了一套由低到高、由易到难、由浅入深的劳动教育序列,旨在培养学生尊重劳动者、尊重劳动精神、珍惜劳动果实的观念。

同时,劳动教育方法形式是多样化的。劳动教育需要教师在教学过程中不断发展探索,也需要家庭、学校、社会等多方面形成合力,大家尽心竭力共同配合促进。教师在组织开展劳动教育课程和活动中利用多方面资源,创新实践榜样激励法、故事反思法、情感渲染法、操作指导法、生活体验法等多种教法,对中学生劳动观念的形成、劳动能力的培养、劳动习惯的养成和劳动精神的塑造都起到了积极的推动作用。

但反观实际教学,劳动教育的地位和作用并没有得到充分体现和落实,甚至有人将劳动教育视为一种惩戒学生的方式,出现了上学迟到要罚做值日的现象;也有人将劳动视为一种放松和休闲,便出现了学校在紧张的学习阶段安排"综合实践劳动"的现象。这些现象都是对学校劳动教育的误解和认识偏差,也反映了劳动教育目前存在的最重要的两个问题:

(一)学校劳动教育课程体系不够完善。劳动教育如果单靠课程教学,没有其他的教育方式协同,学生的劳动习惯很难养成,劳动精神也很难形成。虽然教育行政部门规定了劳动教育的课时量,但是由于德育课程不纳入升学考试范畴,所以劳动教育往往得不到学校、家长和学生的重视。在这种教育观念的影响下,很多学校的劳动教育虽然在劳技课、班队主题教育活动、学生实践活动中有所涉及,但也都各自为政,不成体系。在劳动教育的课程设置、内容指向、计划步骤等方面并不明确。如,缺少全员覆盖的劳动教育管理网络,缺少具体、可操作的制度保障,缺少课程评价等,导致教育效果不甚明显。

(二)学生劳动教育实践形式不够丰富。劳动教育如果单靠学校教育,没有社会和家庭教育的支撑,没有足够的实践平台,学生就缺少劳动体验,无法实现知识和实践的统一。而现有的劳动教育形式也大多片面、单一。如,从小学到初中,很多学校对各个年龄段学生的劳动要求大都停留在打扫卫生、洗衣洗碗做饭等层面上,没有劳动教育的梯度与难度,没有按照学生的年龄特征与能力特征开展相应的劳动教育。在家务劳动、校内劳动上如此,在社会实践劳动和志愿服务公益劳动上更是如此,有些学校甚至没有后两者的劳动。这些都直接影响了劳动教育的深入开展。

三、落实劳动教育育人目标的青溪探索

(一)强化组织领导,落实主体责任

1. 提高认识,加强规划统筹。学校在制定新一轮学校三年规划时,把劳动教育作为

一项重要项目推进,引导学生珍视劳动,了解劳动常识,掌握劳动技能,养成良好劳动习惯,关心他人和集体,树立正确的劳动价值观。在《青溪中学课程方案》中将培养目标细化,除基础型课程中的劳技课和社会实践活动等相关课程外,我校在校本拓展型和探究型课程中提出"绅士、淑女学堂"拓展课程群,其中包括"每周家务一小时""食堂小小保洁员""我是小小消防员""我是小鲁班""我是小小西点师"等劳动教育课程;每学期的学校工作计划中,将劳动教育落实在每月一节及"劳动周"的项目中,由大队部、年级部及班级具体负责实施活动。上述这些劳动技能类、劳动创造类课程,强化了学生的劳动能力和劳动意识和创新思维,提高了学生探究与实践的能力。

2. 健全机制,完善制度建设。学校设立了劳动实践评价机制和实践经费保障机制,制订了《劳动安全制度》《劳动课程岗位职责》《劳动课课堂教学评价方案》《卫生责任、绿化责任包干制》《文明餐桌评比制》等具体常规制度,并把劳动教育纳入了年级组长、班主任和相关教师年度考核中,保证了规范有章可循。

3. 落实责任,形成管理网络。学校成立了"劳动教育工作领导小组",明确校长为第一责任人,由校长兼党支部书记任组长、副校长兼德育主任任副组长,全体行政人员为组员,下设工作小组,分别负责学校的劳动课程教育、劳动实践教育、劳动思想教育等工作,做到有领导具体负责,有人员具体办事,分工负责,责任落实到位。

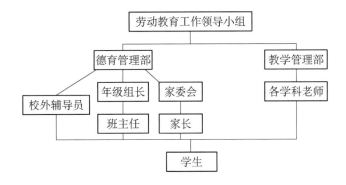

(二) 丰富教育载体,提高教育实效

1. 学科渗透,润物无声。学校每年的学校课程计划都按照市教委文件规定,进行劳动教育的课程设置,确保开齐开足劳动技术课,目前在六年级开设每周2节、七年级每周1节、八年级每周2节劳技课,学校共有3位教师任教,其中一名专职、两名由物理老师兼任。三位教师均属于学校综合一组教师,在教研组共同研讨、学习中,不断提升自身教学业务能力。积极参加各级各类教研活动,提升眼界、开阔视野,确保了劳技课程教师队伍的稳定与发展。

学校教学管理部根据日常常规检查,定期开展备课、听课、巡课检查,确保了劳技课的正常开展并对教学质量予以监控。每位劳技老师都能认真执行教学计划、规范教学秩序,每学期都会根据要求，开展对学生的过程性及终结性评价，如期末上交劳技作品等，既调动了学生的积极性，又对学生的后续发展给予了明确的指导。

2. 校本课程，初具特色。学校设有劳技专用室两间，还设有"木工室""烘焙室"等劳动拓展课专用教室，除劳技课日常教学使用外，也为拓展型课程提供了场地。学校"眼界课程""创意课程"中开设了小种植、小编织、小发明、小实验、小制作、小饲养等科目，近两个学年分别开设了《毛线编织》《手工缝纫》《环保 DIY》《我是小鲁班》《我是小小西点师》等劳动教育相关课程，深受学生喜爱。

3. 多彩活动，寓教于乐。学校积极拓展劳动教育实践载体，每学年制定劳动实践实施方案，有主题地开展各类劳动实践活动，力求将劳动内化为学生的自觉行为：(1)仪式教育，结合"三五学雷锋""植树节""五一劳动节"等教育契机，开展"让绿色充满春天　让劳动创造生活"等主题升旗仪式等活动；(2)主题教育，利用班会午会课开展劳动主题教育，午会安排进课表，年级组定期开展集体研讨、备课，年级组长检查落实；(3)节庆教育，除开展中华传统节日活动外，围绕学校育人目标，在读书节、体育节、科普节、艺术节等每月一节活动中，开展相关的书吧整理、运动会保洁、环保服装秀、创意盆景等活动，在活动中培养学生的劳动技能和劳动创意；(4)体验教育，除组织好六年级军训、七年级学农和八年级民防等实践活动外，学校还依托巴士集团、马勒汽车制造公司、农委等共建单位的资源，开展"我是小小乘务员""我是小小汽车设计师""我是小小农艺师"等丰富的共建活动，促进劳动教育成果向校外延伸；(5)家庭教育，充分利用每学期的《给家长的一封信》、家访、家长学校、微信推送等载体定期向家长宣传劳动教育理念和相关知识，开设"'劳动'托起中国梦"等相关讲座，引导家长重视孩子的劳动教育，优化家庭育人环境……每开展一项劳动实践活动，我们都会在方案中或者告家长书中对学生提出具体的行为要求，并会在活动前以全校广播会、年级组大会或班主任教育的形式强调其要求，并由家长志愿者或者学生纠察员进行监督管理。

(三) 探索生活德育，加强实践育人

1. 学做家务，懂得感恩。学校围绕"五有"学子育人目标，在实践中形成了一套体现"五有"学子育人特色的德育校本课程《青溪流淌　未来绽放——"五有"学子成长手册》，劳动教育也是其中重要的一个版块，根据各年级的年龄特点，提出了不同的劳动教育目标，并以此为指导布置开展"每周家务一小时"活动，通过家长评价、撰写劳动心得、展示劳动照片与视频、开展劳动技能评比等多种方式进行反馈和展示，营造劳动氛围，同时引导学生体会父母的艰辛，懂得感恩。

2. 志愿服务，公益行动。每逢寒暑假、学雷锋日和植树节等节日，学校还积极开展"慰问社区孤老""打扫社区卫生""垃圾分类宣传"等雏鹰假日小队和志愿者服务队等活动，并于每学期开展"假期社会实践活动积极分子"和"优秀假日小队"等评比。开学后，挑选部分同学在青溪学子论坛上分享实践体会，促进学生在实践中学知识、重体验。

3. 自主管理，温馨校园。学校为培养少先队员的劳动意识和爱校意识，每月以"行为规范示范""卫生示范""文明餐桌"流动红旗为载体,分别开展班级与包干区卫生、绿化养护区整理和"食堂小小保洁员"等劳动实践活动,通过每天一检查每周一反馈每月一表彰,开展劳动教育活动。同时,学校在"诚信书吧""阅读长廊"等角落,设置志愿岗位,由学生负责整理和管理,设立至今未缺失一本书。这些活动强调了学生的主动参与和情感共鸣,促进了学生劳动习惯的养成,从而将劳动进一步内化为学生的自觉行为。

4. 社团活动,彰显创意。学校结合拓展课,成立了"木工""烘焙""编织""缝纫""盆景"等相关社团,除周五拓展课外,利用课余时间和假期开展活动,教师和家长作为辅导员参与,每学期学校组织活动,各社团将劳动成果进行义卖,并将义卖所得捐赠给结对的贵州学校。有意义的社团活动既丰富了团员、队员们的课余生活,也锻炼了他们的劳动能力和创意。

（四）完善考核评价,提升工作质效

1. 课程评价重过程。学校要求劳技课程每个学期都要做好学生成绩的考查监测工作,将学生学业测评纳入教学计划。学生评价重点在于参与的过程,包括参与程度、所表现的合作能力、表达交流能力等。学生可以选择适合自己的评价方式和手段,既可是"成果式"的,也可以是"过程式"的。评价结果由学生自身、同学、教师及家长分别记录在"学分制"成长平台上及《学生成长记录册》上。

2. 综合评价重引导。学校以区级课题《依托"德育学分制＋成长记录手册"完善学生综合素质评价的实践研究》为抓手,围绕"五有学子"育人目标,探索形成一套较科学、较全面的评价体系,并建立了学分制平台,劳动作为其中的一项重要的内容,纳入了记录与评价,并以此作为评选"五有学子"和升学评优的重要依据,引导学生、老师、家长改变教育观念,注重学生德智体美劳的全面发展。

3. 表彰评比重示范。除每月开展的"行为规范示范""卫生示范""文明餐桌"流动红旗评比外,每学期,学校还对在"每周家务一小时""食堂小小保洁员"等劳动活动中表现突出的个人授予"劳动之星"称号,并通过微信推送等方式予以表彰展示,营造劳动光荣的氛围,发挥示范辐射作用。

（五）初显教育成效,打造特色品牌

通过几年的探索,我校在实践中形成了一套体现我校"五有学子"育人特色的德育校本课程《青溪流淌　未来绽放——"五有学子"成长手册》,形成分年级、分层次的德育课程目标和内容,而劳动教育是其中重要的一环。围绕学校德育课程目标要求,我校"绅士、淑女学堂"拓展课程、"每周家务一小时"、"食堂小小保洁员"等活动开展得有声有色,各年级、各班级、各小队利用年级组主题活动和小队实践活动等途径,开展班本化、人本化的特色劳动活动,作为课程中的选修拓展内容,完善"五有学子"课程体系。同时"五有学子"学分平台以学分的形式规范了评价考核,通过这一系列举措,劳动教育已纳入了我校一体化的德育课程,形成了比较完整的教育体系。

(六) 劳动精神培育方向

1. 进一步完善劳动教育课程体系。结合新中考政策的要求，学校把劳动教育纳入社会实践课程中，作为综合素质评价的重要组成部分，属于升学考试范畴，纳入学校的课程体系，所以劳动教育将会得到学校、家长和学生的重视。从2018学年开始，劳动教育课程得到了完善，并形成了体系。在劳动教育的课程设置、内容指向、计划步骤等方面进一步得到明确。

2. 进一步丰富劳动实践基地。我们要充分利用学校身处黄桃之乡的独特资源优势，建立黄桃实践基地，开辟校内黄桃园。让学生了解黄桃、喜欢黄桃、宣传黄桃，为家乡培养黄桃专业人才。此外，我们要为劳技专用教室增添相关设施设备等劳动实践材料，组建更多与劳动实践相关的兴趣小组、小社团，进一步激发学生劳动实践的积极性。我们会进一步发挥共建单位的相关资源，为学生搭建更多的校外劳动实践平台。

3. 进一步完善劳动教育的考核评价机制。我们要进一步采取适当方式和途径，真实了解学生"每周家务一小时"的情况，并探索研究能综合学生成长记录册、"五有学子"成长手册以及学分制平台相关要素，构建包括内容、时间、指标、对象、方法、措施等在内的劳动教育评价体系，供区域内学校学习借鉴。

参考文献

[1] 张熙.学校劳动教育三策[J].中国民族教育，2018，11：11.
[2] 秦红.劳动教育的创造性实施策略[J].江苏教育，2019，23：47—49.
[3] 夏文斌.劳动教育与学生成人成才[J].石河子大学学报(哲学社会科学版)，2018，05：125.
[4] 刘向兵.新时代高校劳动教育的新内涵与新要求——基于习近平关于劳动的重要论述的探析[J].中国高教研究，2018，11.
[5] 黄燕，韦芬.现代劳动教育的内涵特征与创新路的探析[J].现代教学，2018(Z2)：10—14.

策略共研、资源共享、办学共赢

青溪中学　薛晨红

2017年3月,青溪·明德教育集团正式挂牌成立。由我校担任理事长,明德外国语小学担任副理事长,我们深感责任和压力之重大。作为两所年轻的学校,我们如何去带动整个集团抱团发展、求得进步? 如何充分发挥我们六所学校的优势各显所长、求得突破? 如何打破地域和学段的限制寻求一种集团办学整体发展的最佳途径? 这是我们集团正在思考的问题。

于是,2017年4月,我们六所学校第一次聚首时,便开始了一场由校长、分管校长、各主要部门责任人参加的头脑风暴。我们利用SWOT分析法,认真梳理了集团现有的优势、劣势、存在问题与挑战,并认真研读了《奉贤区教育局关于推进教育集团化办学的实施意见》,共同为集团制定了《青溪·明德教育集团三年发展规划(2017.3—2020.6)》,聚焦课程和教学工作,使集团内的教师流动、教研联动、课程走动、管理互动、科研驱动、评价促动成为常态,更要在各项工作中有所突破和创新,全力推进区域教育教学改革,全力提升教育教学质量。下面就将集团一年多来开展的工作汇报如下:

一、办学管理

(一) 架构清晰,主体明确

集团管理制度齐全、规范,经全体成员学校讨论,制定了《青溪·明德教育集团三年规划》,建立了集团组织领导机构,成立了集团办学工作小组。在对口联系领导顾军与联络员马蓓蓓、蒋静的指导下,明确了责任主体与责任人,各成员学校也根据职责分工制定了各校集团工作落实小组,确保了集团工作的扎实推进。先后制定了《青溪·明德教育集团成员学校管理者跟岗制度》《青溪·明德教育集团成员学校工作落实小组工作制度》《青溪·明德教育集团管理例会制度》等。

(二) 建设完善,执行规范

集团化办学要求规范、完善的规章制度,是集团各项工作全面落实的基本保障。对集团各校各条线与师生起着约束、规范、激励和引导作用,既能促进教师不断自主学习,提升业务,又有利于促进学生德、智、体、美、劳等全面发展。青溪·明德教育集团成立初期,经理事长单位组织,集团内各校成员讨论制定了《青溪·明德教育集团办学共赢实施方案

2017.6——2020.6（讨论稿）《青溪·明德教育集团管理办法（2017年）》与《青溪·明德教育集团三年规划》，明确了理事长学校和成员学校的权利和义务，确定了三年内工作总目标为：三个"均衡"发展，即教师队伍、教育资源和办学内涵的均衡发展，并将总目标细化为阶段目标，以学年为阶段，逐层深入执行。

在制定了集团办学规划与管理办法的基础上，制定了《青溪·明德教育集团工作小组例会制度》，根据集团不同阶段的工作计划和行政会议的决定，在例会上布置阶段性和日常性工作任务，研究完成任务的方法和途径与要求，交流、检查工作完成情况，使各成员校各项工作稳步有序地按计划进行。建立了《青溪·明德教育集团条线工作制度》，在教学改革与课程创新、德育工作和队伍建设三个方面明确了集团工作相关条线的工作目标和制度，以期达到完善教学管理制度、提升教学管理水平，提升德育工作能力和队伍建设能力。同时制定了《青溪·明德教育集团专项经费管理使用实施意见》，项目专项经费使用规范有效。根据市、区经费规定，学校建立相关经费预决算和使用制度，严格按规执行。为充分发挥市区级专家的示范指导作用，使市域优质资源真正成为集团化办学师德的表率、育人的模范、教学的专家、教育改革的先行者，制定了《青溪·明德教育集团市域优质资源考核管理的意见》，明确并规范了市域优质资源的管理和考核方法以及考核程序。

在集团各项规划和制度的制定过程中，理事长学校汲取了集团成员校多方面的意见，在执行过程中严格按照各项要求规范实施，在集团成立初期每月进行一次例会，各成员校出席率高，会议主题明确，研讨氛围融洽，从集团发展的角度出发，各校将不同阶段存在的问题在会议上进行探讨，及时提出意见，帮助各校克服困难，共同前进。集团化工作一年多来，在《办学共赢实施方案》的引领下，分别制定了2017学年与2018学年的工作计划，明确工作目标，并深入落实分阶段目标，同时在每个学期末进行工作总结，召开总结会议，回顾工作、分析得失，为下一阶段工作奠定基础。

二、重点工作

（一）干部互动着力点——共育、促进、内驱

根据《青溪·明德教育集团成员学校管理者跟岗制度》相关要求，集团先后安排了8人次进行跟岗带教，分别由理事长单位、副理事长单位带教成员学校的教导主任4人次、德育主任4人次，除教育、教学管理方面的主题学习外，还定期参与青溪中学、明德外国语小学的教育、教学常规工作及主题活动。

同时，根据《青溪·明德教育集团管理者月工作汇报制度》的相关要求，各成员学校校长及其他中层管理人员定期互访，建立了"青溪·明德教育集团工作QQ群"，并通过电话、微信、校园网等平台，及时交流管理经验，互通有无。由理事长单位在听取成员学校的需求、分析学校劣势的基础上，为各成员学校提供工作建议书，并给予具体的管理指导。

集团成立以来,由我本人及我校中层管理人员向各校的管理团队做各类管理相关报告如《绿色指标解读》《如何指导教师专业成长》等十余次。

一年多来,根据各成员学校的实际需求,我们先后召开了"集团三年规划研讨""学期工作要点交流""如何提高教学质量专题研讨""教导主任怎样评课"等管理方面工作的专题研讨会。在接下来的两年里,各成员校会继续轮流主持,以每学期一至两次的频率举行办学管理专题研讨会,谈本校的管理亮点、办学特色或存在的疑惑、遇到的难题、面对的困境等,全体成员学校共同献计献策,达到互动互助、互学互鉴、共同提高的目的。

(二)课程走动着力点——适合、整合、融合

1. 国家课程联动。作为六所乡镇学校,我们首先对各校的国家基础型课程、校本特色课程的现状进行了深入分析,也对未来发展前景作了交流,明了了目前集团体内最急需关注的问题是:如何夯实基础(托好底部)、如何把国家基础型课程进行校本化实施。

根据集团内四所中学的实际情况我们将重点放在九年级毕业班的中考学科上,成立了青溪·明德教育集团教学视导团,制定了《青溪·明德教育集团教学视导团工作方案》《青溪·明德教育集团理事长学校学科视察方案》《青溪·明德教育集团集体备课制度》,主要聚焦课程教学。一年多来在集团范围内举行了中考学科语文、数学、英语、物理、化学的学科视导活动,各校主动参与视导活动,特别将自己的薄弱学科列为视导对象,让集团内的优秀教师共同把脉授课教师的课堂教学,为毕业班教学助力。参与视导活动的授课老师以青年教师居多,但他们认真的备课、严谨的治学态度得到了视导团的一致认可。

除了毕业班教学,集团范围内还开展了各学科研讨活动,如2017年11月20日四团中学开展了六七年级数学学科研讨活动,两位老师以不同的教学风格展示了自己的风采;青溪中学英语学科(七、八年级)以"关注核心素养,构建有效课堂"为研讨主题,于11月14日开展了学科展示活动,两位青年教师分别展示了八年级的阅读课和七年级的听说课,两位老师在课堂上注重学生语言能力和思维能力的培养,给听课老师留下了深刻印象。

邀请学科专家在集团范围内进行讲座培训活动,帮助提升教师的教学能力。2018年3月12日,邀请了浦东新区英语教研员王瑛老师为集团内英语教师作报告,报告主要关于考纲新增内容的解读、初三复习的具体安排及初三专项复习要求等。5月17日,邀请了语文学科专家张大文在我校底楼大会议室进行讲座,主题是《对词句教学的认识与实践》,帮助集团内的语文老师们在词句教学中有所突破。

2. 校本课程联动。为了充分利用教育集团内的优质教育资源,形成区域内校际间合作共享机制,整体提升各校的办学质量,我们首先对各自学校特色校本课程进行了梳理,也明确了各自课程的优势及发展方向。同时我们在集团体内也明确了每学期特色展示的具体要求。制定了《青溪·明德教育集团集团校本课程共享实施意见》提出了"让课程行走起来"校本课程共享理念,课程行走的形式主要为集团统一形成课程资源包,由各校根据自己的实际需求,进行统整、选择。要求集团内的六所学校,要毫无保留地将十门特色

课程的所有资源进行共享，必要时要提供更多的帮助，同时，选用的学校也一定要认真组织执行课程的相关部门认真学习、扎实开展，真正实现这门校本课程的价值。在实施的一年多来，主要组织两次交流活动，分别由塘外中学和青溪中学展示和汇报各自的校本课程实施情况。

下一学年，我们将继续在集团体内举行"校本特色课程建设与实施"推介会，各校从课程的设计目的、内容设计、实施途径、评价方式以及实施效果等方面细致介绍特色课程是如何研发实施的，并在集团体内进行展示。我们理事长学校也设想在顶层设计方面请市级专家进行专项指导和经验的提炼，力求在整合和优化校本特色课程方面取得实质性的进展，取得适用于各校的成功经验，形成百花争艳的局面。

（三）教研联动着力点——鲜明、高效、共进

1. 教研制度建设。为避免以往教研联动的弊端，我们制定了集团教研联动制度并严格实施。尤其要求做到以下两点：(1)集团事先要有周密的教研活动方案，选择的教研活动主题要贴近教育教学实际，考虑所选主题是否鲜明，是否具有可研讨性、启发性、时代性，是否符合课改的方向；(2)集团内学校的优质课堂实录、课件和命题研究成果、各类优质活动方案等在集团内的交流范围、交流程度如何，资料是否丰富，共享是否及时，效果是否明显。

2. 常规教研联动。我校之前接受了上海市成功教育集团的两轮托管，与上海市进才北校、卢湾初级中学民间结盟，依托区教研中心各学科专家力量，并长期聘请上海市各学科教研员、各学科专家来校指导等，如今已成为上海市第二轮新优质项目学校、上海市教委教研室教学联盟协作单位、中国教育追踪调查研究基地。各路专家的引领确保了研修的思维深度，拓宽了眼界的宽度，提升了操作的精度，确保了实际效度。我们也在专家的引领下，在国家基础型课程的校本化实施方面有了一些收获，并逐渐探索出了一套适合青溪校情的教研组研修模式和课程建设模式，目前我们正在努力把这套模式辐射到集团成员学校，成为常规教研联动的模式。所以每学期的集团教研活动，都有各成员学校共同参加。从执教者说课、集体研讨到试教课、执教者反思整改上课、全体成员听课到最后集体再研讨、执教者再反思。在这样的一种研修模式下，我们集团内的几位年轻教师在课堂教学方面都取得了飞速的进步。

3. 主题教研联动。作为集团理事长学校，我们为集团内的教研活动提供了很好的范例。以教学节为契机，以我们学校六个教研组为主体，分别在集团内开展了五项主题活动，如"学校课程方案评选""学校校本特色课程评选""教育教学成果评选""多彩成长　个性成长"青年教师教学评比、"多彩课程　个性成长"校本特色课程展示。一年多来，我们集团内还开展了很多主题鲜明、过程扎实、效果显著的区域层面教研展示活动（不管主场在哪所学校，我们理事长单位必定参与指导）：比如青溪中学九年级化学学科视导《和而不同，共生共荣》、塘外中学数学教研活动《聚焦课程教学，提升内涵发展》、四团中学英语教研《Let's make English writing easy》、青溪明德小初衔接《遇见未来　遇见更好的自

己》、青溪中学九年级毕业班《共同把脉授课教师的课堂》。资源共享、专业共进,这样的交流、研讨活动已经成为青溪中学集团的一种工作常态,我们的教学团队、德育团队、科研团队也正在各自的领域中努力奋进着。

4. 科研培训联动。为了倡导"规范、简约与高效"的课题管理目标,探索资源集团联合开展科研活动的有效机制,发挥理事长单位的引领示范作用,在教育学院教育发展研究中心的统筹和指导下,先后举行了 2016 年度区级一般课题开题论证活动、结题鉴定活动,2017 年区级课题中期成果交流活动。集团内本年度共有 7 项区级一般课题立项,8 项"我的教改试验"项目结题,5 项区级一般课题结题。

下阶段,我们在教研联动活动中,要充分展示各校的优质教研活动方案和成果,利用网络信息化平台或其他的教研联动的创新举措来提高教研的效果,真正解决时间和空间上的困难。

(四) 教师流动着力点——聚焦、引领、助力

1. 教师流动。主要采取了师徒带教,教师流动等方式,我们先后在九年级以学科教研的方式带教尚同、塘外、四团三所学校的九年级教师,在集团内 4 所中学分别进行语文、数学、英语、物理、化学等学科教学的把关。同时,在九年级中考冲刺阶段,专门组织三门主课的三位老师进行专题讲座,送教教师定位清晰、目标明确,旨在针对一模、二模考试成绩,提升学生的层次。

2. 结对带教。根据每所学校学科、教师的实际需求进行了师徒带教双向选择,举行了师徒带教的签约仪式,在青溪中学举行了"携手共建、相伴成长"集团校本培训活动暨师徒结对签约仪式。理事长单位学校对带教教师、被带教教师都提出了具体的要求和措施,以学年为单位进行考核。明确带教的内容侧重在对课堂教学的诊断、教学经验的传授、教材分析、备课、命题指导、教科研等方面给予充分的指导,师徒间通过网络信息平台进行教育教学交流和研讨的频度和力度,要求徒弟及时记录体会和收获程度,以学年为单位,由双方学校对师徒带教工作作出评价。

3. 教学视导。由青溪中学牵头,分别成立了"青溪·明德集团教学视导团"(由各校校长、教学分管领导及学科带头人组成)和"青溪·明德教育集团理事长学校学科视察团"(由青溪中学校长领衔、教研组长及备课组长为主体的学科视察团),制定了各自的工作方案,并坚持每学年走遍六所学校,对成员学校的考试学科、非考试学科进行更具针对性的指导。

今年 2018 学年,我们理事长学校已派出美术学科薛璺一老师到塘外中学进行支教,副理事长学校已派出语文学科范倩老师支教四团小学。集团将尽最大的努力派出有经验的老师换岗交流,同时在师徒带教方面我们尽量做到全覆盖,真正提高集团内教师的专业发展。

（五）评价促动着力点——绿色、一体、发展

基于"绿色指标"要求，我们共同商讨制定了《青溪·明德教育集团"绿色行动"实施方案》，将指标细化，并依据指标对各自学校国家课程的校本化实施完成了自我评定及整改工作，下阶段，我们集团领导小组也将对每所学校的实施情况进行考核。

随着中高考评价标准的变革，我们集团也召开了一次关于学生综合素质评价的研讨会，会议主要对我校副校长兼德育主任包蓓姹老师的一项区级课题《依托"德育学分制＋成长记录手册"完善学生综合素质评价的实践研究》进行讨论，作为集团内对于学生综合素质评价改革的第一次尝试，各学校对于此项工作的开展都提出了具体化建议，目前，本课题已经顺利结题，我校也已经开展了近一年的实践，下阶段，我们将会在集团内对"德育学分制＋成长记录手册"学生综合素质评价办法进行推广，各校结合各自的实际进行调整、实施，争取在本轮集团化工作中实现各校对学生评价的策略、方法、途径的一体化。

同时，集团正在共同商议出台《青溪·明德教育集团各成员学校办学成效考核办法》，通过对优质资源增量、校际差距缩小、学生成长、教师进步、学校持续发展等指标的考核，切实提升各成员学校的办学质效，从而促进集团的整体发展。

三、办学成效

1. 组团发展，集团成员共生共荣

结合青溪·明德集团内青年教师数量多的现状，利用青溪中学校长市级课题《"新城教育集团"学校新教师成长的实践与研究》，一年半来，我们扎实推进了对新教师的培养。先是召开了"倾听成长的声音"1—3年期教师座谈会，了解集团内青年教师的困惑与需求，随后，通过师徒带教、教师送教、教研组（备课组）活动、教师论坛等方式，进行了扎实有效地培养。在学年第二学期，我们将举办见习期教师和三年期教师的各类考核与教学比武活动，采用校内初赛、集团内决赛的方式，模仿区域职称评定的流程，通过备课、说课、上课、答辩等形式，让青年教师通过比赛提升教学能力，并提升教研组（备课组）的凝聚力、研修力。

同时集团内各学校加强了国家基础型课程校本化实施，我们夯实了基础，做到了下有保底，上不封顶。在过去的一年半时间内，我们举行了两次校本课程的分享会，成员学校聚在一起交流各自学校的有利资源，其他几个学校进行学习，让有利资源再度利用，效果得到辐射。此外我代表集团在第22届教学节论坛进行发言、我校教导主任侯敏老师代表集团在第23届教学节管理论坛进行发言，组团发展的影响再次得到扩大。

2. 对外交流，积极扩大集团影响

集团内理事长、副理事长单位均在区域层面有了一定的影响力，不断有对外交流的机会，扩大了集团的影响力。比如"手牵手两地教育交流　心连心推动共同发展"——贵州省遵义市务川自治县教育同行来青溪中学交流；"汉语桥在奉贤的家门口学校架起"——

英国校长一行到青溪中学参观访问;"架起两地教育交流的桥梁"——务川自治县都濡中学赴青溪中学交流活动;"传统文化与国际理解"的 2017 教育综改背景下的中小学德育创新论坛在奉贤举行,来自两岸三地的教育专家、教育行政官员和学校教育工作者齐聚一堂共同研讨在传统文化与国际理解中的德育实践。两校作为本次论坛的分会场向与会专家汇报了以"寻根·放眼"和"明德·起航"为主题的德育创新实践。此外副理事长单位在学生健美操课程上有很大的辐射作用,可以说代表奉贤、代表上海、代表中国在国际上获得可喜的成绩,值得我们成员学校学习。

3. 三位一体,助力成员学校发展

学校发展、教师发展和学生发展是三位一体的关系,三者彼此促进互相融合,教师和学生的发展是学校发展的核心内容和根本任务。集团内各学校发展也依托于教师和学生的发展并为其发展提供各方面的保障。从理事长单位、副理事长单位起,各学校一校一品的办学特质突显,各校的办学水平逐年提高,集团内各校的办学差异逐步缩小。无论从校长到中层管理者的工作能力、管理水平都得到了明显提高。在这一年半的时间里,每一次的学科视导活动,让一线教师的专业能力与专业知识等水平得到稳步提升,各校学生们在一次次的活动中不仅收获了学科知识,更使自身的品德与行规有了明显进步。集团内各成员学校在理事长学校的带领下,学校、教师、学生三位一体的发展水平让整个集团的办学水平得到了稳步提升。

4. 合力共建,各个层面满意度高

社会各方面对集团化办学的满意度是指在集团化办学过程中,对个体带来的心理感受以及对集团和成员校工作的看法和态度,其结果对集团化办学的实施有很大影响,学生、教师、家长与社区对集团化办学的满意度情况反映了一阶段集团工作的成效,也为集团办学质量的提高开拓了一个可行性的视角。本学期对集团六所学校学生、教师、家长与社区层面进行了办学满意度调查,主要从学校办学质量提高情况、教师师德情况、学生道德品质、文明礼仪进步情况、学生学业成绩进步情况、校本研修、教师专业发展培训情况、家校互动、家庭教育指导、校风总体评价、办学声誉总体评价方面进行调查,在各校范围内铺开,集团范围内汇总,满意或基本满意率很高。

四、后续思考

作为年轻的理事长单位、副理事长单位,我们始终在实践中摸索着,尤其在管理互动方面,我们认为下一阶段主要应关注以下几个问题:(1)抓住新三年规划撰写的契机,集团对六校的各项规章制度进行研读并对完整性、可操作性等方面作出评判,对六校的规章制度执行存在着哪些漏洞和不切实际的情况进行分析并帮助整改;(2)集团对六校管理上的长处和短处、管理薄弱的主客观因素进行分析,将制定和采取了哪些措施来逐步克服薄弱环节和提高管理质量。相互交流管理工作的经验教训,如分析各校好的管理经验是否可以移植到其他学校去,对可能出现的"水土不服"要有对策,真正做到共赢;(3)在制定各

项集团考核机制的同时，要积极借助区域专家的力量，不断完善考核机制、细化考核指标，让考核真正为各校的发展助力；(4)鉴于我集团包含中小学两个学段的特点，下阶段将更加细化工作，分学段开展更有针对性的工作，并重点做好小初衔接。同时，我们也将结合"强校工程"，与四团中学携手并进，争取实现集团办学质效的整体提升。

　　结束语：随着我们办学经验的不断丰富，在接下来的两年中，我们定能在第一年的基础上有所突破和创新，实现集团内的教育优势互补、资源共享，内涵发展、全力提升教育教学质量，为推进区域教育均衡发展贡献一己之力。

如何做到"赢在中层"

青溪中学　薛晨红

教育界有句名言：一个好校长等于一所好学校。可我觉得，一个好的管理团队才能造就一所好的学校。那么，校长该如何选拔并培养中层干部，使他们能够做、愿意做、做得好呢？这是四年来我始终在思考并实践着的问题。

一、从细节入手，提升中层道德领导力

孔子曾形象地将道德领导力表述为"为政以德，譬如北辰，居其所而众星共之"。在所有的领导力影响因素中，最深刻、最持久、最触动人心的莫过于道德领导力，而这股力量对于我们这样一所新办学校而言，无疑是快速建立学校文化、凝聚人心的核心力量。

1. 校长率先垂范，携领团队塑造学校愿景

我本人正是凭借自身的情怀与责任感成为了我们这支队伍的榜样，让我们这支队伍具有了向心力、感召力。我始终践行这样的准则：要求中层做到的，自己首先做好；要求他们不能做的，自己坚决不做。如要求中层敬业，我便每天最早到校、最晚离校、勤政、敬业；要求他们廉洁从教，我带头做好"五表率"、抵制"五不准"，廉洁从政；要求他们心中有校、心中有学生，我就俯身捡拾每一张废纸，张开双臂在清晨迎接每一个学生的到来……管校先管人，管人先管心。我们的中层团队效而仿之，形成了而今全校师生主动参与、紧紧追随的局面，为青溪中学的校园文化奠定了纯粹而美好的底色。

2. 中层内外兼修，注重细节实践道德领导

公平处理每一件小事。我要求每一位中层对教师之间的事务、部门之间的关系协调、同事之间的协作等，都要一视同仁、不偏不倚。如在履行学校请假制度方面，中层干部们都能以身作则，如实记录每一次教职工的外出情况，绝不徇私舞弊；自己外出也坚决做好门卫登记，请病事假也一定严格遵守学校请假条例逐层向上申请、报批。我始终认为，凡事出于公心、不存私念的干部才能在管理岗位上走得更稳健平远。

微笑倾听每一种声音。在工作中，每一位中层要善于倾听师生的意见或建议，经常开展批评与自我批评，先听取百家之言，再熔百家之长于一炉。工作时宽容平和、雅量容人，用冷静的智慧处理问题，用淡然的胸怀去拥抱多彩的校园生活。如在每月一次的行政例会、每学期期末的管理工作交流会上，几位年轻干部都能敞开心扉、坦诚相见。面对自己的工作进步，他们懂得互相欣赏、互相学习；面对自己的失误，他们能准确自我剖析、寻找对策；面对上级或伙伴提出的批评意见、改进建议，他们也都欣喜而诚恳地接受，他们深

知,这样的直言劝诫是成长中最为宝贵的财富。

谦逊共享每一份荣誉。中层干部要有共荣意识,部门所取得的一切荣誉,都应首先归功于每一位教师。教师有了荣誉感就有了工作的动力,有了工作动力就会提高工作效能,每位教师教出特色,学校才能形成品牌,学校有特色、出水平、成品牌,学校的愿景才能实现。因此,中层干部要有平和的心态,协调的艺术,以及一颗对待功利的平常心。在每学期的评优活动中,都会出现各个部门互相谦让、部门之内层层谦让的情况。每个人都认为成功的得来依靠的是全体人员的努力,谁都不愿独享这份荣誉,无论岗位高低、无论年龄大小,这种谦逊礼让已经在青溪中学成为了一种风尚。

二、基于课程管理视角,提升中层督查力

有别于传统的听课、巡课,我们要求中层干部将听课、巡课的观察点立足于教师和学生两个方面：将学生在参与课堂教育教学活动中的常见行为和不应出现的行为等进行归纳,构成对学生行为观察的观察点,如听讲、回答、质疑、朗读、练习、实验、笔记、展示、观看、小组讨论、小组评价、课堂秩序、课堂氛围、睡觉人数、走神人数等；将教师在课堂教育教学中应有的常见行为和不适宜的行为等进行归纳,构成对教师行为观察的观察点,如讲授、提问、点拨、引导、追问、倾听、演示、低效行为、站位、板书、多媒体使用、备课与上课的一致性等。

为了避免因短时间的观察而对一节课做出缺少科学性评价的现象,我们采用的方法是对课堂进行客观描述,通过一定时间的跟踪观察,在积累了一定数量的巡课数据后再进行统计与分析,以此为依据来了解一个班级的学习状态、一位教师的教学状态等。当然,我们也可以根据需求,自主选择观察指标进行组合、分析。

三、激发基层组织活力,提升中层指导力

1. 基于学校内涵发展,提高中层的问题意识

中层干部是学校发展规划、各项工作计划的执行者。学校领导班子根据学校实际,制定适合本校的发展规划、工作计划等。首先需要中层干部的理解领会,明白学校发展的目标和任务,自己在整体工作中处于的位置、职责与工作方法等,才能更深入地对学校的内涵发展有所思考与认识,才能在领导基层工作时有更准确的定位。基于我校的三年规划,学校要求各部门进行每学期的阶段性总结,进行规划的达标性评价,并及时做出后续的措施,在行政会议上进行汇报。如基于学校教学与课程的新三年规划,"让每一位学生都成为'绅士''淑女'"的办学理念和"中国灵魂,国际视野"的课程理念,教学部组织设计了青溪中学"绅士淑女"课程体系,同时设计了校本培训特色课程,对学校全员进行培训。中层应始终站在学校整体的高度处理工作,才能在对基层的领导过程中有更宽广的视野与高度。

2. 扎根基层组织建设,促进中层的领导意识

我校每位中层干部每学期都有分管的年级组与教研组,一般为自己正在执教的年级和学科,他们对学生和老师都更加熟悉。在年级组与教研组中,中层干部的身份非常微妙。在学校宏观层面,中层是组室的分管领导,对全组教师和组长都有绝对的领导权。但是,在微观层面,自己也是组室内的一分子,组室内各项活动也必须积极参与,听从组长的安排。因此,如何处理好这两层看似"矛盾"的关系,也是中层领导力的绝佳体现。

基于我校扁平化管理模式,我校中层干部充分放权给各组长,从组室工作计划,到具体的实施,组长是最主要的决策人与执行人,中层干部作为分管领导,负责最后的审核与过程的把关。教研组、年级组的每一次活动,中层干部都积极参加,教研组的组内公开课等,年级组的期中期末质量分析等,中层干部绝不利用职权有所逃避。而另一方面,组室中出现什么问题需要学校更高层面的帮助,组长就会与中层干部进行协商,由中层向校级领导汇报,解决问题。中层领导扎根于基层组织建设,提升自身指导力的同时,也提升了基层领导的视野与高度,促进了基层组织的发展与活力。

当然,我校的青年中层干部团队经过这几年的磨练,有成长,也还有许多不足:如学校中层干部顶层设计能力、学校发展的整体意识、统整能力等方面还需要进一步提升。总之,学校发展,赢在中层,我们将继续提升中层干部的领导力,为促进学校内涵发展助力。

以党的十九大精神为指引，办一所
人民满意的新优质学校

青溪中学　薛晨红

习近平总书记在党的十九大报告中指出："建设教育强国是中华民族伟大复兴的基础工程，必须把教育事业放在优先位置，深化教育改革，加快教育现代化，办好人民满意的教育。"习总书记把发展教育事业提到了一个新高度，彰显了党在新时代强烈的使命担当和诚挚的为民情怀。只有办好人民满意的教育，才能为实现中华民族伟大复兴的中国梦提供滔滔不竭的智慧支持。

一、对办好人民满意教育的再认识

党的十九大报告中明确提出了"优先发展教育事业"的战略方针，为教育优先发展战略奠定了坚实的理论基础，是习近平新时代中国特色社会主义思想推进教育事业新发展的行动指南。

1. 办好人民满意的教育，是贯彻党的教育方针的时代要求。坚持教育为社会主义现代化建设服务、为人民服务，把立德树人作为教育的根本任务，全面实施素质教育，培养德智体美全面发展的社会主义建设者和接班人，努力办好人民满意的教育。这是习近平新时代中国特色社会主义思想赋予教育的大方针。党的十九大统筹推进"五位一体"总体布局，提出"两个一百年"决胜全面建成小康社会的宏伟目标，归根到底靠人才、靠教育。同时我们清醒地看到，当今世界国际竞争日趋激烈，人才越来越成为推动经济社会发展的战略性资源，教育的基础性、先导性、全局性地位和作用更加突显。教育强则国家强。决胜全面建成小康社会的新要求，人民群众对美好生活的新期盼，以及教育进入新的发展阶段的新特征，都对教育和人才培养提出了新的更高要求。我们必须坚持以习近平新时代中国特色社会主义思想为指引，全面实施素质教育，这是贯彻党的教育方针的时代要求。

2. 坚持教育公平，提高教育质量。十九大报告中明确指出，"努力让每个孩子都能享有公平而有质量的教育"，清晰地指明了未来教育发展的一大着力点。每个人能够在公平的环境里通过受教育和自身的努力，来改变命运、成就梦想，真正实现公共服务均等化和城乡教育一体化，既有公平的环境和条件，又有高质量的教育水平，是全社会不变的期盼。有质量的教育，不仅是个人的期望，而且是经济社会发展的现实要求，是夯实国家和民族发展的根基。既是新时代广大人民群众的新期待，也是为实现"两个一百年"奋斗目标、实现中华民族伟大复兴中国梦奠定坚实基础的必然要求。

3. 坚持加强党对学校工作的领导，促进学校教育事业改革发展。习总书记指出："党政军民学，东西南北中，党是领导一切的，是最高的政治领导力量。"这从根本上决定了我们的学校是党领导下的学校。办一所人民满意的新优质学校，必须坚持习近平新时代中国特色社会主义思想，牢牢掌握党对学校工作的领导权，保证正确办学方向。掌握学校思想政治工作和意识形态工作的领导权，保证学校始终成为培养社会主义事业建设者和接班人的坚强阵地。充分发挥学校党组织和党员教师在教育工作中的战斗堡垒和先锋模范作用。学校党组织领导学校工会、少先队等开展工作。凡学校重大项目建设、采购、人事调整、评先评优、晋级评职等重大事项，不但要通过行政会、教职工会，还要通过党支部会。切实加强党员教师师德师风建设，带领党员在师德师风、学校管理、教育教学等方面树立形象，成为教育工作中的中坚力量。

二、完善"三位一体"教育体系，促进学生健康成长

教育是一项系统工程，需要全社会的共同参与。要以学校为龙头、家庭为基础、社会为平台，把学校、家庭、社会三方力量有机组合起来，并不断完善学校、家庭和社会"三位一体"的教育体系，使学生共同享有人生出彩的机会。

1. 学校要成为培育和践行社会主义核心价值观的主阵地。学校要当好社会主义核心价值观的传播者，帮学生"扣好人生第一粒扣子"。一要遵循教育和学生成长规律，以"富强、民主、文明、和谐，自由、平等、公正、法治，爱国、敬业、诚信、友善"为基本内容，将培育和践行社会主义核心价值观融入到教育教学全过程；二要创新育人理念，集聚社会教育资源协同育人，使社会主义核心价值观成为学生的精神追求和自觉行动；三要打造新优质校园文化，呵护每一个学生的天性，营造团结向上、崇尚知识、勇于成才的氛围；四要发挥教师践行社会主义核心价值观的表率作用，加强师德师风制度建设，提升教师的育人能力，建立社会主义核心价值观教育的长效机制。

2. 打造家校育人共同体。家庭是社会的细胞，是孩子成长的摇篮，是学校教育与社会教育的基础。苏霍姆林斯基说："教育的效果取决于学校家庭的一致性。"要充分发挥学校在家庭教育中的重要指导作用，打造家校育人共同体。随着社会转型和经济发展的多元化，折射出家庭教育面临着颇多问题。"望子成龙，望女成凤"的观念，及当今社会诸多不良风气或一些丑恶现象都与家庭教育及家庭文明程度有密切关系。因此，致力于打造学校和家庭和谐教育生态环境意义非凡。在推进家校育人共同体中，可积极探索"贤文化"教育的途径与方法，将奉贤千百年积淀的"敬奉贤人、见贤思齐"为内核的"贤文化"，既富含传统文化内涵，又具有时代气息的传承好家训，培育好家风的"自立、诚信、友善、和睦、勤俭、孝老、爱亲"作为学校教育的补充。

同时优良的校风也是无形的精神力量，在各种场合、各个不同的校内群体及开展的各项活动中，都能使学生觉察到它的存在和正能量的传播，使学生振奋精神、激励斗志，迸发出积极向上、奋力拼搏的精神状态。在这种环境中养成的行为习惯可成为学生自觉奋进

的动力，从而推动学校的繁荣和发展。

3. 发挥社会教育的平台和依托作用。良好的社会教育有利于对学生进行思想品德教育、增长知识、发展能力，是学校和家庭教育的延伸。促进学生在复杂多变的社会环境中，不断增强分析和应变能力。一是加强社会实践的育人功能，形成全社会关心和支持学生思想道德建设。要正确处理在社会转型期出现的诸多不利于初中生正常发展的负面影响，帮助其树立正确的人生观、世界观和价值观。二是加大社区教育的投入力度。随着社会经济的发展和人民生活水平的提高，住宅高楼鳞次栉比，政府也已加大了对社区教育的投入，但缺乏真正符合未成年人成长建设要求的设施。要创建学生社会实践基地，提供实践创新的环境和资源，充分发挥社会教育的互补性，使有效的社会资源得到充分的利用。三是进一步形成学校、家庭、社会的教育合力，学校要配合社区教育，组织学生开展有针对性的活动，使学生在成长中得到锻炼和实践的机会。社会教育还需要充分地配合学校教育与家庭教育，给他们提供一个优良的教育服务。

三、以培育"五有学子"为目标，让每一位学生都成为新时代的"绅士""淑女"

习总书记在党的十九大报告上提出："实现我们的梦想，靠我们这一代，更靠下一代。"实现中华民族伟大复兴的中国梦，是今天这一代少年儿童的使命，也是祖国和民族的殷切希望。青溪中学自创办之日起，在"青出于蓝、溪汇成海"校训的引领下，以培育"五有学子"为目标，让每一位学生都成为新时代"绅士""淑女"。

1. 破解"四重四忽视"，确立"五有学子"为目标。按照党的新时代教育方针，课程改革的基本理念，一是破解重知识目标，忽视三维目标的融合，未透彻理解以学生发展为本；二是破解重合格率，忽视学生个性差异，未充分关注学生高思维品质的形成与训练；三是破解重教师引导，忽视学生主体活动，未能达到学生自主学习能力培养的目标；四是破解重讲述和训练，忽视思维品质的提升，未能充分利用课堂时间，提高效率。针对生源主要来自新农村建设聚集地和附近的几个村落家庭，围绕学生素质教育为核心，确立"五有学子"为目标，即以培养学生的核心素养为抓手，培养"知书达理有修养"的青溪学子；以"两纲教育"为抓手，培养"知难而上有毅力"的青溪学子；以温馨校园为抓手，培养"与人为善有爱心"的青溪学子；以丰富活动为抓手，培养"开拓进取有创意"的青溪学子；以社会实践为抓手，培养"见多识广有眼界"的青溪学子。使青溪成为"绅士""淑女"的摇篮，成为老百姓满意的家门口学校。

2. 构建学校"中国灵魂""国际视野"课程体系，培养绅士风度和淑女气质。

战略决定学校的发展，课程的价值取向就决定了培养学生的核心素养。贯彻二期课改精神，以学生发展为本，结合学校的特点与优势，从抽象到具体，从内涵到外延，开发并合理利用校内外各种课程资源。整体优化课程资源及课程实施过程，基本构建学校"中国灵魂""国际视野"课程体系。关注学生需求、发展学生潜能、提升学生素养。打造学校特色课程体系，包括"绅士"课程、"淑女"课程、公民修身课程、思维品质课程等，同步地实现培养绅士风度和淑女气质的统一。

学校将"五统一"作为创新构建课程的价值取向，并融入到培养绅士风度淑女气质的各项实践中去。"五统一"即：科学性与人文性的统一、学校与学生的统一、知识与技能、过程与方法、情感态度与价值观的统一。从修身技能类、人文素养类、文明修养类、体育竞技类和科技创新类五大类开设20余门校本特色课程，包括烘焙、木工、编织、越剧、刻纸、棋类、盆景、环保实验、三阶魔方、影视剧配音、英语课本剧等。学校还办起了"绅士、淑女学堂"项目活动，创建了思维创新实验室、环保创新实验室项目，配备了木工车间、烘焙教室和两间创新实验室。两间创新实验室为一些理科学习上学有余力、思维敏捷的孩子提供了进一步培养兴趣与发展能力的平台。以国家课程为纲，结合学校"让每一位学生都成为绅士、淑女"办学理念和现有学生实际，开齐开足基础型课程，完善拓展型和探究型课程。保证学生每天阳光一小时活动，组织开展学生运动队、琵琶队、棋类队、合唱队、羽毛球队、外教英语口语训练班等13项学生社团活动。定期充实"五有阁"学生书屋图书册数，规定学生每周阅读时间。激发学生兴趣，开发学生潜能，培养学生能力，让每一位学生都能健康和谐发展。

四、弘扬优良师德师风，培养德学双馨的高素质教师队伍

成才乃自尊师始，铁律当以师德先。师德师风建设是立德树人的基础。教书育人是教师的天职。弘扬优良的师德师风，树立严格自律、爱岗敬业、言传身教、为人师表，以良好的思想和道德风范去影响和培养学生，努力建设一支德学双馨的高素质教师队伍，是办一所人民满意的新优质学校的先决。

一是坚持"四个统一"，切实推进师德师风建设。习总书记强调，要加强师德师风建设，坚持教书和育人相统一，坚持言传和身教相统一，坚持潜心问道和关注社会相统一，坚持学术自由和学术规范相统一，引导广大教师以德立身、以德立学、以德施教。"四个统一"是新时代对师德师风建设提出的客观要求。教师承担着办好人民满意教育的重任，是打造中华民族"梦之队"的筑梦人。只有认真贯彻落实"四个统一"，才能使师德师风建设合乎新时代的需要。

二是加强政治学习，提高教师的思想政治素质。教师是人类灵魂的工程师，承担着神圣使命。切实提高教师的思想政治素质，才能完成塑造新人的时代重任。开展社会主义核心价值观教育，牢固树立正确的世界观、人生观和价值观；定期召开教职工大会和寒暑期教师培训；为人师表，以优良的思想政治素质影响和引领学生。使教师牢记使命，不忘职业操守，传递正能量，完成立德树人的根本任务。

三是创新"青溪"评价体系，打造"三业"教师团队。以"青溪源"建设为抓手，打造"专业、敬业、乐业"的教师团队，将青溪怀揣的美丽梦想，融入到校园生活让每一位学生在学

校收获幸福感。结合学校具体实际,不断创新师德师风建设的工作思路。全体教师每学期签订"师德承诺书"和"六个严禁承诺书";建立健全问责机制;定期开展"师德五表率""我最喜爱的老师""感动青溪"等评比,使师德师风建设贴近学校、贴近教师、贴近学生,使之成为全体教师普遍认同的行为准则。

　　四是完善师德师风考核内容,构建师德师风建设的常态化。将师德师风建设作为教师队伍建设的永恒主题,不断完善师德考核的内容、评价机制和激励措施。设立校长信箱、家长接待日等师德师风投诉举报平台;开展学生、家长满意度调查,构建学校、教师、学生、家长和社会多方参与的师德监督体系;严格实行"师德师风一票否决制"。同时要充分发挥教职工代表大会等组织在师德师风监督中的重要作用,将师德师风的宣传、教育、考评、监督、奖惩有机结合,构建师德师风建设的长效机制,促进师德师风建设全面协调可持续发展。

推动学校持续优质的密钥：
从学习的视角解读关键教育事件

青溪中学　薛晨红

摘要： 纵观已有研究，关注学校整体发展，多是从管理者视角出发，从提高效能着眼。很少有从学生学习视角出发来考虑学校组织变革问题的，事实上，学校一切工作的最终目的都是促进学生发展。由此，聚焦学习，构建以学习为中心的学校组织体系至关重要。笔者作为上海市郊的一所新优质公办初中的校长，试图以学生学习的视角展开研究，探讨基于学生立场的、以学习为中心的学校改进。

关键词： 学习领导力　文化建设　学习方式　班级管理　教师培养

奉贤区青溪中学是上海市郊的一所新建公办初中。创办七年来，在文化与管理、课程建设、教师队伍建设、育人创新等方面均开展了一系列扎实有效的探索与实践，教育教学质量赢得了各界广泛的认可，现已成为上海市新优质项目学校。然而，迈上的成功"阶梯"也可能成为因循守旧的"桎梏"。作为一所新建初中，没有深厚的文化积淀和历史传统可以依靠，学校如何能够形成推动学校持续优质的精神动力呢？作为一所公办初中，学校如何在公平全纳的同时满足家长希望更加优质的教育需求呢？在学校发展的过程中，校长的责任就在于涵养成长的活力，让学校持续优质。校长的智慧不仅体现于科学的顶层设计和理念引领，更在于引领教师从学习的视角解读身边的关键教育事件，从中发现问题、需求和挑战，进而将其转化为课堂的变革，教师的发展、管理的优化，让师生共同发展。

一、解读"校园开放日"，反思学校的使命

一年一度的"校园开放日"，现在已经成为每所学校的常规工作。从表面上看，"校园开放日"是让学区范围内的老百姓了解学校的办学理念、成果及特色。然而，对于校长而言，"校园开放日"是重要的关键事件，善于从"校园开放日"中分析，能够推动学校的办学使命有持续的反思与更新。

以本校为例，通过前期与对口小学的沟通了解到，对口小学将有 183 名毕业生参加本次活动。但活动结束后统计有 25 名学生没有参加开放日活动。学校非常重视这个情况，主动与这 25 名学生的家长沟通，了解情况。通过了解，发现 4 位学生回户口所在地学校，4 位学生将去特长生招聘学校就读，2 位学生回外省市老家就读，其余 15 位学生将去民办学校就读。之后，学校再一次约其中的 23 位（除去回外省市的 2 名）家长沟通，进一步了解选择民办初中和其他初中的理由。经过梳理，发现主要有三个原因：1. 部分家长觉得

民办学校对学生个性化发展更加重视；2.部分家长觉得我们青溪中学的课堂教学比较关注中下等学生的发展；3.部分家长觉得我们学校没有对应的特长课程供他们孩子继续发展。这三个原因，归结到一点，就是学生个性化发展的培养。

为此，学校进一步思考，想要真正促进学生个性化发展，则需要创新学生的学习环境，优化和创新学生的学习，譬如个性化学习、真实性学习、项目化学习、主动学习、社会性学习等等；需要我们从学生学习的特点和需要来思考如何改进课程，优化教学和提升教师水平；需要提升学校的学习领导力，从学生学习扩展至整个教育社群的学习，让校长、中层、教师、学生和家长一道，为提升学生个性化发展而努力。

在新的一轮规划中，学校提出了要树立新的办学文化：以实践系统即学习领导力的提升，推动学校持续优质发展；要通过学生学习方式的改变，促进学生个性化发展；要关注学生综合素质，顺应新中考改革的推进；更需要学校提升适应学生差异、促进不同基础学生适性发展的能力，深入推进区域教育优质均衡发展。

二、解读"高中自主招生"，思考课堂的挑战

学生参加本市实验性示范性高中自主招生之后，学校组织交流研讨了自主招生的相关命题。引发学生间热烈讨论的大多是这些问题：家家都有防盗门，上面的猫眼利用的是凸透镜、凹面镜，还是平面镜？地球自西向东自转，跳远运动员能否利用这个自然现象跳得更远？能否归纳总结一下你在初中阶段学习过的数学方法？你如何看待大学生就业难的问题，女生比男生找工作难的问题……这些题目都在考查学生的综合运用能力，学科知识覆盖面，聚焦理解能力和思维品质。而不少学生面对这样的命题，不知所措，这一切也都直指我们教师教学中的软肋。当下的课堂教学到底存在什么问题？我们不禁陷入了沉思。其实，很多课堂教学普遍存在如下现象：本应该达到理解水平的课，却以僵化的知识让学生进行识记，把学科教学变成简单的习题练习和机械的重复训练；本应该通过学生探究的方式获取知识的课，却变成了通过教师解释或者通过学生强制记住最佳答案的方式获取知识，不能达到理解的水平。在课堂教学过程中，怎样从注重知识识记、传授转变为强调对学习能力的培育已经刻不容缓。

初中阶段的学生个体充满着独立性和依赖性、自觉性和幼稚性的矛盾，具有较强的可塑性，是教育培养的关键时期。在这一阶段的学习条件下，随着身心的快速发展，学生的各种认识能力都有了新的发展，甚至是质的飞跃。他们能够自觉地根据目标去知觉相关的事物，形象和抽象识记、想象能力以及思维品质的独立性和批判性都有了很大的发展。我们必须将"基础知识与基础技能"重新界定为"适应终身学习和终身发展的基础知识、基础技能和方法"，从单纯注重知识传授转变为引导学生学会学习、学会合作、学会生存、学会做人，要培育学生的学习领导力，培养学生的创新精神和实践能力、终身学习的意愿和能力。从我校学生学习现状入手，对影响学习的因素进行了分析并探寻原因，以实施学习视角下的教学改进为主线，开展了以下几个方面的探索：1.综合设定教学目标，全面激发

学习动机；2. 及时进行教学引导，促进能力循序发展；3. 综合运用评价手段，发挥评价激励作用；4. 开展个别指导教学，让每个学习者都得到发展；5. 发挥信息技术教学功能，最大化教与学效果。我们要为了学生的"学"而彻底改变教师的"教"，要一切为了每位学生的发展，将每个学生看作一个正在成长的人，相信他们潜藏着巨大的发展能量，并助其挖掘。

三、解读中层建设经验，改进班级的管理

我校在中层管理上已经形成了中层行政轮岗制和 AB 角制。年级组层面，也实行年级分管领导与年级组长负责制，由分管的中层和年级组长全面负责该年级组的德育和教育工作。在此过程中，我们发现，这种新的角色定位，有助于中层站在更高的角度、更客观全面地了解各条线的工作、对年级组的工作作出更针对性的指导。

由此，我们不禁想到，能否将这一理念向下延伸，落实到班级管理中？对此，德育管理部和教学管理部进行了专题研究，最终提出"德教合一"班级导师制这一新型的班级管理模式，每班组成三人导师团队，每位导师与 10 名左右的学生结对，对学生开展"思想引导、心理疏导、生活指导、学习辅导"等活动。导师团队有意识地将青年教师与有经验的教师进行组合，主学科教师与小学科教师加以组合，科学、体育、美术、音乐、劳技、计算机、历史、地理等学科老师全员参与到导师团队，针对不同学生的特点，分配不同的导师，指导学生根据自身特点，做好学生初中发展规划，开展各方面教育工作。通过优势互补、通力合作，更全面立体地了解每一个学生，以推动学生的个性化发展及全面成长，同时，教师也由只关注学生学业水平或活动参与情况到关注学生的全面发展。

四、解读绿色指标数据，改善教师的培养

学校非常重视学生学业质量绿色指标学校报告的研究和分析。从报告数据来看，我校学生总体成绩指数超过本区平均水平 3 个级别，其中英语和科学都超过本区平均水平 4 个级别。此外，学生高层次思维能力无论是单学科还是总体发展水平都超过本区平均水平 4—5 个级别。但我们关注到有 2 项指标数据显示需引起重视和深思。首先，学生学习压力指数，此项指标虽优于全区平均水平一个级别，但与前文各类成绩指标相比，这显然是不够的。我校学生学习压力指数为 5 级，意味着学生中感到学习压力较小的人数所占比例在 50%—60%，换言之有将近一半的学生深感学习压力较大。其次，学生睡眠指数更是低于本区平均水平，在睡眠指标中为最低级 1 级。

绿色指标分析报告给学校敲响了警钟，我们需要迫切进行自查与反省，我们将要从教师层面着手改变，培养教师的学习领导力，从而更好地引领学生学习。1. 教师学会评价学生。学校在教师培训中有意识地加入"教师如何客观正确地评价学生""教师对学生进行多维度评价""学生评价系统"等多方面的学习培训，目标在于激发教师的领导力，对不同学生作出合理的判断与针对性的评价，形成学生在校期间发展数据库。每一位教师即可

查看学生的发展数据便于自己的教学，同时有责任继续更新和完善学生的发展数据库。有了学生的发展数据，教师可以制定更适切的教学目标，实施更有效的教学策略，布置更有针对性的作业。2.中考综合素质评价改革下，组建教师（学科）间的合作机制。根据本市新中考改革，初中学生在校4年内完成探究学习报告，这对学生来说是一项全新的挑战；于老师而言，如何指导学生做好这项工作，促进学生全面发展，也是一次挑战。

变革在即，学校在教师培训方面也必然要作出相应的改进，要重在培养教师（学科）间的交流有合作，进行跨学科的教研活动。教师培训活动的目标也要趋于激发教师的学习领导力，培养行之有效的跨学科合作能力。教师的领导力通过课堂和培训中的角色转变得以实现，从而实现对于学生学习的引领。

学校办学过程之中，关键教育事件会不时涌现。校长需要有敏锐的感知力，感知到这些关键事件的存在。更重要的是，校长需要有专业的洞察力，能够从学习的视角，学生的立场追问和分析关键事件。在对事件背后的学习机理和需求的思考上，重塑教师发展和领导管理，系统探索提升学生、教师和管理者的学习领导力，以学生更加主动的、创新性与个性化学习为目标，设计、实施与维系创新型的、强有力的、整体性的学习环境，最终让学校成为真正以学生学习为中心的现代公办初中。

参考文献

[1] OECD 教育研究与创新中心主编.王美.李晓红译.促进21世纪学习的领导力[M].华东师范大学出版社,2017.
[2] OECD 教育研究与创新中心主编.詹艺译.重新设计学校教育——以创新学习系统为目标[M].华东师范大学出版社,2018.
[3] 杜芳芳译.创建卓越学校：教育变革的6大关键系统[M].华东师范大学出版社.2011.
[4] 陈粤秀.陈志利译.范德堡校长领导行为评价体系在中国的适用性研究[J].南京师大学报（社会科学版）.2012(03)：84—94.
[5] 冯大鸣.分布式领导之中国意义[J].教育发展研究.2012,12：31—35.
[6] 刘胜男.学习导向型领导：影响教师组织学习的领导因素——来自上海部分中学的调研证据[J].教育发展研究,2015(04)：54—60.

青出于蓝，溪汇成海

——"青溪源"教师工作室项目汇报

青溪中学　徐　冲

在青溪中学的教师队伍中，职初教师人数众多。他们年轻有活力，教育理论丰富。但尚未具备教师的职业能力，缺乏应有的教育教学经验。为此，我校成立了"青溪源"教师工作室，以促进职初教师成长从而提升学校教育内涵品质为目标，助力新教师成长，提升学校教学质量，为建设"自然、活力、和润"的南上海品质教育区共同努力。

一、借助校内外各类资源，提高教师科研能力

"青溪源"工作室成立以来，通过学校自培与市、区级培训相结合的方式，充分利用成功教育集团托管的优势，发挥市区专家的指导引领作用，发挥校内名教师、高级教师与骨干教师的榜样辐射作用，坚持研训一体的教师梯队培养机制，促使新教师快速成长，独当一面；促使青年教师进一步专业成长，成为校级骨干；促使青年干部形成一定的管理模式，发挥领航作用。造就一支师德高尚、业务精湛、充满活力的高素质、专业化的教师队伍。

每学期在学校层面上，组织全体教师进行专门的教育教学理论学习不少于 4 次，主要方式为邀请市、区级教科研专家来校作专题报告。如我校聘请上海市教育科学研究学院普通教育研究所夏雪梅博士以《素养视角下的项目化学习》为题，为全体教师阐述了项目化学习的要义；上海市特级教师章健文老师讲述了《教师专业化发展》，从教师的定位说起，叙述了教师的职业道路该如何规划；华东师范大学教育学院孔企平教授以《核心素养理念下的课堂教学研究》为题，从参与、互动、发展三方面阐述了课堂教育理念。奉贤区思言小学校长朱权华带来报告《静下心来写论文，潜下心来做课题》，朱校长从如何选题入手告诉老师们写论文和做课题看似很难，但只要我们细心观察、认真思考、勤于记录，充分地从平时的教学中积累素材，就能写出好论文、好课题。明德外国语小学副校长兼课程教学部主任陈兰老师带来了讲座《走进孩子心里做班级管理》，以生动有趣的案例来告诉老师们如何营造良好的师生关系。

此外，我们还邀请区级教科研专家戴宏娟老师和朱玲老师来校指导青年教师如何做课题，丰富的实际案例给予青年教师们更深刻的启发。专题讲座提高了教师的科研意识，扩大了教师的研究视野。

二、开拓多渠道学习途径，助力新教师起跑

我校对于新教师的定义是指从事教育教学三年内的初始教师。新教师成长的过程就是新教师逐步掌握和运用教育知识、胜任教师这一职位的过程。基于我校新教师比例高的现状，我校在制定新教师培训方案时，充分挖掘新教师年轻有活力，教育理论丰富的优势，针对他们职业角色转变，缺乏教育教学经验的劣势，开展了一系列有针对性的教师培训活动，促使新教师尽快进入角色。

1. 双导师制，促进全面发展。除了本校的师傅带教外，我校为每位新教师请了校外的专家作为带教师傅。制定并不断完善《青溪中学师徒带教制度》，并举行"双导师制"师徒带教拜师签约仪式，加强对师徒互相听课的检查力度，落实于常规工作中。成果展示包括对师徒备课本的比对展示及师徒同课异构课的课堂展示，以及对徒弟获奖等的师徒双方奖励制度。通过"双导师制"师徒带教工作，不但促进了新教师的成长，同时，也提高了带教师傅的职业使命感，达成了共赢的初衷。

2. 学识测试，提升专业素养。我校组织青年教师学识水平测试，即各学科中考题型的基础能力素质考试或综合卷命题能力考核等。旨在更好地引导我校青年教师准确把握任教学科的主干知识体系，全面熟悉任教学科教学内容和学习要求，有效提升学科专业素养。青年教师三笔字大赛展示青年教师风采，增强写好三笔字的意识，提高教师书写水平，锤炼基本功，规范板书设计，提高课堂实效。

3. 规范严谨，扎实常规工作。以"人文课堂有效教学"为主题，结合见习期和五年期青年教师考核，进一步提升青年教师的教育教学技能，开展校内见习期和五年期教师教育教学能力评比考核，认真落实组织好备课、命题、课堂教学、主题班队课等考核工作的每一个环节，做好参加考核人员的统计、考务安排、成绩汇总与反馈等工作，使考核严格有序地进行，实现以考核促发展的目标。

4. 聚焦课堂，快速历练成长。每学年工作室都会举行"新教师"亮相课、比武课和汇报课，并不断在市、区两级层面上给新教师搭建多种锻炼并展示自我的舞台。青年教师的每一次亮相都通过集体备课、组内磨课、专家会诊、全校展示、说课评课、专家点评、大会反馈等一系列环节，有效促进新教师快速成长。我校三年内的新教师已经在市、区域层面开设公开课 14 节，集团内开设公开课 10 节。本学年我们将在集团内举行新教师教学能力比武活动，包括备课、上课、命题、答辩、微课制作等一系列环节，旨在通过不断的磨练促进他们的快速成长。

5. 科研引领，推进专业入门。依托学校龙头课题《"新城教育联盟体"学校新教师成长的实践与研究》，校级子课题：语文组王萍丽老师的《0—3 年语文教师课堂教学中朗读指导能力培养的实践研究》与数学组何闽霞老师的《教龄 0—3 年数学新教师听课能力培养的实践研究》也应运而生，立足于专业学科，更有针对性的对新教师成长进行研究与实践。在学校龙头课题的引领下，我校积极推进课题研究，扎扎实实的培养新教师。

同时学校领导身体力行，做好引领示范作用。行政领导立项并结题课题3项，副校长包蓓姹老师《依托"德育学分制＋成长记录手册"完善学生综合素质评价的实践研究》，今年又有一个区级重点课题《通过"说数学"活动提升初中学生几何素养的实践研究》已经着手开始。工会主席兼总务主任王燕锋老师《初中英语教学中培养学生句子结构分析能力的策略研究与实践》，教学部副主任徐冲老师《初中六年级学生良好英语学习习惯培养的实践研究》，论文及其他科研成果发表或获奖十余项。

2017年英语组骨干教师王蓓红老师申请课题《初中低年级英语听说课教学中通过post-task环节的有效设计检测教学目标达成度的实践研究》成功立项为区级一般课题；2018年朱瑛洁老师的课题《初中数学教学中动手实践与数学思维相结合发展空间观念的有效研究》被列为区级一般课题。杨卫晨老师的《思维导图app在初中思想品德学科目标导向性课堂实践中的运用研究》和刘红老师《将历史课本剧应用于初中历史课堂教学的实践与研究》已成功申请为"我的教改试验"项目。教研组专题研讨把教育科研和教学实践有机统一起来，使教师在实践中积极参与教法改革、优化教学过程等研究工作，形成"以教研促科研，以科研带教研"的教学新局面。

6. 人文关怀，提高职业幸福感。对于新教师成长，我们也关注他们的职业认同感和幸福感，以"倾听成长的声音"开展了1—3年期青年教师座谈会，青年教师们发言踊跃，畅谈自己成长过程中的酸甜苦辣及切身感受，在场的老教师们为他们答疑解惑，传授经验。通过座谈进一步了解了每位新教师的特点与他们遇到的问题，考虑他们的切身需求，搭建有利于他们专业成长的平台。

在这几年工作室不断地运作下，我校教师无论是新教师还是青年教师都成长迅速，慢慢摸索出一套属于自己的教学风格，形成了自己的教学准则。在接下去的校本研修工作中，我校将继续结合奉贤区卓越教师培养发展工作，从区级名师到优秀骨干教师到校级教师的培养工作，继续把培养任务细化到常规工作，落实到日常课堂中，促成师生的共同进步。

抓常规　重长效　创品牌

青溪中学　包蓓姹

青溪中学创办七年以来一直坚持"预防为主、防治结合、加强教育、群防群治"的原则，抓常规、重长效、创品牌，通过规范化的安全管理和经常化的安全教育，增强全体师生的安全意识和自我防护能力，营造全校教职员工关心和支持学校安全工作的局面，从而切实保障师生安全和学校财产安全，共同建设一个平安文明的校园。

一、强化组织领导，落实主体责任

1. 健全机制保障，形成管理网络

我校将安全工作列入了学校三年发展规划，明确校长为第一责任人，成立了"安全工作"领导小组，由校长兼党支部书记薛晨红任组长、副校长兼德育主任包蓓姹任副组长，全体行政人员为组员，下设工作小组，分别负责学校的安全宣传、安全教育和安全保卫等工作，做到有领导具体负责，有人员具体办事，分工负责，责任落实到位，我校同时聘请了光明派出所的所长为法制副校长和校外辅导员，形成了高效、清晰的校内校外安全工作网络和机制，使学校安全工作有了强有力的组织保证。安全领导小组定期召开专门会议，制定并完善了安全工作相关制度，及时沟通，相互合作，形成良好工作格局。

2. 重视基础工作，细化责任分工

我校把校园安全作为一项确保稳定和发展的重要基础性建设工作来抓。每学期开学第一周内领导小组认真制定学校安全工作计划。之后大家各司其职，分工合作，各部门查找存在的问题和差距，采取有效措施，确保校园安全。

学校在建立领导、教师值勤制度，食堂管理制度，财务管理制度，卫生打扫制度，检查评比制度，门卫值班制度等一系列安全管理制度的基础上，还健全和细化各项安全管理工作，进一步细化了学校安全工作管理机制。对各类安全隐患和不稳定因素力求做到早发现、早控制、早上报。不漏报，不瞒报，不虚报，力争把隐患消除在萌芽状态，确保校园和谐安宁。

二、规范安全管理，提高安全意识

1. 加强技防措施，确保校园安全

作为一所新建学校，我校的各项技防设施都严格按照上海市地方标准中的相关规定

进行建设,门卫室、楼梯走道、食堂、各重要专用室装有 24 小时监控录像,教室、办公室、实验室、专用教室安装防盗报警装置,并安装了与 110 接处警中心联网的紧急报警装置,发挥监控系统作用,确保 24 小时正常运转。安保人员做到不脱岗,按要求履行值班职责,严格把好大门。学校领导坚持值日查岗,各值日人员准时到岗,密切关注课间、午间学生活动,确保学生活动安全,做好值日记录,发现问题及时与相关人员沟通并落实整改措施。保证了突发性事件的预防与处置能力。

2. 完善安全体系,明确岗位职责

在明确校长为学校安全第一责任人的同时,学校分派校务办何志刚老师直接抓安全工作,总务处具体负责安全工作的落实,德育部负责学生安全教育、处理日常学生违纪事件,及时教育违纪违规学生。校门口专职保安加强门卫工作,负责外来人员进校的登记、校门口安全及夜晚校园的巡视。学校中午分别安排各年级组老师值班巡视,处理突发事件。我们加强了学校行政值班工作,落实校园巡视工作,规范学生行为,检查迟到现象,杜绝各种不安全现象与行为。按照"谁主管,谁负责"的原则,每学期学校都层层落实签订《安全目标责任书》,做到各项责任落实到位。

在明确岗位安全责任人以及安全职责的同时,学校将安全工作与奖惩挂钩,制定了《青溪中学安全事故责任追究制度》,把安全目标完成情况作为对条线负责人、年级组长、班主任以及其他教职工的奖惩、评优、工作考核内容之一,实行安全责任事故一票否决制,对因工作失误而造成的学校伤害事故,根据事故造成的损失情况,追究相应责任。

3. 狠抓制度落实,杜绝安全隐患

(1) 加强设施设备管理。一是开学前和节假日前,学校都会组织相关负责人、后勤人员和班主任对学校的各项设施设备进行全面仔细的检查,及时排除安全隐患,保障全体师生的安全,开学后,学校安全负责人和行政值班也定期对学校设施设备进行检查、记录,确保及时发现、消除存在的安全隐患;二是学校的各个教室和专用教室都确定了专门的负责人员,明确了安全责任,各负责人定期按照学校"关于对教室、办公室专用房屋安全检查表"所列项目逐条进行检查,保证自己所负责的区域不存在任何安全隐患,对学生实验用的易燃易爆品及有毒药品,学校设专柜储藏,专人保管等;三是为了防止财产被盗,我们在行政楼、教学楼、生活楼和综合楼上安装了监控摄像装置,确保校园财产安全;四是学校食堂、直饮水等由专人负责,每天进行消毒,并做好相关记录,确保学校饮食安全。

(2) 加强门卫保卫和校园值班。重新聘任责任心强的四名门卫,加强管理,明确岗位职责。制定了《门卫工作岗位职责》。学校制定了《校园出入制度》,规定学生不能在课间随意出入校园,离校必须有德育处开出的出门证,学生无出门证不得让学生私自出门,规定来校人员出入登记,制止了闲杂人员进校。学校制定了"行政值日制度""教师值日制度",加强校园巡视,确保学生在校期间的安全,学校教育教学秩序井然有序。

(3) 加强消防安全工作。学校重抓消防工作,落实各项消防安全措施,预防火灾事故的发生。校舍的每一楼层每楼道都配置消防栓和灭火器,对电脑房、多媒体教室、实验室等进行重点配置、重点检查。所有消防器材有专人管理、专人登记、专人保养,要求相关教师基本掌握灭火器的性能和使用方法。严禁违章用电,严格控制易燃易爆物品,学校安全工作领导小组还定期检查、定期添置、更换消防设备,坚决杜绝火灾事故的发生。

（4）加强卫生保健工作。每学期,学校都要联系卫生防疫部门到校给学生做体检、流行病防疫;学校安排专人定期对教室、食堂、厕所和相关公共设施及卫生死角进行消毒。每天,卫生室都做好晨检记录、消毒记录和因病缺勤病因追查与随访跟踪登记记录,按照统一的表格每天按时、如实记录。

（5）加强食堂食品卫生安全管理。我校投入资金,食堂已获得区级"六 T 实务"管理示范校称号,但仍不放松对食堂的安全管理。每周召开一次食堂从业人员安全会议,提高从业人员安全服务意识。不定期开展食堂卫生和食品安全检查工作。严格执行食堂物质定点采购和索证登记制度、饭菜留验和记录制度、员工体检制度等。切实加强对食堂人员的管理,严禁非食堂工作人员无故进入操作间等。严格控制食堂门,做到及时关闭、上锁。食堂饮水机上锁,学生饮水机专人负责。

（6）加强学生交通安全管理。重大活动、春秋游、节假日之前,对学生进行安全教育。严禁 12 周岁以下的学生骑自行车上下学;高年级学生骑车上下学要求经常检查自行车设施设备（铃、刹车、锁等）,发现问题及时整修。早晨、学生课间活动和放学时,值日教师必须提前到岗,加强巡视,做好值日护导工作。值日老师加大巡视力度,把值日区域的学生安全和值日教师的考核挂钩,学生放学由班主任护送路队出校,下午放学后进行清校,家长没有及时来接的学生由学校值班教师进行看护,确保学生的安全。

（7）加强大型活动安全管理。组织学生参加春秋游、民防教育、军训活动等各级各类大型活动时,均制定详细周密的活动方案,事先下发安全告家长书,告知家长、学生活动中应注意的安全问题,利用有效的宣传手段对学生进行活动中的安全教育,要求外出带队教师细心护导,组织有序,所有活动必须有一名以上的行政领导带队。

4. 净化信息渠道,维护校园稳定

学校依据有关校园网络管理相关制度,由网管员具体负责校园网络管理工作,进一步加强用户管理,及时封堵、删除各类有害信息,确保无不良信息。由校务办负责电子屏的信息发布工作,未经同意一律不准发布。所有安全信息由安全干部具体负责上报,确保联系渠道和工作信息畅通。

三、打造安全文化,构建文明校园

1. 安全教育重常态

根据《中小学公共安全教育指导纲要》和《上海市中小学生命教育指导纲要》的要求,我校开足开齐各类安全课程,充分挖掘民防课等基础课程中和八年级民防教育等实践活动中的安全教育资源,使师生掌握和熟练运用安全技能,帮助学生增长安全知识。此外,我校还将安全教育作为专题教育的重点内容之一,利用每周二的午会课时间,在全校各年级开展"安全教育""毒品教育""法制教育",各年级组根据学生的年龄特点,采用集体备课的形式,确定教育目标和主要内容,由年级组长进行检查,德育管理部进行不定期抽查,确保活动切实有效开展。

结合"安全教育日""民防教育日""消防安全宣传日""交通安全宣传日"等活动,我校每学期开展"安全五个一"活动,即"开展一次安全主题班队会、制作一期安全专题黑板报,组织一次安全红领巾广播,聆听一场安全专题讲座,举办一次安全知识竞赛";每逢开学初、放假前,学校均认真开展"安全教育周""最后一课"等安全教育活动,并下发《安全告家长书》,集体外出活动前,班主任也会进行安全相关教育,奉贤电视台还曾就此做过采访,学校对安全工作的重视获得了家长和社会的一致好评;学校确定每月最后一周的周五进行疏散演练,同时,在918、119等特殊的日子,学校也会进行专题的疏散演练活动,将生命教育真正落到实处。

除安全干部定期参加区级、市级安全相关培训外,每学期,我校都会利用的教职工大会和寒暑假的政治学习,组织教师开展安全相关培训。同时,校长、安全干部经常与派出所民警联系,时刻关注学校周边地区的治安情况,联系校情,以提高警惕。每学期,学校还会邀请法制副校长为学生作相关讲座,并与检察院合作开展了"检校共管、呵护花蕾"、"我是小小检察官"等活动,取得了良好的效果。同时,学校也十分关注对行为偏差的特殊学生的帮教,建立了专门的帮教档案,由相关的教师和辅导员对其进行定期的辅导,在多方的共同努力下,我校案发率为零,基本不存在行为不良学生。

2014年,学校承办了奉贤区消防科普教育体验馆项目,成为奉贤区重要的消防宣传教育阵地,青溪中学充分利用这一资源,开展了"安全逃生演练"、"识险避险,自救互救"、"小小讲解员"等活动一系列安全教育活动,《奉贤报》等相关媒体也就此做了专门的采访,消防安全教育已逐渐成为我校特色品牌,2015年获得"上海市平安校园建设优秀成果"奖。

2. 人文环境重和谐

除了现代化的硬件设施和整洁的校园环境外,为营造全员重视的安全工作氛围,学校在校园醒目位置设置安全宣传标语,各班利用校内、班内板报、广播等宣传工具,丰富了安全宣传形式和内容,增强宣传的针对性、知识性和趣味性。平日里,学校德育管理部充分利用校园网、黑板报、学校广播等宣传阵地进行大力宣传安全理念。通过学习宣传,大家统一了思想,提高了认识。

为营造温馨和谐的人文环境,每学期初,学校均开展"温馨教室"创建活动,通过此项活动,各班集体不仅营造了生动活泼、洁净素雅、健康文明、催人奋进的良好育人氛围,更在此过程中增强了学生的归属感和班级的凝聚力。同时,通过开展"我们是首批青溪学子""爱心义卖""青溪十佳好人好事评选"等活动,营造温馨的师与生、师与师、生与生人际关系。每学期,学校还会召开了帮困送暖部分学生家长会。除了物质上的资助外,更重要的是送上我们的关心与祝福,让这些家庭也体会到学校对孩子各方面的关怀和温暖。学校开办至今,我校教师从未出现过体罚、变相体罚学生等违反师德的行为,青溪教师们高尚的师德和爱生如子、爱校如家的精神受到了学生和家长的一致好评。每年寒暑假,行政班子与班主任结对对特殊学生进行家访,增强家庭与学校之间的相互了解和联系,保证学校与家庭之间的相互沟通。

每学期初,学校即对六年级新生进行了摸底,建立了心理档案,同时,对各班的特殊学生进行摸底,定期进行帮教。七年级开设心理课,其他年级利用班会、午会进行心理健康知识教育,除心理老师外,各班主任作为兼职心理辅导员,针对集体或个人出现的心理问题,进行心理咨询和辅导,使学生掌握心理健康知识,学会心理自我调节,能够承受挫折、适应社会。

每学年,我校均认真组织开展好六年级军训、七年级秋游和八年级民防活动。在各项活动中,我校的学生都以严明的纪律和优良的作风受到了各方的好评,获得学生社会实践活动优秀组织奖。此外,学生们以班级为单位,利用双休日组织开展了丰富多彩的小队活动,如前往奉贤文广中心为"创建文明城区,你我添砖加瓦"的公益广告录音,来到江海敬老院送去新春祝福等等,这些有意义的活动不仅拓宽了学生的眼界,也弘扬了正能量,获得了各方的好评,江海敬老院的院领导亲自来到青溪中学,为队员们送上了感谢的锦旗。

四、注重环境建设,营造安全氛围

1. 依法管理,确保校园环境有序

为了确保校园环境安全有序,学校依法管理,没有任何违法出租校园场地的行为。学校组织中层以上领导在校门口执勤,同时主动和派出所、镇青保、镇综合治理办公室等单位联系,加强合作,保证了学校治安秩序良好,无侵害师生人身权利的刑事案件和各类违法犯罪活动发生;无违规违法经营现象;校园流动人口管理规范、有序,并建立和保存了资料档案;校门口出入交通秩序良好。

2. 整合资源,确保周边环境安宁

为了改善校园周边环境,学校采用校内教育与校外整治相结合,学校自治与辖区治理相结合,集中整治与长抓不懈相结合的措施,确保学校师生安全和校园及周边安全。

(1)充分发挥家长委员会、家长学校功能,广泛宣传家长的监护、教育责任,开设家长学校定期为家长提供教育服务,每学期不定期组织家长参加安全、心理相关知识讲座,坚持节假日前印发《告家长书》,提出明确要求,增强学生和家长的安全意识,消除麻痹思想和侥幸心理,防止节假日意外事故的发生。

(2)充分发挥社区积极作用,寒暑假期,我们让学生到社区报到,填写《青溪中学学生寒暑假社会实践活动反馈表》,由社区对辖区内的学生进行监管并组织学生活动,填写反馈意见并盖章,此外社区志愿者还在上下学期间协助管理我校门口交通秩序,避免上下学拥挤,一系列的措施,有效地保障了师生的人身安全。

(3)充分发挥校外辅导员作用,学校与社区民警建立了每月两次联系制度,针对社区内出现的干扰学校的各种不安全因素以及出现的新问题,共同协商,提出应对方案;开展周边环境的调查,请家长和学生监督周边环境安全,为学校营造了安全、文明的校园周边

环境。

　　安全工作是一个艰巨的长期的任务，不是一劳永逸的事情。作为一所新学校，我们在学习中探索，在探索中实践，在实践中改善，逐渐建立健全了一套安全管理的机制，并坚持周期性地、创新性实施，为师生安全筑防护墙。今后的工作中，我们一定会将安全工作制度化、常态化，加强日常工作管理和阶段情况总结的同时，真正树立一种防患于未然的安全意识，做到防治结合，确保学校安全。

　　我们相信，在全校教职员工的共同努力下，我们一定能将安全工作做得更好，为青溪中学师生的安全以及学校教育事业的发展继续做出更大的努力。

芬兰教育的真谛

——考察 Kuokkala 学校有感

青溪中学　薛晨红

第三次走进简约、干净、白色与蓝色设计风格的 Kuokkala 学校，热情的 Seppo Pulkkinen 校长依然呈上精心准备的咖啡茶点；性格开朗的依琳姐弟还是热情高涨地、不厌其烦地回答我们的各种问题，带我们进入前两天没有看到的课堂。

静心梳理了三次参观这所学校的体会，尤其与上海的基础教育进行对照，真是感慨万千。

体会一：

芬兰基础教育课程设置具有"弹性"，学校有较大的自主权，学生有一定的选择权。

我们从 Kuokkala 学校提供的课程计划中发现：芬兰国家规定义务阶段教育课程设置的公共科目有母语（芬兰语、瑞典语或萨米语）、第二官方语言（瑞典语或芬兰语）、外语（英、法、德、俄等）、公民学、环境科学、宗教或伦理学、历史、社会、数学、物理、化学、生物、地理、体育、音乐、美术、视觉艺术、手工制作和家政。Seppo Pulkkinen 校长介绍说政府和学校对于课程设置、课时安排等具有一定的决定权，教师拥有教材选择权，学生拥有选修科目的权利。他还介绍国家规定核心课程各科目的课时分配，地方政府通过规定公共科目每年最少周课时数决定总课时分配，学校可视实际情况侧重于不同的科目，并自主灵活安排授课时数（低年级学段一般占总学时数 10‰，高年级学段一般占总学时数的 20‰）。特别是在义务教育高年级学段，除公共科目外，还有法令不作规定的选修科目，学生家长或其监护人有权决定学生选修哪些科目，地方政府和学校可以决定选修科目的数量、类型、形式。

体会二：

学生在学校快乐、轻松地学习。

来自中国青岛的学生依琳姐弟和其他七位学生给我们做了三天的向导，当然我们也从校长、两位副校长、一位学科教师、一位资深教师的介绍中得出结论：学生在学校的学习是快乐的、轻松的。

在这里他们拥有精心编写的有趣而实用的课本，课堂上轻松的师生互动、小组合作，创新思维得到充分启发。他们每天都有充足的睡眠，还有大量时间阅读、发展自己的兴趣爱好。因为这里每天上课的时间很短，中学生每天不超过 7 小时。假期超长，一年上课190 天。学生很少有作业，芬兰的父母从不送孩子去参加补习班，他们愿意花时间与子女一起进行大量的阅读（学校提供借书或买书的电子系统），家长教育孩子自己去发现，自己去找答案。所以芬兰学生在 piza 测试中阅读能力的成绩遥遥领先。

在这里他们不会成为分数和名次的奴隶。因为这里根本没有排名,成绩被看做是学生的隐私而受到保密,老师只鼓励他们去超越自己。成绩差的学生也不用担心会受到批评和歧视,等待他们的是更多的帮助和关心(有学科教师、有特殊教师及资源教师的帮助)。

在这里他们不会为考不上好大学而烦恼。所有的大学在国人眼中都是最好的大学,得到的教育投入也相同。而且无论他们选择任何职业学校同样得到社会的尊重和认可。

在这里学生不是答题机器,而是真正学习如何成长、如何做人。在宗教与伦理课中,老师会和你讨论各种人生的终极价值问题,一起来思索什么是善与恶、人为什么活着、公民的社会责任等等,学校专门配备了各种功能的教师。

在这里他们从小学到大学的一切费用免费,包括午餐和交通费。无论他们身在城市还是乡村,都会得到一样好的教室、教学设施、一样的好教师。

在这里每一个孩子都得到真正的尊重和关怀,从这个角度真可谓是世界上最幸福的学生。

体会三：

"无竞争"教育却成为对其他国家"最有竞争力"的教育。

三天的交流中一直听到 Seppo Pulkkinen 校长说"平等",强调"无竞争"教育。无论是校长还是普通教师他们都觉得每个孩子的起点不同,各方面的学习能力不同,在这样基础上的排名、竞争是"不公平的",也没有意义的。对心理上还不成熟的孩子来说,排名、强调分数还会打击他们的自信心;而成绩优秀的孩子可能会恃宠而骄、失去对弱者的同情。而且分数也不能代表一个学生的全部。我们觉得芬兰教育的目标是"给每一个孩子一个美好的人生",希望能因材施教,让每一个孩子找到能胜任的职业,找到最好的人生位置。而对于大多数职业来说,并不是只会答题、得高分就能胜任的。他们希望能培养学生与人交往的能力、良好的心理和创新精神等等。Seppo Pulkkinen 校长说:"我们从来不会因为孩子的成绩是最顶尖的,而发给他奖学金,而是从不同的角度来选取"。"如果一个孩子的分数比别人低了一些,却拥有其他人所没有的人格特质,或更好的合作能力,或更佳的人缘等,教师就会很希望这位学生得到实质的奖励"。在这样的教育理念下,芬兰人不会给学生、教师、学校评比排名,学校不追求升学率,不给教师施压,学生也没有升学压力。正是这样"无竞争"的教育却在国际教育评比中获得惊人的成绩,对其他国家的教育产生了最大的竞争力。

体会四：

兴趣成为永久的学习动力,让学生获得独立自主的学习方式。

在芬兰基础游泳班上,孩子们不是上来就一个一个地学习基本动作,而是在轻松的环境下先"玩水",让孩子们自然而然地克服对水的恐惧,真正喜欢上游泳。在没有"正规"的反复操练下,孩子们却能在老师的引导下不但学会游泳而且爱上游泳。在各种学科中,芬兰教育都采取了这样的自然学习法,真正让兴趣成为孩子最好的老师。我们在观察手工课时发现七年级的孩子自己动手做出了生活中需要的晾衣架、小木凳、沙发的茶几等。在烹饪课上学生学习做各种派、各种三明治足以证明兴趣培养是学习动力。

我们发现芬兰教师几乎不批改作业，学生们会自己对照答案本；教师也不会要求家长对考试试卷签字，而是要求学生自己找出学习中的问题和差距；教师会鼓励学生和自己赛跑，当你在某一科目中进步显著时就得到奖励。这些使得芬兰学生从小就养成了自主独立的学习习惯，提高学习效率。

体会五：

给予弱势学生更多的关怀，"不让一个人落下"。

在芬兰人观念中根本没有"差生"的观念。那些有困难的学生只是需要更多的启发，更大的成长空间而已。学校不会放弃这些孩子，而是给予更多的爱心和耐心。老师会根据学生个体差异量身制订教学计划，包括选择书籍、定制课程等等，以期使每个学生都能达到国家的教育标准。我们可以从他们的 Wilma 系统中发现每个学生的档案，教师如何跟踪帮助每个学生、如何及时通过网络与家长反馈等。如果不这样做，而是放弃这些学生，那么失去了尊严的孩子很可能自暴自弃，甚至走向犯罪。那时社会会付出更大的代价。

芬兰前总理阿赫说过，给孩子最好的教育，就是给他最好的人生。教育的真谛是什么呢？我想，像芬兰教师一样做个简单的、纯粹的教育人，爱教育而做教育，把快乐带给学习，把幸福还给每一个学生——应该是我们寻找的东西吧！

教师论文

浅谈语文阅读教学中学生理性
质疑能力的培养

青溪中学　侯　敏

摘要： 近年来，为了适应改革的需要，语文课堂开始盛行"质疑"。增加的"质疑"环节，打破了长期以来教师主宰课堂的沉闷尴尬局面，给课堂带来了新的生机和活力。但却存在很多"浅质疑"误区，如盲目肤浅、徒有虚名、主次不分等。我们有必要静下心来反思：语文课堂究竟需要怎样的质疑？本文笔者将就语文阅读教学中学生"理性质疑"能力的培养浅谈二三。

关键词： 阅读教学　理性质疑　培养策略

一、现状与问题

《语文课程标准》指出："学生是学习和发展的主体。语文课程要激发学生的主动意识和进取精神，倡导自主、合作、探究的学习方式。"其中"改变学习方式"就是要由过去的接受习得的学习传统变为自主、合作、探究式学习，改变消极被动的接受式学习状况，把学习变成学生在教师指导下主动探索和积极建构知识的过程。所以，近年来为了适应改革的需要，语文课堂开始盛行"质疑"。

课堂上，很多教师不再唱主角，而是变教为学、变讲为疑、以疑导学，在自己的课堂教学中增加了"质疑"环节，打破了长期以来教师主宰课堂的沉闷尴尬局面，给语文课堂带来了新的生机和活力。然而，笔者却在长期的课堂观摩与实践中发现了很多"浅质疑"误区：

（一）盲目肤浅。很多教师是为了质疑而质疑，常把引发学生质疑作为一种教学时尚加以追逐，在根本没有针对学情、把握文本价值的基础上任由学生提问，导致学生提出的问题盲目肤浅、漫无边际、无思考价值、无思维容量，学生根本不懂该如何质疑。

（二）徒有虚名。很多教师只是把学生的提问作为一张美丽的标签，贴在课堂教学之上。在教学伊始为了课堂的热闹，千方百计地鼓励学生质疑，并在终于等到盼望已久的预设问题时，匆忙而欣喜地结束这个环节，置其他学生的疑问于不顾，仍按部就班地按预先设计好的问题进行教学，使得自己陷入制造圈套的境地。

（三）主次不分。很多老师试图通过质疑来体现学生在课堂中的主体地位，但一味注重学生主体地位，而忽略了教师的"主导"地位，就会导致"学生牵着老师走"的后果，这与"老师牵着学生走"的危害性等同，两种极端都会直接造成课堂的低效，违背课改的初衷。

……

学生的自主质疑成了教师体现新课程理念与提高课堂效率重要的教学策略，这种意识固然值得肯定。但在欣喜之余，我们更有必要静下心来反思：语文课堂究竟需要怎样的质疑？本文笔者将就语文阅读教学中学生"理性质疑"能力的培养浅谈二三。

二、关于"理性质疑"的认知

（一）新课程标准为课堂理性质疑指明了正确方向

《语文课程标准》指出："阅读教学就是学生、教师、文本之间对话的过程。"其中"对话"一词强调了这种过程应该是需要师生共同参与的，是一个平等互动的过程，是一个自由发表见解、表达思想的过程。因此，阅读课堂教学必须要树立学生为主体的意识，而教师是教学活动的引导者、参与者，教师"扮演引导学生进行探究性阅读和创造性阅读的角色"。这样，师生才能在课堂中自由对话，有效的质疑活动才能在课堂中生成，质疑能力、思维能力才能不断提升。"理性质疑"的产生必须是建立在自主、合作、探究式等学习的基础上的，也必须是在教师合理引导之下自然生成的。

（二）建构主义教育观为课堂理性质疑提供了理论上的支撑

建构主义的教育观认为，人的精神世界是主体性的人与外部环境和外部影响在交互作用的过程中能动地生成和建构的，而绝不是单一的外部力量和外部影响所能够塑造成的。由此，学生的发展作为一种精神世界的建构，也应理解为一种积极主动的建构过程。在这一过程中，教师与学生之间产生的教学互动发挥着双向促动的作用。教师的提问、启发对学生是一种促动，使学生积极思维，深化对知识的准确理解和灵活运用；而学生的反问与质疑也是对教师的促动和挑战，从而促使教师进一步钻研专业理论，探索教育规律，不断提高教学水平。因此，教师只有适切地使用引导策略，才能唤起学生的理性质疑；而只有学生的理性质疑才能正向给教师以启迪，将教与学的互动推向更高层次。

三、学生理性质疑能力的培养策略

（一）方法指引，为学生指引质疑的基本路径

1. 质疑文体要素。 学生在初中阶段所触及的常见文体无非如下几类：小说、散文、诗歌、说明类、议论文等。对学生而言，他会按照文本所提供的具体内容或形象，运用头脑中先于阅读的某种体裁类型，凭借已有的阅读经验去解读、接受文本所携带的某种语言的、思想的或审美的信息。这种文体意识的形成，以及如何从"这一篇"的阅读、质疑，达到"这一类"的阅读、质疑，对于学生思维品质的提升是极为重要的。

在"托物言志"这类散文的教学中，笔者就以《枣核》一文为例，引导学生围绕"枣核"质疑，如"文章为何以'枣核'为题？""文章中几次提到'枣核'，分别有何作用""能否以'枣核'

为线索为文章划分层次""文中的'枣核'有何深层含义"等,这就为学生习得"这一类"的文章奠定了基础。在学习《藕与莼菜》一课时,学生自然而然地迁移了此前的学习经验,将质疑的目光汇聚在了"藕与莼菜"上,如"文中藕与莼菜各出现了几次,每次有何异同?""为何作者要挑选这两样东西来寄托情感?""文中的藕与莼菜寄托了作者怎样的思想感情?"等,这样的课堂质疑就显得更有价值、有张力。

2. 质疑文章整体。除文章的标题、开头、结尾、过渡、照应等值得学生深入品味之处外,对于文章"文脉"与"意脉"的梳理及整体把握,也是学生有效质疑的重要突破口。如《生命的舞蹈》一文,引导学生从大处着眼、厘清文本脉络:从两个有关"舞蹈"的故事中得出对"生命本质"的认识,进而引发学生质疑:两个故事是怎样引发作者的深思的? 他经历了一个怎样的认识过程? 这样基于整体的质疑,不仅激发了学生思考的欲望,更有助于将学生的关注点引向文本、引向文本的前后联系。

此外,对于文本的整体质疑,还可以从关注"写了什么""怎么写的""为什么写"入手,学生往往只关注"写了什么",而容易忽略后二者。为此,这种质疑路径的提示能引导学生多维度、多角度地关注文本,最终,将学生的思维推向更深处。

3. 质疑语言技巧。不同文体的基本要求、不同作者的表达风格,都直接体现在文本的表达方式、写作技巧等外在表现形式上。如在具体学习某篇文章时,就可以提出诸如"为何本句使用这个词,而不用那个词?""为何这种看似矛盾的词'但''却'等常常出现在鲁迅的笔下?""若是冰心来写这种心情,她会使用怎样的句子?"等等,引导学生以此作为质疑的抓手,不仅可以更为细致地触摸作者的温度、作品的灵魂,更可能成为学生写作风格的启蒙。

(二) 真诚对话,让质疑出现在最适当的时机

课堂既已成为师生平等的对话场所,教师就必须要允许学生有独特个性的释放。是对话就会有争论,是释放就会有矛盾,是体验就会有差异。为此,教师有着怎样的引导,直接决定了学生会有怎样的质疑。当学生的质疑没有方向或停滞不前时,最有效的解决方法就是教师智慧的引导,而智慧引导的背后则是对学情的把握、对文本的深入解读。

如在执教《二十年后》时,通过课前预习及充分的备课,笔者确定了文本的教学价值,也了解了学生初读文本后的感受。最后,确定了引导方向,将学生的质疑引向了颇具特色的欧. 亨利式结局——"杰米和鲍勃这对朋友践行了一次长达二十年之久的约定,可结局却是一个被另一个逮捕了,面对这个结局你有什么疑问?"学生在思考良久后,纷纷提出了自己的不解与想法。在此过程中,笔者并未过多干预,而是尽量隐去自己的想法,让学生以文本为依据尽量阐述自己的见解及理由,最后,才借用名言解释了"真正友谊"的内涵。如今回想,若是紧紧停留在对课题"二十年后"的关注,学生也许仍是停留在二十年前发生了什么、二十年后又发生了什么等肤浅质疑的层面,这样便不会在学生心里生成一种"情"与"法"的抉择,更不会在体会人物艰难抉择之后收获友谊的真谛、感受小人物的人性之美了。

（三）及时甄别，给学生的质疑适当做做减法

教师的及时点评与甄别处置，是防止教学陷入低水平"学生主体活动"的重要手段。作为教师，必须要在没有预设的情况下，迅速判断学生的种种质疑中哪些是可直接用于教学的，哪些是很有价值的，而哪些适宜教师当场给出释疑，哪些又该纳入不予处理的范畴。

甄别质疑的教学应用价值，虽是随堂随机的甚至是瞬间的教学行为，但却关乎课堂上"学生为主体"的教学水平，关系到课堂的认知效率。教师更不能一味地为了鼓励学生质疑而不敢、不舍得对学生的质疑作出否定。

如观某年轻教师在执教《大芦荡，你还在守望吗？》一课时，采用了"学生质疑——讨论答疑"的模式。学生提问题的积极性很高，当然他们所提的问题无所不及：什么是芦荡？芦苇可以用来烧柴吗？人们从大芦荡里捕获的珍禽能卖多少钱？等等，声音也是一个比一个高，问题一个比一个细，而师生问与答往往是交织进行的，教师一个个尽力地回答着，而问答之中又产生了新的疑问……笔者不禁替这位年轻的老师捏把汗。千万不可不懂拒绝、不会甄别，毕竟课堂的主导仍是我们。

新课改下的语文课堂，不仅需要引导学生积极思考，主动质疑，更需要教师掌握引导质疑的火候，最大限度地发挥教师的主导作用，来促成学生主体的活动更为有效。学生要多读多思、多想多问，教师更要勤于修炼自己，运用更为智慧的教学策略来促成"师生共赢"。

参考文献

[1] 郭莉.试论高中阅读教学中批判思维的培养[J].新课程,2017,(7).
[2] 李本友.文本与理解——语文阅读教学的哲学诠释学研究[D].西南大学,2012.
[3] 陈玲梅.关于探究性阅读教学的理性思考[J].中国教育学刊,2003,(11).
[4] 刘平.初中语文生本课堂中如何提高学生的质疑水平[N].考试周刊,2014,(99).
[5] 张传利.浅谈初中语文学生质疑问难能力的培养[J].教育界,2015,(19).

浅谈初中英语教学中学生句子结构分析能力的培养

青溪中学　王燕锋

摘要：本文从初中英语课堂教学实际出发,研究了句子结构分析能力的培养在目前英语教学课堂中的现状,作者认为目前的英语课堂缺少对学生句子结构分析能力的培养,而这种能力的培养又非常有必要。作者认为在初中英语课堂中进行句子结构教学是从学生实际需要出发,满足学生日常的英语阅读、解题应答,从而提高学生的英语运用能力的很好的方法。基于此,作者从教单词时教会学生词性和句子成分是培养学生句子结构分析能力的基础,训练学生由易到难掌握句子结构是培养学生句子结构分析能力的有效途径,教师应有意识地把句子结构的教学与试题训练融合起来、讲授句子结构分析方法和步骤等三个方面探索了在英语课堂教学中如何培养学生分析句子结构的能力。

在平常阅读时,经常会有学生发出这样的感慨:"这篇文章的单词我都认识的,但是我就是看不懂句子和文章意思。"在学生的作文中经常会出现:"My friend is a good student, he studies good, I very like it."等等这样的句子。作为英语老师,我们还会经常对学生说,学习英语的基础是单词,单词认识越多,阅读和写作能力越强,但是在实际的英语教学中,我们还是发现对大多数的学生来说,当他们的单词积累达到一定的量,他们的阅读能力和写作能力仍然不能够跟上,出现这些现象的主要原因是学生们缺乏对句子结构的分析能力。从目前英语课堂教学的现状来看,对学生这种能力的培养是不够的。

一、英语课堂教学对学生句子结构分析能力培养的现状分析

第一,"淡化语法"间接导致学生句子结构分析能力培养的缺失。由于初中阶段要求淡化语法考点的要求,所以纵观《初中英语教学基本要求》(即英语考纲)的历次改版,之前基本上没有对句子成分和句子结构做出教学和考试的相关要求。于是因为考试不作要求,所以很多教师就不讲,学生也就不学了。事实上,没有要求就真的不考了吗? 答案当然是否定的。

第二,缺少语言分析的英语课堂造成学生句子结构能力培养的减弱。当前英语课堂教学倡导情景教学法,希望学生在创设的语言情境自然而然地达到语言的生成,于是就出现了学生在课堂上很会说了,但是做练习的时候无从下笔的尴尬局面。老师们为了弥补这种尴尬,会在讲解习题时对句子结构的分析有所涉及,但也只停留在让学生记忆一些

短语、固定搭配上，并未对书中出现的语言点、知识点包含的语法规则详细分析讲解。对文中出现的句子尤其是长句子、结构复杂的句子结构经常只是翻译一下意思挑出其中含有的短语就结束了，并不分析这些句子的构成要素，不讲解句子所用到的词的词性搭配，更不要说对句子成分和句子所用到的句型结构作详细的分析讲解了，这样的讲解最多只是让学生死记几个生词、几个短语、几个句型转换罢了！

二、英语课堂教学对学生句子结构分析能力培养的必要性分析

对学生来说，理解一个句子一方面需要认识句子中的单词，理解其基本的意思，另一方面更需要具备一定的句子结构分析能力，否则对句子的理解就会出现障碍和偏差，句子越长学生出现的这种偏差就越大。因此，随着学生英语学习的不断深入，在学生英语词汇量有了一定保证后，学生对句子结构分析能力的需求就越大，这是英语课堂对学生能力的培养应该从单词转向句子。

首先，学生句子结构分析能力的培养能满足学生日常阅读的需要。因为对于一篇英语文章来说，句子才应该是其真正的基本单位。初中阶段学生接触的英语文章，不可能是全部简单到意思一目了然的，在学生日常的阅读中时常会出现的一些复杂结构的句子给学生的理解制造了不小的麻烦。其实这些复杂的句子只是在主题干之外添加了一些从句或修饰性成分的形式，意在给学生分析句子结构制造一些障碍，学生只要做好这些句子的结构分析，就能准确地理解句意了。

其次，学生句子结构分析能力的培养能满足学生解题应答的需要。就近几年的中考阅读理解来说，学生普遍感觉这些阅读的短文都比较难，那么这些阅读材料到底难在哪里呢？分析近两年的中考，主要是阅读中的句子结构更复杂，长句出现的频度变多。以2014年上海中考英语试卷B篇为例，整篇文章20个句子，只有一个是简单句，其余19个句子不是并列句就是复合句。表面上并不直接地考查语法知识，但是解答这些试题的前提是读懂这些句子，试想，不理解英语句子的结构，不明白具体句子结构所表达的具体意思，又怎么能去选择符合文章内容的答案呢？所以，不直接考查句子结构分析，而是通过检查你的理解程度间接考查句子结构分析的能力。

第三，学生句子结构分析能力的培养能满足学生提高能力的需要。英语教学的最终目标是培养学生"听、说、读、写"的能力，而这些能力，尤其是"读、写"的能力，与句子结构分析有密切的关系。初中生学生的句子结构分析能力是指在读句子的时候，不管句子有多长，不管是简单句、并列句还是复合句，能抓住句子的主干，了解句子的基本意思的能力，或指在写句子的时候，在正确的表达句子基本意思的同时，能把句子写完整。

三、英语课堂教学对学生句子结构分析能力培养的途径探索

一般说来,学生如果经常接触一些长难句,增强自身的语感,都是有助于学生提高理解力的,但这只是一种泛泛而谈的方法,对学生实质性的帮助并不大,英语老师应该把对学生句子结构分析能力的培养落实在课堂教学中。

首先,教单词时教会学生词性和句子成分是培养学生句子结构分析能力的基础。单词是句子的基础,单词进入句子就不再只是一个单词,它在句子不同的位置充当不同的句子成分,所以词性、句子成分、句子位置,是进行句子分析的基础。我们呈现新词汇材料时,教师要有意识引导学生掌握单词的词性,并且要结合句子教单词,这是学好句子结构重要的一步。比如说教单词 healthy 时,让学生知道这是个 adjective,其实可以放在两个句子中教,He is a healthy boy 和 The boy is healthy。作为形容词可以出现在名词前面修饰名词,作定语,也可以出现在系动词 is 的后面作表语用,这样既教了单词又输入了词性和句子成分的知识,持之以恒可以为今后分析句子打下坚实的基础。

其次,训练学生由易到难掌握句子结构是培养学生句子结构分析能力的有效途径。句子根据其结构可以分为简单句、并列句和复合句。在这三类句型中,掌握简单句的句型特点,是最基础的教学内容,并列句和复合句是由简单句构成的。我们在培养句子结构分析能力的时候应该从最简单的句子开始。比如,上海版牛津英语 7A Module one Unit Two 中出现这样一句话 Can you tell me what the SPCA is? 老师给学生作分析的时候其实只要把这个句子分成两个简单句,Can you tell me something? 和 What is the SPCA? 第一个句子中的 something 充当句子的宾语,在长句中 What is the SPCA? 这个简单句代替 something 这个词作宾语,宾语是个句子,我们把它称之为宾语从句,并且告诉学生宾语从句要用陈述语序,那么学生自然知道了其所以然了。再比如在教学生写句子的时候,我们可以先教学生写一个最简单的句子:It's a book。接着我们可以引导学生增加形容词作定语修饰名词,句子就变成了 It's an interesting book。然后再指导学生在名词的后面还可以添加一个介词短语来修饰名词,这时句子就又变成了 It's an interesting book about Henry Potter。有良好句子结构分析能力的学生还可以把句子变成 It's the most interesting Henry Potter book I have ever read。最终这个句子就变成了一个定语从句了。运用对句子结构的分析,学生一步步将句子写得更长,更漂亮,如果坚持训练,学生的写作能力就自然而然能得到提高。

第三,教师应有意识地把句子结构的教学与试题训练融合起来,讲授句子结构分析方法和步骤。以 2013 年上海英语中考卷 C 篇 89 题为例:Friends may be different when you stay with them all the time from when you don't see them very _____。对于这个句子,句法不好的同学可能一头雾水,不知要表达什么含义。相反,有一定句子结构分析能力的学生,他会分析这个句子。第一步,确定句子的种类,分析下来这是一个陈述句。

因为句子的种类决定句子的词序。第二步，确定句子的类型，分析句子是简单句、并列句还是复合句。如果是并列句就需要进一步分析，这个句子明显是个复合句。第三步，在这基础上就需要我们动手先抓住主干，然后分析枝节，即先找出句子的主要成分谓语动词及其主语，这个句子的主语是 friends，谓语部分系表结构 be different，主系表结构意思是朋友是不同的。然后结合关联词（连词）发现在这个句子中 be different from 结构连接了两个 when 引导的时间状语从句，表达的意思是朋友当你经常和他们在一起的时候可能与你不经常看见他们是不同的。当我们分析成两个 when 引导的句子是并列的时候，就知道后面一个句子要表达的是前面一个句子的反义，答案 often 就自然出现了。如果学生能在平时答题遇到长、难句子时，恰当地运用句法知识，就能帮助自己准确地理解短文大意，顺利地完成答题。这一环节的教学，教师讲起来可能简单，但是学生学习起来则不然，因此要引导学生不断体会句子和句子之间的关系，准确使用连词，理清纽带关系，这也为篇章结构打好了基础。

对学生句子结构分析能力培养的实质是回归语言教学本原，如果老师们在课堂教学只是提及一些单词、短语等语言现象而没有透过现象看到本质，这样下去只能让学生零碎地掌握一些语言现象或实例，这些现象或实例对学生来说只能是一盘散沙或是几颗松散的珍珠，这样的英语教学并不能算是真正的英语语言教学。我们只有通过各种方法加深学生对句子结构分析的认识与理解，教学中更要指导学生经常运用，灵活运用，让学生逐渐达到潜意识中瞬间完成句子结构分析的水平，真正提高学生英语综合学习能力。

参考文献

[1] 陈佑. 英汉句子结构比较与英语教学研究. 湖北广播电视大学学报，2008，(07).
[2] 杨晖. 英语句子结构和语用分析. 合肥工业大学学报(社会科学版)，2005，(06).
[3] 李慧，王莉娟. 现代英语基本句型结构探讨. 贵阳金筑大学学报，2003，(02).
[4] 孙宏. 英语句子结构美探析. 哈尔滨学院学报，2001，(08).
[5] 蔡晓萍. 浅析英语句子结构歧义. 科教文汇(中旬刊)，2008，(02).

英语课堂提问中存在的问题
及有效提问的策略

青溪中学　徐　冲

摘要：课堂提问是教学常用的方法，是师生双边活动的桥梁，适时有效的课堂提问，能激发学生的学习兴趣，启迪学生的思维。在我们的日常英语课堂中，时而出现耗时、低效，甚至无效的现象，本文试图从课堂提问的角度，找出存在的问题，并探讨有效提问的策略，以提高英语课堂教学的有效性。

关键词：初中英语　课堂教学　提问现状　有效策略

课堂提问是指课堂指示或传递所学内容原理的刺激或学生做什么（What to do）或怎么做（How to do）的指示。英语课堂中最常用的提问形式为 yes/no 问题、choice 问题、翻译（translation）问题、引出式（elicitation）问题和 wh-问题。教师在考虑提出问题时，应该根据不同的教学目标、教学需求和教学对象，综合考虑问题的类型、问题的提问形式，有目的地选择问题，使学生在问题的帮助下更容易理解并掌握所学内容，使课堂教学高效进行。

然而，当今英语课堂提问的现状如何？究竟何谓有效提问？该怎样提高课堂提问的有效性？这些都是值得我们一线教师认真思考的问题。

一、英语课堂提问的现状

国内近年来的研究资料表明，中小学一些教师平均每堂课的有效提问仅 56%。这些提问近一半流于形式：问题单一，提问缺乏主次先后，没把握难易程度等，导致了"问而不答""启而不发"的被动局面，我认为主要体现在以下几点：

1. 教师提问的时机不正确，缺乏时效性

有些教师会忽略问题提出的时机，犯一些违背认知规律，脱离实际生活的错误。比如曾经在一次课堂中，老师在放完一首关于食物的歌曲后，才向学生提问："How many kinds of food and drinks in the song? What are they?"学生在欣赏歌曲时很有可能不带任何目的，突然提出这样的问题，老师目的究竟是考验学生的记忆力，还是要复习与食物、饮料相关的词汇知识呢？学生在这样措手不及的提问下，也会打击他们学习的积极性。

2. 教师提问的内容简单，缺乏层次性

英语毕竟是一门第二语言，许多教师还是不舍一些机械操练，进行一些低层次的、缺乏信息沟通的问答训练。低层次的问题主要是指 Yes/No questions 和 Choice questions。比如在教学 salty/sweet rice dumplings 时，老师用选择疑问句"Is it salty or sweet?"明显不及特殊疑问句"How does it taste?"对学生思维锻炼的程度高。低层次的问题过多会导致学生思维的固定化，不利于创造性思维的发展。还有一些老师对提问的准备不足，输入的信息量很少，比如一堂课六幅图的教学全都使用"What can you see when there is a . . . wind?"学生对这样的重复提问早已感到疲态，学习兴趣，课堂参与度随之递减，课堂效率自然大大降低了。

3. 教师提问的形式封闭，缺乏创造性

封闭式问题指的是对于这些问题教师心中已经知道答案，并且答案通常都是唯一的，比如："What day is it today?"提问的目的只是为了复习或检测学生是否已经掌握学过的知识。与之对应的开放性问题便是那些没有确定答案，或者有多个答案的问题，主要意图是激发学生的思维，鼓励学生发表个人观点、展现个体独特性。比如："In your opinion, what is a balanced diet?"为了保险起见，许多教师提问多为封闭式的，即便提出开放性问题，又怕学生回答不能如自己所预期，因此载入过多信息。比如教师提问："Where can we find rules?"提问的目的是让学生联系生活实际，用正确的句型表达我们可以在哪些地方拥有规则。可是，老师在媒体上展示句型的同时，又辅以许多地点的图片，这确实会给学生以提示，但是，却也更多地局限了学生的思维，无法体现学生个性。

4. 教师提问的对象单一，缺乏平等性

课堂教学的有效性与学生课堂参与度和回答问题机会的多少息息相关。可是有些教师会落入这样的误区：课堂提问变成只对少数"尖子生"的提问；一个问题非让一个学生回答全面不可又不让其他学生补充，致使许多学生成为课堂上的观众；为了让后进生不分散注意力，专挑他们作为提问对象。由于这些误区，课堂提问往往无法突出重点、有的放矢，学优生的表率作用得不到发挥，后进生的学习积极性也得不到激发，影响了课堂教学的整体效益。

5. 教师提问后的等待时间过少，缺乏真实性

初中学生因为身心发展，思维的独立性和批判性有了显著发展，同时自我意识形成，变得越来越顾忌自我形象，注意老师和同学对自己的评价。因此越是到高年级，积极主动举手的同学越来越少，到了九年级更是寥寥无几。因此初中教师更容易把握不准留给学生思考的时间，然而大多数教师又很希望自己一提出问题，学生就能回答出来，于是使用一些"Who can? Anybody try!"等询问语或"Be quick!"之类的催促语。特别是高年级段的阅读课教学中，教师往往留不到足够的时间给学生阅读并思考，就急于请学生回答，即便提出的问题是一个好问题，没有留足时间给学生思考，也是无用的。

6. 教师提问后的反馈评价不当，缺乏灵活性

许多教师在提问后学生回答问题时，对学生的关注度不够，甚至不倾听学生的回答，不管课堂教学的真实情况，不能灵活地做出有效且实际的评价，急功近利地想要快些过渡到下一个教学环节，反馈不到位。曾经在一堂公开课中听到这样一个教学片段，内容是牛

津 6B M3U10 Healthy eating 这一课,教师新授完单词,词组和 How much ... do we need? 句型后,提问学生"How much salt do we need every day?"学生回答:"We need a lot of salt every day."老师给予的评价是"Very good!"确实,在语法表达上学生没有犯错,但是就生活常识与本节课的情感目标来看,这是完全背离"Healthy eating"原则的。另外,学生对老师在专业知识上存有很大的信任感,若不第一时间纠正他们所犯的错误,就错过了最佳时间,而后学生就有可能很容易犯同样的错误,学习效率大大降低。

二、英语课堂提问的设计原则

基于现今英语课堂提问中存在的诸多问题,我认为有效的课堂提问需遵循以下三原则:

1. 课堂提问要联系社会生活,贴近学生生活实际

生活是知识的源泉。新课标特别提倡学生的学习体验和学习活动中的情感培养。真实的生活素材和自然的语言交流,会拉近英语与学生生活的距离,学生与教材内容之间、学生与教师之间的距离。因此,教师在设计问题时,一定要注意问题的时代性,使问题贴近学生的生活,使学生充分感受到语言来源于生活,学习语言是为了今后更好的生活,从而激发他们的表现欲和学习热情。

2. 课堂提问要难易适度,符合学生的实际水平

问题过易,起不到锻炼学生的思维能力和口头表达能力的作用;过难,则容易损伤学生的自信心,使学生产生恐惧心理,因为英语毕竟是一门外语,学生不容易用英语组织语言来表达。久而久之,学生对教师的提问会尽量回避。掌握问题难易程度的原则就像摘树上的果子,既非唾手可得,又非可望而不可及,应当是"跳一跳,刚刚好"。

3. 课堂提问要重视创设问题情景,增强问题的趣味性

教师应在形式上让学生眼乐于看、耳乐于听、嘴乐于说、脑乐于想。应想方设法丰富学生的想象,创设问与答的宽松气氛和有效方式,增强问题的趣味性,让学生的思维活跃地进入学习过程。一般可通过实物、图片、模型、图表等直观教具或多媒体技术:音乐、歌曲、录音等声音材料营造问题情景。还可以让学生进行动作或角色的表演,展开问答式对话体验问题情景,或是以小组为单位进行猜谜、抢答等游戏竞赛渲染问题的情景。

三、有效课堂提问的策略

基于以上三原则,在我们的实际英语课堂中,教师应采取怎样的提问策略来提高课堂效率呢? 我有以下的思考:

1. 课堂提问要突出重点难点,注意整体性和预见性

课堂问题要紧扣教材内容,将问题集中在重要的词汇、句式或主题句上,以利于突出重点、攻克难点。教师先提出一个包含若干个小项内容的大问题,然后根据每个小项内容设计一连串子问题,构成一个指向明确、思路清晰的问题链,用问题链启发学生,帮助他们完整回答。教师的提问应事先考虑到学生可能的回答,能敏锐地捕捉和纠正学生答复时可能出现的错误或不确切内容,以及思想、方法上的缺陷。但此类问题一般是"展示型问题"或"评价性问题"(又名"封闭性问题")。对于"参考性问题"(又名"开放性"问题),教师应鼓励学生富有创意的、个性化的回答,不能唯"教师的标准答案是从",束缚和限制学生的思维。

案例一:在教学 Oxford 6B M3U8 Windy weather 第一课时时,六幅图的教学结合"What can you see when there is . . . ?""I can see sb doing sth when there is . . ."的句型是重中之重。对于六年级学生而言,用 when 引导的时间状语从句准确表达这样的长句子,是有一定困难的,因此我在教学中实施了逐层引导,通过若干小问题进行信息的叠加,做到了使学生从词,到句,到段的由难到易的学习过程。以"当有大风的时候我看到人们在海面上快乐地冲浪"为例:

教师在 PPT 上展示图片并开始提问:

T：Who can you see in the picture?

S：I can see some people.

(PPT 上在图片下行展示 I can see some people)

T：What are some people doing?

S：They are windsurfing.

(PPT 上添加 I can see some people <u>windsurfing</u>)

T：Where are they windsurfing?

S：They are windsurfing on the sea.

(PPT 上再次添加 I can see some people windsurfing <u>on the sea</u>)

T：How are they windsurfing on the sea?

S：They are windsurfing on the sea happily.

(PPT 上补充 I can see some people windsurfing on the sea <u>happily</u>)

T：When can you see some people windsurfing on the sea happily?

S：I can see some people windsurfing on the sea happily <u>when there is a strong wind</u>.

(PPT 上展示完整的句子)

学生在教师的逐个小问题的启发下,顺利完成了长句的表达,是符合学生的认知规律的。

案例二:在教学 Oxford 7A M1U3 Penfriends from different countries 这一单元时,教学目标是要求学生学会使用"I've visited . . . . / I've read about . . . ."句型谈论他们参观过或读到过的国家。并用"I'd like to know . . ."句型表达他们想要了解的笔友的信息。整合教学内容及教学目标,我选择了这样的引入与过渡:

T：Peter has visited the UK. He hasn't visited Australia. But he knows Australia a lot. Where does he get the information about Australia from?

这是一个开放性的问题,但是作为老师,我已预设到了学生可能会给予的回答,这样的情景创设下提出的问题既激发了学生的兴趣,让学生猜测一下 Peter 所了解的澳大利亚的信息是从哪里来的,又自然地复习了单词:books, newspaper, Internet,且新授了magazines 等媒介方面的词汇。

最后,教师公布答案:"From his penfriend."直击课题。

"penfriend"是一个新授词,因为时代特点,笔友在现在的学生中几乎是没有了,因此在下面的提问中要让学生理解"penfriend"的含义。

T:Do you often write letters?

S:No, we don't.

T:Do you have a penfriend?

S:No, we don't.

T:Do you want to have a penfriend?

S:Yes, we do.

T:What would you like to know about your penfriend?

S:I'd like to know his/her age/interests/nationality ....

本课的核心教学内容就在师生之间轻松愉快的对话中呈现出来了。而最后一个开放性问题学生会出现许多富有创造性的、个性化的回答,教师课前并没有预见到,比如favourite idols、height、best friend 等等,但是,我并没有抑制学生的积极性,一再鼓励学生回答,并一一板书在黑板上,成为后面 pair-work 中很好的素材。

2. 课堂提问要面向全体学生,注意灵活性和参与度

教师提问必须要关注全体,不能总是提问固定的几个学生。提问尽量不要有规律性,如按座位横向或纵向提问,从第一个或最后一个问起等,久而久之,学生非常善于摸索规律,能猜出下一个问题谁来回答,其他学生就不积极参与了。另外,老师提问后抽个别学生回答问题时,其他学生很容易变得无所事事,没有倾听同学回答问题的好习惯,以至于提问的质效性变差,特别是 pair work、group work 或 report 等学生回答时间比较长的活动。因此,老师可以适时对学生的回答向其他学生再提问,充分利用课堂资源。

案例:在教学 Oxford 6A M1U1 My family tree 时,为了巩固并反馈检测学生的学习状况,在 Post-task 环节,要求学生用第一人称描述自己的家庭情况,做一个 report。此时,一个学生做了如下的报告:There are five people in my family. They are my grandfather, grandmother, my father, mother and me. I always take a walk with my grandparents in the park. I usually play badminton with my father after school. I sometimes go to the supermarket with my mother at weekends. I have a happy family. 通常在一个学生长时间回答一个问题时,其他学生就会陷入"与己无关,高高挂起"的状态或者担心下一个若轮到自己该怎样回答的思考中,这样的课后复习式提问变成了检查个别学生学习状况的方式,效率不高。于是,我马上利用这个学生的 report 内容,向其他学

生用第三人称进行提问：How many people are there in his family? Who are they? What does he always do with his grandparents? When does he usually play badminton with his father? How often does he go to the supermarket with his mother? How is his family? 这种方式一方面练习了学生听的习惯和能力,同时很巧妙地将第一人称的训练转换到第三人称的操练,适时强调第三人称动词三单变化这一非常易错的知识点。

3. 课堂提问要贴合能力水平,注意合理性和层次性

学生的智力、知识水平有高低,接受能力有强弱,反应速度有快慢,所以要根据学生的不同水平合理地提出并安排问题,注意提问的层次性。教师要注意合理分配问题,让学生都有机会锻炼能力,施展才干,尤其要关注后进生,要尽可能地让他们参与到课堂中。

案例：牛津 8B M2U5 Blind man and eyes in fire drama 的教学过程中,这是一篇阅读课教学,实际的教学经验告诉我,如果把语言作为知识来记忆《牛津英语》教材,教师会疲于奔命,学生会感觉紧张又无趣。因此在备课时我将文章进行了分层处理,确定各层次学生的不同要求,对学有余力的学生要求他们"跳一跳,摘果子",对学习困难的学生则要求掌握教学要求中最基础的内容。

Pre-task：首先引导学生回忆故事的开始部分,提出六个问题：

① Who is John Dancer's friend?

② Has John booked a room in the hotel before?

③ What was the first trouble John met that day?

④ Why didn't the clerk allow Charlie into the hotel at first?

⑤ Charlie was allowed to stay at the hotel at last，wasn't he?

⑥ Which place did John want to know before entering the room?

问题的设置有难有易,针对不同层次的同学,并为下面故事展开做好铺垫。

Post-task 环节是对文章内容的升华和拓展,是真正能够帮助学生将英语与生活联系在一起的桥梁,提高学生的英语交流与运用能力。经过认真比较和思考,在 Group-work 中我设置了 3 个小组讨论环节：这几个任务是遵循学生的认知规律,层层递进,拾级而上的,目的是希望全体学生都能参与到课堂中。

① What did John do to protect himself from fire?

② Read the fire-safety, and help the manager of the hotel to write fire rules.

③ What should you do and what shouldn't you do when there is a fire?

问题的设置有层次性,第一个问题复习总结课文内容,中等及以下同学也能参与其中。第二个问题加一些难度,需要学生将旧知与新知相结合,锻炼学生的综合能力。最后一问渗透了生命教育,教育学生要有安全意识,学会一些发生火灾的情况下自救的方法,达到知识与情感的高度统一。

4. 课堂提问要及时反馈评价,注意激励性和准确性

学生回答问题是一种自我表现的行为,不管是什么水平的学生,都非常期待别人的重视和关心。教师要想做出适时的评价,就必须注意倾听他们的回答,这对他们是一个极大的鼓励。教师提问时语气应该委婉、友好、态度和悦，尽量使用表情、手势及姿态等体态语。学生回答若很完整，教师应加以肯定与赞许，多用"You are so great!""Your answer is perfect. I'm proud of you!"等激励性话语表扬；学生回答若不完整，教师不能一味否定，应肯定其正确的部分，点出不足之处，并给与启发，或请其他学生纠正、补充、帮助，甚至有的时候可以成为连接下一活动的巧妙过渡。

就以前文提到的课堂提问中存在的问题最后一点所提到的案例来说，在评课过程中，反思整堂课，我提出了这样的建议。学生回答了"We need a lot of salt every day."这是一个很好的机会可以自然过渡到食物金字塔（food pyramid）和健康饮食（healthy eating）的教学中，老师只要反问道："Oh! You think we need a lot of salt every day. But is it healthy to us?"学生很自然地意识到"No, it isn't."教师若在提问的同时注意倾听学生的回答，给予正确的反馈与评价，学习效果也大大提高。当然，这需要老师自身有较好的专业基础和良好的应变能力，所以作为教师，自身要不断进修学习不能放，努力提高自己的专业水平。

四、结束语

古人云："学起于思，思源于疑。"疑是思维的开端，是创造的基础，教学离不开疑问。初中英语课堂提问是一门创造性的艺术，是课堂教学中开发学生智力，引导学生思维品质提升的重要手段，是沟通师生教与学的重要桥梁。教师课堂提问的有效性，直接影响着教学质量。因此在教学实际中，教师要在课堂提问的有效性上多下功夫，这是我们教师提升自身教学水平的有效途径，也是提高教学质量的重要保障。

参考文献

［1］李国华. 浅析英语课堂教学中有效提问. 宁夏教育科研, 2008, (04).
［2］葛玫. 有效提问——高效课堂的催化剂. 教育教学论坛, 2012, (27).
［3］侯丽娟. 论初中英语课堂导入的原则、方法和技巧. 考试周刊, 2012, (61).
［4］张红香. 如何在初中英语教学中培养学生自主学习的能力. 中学教学参考, 2012, (33).
［5］刘玉连. 初中英语教学策略初探. 广西教育, 2012, (30).

浅谈社会实践的德育作用

青溪中学　邹丽娜

通过近一个月的社会实践和职业体验活动,让我体会到自己肩膀上的重任,发现自己身上的不足之处,更让我深刻领会到社会实践对德育的作用。现对本次社会实践谈谈如下心得。

在对学生和人才的培养过程中,应当把立德树人作为教育的根本任务,将德育放到重要地位中。就目前的中学教育以及我多年的教学经历来讲,不少学校在教学过程中更加侧重于对学生知识的灌输,努力提高学生的学习成绩,而对品德教育和实践能力的培养重视程度不高,主要表现在德育课程安排少、教育方法单一,难以满足青少年时期身心发展的需要。

社会实践作为学校教育的重要组成部分,是校内课堂的外延,也是培养人、促进人的全面发展、实现教育目的的途径之一。社会实践,顾名思义,就是学生在教师的指导下,走出校门,参与到社会和社区实践活动中,紧密结合生产和社会服务实际情况,加深学生对理论知识的体会和理解,培养学生的实践发展能力、社会责任意识以及团队合作、吃苦耐劳的精神。

这个假期共开展了八次小队活动,效果较为显著的有市场监督所蔬菜农药检测体验、法院法律宣传、杭州闯老虎园事件社会调查、学习中医点穴等。市场监督所蔬菜农药检测的体验,使学生真正融入社会生产的实际工作中,加深了学生对化学学科相关知识的理解和把握,培养了学生的自学能力,增强了学生爱护环境、讲卫生的意识。在法院法律宣传体验中,学生更加真切地体会到法律知识对人们生产生活以及与他人相处中所发挥的重要作用,部分同学表示以后要多多关注法制节目来丰富自己的法律知识,给身边不懂法的亲朋好友宣传法律知识。在对杭州闯老虎园事件的社会调查中,可以看出学生所表现出的怜惜与无奈,这是对受伤游客的同情,又是对知规犯规人群的无奈,借此告诫学生时刻遵守各项规章制度,不抱有侥幸心理,学生纷纷点头赞同。试想,若是在课堂上只是生硬的传达,又有几个学生能听到心里去呢? 总体来说,本次暑期社会实践不论是在前期准备、实践过程中,还是在实践成效上,都较为成功,在开拓了学生视野的同时,也调动了家长的参与度,增加了老师与家长的互动交流机会,与当前强调的职业教育接轨,让学生对自身未来的发展规划和职业目标更加清晰。

我认为,社会实践对德育的作用可总结为以下几点:

（一）培养学生的综合能力素质

当前社会是多元化的社会，价值观念也很容易受到外界不良因素的干扰。中学生时期是培养学生综合素质和社会责任感的重要时期，也是教育学生世界观、人生观、价值观的关键阶段。对于充满诱惑的社会，中学生更向往像成年人一样踏入社会，而不是每天在学校面对书本。相对而言，学生的学习生活较为封闭，在学校里培养的人生观、价值观往往又存在跟社会生活断层现象，不能很好地适应社会。因此，学校要有目的地组织学生参加社会实践，引导他们在社会中学习，在生活中实践，在应用中学习，把学得的知识服务于社会，并在这一过程中培养学生的创新精神、探究能力和社会责任感。因为社会实践活动具有实践性和操作性，学生在各种类型、各种内容的活动中体验创造性的学习实践过程，有利于促进身心全面发展，不断适应未来社会的需要。

（二）培养学生的终身学习习惯

大部分学生在学校的学习都是依赖于老师的管理和监督，自觉学习执行起来相对困难。同时，学生如果不能把课堂上学到的理论知识良好地运用到生活的实际应用中，那么就很容易遗忘，最终毕业时把从老师这里学到的东西又毫无保留地留在了母校。如果仅仅是为了应付考试、测验，那么学生就只能被陷入死记硬背、考前突击的漩涡，久而久之失去对学习的兴趣和主动性。通过社会实践，能够增强学生的动手能力，加深学生对知识的理解。同时，在社会实践中能够应用自身所学到的知识，提高了学生的成就感和满足感，这样不但可以提高劳动效率，而且还刺激了学生对知识的需求，培养了创造能力。从这一角度考虑，社会实践活动为学生开启了一个开放的空间，使学生认识到对课本的学习并不是获得知识的唯一有效途径，探究发现、调查研究、合作交流、社区服务等也是可以获取知识的方式。社会实践的德育作用，正在于它提升了学生综合实践能力，培养了他们热爱劳动、热爱生活的情感，提高学生的社会责任感。

（三）培养学生与自然社会和谐相处的能力

记得美国著名的心理学罗杰斯曾主张学校要培养"能从事自发活动，并对这些活动负责的人；能理智地选择和自定方向的人；是批判性的学习者，能评价他人所作贡献的人；获得有关解决问题知识的人；更重要的，是能灵活地和理智地适应新的问题情景的人；在自由和创造性地运用所有有关经验时，灵活地与他人合作的人；不是为他人的赞许，而是按照自己的社会化目标而工作的人"。因此，如何培养学生与自然和谐相处、与社会和谐相处是非常有必要的。在服务社区的实践中，学生除了对社区环境等有所了解之外，更重要的是学会与人相处，关心社区实际生活，了解社会成员不同的生活状况和现实需求，学会综合运用自己的知识来尝试解决这些问题。学生在服务社区的过程中，就能学会跟不同阶层、不同职业的人们交往与合作、尊重与理解，增强服务意识和技能，这就为他将来成长为一个富有事业心和社会责任感的人奠定了基础。

（四）培养学生的良好品德意识

我们的教学目标确实能够在学校生活中得到实现，但我们不能确定在现实社会生活中，学生能不能坚守，会不会与学校生活中的表现相悖。人在没有生存压力和环境约束时，最容易体现出自己的本性，学生在老师和同学面前可能十分谨慎，但在一个不受监督的环境里，往往会表现出性格的另一面。我认为，道德教育必须要通过交往与实践来完成。学生在成长过程中，不但受到父母、同伴、亲戚及其他人的影响，还受到学校的各种人际关系、环境的影响，受到媒体、文化、社会、意识形态等种种因素的影响，青少年的道德只有在社会实践活动中才能得到更好的发展。社会实践活动将道德教育与校外实践相结合，整合各种社会资源，促进了青少年学生良好思想品德的养成。

综合考虑，我认为，在接下来的教育教学工作中，我需做如下几点改进：

（一）在社会实践过程中坚持自主性原则。社会实践活动以学生为主体，主动权在学生手中，教师则应处于指导地位，不能凡事都大包大揽，要适度放手让学生自己解决实际问题，培养学生的自主精神和独立工作能力。

（二）自觉加强社会实践活动的组织管理和正面的思想教育。由于受一些不良社会风气的影响，金钱主义、极端主义、摆阔等现象多见，一些学生外出活动时，不是比吃苦、比勤劳、比节俭，而是比吃得"高档"、穿得时髦，极大地弱化了社会实践活动的德育作用。因此，一旦发现不好的苗头，就应该马上进行批评教育，加强正面引导，以减少负面影响。

（三）规范自己的言行举止。可以说教师的一举一动都会对学生产生潜移默化的影响。因此，平时为人师表，不断磨砺自己的意志和独立思考、善于思考的能力，发挥自己的人格力量，使学生在效法榜样中潜移默化地促使其行为变化，达到教育目的。

（四）处理学生之间矛盾时要多一点沟通。任何事情的产生都是事出有因的。找出事情产生的原因，进行对症下药，因势利导，是取得良好教育效果的重要条件。一个人犯错误是难免的，不能对犯错误的学生抱有成见。遇到问题，给他们留有诉说的机会，换位思考，更多地去理解学生的世界，平等对话，多进行心理交流，明显提高社会实践的成效。

德育是塑造学生心理和心灵的工作，应该高标准地去完成，加强学生的社会实践活动，增强学生的德育意识，实现德育、学业双丰收。

让现实与历史的融汇点成为最有力的教学契机

——浅谈历史课堂教学中"融历史于现实"方法策略的运用

青溪中学　刘　红

摘要：联系生活讲历史，把历史问题生活化。历史来源于生活，也应该回归于生活，还给学生其本源，才能更好地理解和感悟历史。因此，教师应重视历史学习与现实生活的结合，引领学生进行历史求知与现实生活的直接对话。

注重历史课堂教学与学生实际情况和认知水平的结合，能激发历史教学的活力，激发学生学习历史的兴趣，充分发挥历史教学的德育功能。

关键词：历史与现实　把握历史教学与现实的结合点　抓准历史教学的切入点　古今对比联系　创设情感教学情境　德育功能

"历史研究本身是历史与现实、过去与现在、问题与材料、学者与社会之间一种极其复杂的双向沟通对话。""历史的分量不仅要由它与'现在'的关系来决定，还需以它与'未来'的关系来确认。"

历史教育更应该是扎根于过去又指向未来的，目的是促进学生的成长。以史为鉴，可以知兴替。因此，历史对我们更多的是借鉴、警示，以及教育的作用。如果理论联系实际、历史与现实相结合，可以更大程度地激发学生学习历史的兴趣。培养学生用历史的眼光观察当今世界，认识现实生活，或是继承优秀传统，汲取精神营养。

在教学过程中，我总结了以下几点内容：把握好历史教学与现实的结合点，才能抓准历史教学的切入点，从而提高历史教学的有效性。

一、关注当今世界的发展局势，激发学生探讨历史的兴趣

我们在历史教育中强调爱国主义的同时，也要重视拓展学生的国际视野。历史教师必须摒弃只重视知识传授的教学观念，更要重视学生在学习中的内心感受，将历史教学与现实的需要结合起来，才能真正起到教书育人的作用。

培养学生用历史的、辩证的眼光来观察当今世界，认识现实生活，在古今联系中继承中华民族的优秀传统，汲取有利于学生身心发展的精神营养，弘扬民族精神，这既是历史教学的重要任务，也是培养学生学习兴趣的重要手段。教育实践证明：学生对那些能在实际生活中发挥积极作用的知识兴趣盎然。教师应努力寻找历史与现实的结合点，把历史的教学过程与培养学生的学习兴趣有机结合起来，让历史学科成为一门独具魅力的

学科。

联系生活讲历史，把历史问题生活化。历史来源于生活，也应该回归于生活，还给学生其本原，才能更好地理解和感悟历史。因此，教师应重视历史学习与现实生活的结合，引领学生进行历史求知与现实生活的直接对话。中华民族是一个以汉族为主体的 56 个民族组成的大家庭，民族间的经济文化交流为中华民族的富强文明做出了突出贡献，任何否定民族交流历史的行为都是错误的。例如，在讲到明清时期政府与西藏关系时，点出明朝政府设立僧官制度，清朝所设的驻藏大臣和"金瓶掣签"制度，知道当时政府对西藏的开发和管理促进了当地的文化和经济的发展，了解西藏的发展历史。再联系到当今社会部分不法分子策划的"藏独"事件，引导学生思考：我们应该如何看待？这样不回避热点问题，引导学生从感性到理性认识的过程，通过古今对比联系能让学生通过借鉴历史，思考今天，把握明天。

历史联系实际，还应为学生创设情感教学情境，让学生最大限度地走入历史，感性的、鲜明的认识更能上升到理性认识，达到"观史如身在其中"的效果。如学习《计划经济》这一课，我发动学生课前收集各种票证：粮票、布票、油票、糖票等，并采访家里的长辈，了解那个年代的生活状况，感受祖辈的生活，体验身边的历史。学生非常积极，收集来了五花八门的票证，在课堂上互相展示、交流，活跃了课堂气氛、加深了理解记忆，起到了很好的认知作用。再联系到当今"市场经济"制度下我们优越富足的生活水平，给学生以鲜明的对比，从而感受到市场经济的必要性和优越性，进一步感悟历史、珍惜现在。

从一定意义上说，历史教学就是情境的教学，丰富的情境提高了历史的直观性和形象性，能够最大限度地缩短历史与现实的距离，能使学生在情境中快乐学习，获得成长。

二、引入乡土史实挖掘身边历史信息，发挥历史课堂教学的德育主渠道作用

历史课的重要功能之一是它的德育功能。要想真正发挥这一功能，仅靠历史课本的内容是不够的，应将本地的一些乡土史实融合在教学中，让学生有一种亲切的归属感。乡土史生动、具体、真实、贴近我们的生活，可以为学生提供实践性的特点，鼓励学生从自己身边的生活中寻找历史，更有利于激发学生的学习兴趣，并加深对历史的认识。

乡土史还能提供丰富、真实的素材，如历史古迹、事件亲历者、地区博物馆、展览馆等等。这些真实生动的"历史"可以更好地培养学生自主学习、探究历史的能力。

比如讲到上海本地的抗战史实，可以让学生去收集奉贤地区抗战历史事件、英雄人物的事迹，感受到我们身边的历史其实也并不遥远，我们的祖辈曾经就是历史的经历者和创造者，起到心灵震撼、精神升华的作用。运用乡土史可以让学生有更深刻的了解和感受历史，增强学生热爱家乡的情感，有利于激发学生的学习兴趣，有利于对学生进行爱国主义教育、革命传统教育，有利于学生的科学世界观、人生观的形成和完善。

三、联系生活实际展开历史教学,促进学生综合素质的提高

历史教学同样肩负着教书育人的任务。在历史教学中,要注重与学生生活的实际相结合,指导和帮助学生学会分析和解决问题。历史教师在平日要注意发现和了解学生遇到的问题,及时与学生谈心,了解他们的思想动向。对于学生中存在的问题,教师可在历史课堂教学中结合相关的内容指导学生去分析解决。

比如讲到"孙膑与庞涓斗智"的故事,两人曾经是同学,情谊甚厚,并结拜为兄弟。但是后来因为庞涓的心胸狭隘、背信弃义,"以害人始,以害己终",变成了同门师兄互相杀伐的悲剧。让学生尝试角色扮演一下:如果你是庞涓或者孙膑你会怎么做?通过学生讨论、交流来解决问题,并从故事中懂得——智慧来源于学习、学识来源于勤奋。靠投机取巧只能取得暂时的成功,而失去的却更多,也可能是失去所有。再联系到学生的实际生活:同学之间要真诚、坦诚、懂得欣赏对方,在学习中要互相合作、互相促进才能获得双赢的结果。这是历史给予我们的学习从生活的教训中得到启示。

德国哲学家雅斯贝尔斯所说:"教育要培养一代人的精神,必先使历史进驻个人,使个人在历史中汲取养分。"当然,历史课不能上成思想品德课,教师有时只是在课堂上提出问题和发表一些自己的看法,供学生们参考和课后研究即可,关键是起到"引领"作用,在日常的点点滴滴中渗透情感教育,起到"润物细无声"的效果。

四、学会运用多学科综合知识,分析和解决实际问题

多学科综合能力的运用在提高学生综合素质的同时也能提高学生学习历史课的兴趣。

例如:在学习世界史《古罗马文明》之前,先让学生做一个小预习,去查阅 2 个学生很熟悉的英文单词:July(7 月)和 August(8 月)分别是以哪些历史人物的名字来命名的?请你简单介绍一下这两个人物。这个问题学生积极性很高,急切地想知道这两个熟悉的月份到底是以谁的名字来命名的呢?所有的学生都做了预习,并且通过查阅资料初步了解了凯撒和屋大维这两个重要的历史人物及其相关历史事件,对《古罗马文明》这堂课的学习也起到了事半功倍的效果。

再如学习《古埃及文明》这一课时需要学生回顾六年级地理课中学到的古埃及的地理特点,基于地理课的学习,对学生理解尼罗河带来的古埃及文明形成更完整而形象的促进作用。并且结合地理学科知识能够熟练地阅读历史地图的能力也是历史学习必备的重要技能之一。

同样历史学习对于其他学科的学习也起到一定的铺垫作用,比如语文课《石壕吏》的

写作背景是唐朝的"安史之乱"，如果没有历史课的学习，学生很难理解课文所表达的当时社会兵荒马乱、百姓痛苦呻吟的情景，很难对课文形成深刻的理解认识。

再如唐诗、宋词的学习，结合唐宋时期历史的学习，可以让学生更深刻地理解作者写作背景和意图，懂得文学作品是一定的历史的体现，从而获得更深刻的感悟。

因此，多学科综合能力的运用可以帮助学生自主学习、加深理解，这是一种思维习惯，是学生必须要培养的一种基础能力，有利于学生终身学习和发展。

总之，注重历史课堂教学与学生实际情况和认知水平的结合，能激发历史教学的活力，激发学生学习历史的兴趣，充分发挥历史教学的德育功能。当然，两者的结合应当注意联系现实要恰当，给学生留下思考和研究的余地。历史教育是一个渐渐演进、生长的过程，在这个过程中要培养学生用历史的眼光观察当今世界，认识现实生活，继承优良传统，并感悟历史，学以致用，开拓美好未来。

参考文献

[1] 李保如.英语"月份"趣谈.新课程（教育学术版），2009（9）.
[2] 菲利普·杰克森.什么是教育，2012.
[3] 王宏志.迎接新世纪：重视历史课程设置的想法（课程·教材·教法），2001.
[4] 王学典.在创造历史中研究历史——"历史与现实关系"的再审视（光明日报），2015（01）.

打破常规程式　创新准备活动

青溪中学　徐　辉

摘要：准备活动是体育课的重要组成部分，在教学活动中有着不可或缺的作用。本文主要通过文献资料和教学实践，阐述了准备活动的目的和意义，对本区中学体育课的准备活动现状进行了剖析，并着重从组织形式、教学内容、教学方法三个方面探讨了准备活动改革的新思路，为科学合理地安排和创新准备活动提供了相应的理论依据和实践参考。

关键词：准备活动　创新　中学体育

准备活动的目的是进一步提高中枢神经系统的兴奋性，增强各器官系统的功能活动，使人体从相对的静止状态过渡到紧张的活动状态。一个既科学合理又充满新意的准备活动使学生充分热身的同时又能提高兴趣，可谓是"开门红"。纵观我区中学体育课的准备活动，确实还存在着很多不足。程式化和常规较多，内容单调、乏味，组织形式单一，缺乏创新，准备活动流于形式。故对准备活动的改革和创新是学生与教师共同的要求与期望。

一、现阶段我区中学体育课准备活动的现状分析

(一) 思想上不够重视

无论在日常教学还是教学比武中，很多中学体育教师只把准备活动当作基本部分的附属品，盲目地压缩准备活动时间，还有的甚至干脆舍弃了准备活动这一环节直奔主题。在去年上初三训练课时，我也因为急于求成，忽略必要的准备活动，导致了好几个学生的踝关节扭伤，延误了最佳训练时间。对于自己因为教学环节的疏忽而导致的后果我至今深感惭愧。

(二) 内容千篇一律，缺乏针对性

在体育教学中，一套徒手操、一个游戏从小学用到初中，从田径用到球类，没有一点变化，准备活动的设计没有结合本堂课的教学内容和学生特点。一成不变的徒手操几乎成了体育课单调乏味的代名词，学生动作不到位，浑水摸鱼的现象比比皆是。如何解决这种矛盾，赋予徒手操新的生命迫在眉睫。

（三）忽视专门性准备活动

专门性准备活动是在一般性练习基础上，采用与基本部分动作和结构相似的专门性练习，它不仅可以让学生掌握基本部分所需要的身体素质，还可以降低基本部分学习的难度，加快学生对技术动作的理解和掌握。而在我区中学体育课的课堂上，大部分老师们都把更多的精力放在基本部分的设计上，忽视了专门性准备活动。如有些老师在上跳山羊这种难度系数较高的教材时，其安排的准备活动也只是传统的慢跑和徒手操，根本没有针对本节课的主教材去设计一些专门性的准备活动。

（四）组织形式单一，缺乏新意

在传统的准备活动中，不管是球类还是田径，新授课还是复习课，四列横队的形式让学生兴趣索然。教师领操的形式更是抹杀了学生的积极性和自主性，与新课程标准的理念背道而驰。

二、改革、创新中学体育课准备活动

从现阶段我区中学体育课准备活动的现状看，还存在着很多不足。怎样打破准备活动常规，提高学生的积极性，是我一直在思考探索的内容。

（一）组织形式的创新

1. 改变传统的队列队形

在热身跑时我们可以摒弃传统的跑圈方式，用螺旋形跑、开合跑、蛇形跑、图形跑等跑的形式来代替。还可以根据不同的教学内容，变换做操的队形，如采用圆形、扇形、三角形等。如在进行体操技巧类教学中，我就利用圆形或扇形来代替传统的四列横队，这样既方便我观察组织，又提高了学生的练习兴趣。

2. 改变传统的做操形式

我们可以尝试着把"单人"改为"两人""三人"或"小组"的，把"原地"的改为"行进间"的。比如我在进行原地双手前掷实心球教学时，准备操采取两人一组的压肩、推拉、背人、转动、拉背弓等动作，既打破了徒手操的沉闷，又培养了学生的合作精神。在进行弯道跑教学时，我也可以让学生在圆上行进间完成扩胸运动、腰部运动和摆臂运动等各项准备活动。受到大学武术课的启发，我觉得中学体育课的准备操也可以尝试着以学生领操的形式来完成，使学生真正参与到教学的双边活动中，成为学习的主人。这种形式不仅可以培养学生的创造能力又给学生提供了一个自我展示的平台，对学生的领导和应变能力也有很大的提高，从而实现一个质的飞跃。

3. 改变单一准备活动的方式

新课程标准要求以学生为中心，发挥学生的主体地位，使学生成为学习的主人。所以在体育课准备活动中也可以让学生拥有自主选择的权利。比如在热身环节我可以把学生进行分组,学生可以在游戏超市里自主选择游戏进行热身。其练习方法、组织形式、游戏规则都写在游戏卡上,学生小组讨论最终确定游戏内容。这样的形式不仅提高了学生的自主性,营造了合作学习的氛围,又充分发扬了教学民主。

(二) 活动内容的创新

1. 专门性练习的合理运用

如今,准备部分和基本部分的联系日益紧密,一些模仿性练习、诱导性练习及辅助性练习,甚至基本教材的部分练习或分解练习,都大量地运用到准备活动中,不仅增加了准备活动的容量,使整个教学过程融为一体,也丰富了准备活动。在山羊分腿腾越的辅助练习中我就加入了原地分腿跳、原地跳转 360 度、俯卧分腿移行等练习;在进行跨栏跑教学中我可以通过替代物法、一侧跨栏、降低栏架高度的方法来降低学习难度;在进行前滚翻的教学时,我认为团身前后滚动的练习就是一个很好的诱导性练习,符合主教材的重点:低头含胸团身紧。

2. 徒手操、器械操的合理运用

我们可以根据教学内容和时代背景创编一些学生喜闻乐见的徒手操,如搏击操、兔子舞、韵律操等。如在进行排球教学中,我可以用排球裁判手势操来代替原本的徒手操,使学生边做操边学会排球裁判手势,可谓一举两得。其次是器械操,我们可以结合教材内容的特点自由选择器械操。如在上篮球课时我就可以创编一套简单易学的球操,其中包括抛接球、球绕环、手指拨球等一系列动作。在上技巧类教材时,我也可以结合教学内容编一套垫上操,使学生的头部、肩部、腿部各个部位都得到充分的拉伸。编器械操的时候应该遵循"一物多用"的原则,最好能用一种器材贯穿整个教学过程。

3. 打造新颖、趣味性的准备活动

教师应该多下功夫,用智慧去创造和组织有趣味的准备活动。例:曾经一位体育老师的田径课被评为全国优质课,这位老师的田径课要讲的内容是"速度",为了更好地完成本次课的教学任务,他在准备活动中安排了一场关于速度比赛的小游戏,"那就是在学生的胸前放一张白纸,在跑动的过程中不允许白纸掉下来,如果掉下来就算输掉本次比赛,为了不让白纸掉下来,学生们都卯足了劲往前跑"。这种准备活动既能提高学生的课堂气氛,又能很好的阐释本节课的教学内容,最终赢得了全体老师的喝彩。在我们日常教学中,也应该不遗余力地创新准备活动,利用一些简单的教具让本身枯燥的准备活动妙趣连连。

4. 让音乐与运动结伴而行

准备活动的韵律化是近年来体育老师都比较喜欢与认可的教学手段,它既能激发学生的学习情绪,更能使学生准确地表现动作,同时也培养了学生的节奏感和乐感。在中学体育课的准备活动中,不管是什么教材,我们都可以在音乐伴奏下进行练习。音伴热身跑的形式轻松活泼,学生在不知不觉中完成了跑的任务。韵律操伴着动感优美的音乐也使学生热情高涨,为体育课增添了不少色彩。

（三）趣味横生的教学手段

1. 游戏法和竞赛法的运用

游戏法和竞赛法的大量使用是增加体育课准备活动趣味性的重要途径之一。体育游戏简单易学，内容丰富多彩，形式生动活泼，深受学生的喜爱。竞赛法符合中学生争强好胜的心理特点，能在一定程度上激发学生的积极性。比如我在肩肘倒立时设置了"后倒传球接力"，增加趣味性的同时又为基本部分做了必要的铺垫。在山羊分腿腾越的准备部分我采取了"剪刀石头布"的游戏来进行诱导。为了集中学生的注意力，我在课的开始部分安排了一些反应考验的小游戏，如"抓手指""弹钢琴"等。

2. 情境教学法的运用

在体育教学中，教师要根据主教材的特点，通过创设情境使学生产生相应的情感体验或共鸣，提高学生的积极性。比如在进行山羊分腿腾越的教学中，我在准备活动安排了俯卧分腿移行这个辅助练习。由于动作幅度较大，又不美观，很多学生都畏畏缩缩，动作都没有做到位，课堂气氛比较尴尬。针对这种情况我在第二次上课时用练习"蛤蟆功"的情境导入，学生瞬间情绪高涨，特别是男生，都争先恐后的力求做得更像"蛤蟆"，课堂气氛比较活跃。因为情境教学法的运用，两次课的教学效果大相径庭。

3. 电化教学法的运用

电化教学法主要是借助电影、电视、录像、幻灯片等教学手段，使学生对技术动作有一个更加清晰的认识，加快了学生对技术动作的理解和掌握。它可以对动作进行重复和再现，对复杂动作还可以放慢速度或进行定格，使学生建立完整的动作表象，提高教学效果。在进行三好杯跳高训练时，由于背越式跳高技术动作难度较大，加上自身的能力有限，我就运用了电化教学，让学生观看背越式跳高的视频、分解动作的幻灯片来帮助学生对动作的理解和掌握，从而更好地完成训练任务。

万事开头难，一堂优质的体育课，准备活动是不容忽视的，它是基本部分顺利开展的重要准备，绝不亚于基本部分的重要地位。对于准备活动，体育教师应打破准备活动的形式化、单调乏味化、程序化的模式，寻求新的路子，迎接新的挑战，让准备活动既能激发学生的兴趣，又能达到提高教学效果的目的。让体育课的准备活动一举多得，鲜活亮丽，为整堂丰满的体育课增加亮点。

参考文献

[1] 陈旸. 论新课标理念下学校体育教学准备活动的创新，搏击·体育论坛，2010(01).
[2] 张海龙. 中学体育课准备活动存在的问题及优化措施，凯里学院学报，2011(06).
[3] 黄权，高鹏飞. 试论体育课的准备活动，体育科技，2010(07).
[4] 郭甄. 探究中学体育课准备活动发展的新思路，科教文化。
[5] 王双成. 准备活动，也要体现创新. 课程教育研究·新教师教学，2013(13).
[6] 姚鸿恩. 体育保健学，高等教育出版社，2006：253.

实践体育课堂　追求有效教学

青溪中学　李文杰

体育教学活动是一个需要教师和学生之间进行密切协作的活动。初中体育与其他课程教学一样,也有其固定的教学内容和一定的教学方法,但又与其他学科的课程教学有不同之处,它具有更广泛的活动空间和独特的教学方式。研究体育教学活动是提高体育课堂教学质量的重要手段,是有效教学的重要内涵。体育教师必须立足课堂,在反复磨练中积累教学经验,在执着追求中提升教学能力,在思维碰撞中追求教学质效。

一、优化课堂结构,使课堂有形

体育课堂结构并无固定形式。根据课的不同任务、不同教材、不同环境及学生的实际情况在实际操作中灵活掌握和运用。几年一线体育教师教学的经历,使我体会到:一名称职的体育教师若要顺利完成教学,一定要构建优质的课堂结构。首先要领会并有效处理教材、正确把握教材的重点与难点;其次要科学合理地来组织课堂教学内容;第三要恰当使用教学方法。只要从以上几点入手,细心挖掘教材的内在因素,就使课堂内容形象化、生活化、趣味化,从而激活教材,生动课堂。

1. 思考教学目标与重难点

教学目标是进行教学的出发点和归宿点。体育学科教学目标的制定一定要具体、细化、可操作性强,除了体现本质特征的身体发展和知识技能外,还必须把心理发展和社会适应目标有机融入并贯穿于整个教学过程中,使教学目标更符合新课程所追求的对学生的完整教育,着眼于学生可持续发展能力的培养,使学生受益。

2. 思考教学内容

如何科学合理地来组织课堂教学内容,帮助学生选择适合自己的学练方法,如何把理念变为实际,满足每一位学生的发展需求,这就要求教师加强对体育教材内容横向组织的研究,从动作结构及其技术特征出发,把握教材内涵,理清教材脉络,善于分析技能之间的共同因素和本质差别,正确处理教材,运用恰当的教学方法,有效利用教材衔接和迁移规律,有助于学生形成完整的认知结构,加深对技术原理的理解,提高课堂教学的质效。

3. 思考教学方法、手段和组织形式

选择合适的教学方法,运用多样化教学手段和组织形式,是优化课堂的必要措施。体育课堂教学方法不能都局限在讲解——示范——练习的程度上。在实际教学中,根据不同的教学情况,应用讲授、练习、发现、引导、问题等各种方法,设计出更多具有特色的教学

策略，提高各种教学方法运用的有效性。

【案例】

横箱分腿腾越作为支跳类项目之一，有一定的技术难度，对学生的心理素质、意志品质、安全要求较高。它由快速助跑、用力踏跳、支撑提臀、快速推手、分腿过箱、挺身及时、平稳落地动作构成。动作结构与山羊分腿腾越相似，两者的最大区别在于前者提臀充分、分腿大、推手必须更快更有力。学生在学习横箱分腿腾越过程中产生恐惧、紧张心理现象也是支跳教学的难点。如何科学合理的架构课堂结构，组织教学内容，帮助学生达到预设目标？这就需要体育老师根据教学重难点，把动作结构中有互补性的、可替代性的项目组织在一起。于是，我安排了山羊分腿腾越——大山羊——横箱上提高支撑点的塑料垫——横箱分腿腾越的逐步过渡。从诱导性练习到分层学练，注重学生间的保护与帮助方法，倡导"分层学练、相互激励"的学习策略，让学生更好地体会提臀分腿和快速推手的技术要领，及时抓住学生跳箱时出现的恐惧感和敢于挑战自我的不同心理，不断激励学生间的相互鼓励和加油，相互保护与帮助，把课堂气氛推向高潮，使教学达到预期效果。

作为一线体育老师，不仅要研究教材教法，还要研究学情学法；不仅要研究场地器材，还要善于把教学实践与实际生活相整合以此完善优化课堂结构，在精益求精中打造有效课堂，还体育课堂原来的本质。

二、立足课堂实践，使课堂有神

课堂教学是动态的过程，体育教师应有的放矢地进行教学实践，在反复的教学实践中直面问题，拓展思路，创新教法，听取合理建议，完善教学，才能有效地控制课堂，使课堂有"神"，提高教学的质效。

【案例】

这是一节篮球行进间运球技术教学课。教学设计主线是：示范动作——讲解动作要领——学生练习——分析、纠正错误动作——改进提高练习。可是第一个班的课结束后，我感觉教学收效一般。究其原因主要是学生们认为运球动作简单，大家多少都会一些，老师教的动作技术性强，比较单调，所以听得不带劲儿，练得不投入。接下来第二个班的课，我作了如下的调整：示范行进间运球中易出现的典型错误动作——学生尝试练习——边讲解边示范正确动作——学生改进练习。这节课的教学效果明显不同。学生们首先被夸张的错误动作所吸引，练习中为了避免犯类似错误，练得非常用心，对正确技术的理解也逐步加深。正当我准备用这样的程序进行第三个班的教学时，情况又发生了变化。这是下午的第一节课，骄阳似火。学生们集合时，我发现大多数学生还处在午休后的懵懂状态，两眼无神，精神不振。见此情形，我想先得给学生们一个调整状态的过程。于是我选择首先让学生自由运球投篮三分钟。三分钟过后，我发现学生们眼睛也亮了，声音也响了，精神状态明显提高。此时，我开始了原来准备的教学计划，想不到的是虽然多花了三分钟的计划外时间，但是学生们学习热情高涨，练习非常投入，效果非常令人满意。

教学有法,但无定法。我们应该根据教学的实际情况,及时收集、整理教学过程中的具体反馈并灵活改变,创设最佳的教学氛围,不仅可以收到意想不到的教学效果,而且锻炼了教师组织教学、把握课堂的能力。课堂有神,可以引发学生的共鸣,使学生产生愉快的情绪,使课堂气氛活跃。教师在摸清学生在体育课上的心理特征与变化规律后,可以掌握教学的主动权,有效地控制课堂气氛,提高教学质量。这也是提高我们体育老师教学能力,增添体育课堂魅力的重要途径。

三、聚焦课堂反思,使课堂有根

课堂教学反思,是体育教师对日常教学工作进行自我评价的一种习惯做法。教师通过反思来分析问题与不足,并及时进行总结和简要评述。这种方法简便易行,反思内容可长可短,主要将这节课的感受、问题、经验等记录下来,通过这种方式及时对每一节课进行教学反馈,从而提高教学质量。这是一种扎根于课堂,自我认识、自我教育和自我提高的过程。

【案例】

这是下午的第一节体育课,按学期教学进度安排,七年级二班应该开始"跨越式跳高单元"第一课时的学习。依照单元计划要求,本节课的学习目标主要有两条:粗略掌握完整的跨越式跳高动作;主动观察和评价别人的动作技术,表现出积极参与练习的行为。

课上,我遵循"运动技能形成"的规律,按照由分解到完整的递进学习顺序学生自主练习,并且在练习前引导学生:只有认真练好基本技术才能跳过跟高的高度。课中,按照学习技术动作的常规要求,4个小组的横杆均设定在较低的高度,没有做升降杆的要求,以防止学生的注意力转移到挑战高度而淡忘技术学习的效果。然而,学生的学习情况却很难令人满意,学生练习2—3次后,学习的积极性明显下降,队伍开始混乱、有说有笑,有一些同学干脆停止了练习,教学效果完全出乎我的意料。课后,我百思不得其解,带着遗憾,把这节课的感受写到了教学后记中:课前设定的两天主要学习目标均未达成,原因是由于学生学习积极性不高导致技术动作掌握得不好,评价行为发生率很低,是一节失败的体育课。

通过与同事的共同探讨,我又拟定了一份"跨越式跳高单元计划",大致思路是:第一次课让学生按运动能力分组(水平接近的学生在一组),然后介绍简单的比赛规则与安全事项,接着让他们比赛。第二次课再引入基本技术学习和主动评价的要求,接下来的课是技术运用(比赛)、提高、综合评价等。结果,按这份计划重新组织教学,学生在上课时都跃跃欲试、主动练习,那种高兴劲儿是前所未有的。

失败经历了,成功也感受了,欣喜之余,我深深地领悟到:之所以第二次课能够成功,其原因就在于对第一次课堂设计的反思,并在这一基础上,对教学规律进行的深入研究。从中,我得到很多启发,其实一个教师的专业成长,一定是要扎根课堂,扎根实践,对教学实践活动过程中的行为、方法和结果进行审视与分析,在教学中不断发现问题、解决问题,不断提升自己的思想境界与思维品质，使自己在课堂实战中更好地成长。

　　每一次教学实践，促进一些思考，每一次思考，促进一些成长。反复实践与感悟，反复反思与总结，从实践到理论，又从理论到实践的呈螺旋式上升过程，不是一朝一夕就能够完成的，它需要不懈的学习和长期不断的积累，需要持之以恒、不畏艰辛的精神。实践体育课堂，使我教学能力有了提升；追求有效教学，使我教学理念有了升华。我坚信，只要不断学习与反思、实践与探索，就一定能够提高教学素养，做一名既能武也能文的优秀体育老师。

初中低年级英语课堂教学 Post-task 环节情境设计与有效运用的初探

青溪中学　王　芸

摘要：任务型教学过程分为 pre-task preparation，while-task procedure，post-task activity 几个环节。Post-task 是英语课堂教学的最后一个环节，是课堂的升华与亮点。如何将前几个环节中所学内容与情境结合直接影响到输出的成效。形式多变、情境丰富的 post-task 设计能为初中英语课堂添光增色，教师要重视 post-task 的设计与运用，深挖教材重难点，运用智慧创设生动丰富的情境为教学服务，同时也应该立足不同的学情，创设适合学生的情境与活动，使输入与输出有效对接，真正做到为学生减负，提高教学质量。

关键词：初中低年级　课堂教学　Post-task 环节　情境教学　有效运用

一、问题的提出

众所周知，常规的英语课堂在导入和语言知识输入环节过后，Post-task 环节起到把学生所学的知识转化为语言的运用与实践作用，这是课堂的升华与亮点。Post-task 环节如何设计与有效运用直接影响到前期的教学成果，设计与运用合理，可以使学生对整节课所学的知识进行巩固与提升，反之如果忽略此环节的重要性，教师简单设计一两个活动让学生参与，敷衍了事，则会使授课效果大打折扣，甚至有"头重脚轻"之感。但目前仍时常可见英语课堂教学中低效或无效的 post-task 输出环节，直接降低了教学效果。

二、现状分析

作为一线教师，在近几年的教学实践中，笔者观察到 post-task 环节中设计与运用主要存在的问题是：

1. 流于形式，活动设计疏于结合课型

post-task 环节对英语课堂的重要性不言而喻，教师不论是在公开课还是在常态教学中都应该重视如何在 post-task 环节中讲究形式的呈现，且突出不同课型的特征。而据笔者观察，大部分教师在日常课中并不重视 post-task 环节的设计与教学，活动流于形式，时常侧重 pre-task 与 while-task 教学，而在 post-task 环节草草收尾，时间的分配也不充足，甚至只是一语带过，留作课后作业。在低年级的英语公开课中无论是听说课还是阅读课 post-task 的形式都集中在 Survey and Report 和小组合作形式的综合性对话，形式单一，

可套用到任何一节课中，与课型的结合并不明显，甚至是脱离课型而教学。

2. 情境设计教学重难点不突出

教师应当认真思考如何在 post-task 环节充分利用课堂的最后十分钟进行整节课的提升，突出前两个环节中的教学重点与难点，通过活泼生动的活动巩固与提高学生对教学重难点的掌握，情境的设计不是走过场的形式，而应该是对课堂中所教授的语言知识进行综合性的操练与运用，让学生在特定的、生活化的、生动的情境中运用所学的词汇、句型，体现教师的教学目标。而现实中教师在 post-task 环节中所进行的活动多数是 while-task 环节的重复或者是小组合作形式的加量操练。

3. 小组合作形式"高大上"，效果"矮矬穷"

大部分 post-task 环节的设计和实践是依托小组合作形式开展的。合作学习是一种重要的学习方式，是指在小组或团队中为了完成共同的任务，有明确的责任分工的互助性的学习。它可以贯穿于任务型教学的各个环节，而 post-task 作为导入与课堂知识教学的延伸和升华，采用此方法能够达到较好的教学效果。但是在实际操作中，即使教师已经对活动过程有了明确的要求，也很难监控小组成员在活动中具体的行为。语言能力强的小组在此环节可以有很大的发挥，能很好地完成老师的要求，但能力弱的小组在活动过程中就会存在"草草了事""重在参与"的现象，活动效果也难以评价。

4. 情境设计教科书化，缺乏时代动感

语言的运用要在真实，生活化的情境中才能达到教学效果的最大化。初中英语情境教学主要是通过创设不同情境来活化教学，这不仅可以激发学生的学习兴趣，调动学生的主动性和积极性，还可以激发他们的思维，掌握思维的策略和方法，从而提高英语语言能力。因此，创设真实生活化，符合时代气息的情境是达到教学目标的根本保证。《牛津英语》低年级的教材中学生学习的话题有限，如果 post-task 环节所创设的情境仍停留在教材所讨论和涉及的范围内，对于思维活跃，创造力强，愿意接受新鲜事物的低年级学生而言有点"营养不良"。情境的复现容易限定学生思维的发散。

三、设计过程中必须遵循的原则

1. 任务型教学原则

任务型教学重视学生在学习过程中的感受和体验，强调教师教学活动的设计以学生的生活经验和兴趣为出发点。让学生在学习过程中通过自身的感知、体验、实践以及参与合作等方式，实现任务目标，感受成功。

2. 情景教学原则

布鲁姆曾经说过："成功的外语课堂教学应当在课内创设更多的情境，让学生有机会运用已学到的语言材料。"越来越多的教师意识到在教学各个环节中运用情境的创设可以提高教学质量，而情境的创设也需要遵循情知对称原则、寓教于乐原则与个体参与和全体齐进的原则，从而激发和吸引学生主动学习，达到最佳的教学效果。

3. 输入与输出相统一的原则

Swain 在其"输出假说"中指出了语言输出的三种功能：(1)输出能激发提高有意识的学习。(2)输出是检验理解力与语言符合规范假说的一种方式。(3)输出能使学习者监控并使语言知识内化。在英语教学中,听与说,读与写,理解与复用,即输入与输出密不可分。输入是输出的必要准备,输出是输入的目的。

四、post-task 环节设计的实践

那么在低年级的英语教学中究竟该如何结合学情,结合前两个教学环节来设计合理的情境,如何在 post-task 环节中巩固与提高学生的知识技能所学,使语言输出环节有最大的教学效果呢? 通过以上现状与理论分析,建议从以下四点进行教学实践：

1. 以不同课型为抓手,设计多样化的活动与情境

初中《牛津英语》上海版低年级教材的特点是突出话题和语篇,教材中的话题与词汇句型体现了实用性与灵活性,贴近生活,使学生对所学内容感到亲切,在课堂上有话可说。同时六年级课型主要为听说课,七年级以听说课、短片的阅读课为主,这样的课型特征更需要教师在教学环节中设计生动形象的情境让学生融入课堂。低年级教材虽然以听说教学为主,但课型也包括了阅读,写话等。如果在教学中把所有的课型都设计成听说课是不可取的,不能全方位培养学生听说读写的语言习得能力。在不同的课型设计中,post-task 环节情境的设计与活动的形式也应该呼应该课型。如图 1 所呈现的 6B Unit 10 Forests and land 第一课时阅读课中 post-task 环节运用与地球现状相关的阅读材料让学生进一步了解环境污染给森林与人类带来的危害,同时让学生根据课堂知识点,结合这篇阅读材料写下保护森林与环境的誓言,最后参考制作节约用水宣传册制作保护环境的宣传手册。整个环节以阅读为主要形式,帮助学生从多方面积累更多的信息从而在最后的输出环节有更多的想法与更丰富的表达。

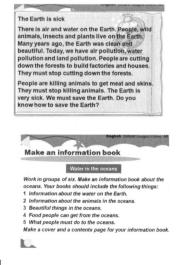

图 1

2. 情境的创设与形式的呈现要紧扣教学重难点

post-task 环节中情境的创设与活动的形式都要以整节课的教学重难点为抓手，是在研究教材、深挖教材重点难点内容这两个环节扎实进行的基础上，通过情境创设与活动相结合，将教学重难点再次落实到教学过程中，切实提高课堂教学的效率，而不是为了活动而教学。这就要求教师要在课前认真研究教材，在教学环节中突出教学重点难点，运用自己的智慧与知识为学生创设实用的情境。活动的形式和情境不等于花哨，课堂氛围不一定要热闹，流于形式和华而不实并不能为课堂教学的有效性带来任何正能量。如图 2 为 6A Unit 8 The food we eat 第一课时 post-task 环节的情境设计内容，结合授课时即将到来的圣诞节要求学生通过对话形式设计晚餐菜单，其中涉及本课时中重点的单词与句型，如 fried，boiled，steamed，baked，prawns，what would you like 等。然后请学生完成相应的报告，最后在总结中回顾本课时的教学重难点，同时告诫学生正确的饮食态度。post-task 环节情境的设计很好地落实了前期的教学重点与难点，同时真实的情境也让学生感兴趣，整个过程自然流畅。

图 2

3. 立足学情，关注小组合作学习动态

初中低年级学生（六、七年级）年龄较小，对于学习英语有较高的兴趣，创造性思维丰富，课堂气氛活跃，愿意积极参加到英语教学各个环节中，但同时抽象思维能力较低，对于知识的总结概括和灵活运用能力较弱，而在生动真实的情境中进行 post-task 环节教学能帮助学生把语言知识运用到实际生活中，达到学会使用英语与人沟通，理解他人同时也被他人理解的语言学习目的。这就要求教师在研究低年级学生的心理与兴趣的基础上设计适合该年龄段学生的情境来进行 post-task 教学，从而既帮助学生巩固课堂所学，又能激发他们英语学习的兴趣，培养良好的语言习惯。

然而，初中低年级学生虽然课堂参与度高，愿意表达自己的想法，但同时注意力也容易分散，在小组合作的过程中并不是所有的学生都按老师要求参与讨论。在组员的分配上教师要合理安排每个小组的人数，学生学习能力强弱的比例也要合理。在平日的教学中要训练学生明确自己在合作学习过程中的分工，让学生习惯以小组合作形式开展 post-task 活动，从而更多地关注活动的内容而非形式。此外，对于低年级学生而言，小组合作本身就能提高其学习兴趣，所以 post-task 环节所创设的情境与内容应该是生动活泼，能帮助学生表达自己想法，实现用英语与人沟通，提高语言能力的目的。教师要深入小组合作的过程,聆听组员的讨论,鼓励学生表达自己的想法,帮助学生树立英语学习的信心。

4. 情境中融入情感教育与课堂总结,提升课堂"厚度"

教师可以通过情境设定在 post-task 环节中再现学生生活实例或现实生活的问题,基于对现实社会的思考,以及学生现有的经验,找准切入口,进行情感教育,从而达到提升课堂教学的"厚度"。在整个教学过程中,post-task 最适合进行情感教育,学生在情境中思考,运用语言表达想法,在此基础上教师通过总结或运用播放视频、图片等形象化的活动进行"润物细无声"的情感教育,自然升华教学目标,达到教育育人的目标。圆满完成教学任务的同时摆脱"头重脚轻"的课堂。如图 3 所示,在 6B Unit 6 Seasonal changes 第二课时的 post-task 情境设计中,结合学生自己所在学校的情况,要求每个小组选择相应的地点,为春天里的校园设计活动(当时为春季),在完成 report 的过程中学生就自己的学校给出了很多切实可行的想法,这时老师通过学生的眼睛看到了学校不同季节的变化,同时也发现了校园的美丽,学生也认识到热爱校园的重要性。在整个情境中所呈现出的图片与老师所引导的句型都是学生熟悉的,有话可说的,自然情感教育的目标达成也就顺理成章了。

图 3

五、进一步思考

形式多变、情境丰富的 post-task 设计能为初中英语课堂添光增色,教师要重视 post-task 的设计与运用。如何在教学实践中贯穿任务型教学原则,情景教学原则与输入与输出相统一原则,深挖教材重难点,运用智慧创设生动丰富的情境为教学服务,立足不同的学情,创设适合学生的情境与活动,真正做到减轻学生负担,提高教学质量,这是值得我们继续思考与探索的。

参考文献

[1] 敦莉. 浅谈初中低年级英语教学中情景的创设[J]. 中国校外教育,2013(S2)
[2] 邰颖. 初中牛津英语 post-task 的设计[J]. 考试周刊,2011(12)
[3] 陈冉. 对初中英语教学 post-task 环节有效性的探讨[J]. 语数外学习,2014(08)
[4] 曹天晴. 合作学习在初中英语 post-task 教学环节中的有效运用
[5] 丁华华. 英语情景教学的艺术[J]. 厦门教育学院学报,2015(03)
[6] 聂清浦. 语言的输入、输出与外语教学[J]. 山东师范大学学报(人文社会科学版),2002(04)

基于 STEM 教育背景下的教学变革与创新

青溪中学　钟文涛

摘要： STEM 教育致力于跨学科知识整合来培养学生的科学探究能力和解决实际问题的能力，当代中学生在打好扎实的科学、技术、工程和数学基本知识的基础上，还要培养创新精神与实践能力。本文以 STEM 教育为核心、以信息技术为手段，化学学科素养为目标，提出对中学生信息技术和化学学科跨学科整合研究，并设计基于 STEM 教育背景下的信息技术对初中化学"再谈金属活动性顺序"的跨学科教学实例。

关键词： STEM　信息技术　初中化学　跨学科

一、STEM 教育理念及背景

（一）STEM 教育核心理念

STEM 是科学（Science）、技术（Technology）、工程（Engineering）和数学（Mathematics）四门学科的简称，强调多学科的交叉融合。STEM 教育并不是科学、技术、工程和数学教育的简单叠加，而是要将四门学科内容组合形成有机整体，以更好地培养学生的创新精神与实践能力。[1]

（二）国内外 STEM 教育研究现状

2016 年教育部出台的《教育信息化"十三五"规划》中明确指出要有效利用信息技术探索 STEM 教育、创客教育等新教育模式，使学生具有较强的信息意识与创新意识，养成数字化学习习惯，并要具备重视信息安全、遵守信息社会伦理道德与法律法规的素养。[2]

STEM 课程源于美国，20 世纪 50 年代提出"科学素养"的概念受到了国内外科学家的广泛认同，直到 20 世纪 90 年代，美国国家科学基金会首次使用 STEM 描述涉及一至多门学科的事件、政策、项目和实践，美国国家科学委员会发布《本科科学、数学和工程教育》报告，首次明确提出"科学、数学、工程和技术教育集成 SMET"的纲领性建议，SMET 因而被视为 STEM 集成的开端。

二、基于 STEM 教育背景下信息技术与化学学科交叉整合

（一）信息技术与化学学科的整合的可行性

随着 21 世纪信息化时代的来临，教育原有空间局面已被打破，"教"与"学"面临双重变革。为了让校园不再有围墙，让知识不再有边界，我们教育者应整合庞大的信息技术资源，为学习者提供更加丰富多样、个性化的学习媒介，推进不同学段、不同区域教育的平衡发展，真正落实教育公平理念。这一时代背景为发展 STEM 教育提供了良好基础，并深刻地改变着教师的教学模式与学生的学习方式。STEM 教育强调跨学科知识的融合，包含科学、技术、工程和数学四个领域，不是这四个领域知识的简单相互叠加，但是每个领域都有其相关的课程（表 1），考虑到中学生的认知水平和学习特点并未将其列入。

表 1 　STEM 教育课程简表

领域	具体课程
科学	生物、化学、海洋生物学、物理、科学
技术	计算机信息系统、游戏设计、编程开发、网页/软件开发
工程	化学工程、土木工程、计算机工程、电子/电器工程、通用工程、机械工程
数学	数学、统计

STEM 教育涉及四个领域的课程，以跨学科整合形式，通过激趣、探索、创新，让学生以科学的方法、探究的精神，通过多学科知识的综合运用和巧妙迁移发现世界、并改造世界。因此，从初中开始对学生实施信息技术与化学相整合的教学，使得他们初步获得信息技术能力和化学学科基本素养，并习得终身学习的能力，对培养学生成为创新复合型人才，促进社会的可持续发展有着十分重要的意义。

（二）构建 STEM 教育背景下信息技术与化学学科的跨学科整合模型

结合中学生的学习水平，借助信息技术的手段达成 STEM 教育跨学科知识整合的教学理念，从而培养学生解决问题能力、综合实践能力。本文构建了以 STEM 教育理念为核心、以信息技术为手段、化学学科素养为目标的、基于 STEM 教育背景的信息技术与化学学科的跨学科整合模型。

一方面，信息技术丰富的表现力为化学教学重难点的突破创造了条件。化学教学中一些难以实现的实验如氢气与氧气的反应、气体压强变化、分子原子等微观粒子的运动特征、有机物分子结构等，都是化学教学中抽象的难点，运用电脑多媒体技术，如各种动画制作软件、化学工具软件等，可对其进行创设情景，所谓化不可见为可见，化静态为动态，变抽象为形象，化复杂多变为简洁明了，从而促进学生的理解，提高学生的学习兴趣；另一方

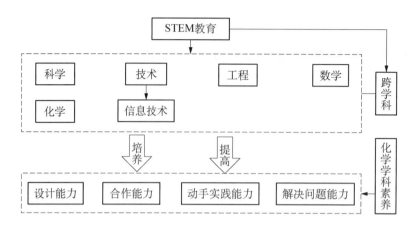

图1　信息技术与化学学科的跨学科整合模型

面,信息技术尤其是计算机网络技术为化学教学提供了丰富的教学资源和强大的远程实时交互功能和通讯功能,有助于进行基于网络的协作学习和研究性学习,促进师生之间的交流和合作,增强学生的学习能力[3]。

三、基于 STEM 教育背景课程设计

(一) 基于 STEM 教育背景的课程设计原则

(1) 以 STEM 教育信息技术和化学跨学科知识融合为核心

(2) 课程设计强调小组合作交流：包括组内合作和组间合作

(3) 注重教师的引导和监督作用：教师在学生探究、评价和动手实践的过程中予以指导

(4) 课内探究和课外查阅资料延伸相结合：有助于学生综合能力的提升

(二) 基于 STEM 教育背景的课程设计流程

借助信息技术手段,以 STEM 教育跨学科知识融合的理念为指导,以培养学生解决问题的实际能力为出发点,从课内、课外、教师和学生活动视角,具体设计流程如图1所示。

(三) 基于 STEM 教育背景的教学设计

金属活动性顺序的应用是上接"酸""碱"下承"盐"的桥梁部分,处于知识的学习向知识的迁移过渡的位置,根据新课程标准,我经过精选提炼出"未知金属"这一主线。案例中采用多媒体技术能把文字、图像、音像、动画等传播媒体集于一体,并赋与教学信息传播的交互功能;计算机网络则能跨越时空来共享丰富的教学资源,使教师和学生能随时随地获取各种化学知识,提高教学资源的利用率,并促进不同地域、不同文化和层次的师生之间的交流与协作。

本案例是金属活动性顺序的应用,并掌握比较不同金属活动性强弱的方法、判断未知

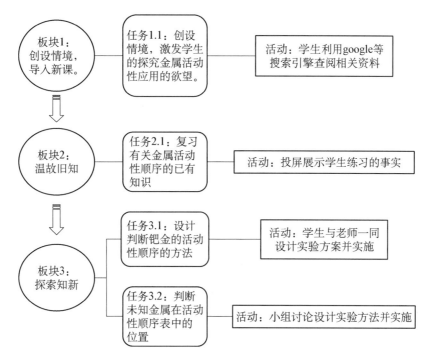

图 2　金属活动性课程设计流程

金属在金属活动性顺序表中的位置。在实验探究的过程中对学生进行实验技能的培养和结果分析的训练,培养学生观察能力、探究能力、分析和解决问题的能力以及交流协作能力。

金属的活动性顺序探究在初中化学教学中的地位举足轻重,同时它在初高中内容衔接中也起着重要的作用,更是每年中考高频考点之一,因此掌握金属活动性顺序的探究方法是十分重要的。实验是化学的灵魂,本节课利用信息技术有效融合了化学知识,使学生不再被动地跟着教师走,跟着教材走,而是发挥其个体能动作用主动地、独立地、有目的地去进行学习。基于 STEM 教育背景下的信息化技术与化学学科整合具体步骤如下:

(1)提出问题

提出问题是整个 STEM 教学设计模式的立足点,STEM 教学是基于现实情境的,需要学习者置身于真实的学习问题中。纵观近几年中考,金属活动性顺序在中考命题中有着举足轻重的地位,既是规律性知识又是必备的工具性知识,对于金属活动性顺序表的考察倍受青睐,对此我利用未知金属为线索,让学生自主设计实验探究金属的成分,一改往日教师告诉金属的成分再对金属的活动性顺序进行研究,提出"如何探究未知金属活动性顺序"这一问题。逆向思维,采用从理论到实际之后再探究过程,层层深入,层层突破,在理解中达到对知识的灵活运用,有效提高学生的思维能力、实验能力和探究能力。

(2)收集资料

课外活动是学生能力培养的延伸,将所学的书本课程知识在课外活动中运用和拓展,以持续培养学生解决问题的能力。十二届全国人大三次会议政府工作报告首次提出"互联网+"行动计划,互联网已经渗透进我们生活的方方面面,不同领域、不同学科都离不开互联网。学生利用搜索引擎 Google、Yahoo、Baidu、Live 等查找比较常见金属活动性顺序的方法，并记录后交流探索比较未知金属的活动性顺序方法。

（3）探究实验

在学生桌上摆放了一种未知金属以及稀盐酸、氯化铝溶液、氯化亚铁溶液、硫酸铜溶液、硫酸锌等溶液。学生经过教师点拨并自主学习利用网上查阅资料判断金属活动性顺序的方法，以小组协作交流的方式进行问题探讨和讨论，能够加强学生之间的交流和沟通，增强学生解决问题的能力。学生将未知金属与不同的试剂比较，首先引导学生排除钾、钙、钠，因为太活泼和酸反应会爆炸，排除金是因为金属颜色给的是银白色不是金色，排除铜是因为颜色不是紫红色，排除汞，因为汞在常温下是液体。然后将这种金属与盐酸反应有气泡产生，说明它在氢前面，然后将它和氯化铝反应，没有明显现象，说明在铝的后面，再放到铁溶液中发现变黑了，说明活动性在铁之前那就是锌。

（4）投屏反馈

将小组设计实验流程进行成果展示：在学生制作过程中，教师在课堂上用手机拍摄各个小组的实验结果，观察每个小组的制作情况，并对制作情况给予实时指导。在练习环节中运用 iphone 手机"airplay"镜像在同一个局域网内无线 wifi 投屏反馈学生实验结果。

（5）评价总结

传统的评价方式无非就是用纸笔测试学生的成绩，而在本案例中选择更灵活多样的评价方式考察学习者的真实能力。每一个小组组内评价选出最具有代表性的答案，然后小组间交流回答筛选评价。利用投屏技术使得每一位学生都能在投屏影像中看到其他同学的答案，更加清晰直观。改变传统评价模式，利用多元化的评价、针对学习过程评价，由学生自评、互评，教师对学生学习过程的态度、兴趣、参与程度、任务完成情况以及学习过程中形成的结果等进行多元化评价。

四、结束语

STEM 素养对于一个国家的国际竞争力、经济发展水平以及国民素质都有着重要的意义，这一切都需要靠 STEM 教育的正确开展来完成，所以说 STEM 教育具有及其广泛的应用前景。教师以信息技术为手段，以化学学科素养为目标，也需要从学习者特点、学习环境等因素出发进行灵活选择和综合应用，使 STEM 教育的效果达到最好，值得往后探究中继续深入研究。

参考文献

[1] 余胜泉，胡翔.教育理念与跨学科整合模式.北京师范大学教育技术学院 1007－2179,2015(04).
[2] 教育部关于印发.教育信息化"十三五"规划的通知.中华人民共和国教育部.2016,(06).
[3] 金宏.运用信息技术整合中学化学教学的几点思考[J].化学教育,2004,(5).

初中小说教学的内容确定研究

——以《二十年后》为例

青溪中学　裴怡惠

摘要： 小说是通过塑造人物形象来反映社会生活的一种文学体裁。小说具有故事情节生动、人物形象丰富多样的特点。小说教学一直是初中语文教学中重要的一部分，但目前初中语文课堂上小说教学的情况却不乐观。根本原因在于部分一线教师不知道一篇小说要教什么。因此笔者将结合自身《二十年后》教学案例浅谈初中小说教学的内容确定。

关键词： 初中　小说教学　内容确定　《二十年后》

一、初中小说教学内容存在的问题

1）内容安排模式化

小说三要素是人物、情节、环境，小说教学离不开这三个要素。但部分教师的教学内容、教学流程却机械性地围绕三个要素展开。"课前预习——概括故事情节——分析人物形象——总结主题——布置作业"这样的模式化思路流程来教学无疑会让学生失去对小说学习的热情，也无法将小说的魅力传递给学生。

2）忽视文体特征

散文、诗歌、小说、戏剧是四种出现在课本中主要的文学体裁，不同的文学体裁有不同的教学内容侧重点，部分教师会忽视小说的文体特征。如部分教师过分强调小说中的抒情，让学生体会其中情感，结果使学生混淆了抒情散文阅读和小说阅读，不利于达成小说教学目标。

3）主题解读套路化

由于受到教参的影响，很多教师对于小说主题的理解没有深层次、多元化。多数教师按教参照本宣科，在教师的引导下，学生也很难对小说产生个性化的理解。即使一些学生课堂上呈现出了不一样的智慧火花也被熄灭，大家都朝着一个方向去理解小说。这样主题解读套路化，缺少学生个性化多元化解读的课堂屡见不鲜。例如教授《项链》，主题总会概括成"资本主义崇尚金钱的丑陋"；教授《孔乙己》，主题就说成"封建科考制度是套在古代读书人头上的一把沉重的枷锁"。

4）教学内容泛语文化

这不仅仅在于小说教学，这个现象在整个初中语文教学课堂都频频出现。其特点在于教师不再领导学生去品味文本的字词句特点，文本之间的关系，而引向一种带有政治思想的德育。语文课堂逐步失去语文味,变成班会课,变成政治课。例如教授《最后一课》时候,过分强调爱国思想,课堂教学重点向爱国教育倾斜。

二、初中小说教学内容存在问题的原因分析

1) 课程目标不够具体明确

《初中语文课程目标》一书是初中语文教学的指挥棒,是中考的指挥棒。书中对于初中学生要掌握的语文学习能力有做要求,但我国的语文课程标准在课程目标方面的要求不够具体明确,有待进一步完善。我国的阅读目标很少涉及具体的阅读策略、方法等,如目标中提到学生要学会运用多种方法来进行阅读,但究竟如何运用,运用哪些方法,学生还是不得而知。

2) 教材编撰思路指向不明

目前沪版教材是按照单元进行划分编撰的,不同单元有一个共同的主题。不同文学体裁的课文根据主题被放在一个单元里。这样的编撰方式不利于学生阅读能力、方法的提高。小说课文被分散在各个单元不利于教师展开系统的小说教学。

3) 教师自身教学素质有待提高

部分教师的教学年龄在增长,课堂技巧上有提高,但是对于小说教学的理念没有革新,个人小说阅读时间也没有保证,对于小说教学内容的确定比较迷茫,没有一个正确的理论依据引导。

三、初中小说教学内容确定的方法

1) 根据文本体式

王荣生教授曾提出了“依据文本体式确定初中小说教学内容”,这一观点对小说教学颇具指导意义。我们都知道“人物、情节、环境”是构成小说的三个基本要素,基本上所有的小说都会符合这几个特征。但教师在确定教学内容时,不仅仅要考虑它们所共有的小说的整体特征,还要考虑具体的某一小说特有的文本特性。比如《陈太丘与友期》是以塑造人物为核心的小说,情节的安排和环境的烘托都是为了突出人物形象,那么分析人物形象应该作为教学内容重点。

2) 根据学情

“备学生”是教师备课的关键点之一。依据学情确定初中小说教学内容既要考虑初中生的身心发展和认知特点,还要考虑学生的学识基础。

四、初中小说教学内容的案例分析

《二十年后》是美国短篇小说家欧·亨利的作品。《二十年后》这篇小说主要描写了作

为通缉犯的鲍勃在美国西部犯了事，是警方抓捕的对象，可是为了朋友间的这份感情，为了二十年前曾经许下的这份承诺，他冒着被逮捕的危险还是义无反顾地前去赴约。鲍勃对这次重逢充满了期待，甚至有些激动。在寒风冷雨的夜里，他早早地赶到了相约的地点。当看到有巡警向自己走来时，他毫不掩饰地说出自己来赴二十年前与好友定下的一个约会。在描述这位挚友的时候，更不吝溢美之辞，夸他是"最要好的朋友，也是世界上最好的人"。"我知道杰米如果还活着，他一定会在这里同我会面。他决不会忘记。"鲍勃反复强调杰米会来，更体现了他对朋友、对两人友谊的无比信任。

而作为警察的杰米当发现了挚友鲍勃的真实身份后则面对着情与理的双重考验，于理鲍勃是个通缉犯，作为警察的杰米抓捕他是理所应当的；而于情两人是好朋友，有着深厚的友情，所以杰米舍不得亲手抓捕他，于是让便衣警察代劳，并留下了文末的那张纸条。

追求物质财富、爱炫富、个性张扬狂妄的鲍勃却重情守信；忠于职守，对工作认真尽责的杰米在面对友情与法律的选择时也有过犹豫与不忍，如此复杂的人性怎是一个好或坏、善与恶能概括的？而作为一流的小说家，欧·亨利却用不多的笔墨通过人物的动作、语言描写将其刻画得栩栩如生、有血有肉。

因此我第一次在设置教学目标时候，制定了两个目标：1. 通过对人物的语言、动作、神态描写及人物心理的揣摩，分析人物形象；2. 感受欧·亨利"出人意料，情理之中"的小说结尾特色。但实际教学效果却令人失望。在概括小说故事主要情节时候，给予了学生主语后，学生能够快速地概括出小说的主要情节，也能说出两个主要人物。但之后各环节推进就受阻。我所设计的两条教学目标使得学生的思考都是分散式的，不利于聚合性思维和研究性思维发展。每个同学都可以从不同文字中解读出人物的不同一面。同样让同学寻找前文的铺垫，结尾的蛛丝马迹环节，每个同学寻找到了不同的句子分析各不一样。更多的师生之间的互动变成了一种求证思维。学生觉得人物是一个怎么样的人，然后在文章寻找到可以证明他观点的句子。而专家孙宗良老师的评语更我让意识到第二个教学目标不合理。欧·亨利式结尾的确是初中生应该了解的知识，是欧·亨利这位作家文学的独特艺术特征，但这篇小说其实上不能算是最典型体现"出人意料，情理之中"这个特点的文章。教授《贤人的礼物》这篇小说时设置理解欧·亨利结尾特点才合理。

之后我进行了教训目标的二次修改，制定了两个教学目标：1. 分析两位主人公命运变化的原因；2. 理解欧·亨利的写作意图，对当时社会背景的思考。小说人物的塑造主要还是服务于小说主题，因此这次教学目标着重于探究小说背后的作者写作意图。首先整体把握文本，请学生概括小说故事主要情节。在学生抓住主要人物后，从人物之间关系入手。学生们发现两个人的关系从兄弟般的好友变成对立的警匪关系。这不禁让大家产生一个困惑，是什么导致主要人物关系发生如此大的变化？在这个大问题之后，让学生细读文本，圈划句子。学生就能够找到对于西部环境描写的语句。学生经过信息提炼和总结，能够得出结论：西部是一个违法犯罪猖獗、人人崇尚金钱的地方。二十年的时间，鲍勃生活在这样一个环境的西部，这对他产生了很大的影响。之后教师给予一个思考的框架，除了客观原因还有什么主观原因？学生就能想到还有自己的想法，人生追求。

　　探究这样的人物命运变化，作者实则是在向我们读者传递什么呢？体现了作者对当时社会的什么思考？这个问题的难度较大。在实际教学中，请学生先从文章中判断作者对两个人物的情感倾向。然后引用一些美国19世纪末20世纪初的时代背景，让学生能够真正体会这个小说创作的时代背景。这个环节难度较大，但集体讨论式的阅读对学生思维提升很高。经过引导，学生们大部分能够体会到欧·亨利的写作目的，感受到他对人物的情感，感受到他对资本主义崇尚金钱的批判，人性在物欲下沦丧的一种惋惜。

　　一堂课成功与否，与课前准备工作的好与坏有直接关系。教师应做好充分准备，充分研究小说文本，制定小说教学内容的重难点，合理安排教学环节和时间。小说教学内容的确定基本方法还是从小说文体体式特征和学情出发，围绕小说创作背景，作者写作意图来展开。

参考文献

［1］柳广云.关于中学小说教学的思考［D］.云南师范大学硕士学位论文，2005.

［2］夏涓涓.当下中学小说教学内容的研究［D］.华东师范大学硕士学位论文，2005.

［3］王荣生.依据文本体式确定教学内容［J］.语文学习，2009(10).

［4］马雅玲.小说的类型与小说的教学内容［J］.语文教学通讯，2006(1).

初中英语阅读教学案例
——以 The Green Consumer(Oxford English 9B Unit One)为例

青溪中学　王燕锋

一、教学背景

　　随着中考英语的改革,阅读在中考中的分值增大,阅读理解的选材越来越广泛,包括天文、科技、地理、历史、人物传记、英美风俗人情等,并且加大了对考生理解、概括、推理能力的考查。学生在掌握科学、有效的阅读方法和技巧的同时,使用词典、语法等工具书及各种英语教育教学资源的过程中,能掌握全文大意并能根据中文信息找出问题相关答案,逐步提高学生独立阅读的能力。现行初中阅读课文是各单元教学的核心,容量大、密度高、话题广、课时紧,需要采取一种新的教学途径来解决。

　　因此在初中最后一个阶段——九年级的最后一个学期,在平时的英语教学中应尽力将教授学生阅读方法和技能作为教学的重点,鼓励学生多实践,提高学生的阅读能力,这显得尤其重要。

　　初中阶段,阅读能力的培养是英语教学的重要内容。由于受教学时间、学生阅读水平及阅读环境的限制,在平时的课堂教学中我努力尝试将教学生阅读技巧与教材 reading 部分的教学内容紧密结合起来,以课文内容作为示例,一方面引导学生对课文细节的把握了解基本的语法、句法知识,另一方面把指导学生提高阅读能力作为重点。现在以 Oxford English 9B 《The Green Consumer》一课的第一课时为例,谈谈在初三的英语课堂教学中怎样来指导学生掌握阅读方法,提高阅读能力。

二、教学内容及目标选择

　　《The Green Consumer》是牛津英语 9B 第一个 chapter 的阅读,与九年级第二学期大多数的 reading 部分文章一样,篇幅比较长,结构比较复杂,生词比较多,再加上它是一篇科普类的说明文。对学生来说,初次的阅读会存在有一定的难度,但是文本要阐述的做一名绿色消费者,保护生态,保护地球的理念,又为大多数学生所熟悉。因此我认为可以在第一课时让学生将这篇文本材料作为泛读的材料,通过学生已有的知识积累,加上教师一步步的合理的引导和阅读方法的指导,使学生首先学会通过 skimming 和 scanning 等阅读方法从整体上理解文章;并通过联系上下文,猜测词义等方法,掌握一定的文章细节;通过回答问题和学生间讨论,培养学生说的能力。在培养学生做阅读的信心和良好阅读习惯的同时,使学生通过学习提高思想境界,保护好地球,做个绿色消费者。

三、教学设计和思路

Teaching objectives：

1. To enable the students to get a general idea of the text by skimming and scanning the text.

2. To enable the students to grasp some words and expressions.

3. To develop the students' speaking skill through answering the questions and the discussion.

4. To cultivate students' love to the earth.

Language focus and difficult points：

To help the students understand the threats to the earth.

Teaching methods：

1. Task-basked approach　　2. Communicative approach

Teaching aids

1. Multi-media　　2. A piece of exercise

Pre-task preparation

1. Have a brainstorm — "What does 'green' make you think of?"

2. Introduce "a green consumer".

While-task procedures

1. Tell the students they will have a book to read. Ask them to look at the cover of the book and read through the text , then do a match in *Task A*.

2. Use a picture to introduce the students what a greenhouse and the Greenhouse Effect are. Then have the students fill in the table after reading P3&4 in Part 1.

3. Tell the students to listen to the recording of Part 2 and fill in the blanks in Task C.

4. Have the students read Part 3 and do *Task D* "True or False?".

5. Have the students read Part 4 and answer the questions in Task E.

6. Have a free talk：To be a green consumer，what should/shouldn't we do now?

Post-task activity

1. Draw a graph about the four threats to the earth.

2. Have a discussion to make promises to protect the environment.

Homework：

1. Read the text at least three times.

2. Make students keep their promise and help to make people around them be green consumers.

在 pre-task preparation 阶段，设计了两个环节。第一个环节是提问"What does

'green' make you think of?"让学生进行头脑风暴,旨在让学生认识到生活中和绿色相关的事物大多是健康的。第二个环节是让学生猜什么是"the green consumer",后用英文解释"consumer"一词。

这阶段的安排是根据"图式理论",该理论强调读者的文化背景知识在阅读理解过程中所起的作用。它认为,读者对阅读材料中信息的理解取决于他是否具有相关的背景知识和能否及时激活这些知识。通过头脑风暴法让学生对"green"展开联想,结果学生非常感兴趣,讨论场面也很热烈,同时使得学生提前预知了课文内容,对阅读产生了兴趣,变消极阅读为主动阅读,相对降低了阅读难度。对"green"的理解为"the green consumer"的更好理解进行了铺垫。可以说,该阶段中相关活动的选择和安排,对于学生能否对将要阅读的内容产生兴趣以及能否顺利地开展阅读活动,理解作者意图起着至关重要的作用。同时从标题猜测文章的主题大意更是英语阅读中一种不可或缺的能力,应该在平时不断地强化学生的这种阅读的意识。

在 while-task procedures 阶段,是对文本材料进行感知理解的过程,在这个过程的设计包括了两大环节和各类活动形式。

首先是对文章内容的整体理解,其中设置了两个活动。第一,接着绿色消费者的话题,问学生他们是绿色消费者吗？想不想做一名绿色消费者？引出 A Young Green Consumer Guide 一书,让学生观看封面并回答"书名"及"作者",在这一过程中,学生对文章涉及到的内容已经有了初步的感知。第二,让学生快速浏览全篇,整个文章一共有五个部分,在快速浏览的过程中,学生势必会把注意力放在每段的标题上,在这个基础上做搭配练习,学生对阅读篇目整体框架结构有了初步了解,同时文章主要内容也呈现在大家的眼前了。

这一步希望通过整体粗读,使学生领略内容大意,帮助理解,为细读作准备。整体粗读主要是通过寻找主题句,获取大意,找出每段的主题开展的。一篇文章通常是围绕一个中心展开的。在进行阅读课教学时有意识地培养学生找出主题句,抓住中心,使学生理解主题句与文章的具体事实细节的关系,没有主题句的段落就引导学生依靠段落中的衔接、句际关系来分析,推断和概括段落的大意,从而达到整体理解的目的,获得文章表达的正确的信息。这一环节起到承上启下的作用。在学生猜测课文主旨大意的基础上,让学生略读课文,然后来检测他们自己所选择的答案是否正确。

其次是在整体理解上的细节把握。在掌握了文章大意、结构后,再对五个部分逐一进行学习,这种学习并不是对文中的某个知识点作详细的讲解,而是希望通过各种活动形式,学生能较之前的整体理解更详细地了解每一段的内容。Part 1：通过图片,让学生明确什么是温室及温室效应;设计表格,学生阅读 Part 1 的三、四段,找出大气层所遇到的问题是什么和温室效应会给人类带来怎样的后果。Part 2：要求学生听录音填单词,进而对臭氧层有一定地了解。Part 3：学生独立阅读,完成 Task C,提高学生对细节型题目和归纳型题目的处理能力。Part 4：学生阅读指定段落,回答"Wh-"问题。在学生了解了威胁地球的几个因素和意识到做一个环保者,绿色消费者后,转入 Part 5 并给出问题"To be a green consumer，what should/shouldn't we do now?"让学生进行谈论。

这一部分较之于粗读更为细致，但较之于精读又显得较为粗略。在大多数的阅读中都有老师来归纳小结引导学生去读，通常在让学生仔细阅读的时候，我们会把文章归纳为几个部分，让他们分别就不同的主题找到相关的信息。但是本阅读材料中，课文本身就已经分成了五个部分，所以就直接按照课文的五个部分来设置活动，这样学生比较容易接受和理解。为了使课堂更丰富充实，在五个部分的理解设计上动了一番心思，填表、问答、讨论等形式都设计在内，一方面避免了课堂的枯燥，同时培养了学生分析归纳能力。

在 post-task activities 阶段，采用图表的方式和学生一起归纳总结威胁地球安全的四个因素，本活动既是学生整理思路，又是本节课的一个简要小结。最后，结合上海世博的来临，设计了倡议书——学生自我警视，在生活中要重视环保，从自我做起，维护生存环境的洁净。

作业是让学生对阅读文章进行阅读，为精讲做好铺垫。倡议学生健康消费，从自我做起的同时还要倡导身边的人加入绿色的行列。

四、教学反思

这是九年级第二学期第一课阅读部分的第一课时，整个课堂努力做到立足于教材，使学生在整体上把握教材内容，同时又把教材拿出来作为单独的一节阅读课进行指导训练，使学生掌握阅读方法，提升了阅读能力。

在平时的教学中，我深深明白阅读能力的培养并非一朝一夕之事，但是如果老师能在日常的教学中时刻以此为目标，那么假以时日，效果是显而易见的。现代教育更重视培养学生的自我发展能力，这就要求教师不仅要教学生"学会"，而且还要教学生"会学"。要用各种方法教会学生"怎样学"，使学生具备学习和运用英语的能力。在阅读过程中根据不同的阅读目的和要求，采取不同的阅读方式和策略，遵循由浅入深、由表及里、由具体到概括的顺序阅读，这些方法的掌握是需要不断反复的实践运用的。

英语课文的教学实际上并不是单纯的课文知识的传授，课文只是一个"饵"。教师要学会通过课文这个"饵"去钓鱼，而学生只有跳出课文，才能有自己的思想，才能做到"在使用中学习，在学习中使用"。虽然一部分学生的英语基础很差，但这并不等于说就要放弃对学生英语学习能力和使用英语能力的培养。因此教师可以从学生实际出发，让学生在了解文章的基础上，针对课文内容，安排适当的拓展练习，这样既检测了学生对课文的掌握程度，又培养了学生创造性思维的能力，做到活学活用。

学无止境，阅读理解教学也无止境。要全面大幅度提高学生阅读理解能力，需要不断地锻炼学生的思维及想象力，提高总的文化素质。不同的教材，不同的教学模式。无论哪一种教学模式，教师的角色都应该是学习对象的激活者、示范者、指挥者以及管理者。只有这样才能充分发挥学生主观能动性，突出他们的主体地位，体现当代教学模式的特点。

揭示本质属性，把握关键特征

——"梯形"课例研究

青溪中学　包蓓姹

摘要：数学图形与几何的概念教学常常因其内容抽象、不易理解，而成为教师和学生头疼的内容。本文主要阐述了笔者在"梯形"概念教学中进行的实践探索，结合具体课例说明几何概念教学中如何强调学生在教学中的主体地位，帮助学生建构知识框架，揭示几何概念的本质属性，并将新的概念归入了已有的知识体系，形成知识网络。

关键词：梯形　四边形　几何概念教学

数学概念是数学思维的细胞，是形成数学知识体系的基本要素，是数学基础知识的核心。学生正确理解和掌握数学概念，才能对现实世界的数量关系和空间形式作出正确概括和判断，才能正确掌握数学的性质、运算法则、公式等基础知识，有效地培养学生初步的思维能力、空间观念以及分析问题、解决问题的能力。所以它是发展智力，培养能力，提高学生的数学素质，提高数学教学质量的"治本"关键。

"梯形"是上教版八年级第二学期第二十二章四边形中的内容，安排在平行四边形、矩形、菱形、正方形学习之后，本课的教学目标也是重点之一便是梯形的有关概念，并经历将梯形问题转化为平行四边形、三角形等熟知图形来解决问题的过程，体会转化思想。

原计划阶段：

由于梯形是生活中常见的图形，且学生在小学时接触过梯形的学习，但是对梯形并没有下一个明确清晰的定义，因此在设计时先以生活中一些常见的事物引入，从中提炼出梯形这一几何图形，再由学生尝试给梯形下定义，学生一般会出现"一组对边平行的四边形是梯形"等之类的错误，再通过对该定义的质疑（如"平行四边形也是有一组对边平行的四边形，它也是梯形吗？"等）来完善此定义。而之后对于梯形的上底、下底、腰、高、对角线、等腰梯形、直角梯形等相关概念则是直接给出定义，结合图形进行介绍。

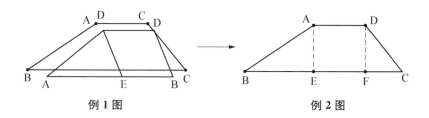

例 1 图　　　　　　　　　　　　例 2 图

在概念新授之后,以书上的思考题(截三角形形成梯形)作为练习进行概念的强化巩固,而之后的例题基本采用书上的例题。通过例题 1 总结平移腰添辅助线将梯形问题转化为平行四边形和三角形以解决问题的方法,通过例题 2 得到添两条高将梯形转化为矩形和直角三角形以解决问题的方法,这些都是梯形中常见的辅助线添加法,渗透了转化的思想。而针对我校八年级学生的实际情况,一般都采用先由老师或有思路的同学进行分析,再进行规范证明,课堂上着重思想方法的交流。最后进行自主小结和作业布置,对本课涉及的概念和思想方法进行再一次强调。

第一次研讨阶段：

在与本校八年级数学老师沟通之后,认为这个设计模式还是比较符合学生"感觉——知觉——观念(表象)——概念"的认知发展的,但实际效果如何,会存在哪些问题？"实践出真知",果然,在实际的讲课中,问题一个个显现出来了。

首先,看似讲得很明白的梯形的定义"只有一组对边平行的四边形",课上看似大多同学掌握了,但由课后练习看来,实际上还有许多同学没有真正理解。发现问题之后,通过反思、交流和再研究,我们发现主要是由于学生对梯形定义的理解不完整造成的。梯形本质属性其实包含了两个条件：(1)有一组对边平行；(2)另一组对边不平行。它的本质属性(1)告诉我们：梯形与平行四边形一样,都是特殊的四边形。而本质属性(2)则是反映它与平行四边形的区别。因此要避免对梯形概念的理解不完整造成错误发生,在教学中应该反复强调要证明一个四边形是梯形,必须同时满足(1)、(2)两个条件,即"一组对边平行,另一组对边不平行"。此外,由于梯形这一章的学习,正好安排在学完平行四边形、矩形、菱形、正方形之后。由于旧知识经过反复练习,记忆比较牢固,旧知识的"惯性"作用,常常会不自觉的代替新知识。学生误认为梯形也具有平行四边形的一些性质,如有的学生认为"梯形的对角线相互平分""一组对边平行,另一组对边相等的四边形是等腰梯形"等等,旧知识的干扰给学生带来思维上的混乱,因此应加强比较。平行四边形有两组对边分别平行,梯形只有一组对边平行,而另一组对边不平行。平行四边形与梯形在四边形这个集合中所处的地位是平等的,没有从属关系,通过比较,可提高判断能力。做到了这两点,就能自然地将梯形这个新的概念归入了学生已有的知识体系中,形成知识网络,这样才能真正做到揭示和概括研究对象的本质属性,引导学生把握准某类事物的共同属性的关键特征。

另外,思考题和例题都没有对梯形的定义进行考察,这才会出现在课堂上没有发现学生存在的问题的情况。而例题的计算量(例题 2)对基础比较薄弱的我校学生来说比较大,让问题的重点有所偏移,学生的大部分时间都花在了数字计算上,没有很好体会到辅助线及其所代表的思想,没能自己感受到新旧知识体系间的联系,有种老师强加的感觉,偏离了设计的本来意图。

针对这些问题,对本课的设计作了以下调整。

1. 在实物引入环节,除了梯形的物体外,再准备一些平行四边形和一般四边形的物体,让同学们先找出这些图形的共同点,再尝试对其进行分类,得出概念的网络图：

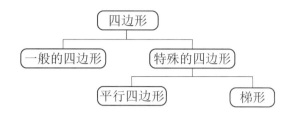

再由学生尝试对梯形下定义，下定义时教师侧重从梯形的特殊性和与平行四边形的区别两个方面进行引导，以得出梯形定义中所包含的两个本质属性，从而帮助学生更好理解梯形的定义。

2. 在概念引入后，加入几道简单的辨析改错题，如"一组对边平行的四边形是梯形"；"一组对边平行且不相等的四边形是梯形"等，对出现的问题及时解决，当堂检验学生的掌握情况，也巩固了该定义。

3. 在例题引入前，先以活动的形式让同学们在梯形纸板上画一至两条线段，将梯形分割成已学过的几何图形，以此引入几种常见辅助线的做法，不仅如此，还能让同学们自然体会到辅助线的作用，揭示其本质，与我们已有的知识联系了起来。

第二次研讨阶段：

按修改后的方案在另一个班级授课以后，果然较之第一个班级，学生的掌握情况更好，课后练习中反映出对概念的理解更深、更牢。而对辅助线的探究也使课堂气氛更活跃，学生学习更主动，可占用的时间也更多，本来已经很紧张的时间如今根本来不及，只能讲一道例题1，而例题1只能帮助同学们再体会一下平移腰的作用，无法趁热打铁把辅助线添加在梯形问题中的应用进行加强巩固。

在第二次研讨后，对这节课我有了更深的思考。首先，在顾耀老师的课堂中对课本上的思考题作了再加工，多加了"给一个梯形，如何得到三角形"的问题，将三角形与梯形相互间的转化联系地更紧密，也介绍了一种常用的辅助线添加方法，更训练了学生逆向思维的能力，可谓一举三得。学生逻辑思维的严密和说理过程的清晰也让我感触很深，但同样，这堂课也存在着同样的问题，时间不够，虽然对例2稍作处理，使计算量变小，但两道例题的推进还是让本来比较流畅的课堂变得有些拖沓。对此，我做了以下改动，首先仍是以学生活动的形式引入几种常见辅助线的做法，之后的例题则主要选用书后一道练习作操练和板演，所添的辅助线既可看作平移腰，也可看作高。例题1和例题2则以分析交流解题思路为主，具体证明过程可留作课后完成。

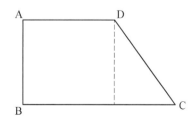

感悟：

1. 作为一节概念新知课，概念的理解自然是重头戏。同学们虽然看到图形都能说出它是梯形，但对其本质的理解还是存在一定的困难，如何引导学生归纳出概念，是教师的课题，而前提是教师本身对概念是否有透彻的理解，唯有对概念的本质属性理解透彻，才能知道引导的方向。

2. 除了一些作为"基石"的概念，大多数新概念都是与原有知识有联系的，因此不能孤立地进行新概念的教学，应注意新旧知识间的联系与区别，解决好新旧概念的相互干扰，并且把新概念融入学生已有的概念体系中，形成知识网络，也只有这样才能做到概念的透彻理解。

3. 无论是概念还是一些有代表性的问题都有其关键，我们常常喜欢在定义中为学生找出关键词，在大量习题中为学生提炼出解题关键。但我们所谓的"为学生"只是让他们被动接受我们的经验，其实有时候，学生更需要的是自己的体会和思考，那么我们是否应该更舍得花些时间在学生的探索和尝试中，是否应该对习题做更好地思考和处理，来为学生创造更好的研究平台呢？

平日的教学工作固然繁忙，时间固然紧张，但有时候，停下脚步思考，才能走得更好，更长远。通过这次的尝试，我深深感到课例研究是实践与理论的一种结合，是对数学教师的一次很好的锻炼提高。我也一定会借此机会多思考，多学习，多研究，相信一定会受益匪浅。

参考文献

[1] 马忠林，张贵新. 中学几何教学论[M]. 长春：东北师范大学出版社，1998.
[2] 李耀光. 新课程数学概念"螺旋式"上升编排的认识审视[J]. 数学教育学报，19(4).
[3] 苏洪雨. 学生几何素养的内涵与评价研究(博士学位论文). 华东师范大学，2009.
[4] 孔凡哲. 课程标准实验教科书几何内容的特点和问题. 数学教学. 2005，年(6)：6—10.
[5] 鲍建生，周超. 数学学习的心理基础与过程. 上海教育出版社，2009.

精心设计题组，提高复习课效率

——"正反比例函数复习"教学案例

青溪中学　李　方

一、背景分析

复习是教学中的一个重要环节，在实际教学中，如何上好复习课是我们教师的难题，而如何让复习课既生动活泼，又能事半功倍，是我们所有数学教师的夙愿。当前我们复习课存在的问题有：1.重形式，轻基础。2.重题量，轻关联。3.重次数，轻原因。因此合理的设计复习课，于提高课堂效率有非常重要的意义。而题组教学可以比较好地培养学生的解题、探究和反思能力，其不仅能够给学生的数学学习带来促进作用，更在提高中学生综合素质方面有着深远意义，是大面积提高数学课堂教学质量行之有效的途径之一。因此本文将结合实际教学探讨初中数学复习课中题组的设计与教学。

教材地位：本节课是沪教版八年级第一学期十八章函数的"正反比例函数复习"一节课，函数常量教学到变量教学的转折。是数学中重要的基本概念之一，函数是一个重要的数学思想，而正比例函数和反比例函数是函数知识学习的开始，本节课可以让学生体会数形结合思想，从具体到抽象的数学思想，基于此，本节课旨在基础概念的梳理过程中，通过练习巩固提升能力。本文将就"正反比例函数复习"的教学给出一个题组设计课例来探讨初中数学复习课教学策略与面临问题。

二、课堂教学片段的再现与反思

(一) 第一次上课：概念梳理(片段)

师：观察图像，从图中你可以得到什么信息？

生：正比例函数图像、反比例函数图像。

师：正比例函数图像是什么图形？有哪些性质？

生：正比例函数图像是经过原点的一条直线。

当 $k > 0$ 时，经过一三象限，y 随 x 的增大而增大。

当 $k < 0$ 时，经过二、四象限，y 随 x 的增大而减小。

师：那反比例函数呢？

生：图像是双曲线。当 $k > 0$ 时，经过一三象限，y 随 x 的增大而增大。

师：y 随 x 的增大而增大，要强调什么？

生：在每个象限内。

……

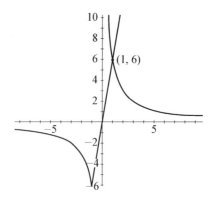

1. 第一次反思

（1）复习时间不够。由于前面的概念复习等用了大量的时间，导致原本的设计，先梳理概念，再练习，显得头重脚轻，练习部分时间竟然和概念梳理时间一样，而且讲评很匆忙。

（2）复习深度不够。这样一节课，于学生而言，没有本质改变，只是简单的梳理概念和性质而已，复习仅仅停留在表面，包括练习部分也是很基础，整个复习过程中，班级氛围很好，人人都能参与，缺乏深度研究，没有达到复习提升能力的目的。

（3）复习"长度"不够。上好本节复习课以后，缺少课后延伸，没有及时的当堂检测效果，更缺少让学生反思的环节，没有达到"拉长"复习课，提升反思能力的目的。

2. 第一次整改

整节课显得有些头重脚轻，且并没有达到复习的目的，考虑以题组形式呈现，以达到梳理知识，复习提升的目的。设计如下：题组一：复习成正反比例。题组二：梳理判断正反比例函数的方法以及求函数解析式。题组三：正反比例函数的综合应用。

（二）第二次上课：方法梳理（片段）

题组一

1. 判断下列问题中的两个变量是否成正比例，为什么？

（1）长方形的宽 b 一定（不为零），长方形的面积 s 和长 a

师：列举成反比例的例子。

生：长方形的面积一定时，长方形的长和宽。

2. 下列函数中，是反比例函数的是（　）正比例函数的是（　）

A. $y = \dfrac{x}{5}$　　　　　　B. $y = \dfrac{5}{x}$

师：总结判断两个变量是否成正反比例函数的方法。

生：① 根据定义

② 根据正反比例函数的解析式。

1. 第二次反思

通过题组的练习与讲评，比单纯的复习概念，更能激发学生的学习积极性，且表达欲望大大增强，同时题组设计有效地梳理和复习了概念，同时也考查了概念的理解与灵活运用，但是也暴露了一些问题：

（1）挖掘过多。改进之后，本节课容量明显增大，尤其是"k 的符号、图像位置，增减性,有一知三"这一块的知识梳理时间太久。

（2）碰撞过少。生与生之间的思维碰撞过少,导致部分学生理解比较困难,没有达到复习提升的目的。

2. 第二次整改

依旧保留题组的梯度设计,但是需要借助几何画板,充分做好预设,将同一知识点的不同考侧面都以小题形式保留在几何画板内,上课过程中根据学生的掌握情况,适时呈现。而整节课分组分块呈现式复习,运用小组互助形式,极大程度暴露问题,并且渗透解题方法。第一块:小组合作完成题组一,自主梳理概念,教师查缺补漏。第二块:题组二梳理求函数解析式的类型和方法。第三块:题组三梳理 k 的符号、图像位置,增减性,有一知三。第四块:在函数背景下求三角形的面积,以及特殊图形中点的坐标问题。

（三）第三次上课：提升能力（片段）

较前两次,信息技术的加入,不仅增大了课堂容量,还提升了学生学习积极性。而生生合作,较好的查缺补漏。摘录片段。

1. 融入技术,提升课堂容量

小组完成题组一和题组二,教师巡视,利用几何画板分块复习生薄弱内容,并及时运用几何画板呈现巩固的同类型题目,较好地夯实了基础。

片段:题组二

1. 正比例函数 $y=(m+2)x$ 的图像经过一、三象限,则 m 的取值范围为 _____ 。

2. 已知反比例函数经过点 $P(-1,4)$,可知反比例函数经过第 _____ 象限,在每个象限内,y 随 x 的增大而 _____

师:你怎么思考的?

生:经过一三象限,因此 $k>0$,从而 $m>0$。

师:此题的比例系数是 $m+2$,这个整体大于 0,因此是 $m>-2$,请完成下题:

正比例函数 $y=(-2m+2)x$,y 随 x 的增大而增大,则 m 的取值范围为。

2. 渗透方法,提升学生能力

题组四:已知:点 $P(m,4)$ 在反比例函数 $y=-\dfrac{12}{x}$ 的图像上,正比例函数的图像经过点 P 和点 $Q(6,n)$.

（1）求正比例函数的解析式,并画出正比例函数图像。

（2）在 x 轴上求一点 M,使 $\triangle MPQ$ 的面积等于 18。

（3）在 y 轴上找一点 N,使 $\triangle OPN$ 是直角三角形。

师:$\triangle MPQ$ 的面积等于 18,如何利用面积来求解点 M 的坐标?

生1:可以将点 M 横坐标设为 a,将三角形分割成 $\triangle POM$ 和 $\triangle QOM$,得到关于 a 的方程。

师：为何这样分割？

生：因为这样分割，底边就在 x 轴上。

师：没错，我们在坐标系中，有关面积的问题，尽量选择坐标轴或者平行于坐标轴的线段为底边。还有其他方法吗？

生2：可以补成一个矩形。

生3：可以补成一个梯形。

师：课后思考如果点 M 在 y 轴上，怎么做？

……这样的解题方法的渗透，为解决这一类的问题提供解题方向。

经历三次教学设计以及教学效果对比，发现复习课要让学生全过程参与，小组合作，针对复习课利用题组设计应该要注意以下几点：

一、题组与知识系统的有机串联，形成知识网络，内化知识

函数复习课中把基本知识以题组的形式呈现，在练习中巩固知识点、查缺补漏，将知识通过题组有机串联，构建知识网络。同时题组的基础部分，可以把课堂交还给学生，让学生做课堂的主人，极大程度暴露问题，并多种途径解决问题，培养学生的合作意识和钻研精神，满足不同学生的学习需要，让学生能真正地内化知识，从而能够主动学习。

二、题组与几何画板的相辅相成，挖掘问题本质，促进理解

在复习过程中，最主要的目的是夯实基础，理解本质。因此运用题组构建知识系统时，可以在几何画板中多设计几道同类型的题目，也就是构建本节课的储备题库，根据当堂学生的情况，考虑是否增减同类型题目。尤其是错误较多的题目，在几何画板题库中及时挑选出合适的题目，举一反三，挖掘问题的本质，提升复习课效率。

三、题组与思想方法的相互渗透，构建解题策略，提升能力

在巩固旧知的题组设计过程中，教师也要适当渗透思想方法，给学生"授之以渔"，让他们学会站在更高的角度看问题，思考问题，引导学生在解题活动中学，在实践体验中悟，体会数学思想和方法的运用，还可以横向、纵向提升难度，拓展训练，构建解题策略，从而真正地提升能力。

四、题组与课后延伸的完美匹配，养成反思的习惯，提高效率

众所周知，复习课并不是学习的终结，而是学习又一个征程的起始，因此我认为不仅在课上要挖掘深度，提升能力，更需要延伸课的长度，将课延伸到课外，让学生养成反思积累的习惯，从而让我们的复习课更具有生命力。因此在题组设计时，应将课堂内外的知识用题组有机结合，课堂上的知识再适当编辑，可以延伸到课外，提高一节课的"长度"，真正提高课堂效率。

综上所述，我们需与时俱进，不断地学习，不断地思考，不断地实践，才能因材施教，才能不断地创新，设计出高质量的复习课，从而真正提高课堂效率。

一堂"温度、温标"课的启示

青溪中学　项大勇

一、案例背景

教育的责任是把该传授的知识传授给学生,把学生的品德培养好,把学生的身体锻炼好,思维锻炼好,特长培养好,使学生养成良好的习惯,综合素质得到全面提高。因此,教师应回归教育的本源,促进学生全面发展。

上教社物理试用本"5.1温度、温标"一节是学生第一次从物理学角度研究热现象,是第五章知识的学习基础,为后续的内能知识作了铺垫。虽然初次接触温度这种热现象,学生还是很熟悉的,对物体早有"冷热"的感性认识,但是对温度的定义和摄氏温标的定标缺乏理性认识,因而这节课能充分体现"从生活走向物理,从物理走向社会"的课程理念和学科特色。这节课需要两课时。

二、案例片段

改进前的教学:

依据课标,第一课时:先引入物理量——温度,指导学生阅读教科书摄氏温标,知道定标的方法。看教科书上的温度计插图,解释液体温度计的结构,联系读数。观察温度计的结构及其作用。再阅读温度阶梯。第二节主要指导学生制作一个温度计。

改进后的教学:

第一课时:引入物理量——温度,通过活动1:比较铁块和木头的冷热程度,让学生进一步坚定科学测量的意识。测量有两个要素,生成问题:穿越到古代,没有温度计,怎样发明一支温度计?激发学生思考。通过活动2:如何比较两杯水的温度高低,工具是带玻璃管的小瓶(小瓶先放在冷水中,引导学生画出此时液面位置,备用,先不解释)根据学生已有的热膨胀经验,得出温度变化可以引起物体体积变化,反过来,让学生认识到可以利用玻璃管内液面高低来判断物体温度的高低。让学生随便定两个数据表示两杯水的冷热。提问,如果用小瓶测一个物体的温度,玻璃管中的液面在中间,则根据你刚才的两个估值,应该是什么温度?如果在四分之一处,又是怎样的呢?一步步引导,不断解决问题,师生讨论中解决了刻度的设置与定标的问题,再通过动画的形式快速直观地介绍摄氏温标的定标方式,定标与制作相辅相成,同时进行,让学生体验温度计设计的过程。在此基础上,通过讨论、交流,制作出一支简易温度计,交流作品,找出不足点,提出改进意见,其实这里就用的是缺点列举法在做发明创造,(这个活动可以延伸到课外,学生自己回家再创新)最后师生总结,结束本节课教学。

第二节课主要介绍几种温度计,让学生动手测温度。由于第一节解决了难点,这节课难度很小,在强调安全规范的前提下,可放手让学生去测量。

三、教后反思

总结下来,改进后的教学有以下收获:

1. 变制作温度计为设计温度计,培养了学生们创新的意识,让同学们认识到哪里有需要,哪里就有创新,自己动手动脑,给社会带来改变,完全是循着科学家的足迹,完成一连串的思考。最后看着自己的作品,让学生有前所未有的成就感,创新也并不是很难,只要有想法,抓住机会,就能够创新。

学生作品

2. 学生经历了创新的过程,学会了一种创新的方法——缺点列举法,让创新回到了物理课堂。

3. 根据建构主义理论知识,学生对新知识的获得不是建立在一张白纸上,是在已有知识的基础上,通过顺应和同化来实现的。在突破难点上,变传授式为探究式,轻易突破,符合人的认知规律。让学生比较两杯水的温度,根据学生已有的热膨胀经验,得出温度变化可以引起物体体积变化,让学生认识到可以利用玻璃管内液面高低来判断物体温度的高低,迈出了第一步,坚定了信心。再由老师引导着解决刻度的标示,自然引起对温标的思考,顺势介绍摄氏温标。学生开展讨论,动手制作简易温度计,记录自己的想法在表格中,再由老师收集同学们的想法,逐步改进温度计,最后做出一只比较理想的温度计。突破了难点的同时,也突破了重点。

4. 关注全体学生的成长,培养创新能力,而不仅仅是培养几个感兴趣、动手能力强的学生。至于将来学生们怎么发展那不是物理要决定的,初中物理课堂要做的是给每一个学生快乐的体验,美好的回忆。

5. 这节课顺利地完成了教学任务,时间紧凑,同学们的温度计都不完美,给他们的创新留下了空间,这正是创新的魅力所在,他们还意犹未尽,仍会继续努力。

6. 小瓶和玻璃管的搭配是成比例的。瓶子大了,加热时间长,不利于 40 分钟内完成,瓶子小了,找不到更细的玻璃管,则液柱上升的不明显,这样从精确方法角度来说,不可取。还要考虑到瓶子壁要尽量薄些,这样会节约热传递的时间,最终我就地取材,选择了化学实验室的器材:直径 4 毫米、长度 50 厘米的玻璃管、30 毫升装满墨水染红的水的透明广口瓶、橡胶塞。如果特地去购买一些定制的器材,我觉得就失去了这个实验的意义，毕竟，温度计也是科学家们一步一步改进后的作品。

　　总之，随着课改的深入，相当多的专家们已经达成了共识：物理课程必须注重全面提高学生的基本科学素养，使他们不仅掌握物理知识，还具有科学精神和创新能力，促进学生全面发展，为今后走向社会和终身学习奠定坚实的基础。

　　物理课堂呼唤更多"带着体温的温度计"！

"体育课原来也可以这样"

青溪中学　徐　辉

案例背景：

耐久跑对学生来说那就一个字"怕"，但是耐久跑对学生身体素质的提高有着不可忽视的重要作用，特别是对学生心血管系统的促进。如何解决这个"怕"字，让学生积极、主动地参与到学习、锻炼中去，是比较一个迫切的问题。反观以往的耐久跑教学中发现，教师的教学手段都比较单一、枯燥，内容的设定上也比较乏味。本课在新课标"健康第一、以学生的发展为本"的指导思想下，根据六年级学生的心理和生理特点，通过情景创设、合作练习以及"不抛弃、不放弃"等集体主义德育思想的渗入，充分调动学生在学习中的兴趣和积极性，从而改变学生对耐久跑"怕"的思想。

案例过程：

"今天我们要进行耐久跑的学习。""啊！又是长跑，老师能不能换个内容啊！累死了，而且一点也不开心。"刚宣布完上课内容，下面的学生就开始提出意见了，可想而知学生对耐久跑到底有多大的恐惧感。"同学们，你们看过《士兵突击》吗？里面有句话怎么说的还记得吗？"问题提出以后学生对跑的拒绝心理马上被问题所吸引，大家开始纷纷议论回忆起来。"好像是不抛弃、不放弃。""嗯，好像是的。""对，就是不抛弃、不放弃，今天我们就要像《士兵突击》里的特种兵一样，在练习的过程不抛弃、不放弃我们身边的每一个同学，好不好？"话音刚落，学生的积极性似乎一下子高涨起来了，都大声地回答好的。接下来我宣布今天上课的具体内容：学校自然地形跑。并宣布了相应的要求：以小组为单位大家一起出去最后一起回来，以最后一名到达的学生记录成绩。学生听完以后都跃跃欲试，但我观察了一下，学生之间似乎没相互合作的意思，在小组中学生也没有明确的分工，不过我不动声色继续发令，学生练习开始。第一组学生回来了，第二组、第三组……学生陆陆续续地回到了起点。"同学们，你们回来得都很快，非常了不起，但是在练习的过程中似乎你们忘了些什么？""啊呀！""完了。"学生的声音渐渐平静下来，那些跑得最快同学悄悄地低下了头。"老师，李辰炜他的耐力不好，我们只管自己跑都没想到他。""老师，金英杰的身体不好，我们也把他忘了。""一开始我想到的，但是跑着跑着就忘了。"学生纷纷开始总结在练习中的得失。"同学们，你们能意识到这些很好，但是老师还想说，在团队中我们是不是要让每一个人都发挥自己的长处啊！有的学生会说：'我就是跑不快，耐力差怎么办？'那你可以在团队中观察其他同学跑的动作是怎么样的，呼吸的节奏是怎样，通过学习，我相信你会有很大的进步，这也是为你的团队在贡献自己的力量。""老师我们开始吧！""对，开始吧，我们知道怎么做了。"在学生们的催促下，我开始了第二次练习，不过这次我发现学生团队里相互之间开始分工合作了，这次学生很好地完成了练习，整体成绩也有了不少的提高。在紧接着的后续比赛练习中，我又增加了练习难度，到上课结束学生累计跑了将近1500米，肥胖的学生也全都完成教学内容。"老师，这节课真的好累，不过挺有意思的，我从来没有跑过这么长的路，原来体育课也可以这样啊！以后多上这样的课好吗？"课后李辰炜特地跑过来对我说。

案例分析与反思：

1. 兴趣是学生学习的原动力，提高学生的学习兴趣有多种途径。本案例通过一定的情景创设进行耐久跑的教学，将枯燥、无趣的耐久跑教材变得主题鲜明、形式新颖。通过比赛的教学手段活跃了课堂气氛，使学生以情入境、以境乐练，真正体验了运动的乐趣，激活了学生参与体育活动的热情，提高了耐久跑教学的效果。

2. 合作学习模式能充分体现课堂教学中"以学生发展为本"的指导思想。在合作学习中，学生个人所追求的结果不仅有益于他自己，而且也有益于小组的其他成员。合作的努力，使得学生们都投入了一种追求互利的活动过程中，大家拥有一个共同的命运。在合作学习情境中，通过共同制订学习计划，协作互补，共同努力，共同提高，从而达到整体优势，况且在体育运动中，很多项目必须通过合作配合，才能够完成。因此，学生为了完成某个任务或达成某个目标，就必须具有协作意识。同时在合作学习中，学生的自控能力也得到了培养和提高。

3. 德育是学校教育的重要组成部分，而体育在学校教育中也有举足轻重的作用，两者有不同之处，但又有着共同的教育目的。本案例通过"不抛弃、不放弃"为教学的主要德育主线，让学生在练习过程中明确个体在团队和集体中的作用，培养他们的责任心，为今后树立正确的人生观和价值观打好基础。同时又有效地激发了学生对耐久跑的练习兴趣，对耐久跑的学习起到了较好的促进作用。

通过这个案例，我深刻体会到，在教学中要采用多种教法和手段，激发学生的学习兴趣，营造愉快、和谐、宽松的教学气氛，确保学生的主体地位，让学生真正成为课的主人。教师在教学中应想方设法为学生提供合作学习的机会，但也要重视学生的需要、情感的体验和德育教育的渗入，使学生在教师的引导和启发下，培养合作学习意识，使学生的身心得到健康的发展。

"电能，电能表和电费"的教法改进

青溪中学　钟文涛

一、学科理解

科学知识是我们生活中最常见的,在我们初中学习生活中,六、七年级有科学,而到八、九年级,则展开了分科,变成物理,生物,化学。其实我们每时每刻都在运用到,上科学课这么久,给我的感觉其实就是非常贴近生活,很多课堂上的知识,学生其实是有一定的了解的,而且学生对这些内容也是非常有兴趣的。我觉得教育都是以学生为主体的,而学生都是生活在实际物质世界中的,各种科学原理,不仅满足他们对未知世界的探索,也让他们了解的本质。而我们科学老师需要做的就是在课堂上提升效率,调动学生认识世界的欲望,回归到最初教育的本质,让学生对我们这个世界产生兴趣,提升他们的科学素养,促进形成健康的人格。

二、内容提要

这次我想提出自己建议的是"电力与电信"中有关电费的计算的相关教学设计,原本书上给我们的顺序是一个平推式的,一环扣一环的模式,这样对于学生的接受和掌握我觉得都是很好的,知识也是一层进一层,但我这次的改进是倒过来教授,希望他们在这样的学习过程中,提出自己的问题,不是一味追随着老师,而是有适当的提问。而且这样会把比较新的知识点放在后面,而导入会更加吸引学生。

三、教学任务分析

本课题是《科学》(上海牛津版)七年级第一学期第九章"电力与电信"的一点内容,内容涉及到认识电费单,探究影响用电量的因素、初步学会根据电能表的读数计算电费等,学生需要进一步提高运用支持假设,运用科学知识和生活经验来分析和推测的能力。在情感态度和价值观方面通过一些活动,体验假设需要证据来支持的科学探究方法以及培养学生的节能意识。

四、教学思路设计

1) 在本课的教学设计中，我对教材中的一些内容做了调整，从简单的，他们最常见到的数学计算来着手，比如在引入的时候我准备了三道看似相同，但稍微一步步加深的题目，让学生来深刻记住电费的计算是用电量×时间。

● 题目一：小明家一个月用了 80 度电，一度电 0.61 元，那小明这个月的电费是多少？

● 题目二：小明家用电情况如下，在高峰期时候，用了 60 度电，在低谷期的时候用了 20 度电，高峰期每度电是 0.61 元，低谷期的时候每度电是 0.3 元，求他们家这个月的用电量。

● 题目三：

上月抄见数	本月抄见数	单价	金额
1898	1958	0.61	
723	743	0.3	

从最最简单的，基本上每个学生都能够会做的计算，一步步加深，到最后一个表格的形式，学生再加上教师的引导能够比较好的接受，本月抄见数－上月抄见数是我们计算一个月到底用了多少电量的方法。

在每道题目后面我都会加上电费
＝用电量×单价，帮助他们加深印象。

使生活走向科学，利用学生理解，降低教学难度。又通过对身边用电现象的计算和讨论，很自然地激发出了学生树立节约用电的意识，将学生从科学拉回到现实。

2) 做了简单的计算后，我会提出那么用电量我们又是怎么计算的，这时候我会给他们看书上的电费单，让他们仔细看了以后，我会让他们注意几个字，用电量（千瓦时），问他们这个千瓦时，大家都不是很了解，但是它有一个别名，大家还是很熟悉的，让大家将千瓦时和我们平时常说的度联想起来，因为前面其实在做题目的时候，我也讲到单位"度"，所以很多学生还是能够联想到的。

电费（元）＝单价（元／度）×用电量（度）
电费（元）＝单价（元／千瓦时）×用电量（千瓦时）

给出上面两个公式，让他们演练，这两个是相同的。

3) 接下来就是让他们理解什么叫千瓦时这个概念了，这也是这节课比较难的一个点，用电量的计算，生活中，我们只要用电表就能知道每个月用了多少电，但是电表又是如何计算的呢？学生可能会有这样的疑问。在这里我会告诉大家，千瓦时这个单位，其实是由千瓦和小时乘在一起。

千瓦就是我们常说用电器的功率，小时就是我们用电器用的时间。这里可以举出一些生活中常见电器的图，让学生指出来这些用电器的功率是多少，让他们来练习一下。

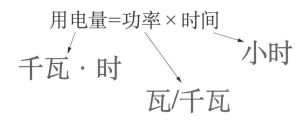

这里我会告诉学生在我们以后的学习中，会碰到很多的单位，其实这些单位在一定的程度上也是可以帮助我们解决问题的。我们数字之间可以有运算法则，在我们的单位之间也有加减乘除。然后举一些学生很常见的例子，比如距离公式中单位的计算等等。

4）让学生理解到功率越大，使用时间越长，所耗用的电能越多，耗用的电能越多，须缴付的费用越多。在这里我们采用的是控制变量的方法，让学生自己进行操作，从而得到用电量与功率和时间的关系，稍微加上个实验，可以丰富课堂的层次性，调动学生学习的积极性和参与感。

5）培养节约用电的价值观，提出生活中常见的浪费电的现象，提出合理用电，节约用电的方法。让学生自己充分发挥，老师给予适当的评价。

五、教学反思

其实这节课，我当时想的是怎么让学生在上课刚开始阶段就能够很快接受这节课的知识点，因为一开始就要讨论功率这个问题，学生没有接触过，可能会比较陌生，所以我用几道数学题，让学生一上来，发现这节课的内容很简单，就是和以前的数学题目结合起来，慢慢地引到我们平时生活中的看电表，从而结合生活中的知识点，从效果来看，也还是不错的，学生对于这种简单的东西都参与度比较高，引入的过程也比较顺利，在潜移默化中教给了他们一些生活中常用的知识点。

接下来的一个学生没有接触过的点，可能就是我说的单位之间的计算，学生七年级，没有学物理，在数学中，这种单位也没有很强的要求，所以我结合我自己在学习过程中，自己对学习生涯的认识，教给学生我的经验，希望学生能通过这个更好地接受，更加容易理解电力问题，这个虽然不是很正统的方法，但是对于以后学习理化都是有帮助的。

最后，我让学生寻找影响用电量的因素，即根据学生日常生活经验和已有的知识猜测影响用电量的因素，以小组为单位，采用"控制变量法"对猜测进行验证活动，得出额定功率和使用时间决定用电量。这一过程既可使学生比较直观地获得知识，也是提高学生探究能力的一个有效手段，凸显科学学科对学生能力培养的特点。在这个活动中，课堂气氛也比较活跃，但是由于学校资源有限，无法满足每个学生进行操作，比如说时间决定用电量的活动，只有两个学生上来进行操作，其他学生只能进行配合记录电能表的转动圈数，不过学生参与度较高。

六、总结

这节课，总体上来说我觉得是相对比较靠近生活的，体现了科学的生活性，其中的知识点总体来说都是与我们生活密切相关，而且是我们每天都在接触的，在目标的实现上，也基本上让学生学会了计算电费的方法和电能，电功率这样一些简单的概念，但是我觉得还有不足，课堂中的实验相对来说不多，也有设备限制的问题。在设计上我一直想不同于直接阐述一个个知识点，而是根据我自己的理解来组合课堂上的这些知识，虽然难点没有变简单，但是这样的顺序，也许能让学生有一个思考的空间，让学生自己产生疑问，比如什么是千瓦时？什么是瓦？而不是老师直接来说今天学习的是什么。

最后可以加上对节约用电的一些事例，让学生慢慢建立"合理用电，节约用电"的态度，渗透对学生情感及价值观的培养。

学生体验到科学的生活性，体会"生活中处处有科学"这样一个道理。在课堂实施上也可以引起更大的参与度，提升学生的学习效率。

翻转课堂　智慧育人

——以"自觉爱护公共设施"一课为例

青溪中学　杨卫晨

中学思想品德学科承担着对中学生进行思想教育,帮助学生养成良好社会公德,形成正确人生观、价值观的重要责任。那么作为思想品德教师,必须在思想品德教学中根据教材特点和实际需要,设计形式多样的学生活动,让学生在活动中体验、领悟、享受道德认知成长的快乐。翻转课堂打破了传统的教学模式,将传统的课内与课外进行翻转,通过课内外丰富的学生活动,提高学生课堂参与度,让学生在多种感官的综合刺激下产生情感共鸣,获得内心感悟,进而认可正确的价值观。

在中学思想品德课教学中实践"翻转课堂",以期能让更多的学生参与到课堂中来;能让更多的学生在多种活动中实现全面发展,我以八年级思想品德"自觉爱护公共设施"这一课为例,做翻转课堂教学模式的尝试,以期抛砖引玉。

课例再现

一、课前——学习先行

翻转课堂,具体来说:就是课前,学生通过视频、调查等方式自学掌握知识;课中,学生借助讨论交流、教师指导等方式将知识内化;课后,学生则要进行更高层次的知识探究和拓展延伸。根据"翻转课堂"这一教学模式特点,又考虑到在前一课"我们周围的公共设施"中,学生已经了解"公共设施"的概念,也能分辨生活中一些常见的公共设施,所以我在课前采取了小组调查的方式引导学生预习,给学生安排了收集材料的任务。我把这课的内容分化成"公共设施的来源""公共设施受损的原因""公共设施受损后的影响"三个主题;再把全班分成3个小组分别去完成资料的收集整理,做成PPT或者视频的形式,在课堂上和全班同学分享展示。这种做法,既调动了学生参与活动的积极性,也为课堂交流提供了素材。同时学生在实际调查活动中,不仅将公共设施的抽象概念变为了较直观的感性认识,而且也对爱护公共设施的原因和意义有了初步的情感体验,让后续课堂教学中的知识内化有了一定铺垫。为了能在课堂中更有效地开展学生活动,我又在各小组完成调查后,向各组学生征集他们在调查中和调查后已解决和未解决的问题。

二、课中——课堂内化

翻转课堂强调以学生为主体、注重促进学生对教学内容中教育价值的认同和内化，所以教师无法完全照搬预先设计的教学内容，而是要针对本班学生对教材内容的把握情况在课堂中适时调整。根据实际需要，对"自觉爱护公共设施"这一课的课堂教学，我安排了三个环节的学生活动来开展教学。

环节一：合作探究。这个环节中，三个小组分别上台展示交流，他们的交流由两部分内容组成。一部分是分享他们小组的调查成果；另一部分是各小组间互相讨论、通力合作，解决全班性的重点问题。同时，我根据课前筛选出的共性问题，在课堂上呈现要学生讨论的重点问题。当时在课堂上，我设置的"公共设施应该由谁来保护""为什么公共设施要受到保护""看到受损的公共设施，我们该怎么办"这几个问题都是从学生那征集来的。在分组讨论这些问题时，我也适时参与了讨论，参与中，我对学情有了更深入的了解，大部分学生已意识到我们有责任也有义务去爱护公共设施，也已基本认同爱护公共设施的意义，并能对特定情境下的价值选择做出较好的判断，而学生的这些反应恰恰是发展他们价值素养形成的重要基础。

环节二：答疑解惑。在这个环节中，主要由其他小组成员和教师向展示的小组提出问题，请求解答。当然这个过程中，教师可以请学生答疑解惑，学生也可以让老师帮助解决问题。这种学生活动的设计，有助于学生"融进去"，充分参与教学，而且适宜的课堂氛围和语境，也有助于学生"说出来"，作坦诚的交流分享，这样，个体体验的收获才会更明晰、更深厚，并得以强化且惠及他人。在上"自觉爱护公共设施"时，就有学生对书上"爱护公共设施是爱护公物的表现"这一知识点提出疑问，公共设施和公物有什么关系？其他组的学生就从"公共设施"的概念入手，"公共设施是由政府或其他社会组织提供的、属于社会公众使用或享用的公共建筑或设备。因此，公共设施是我们社会的公共财物，是我们国家和集体的公共财产，简单地说，公共设施都是公物。所以，爱护公共设施就是爱护公物。爱护公物是我们每个公民应当具备的道德修养。"学生之间的这种交流比教师的讲解更具有吸引力、方法更多、更有开放性。而且在互动交流中，学生也能借此对自身的情感体验及价值观念进行了梳理和修正，更有效地达成思想品德的育人目标。

环节三：评价反馈。当堂检测是翻转课堂的特点之一，从教师的角度来看，当堂检测能看到学生对新知识应用上暴露的不足，教师根据具体情况，及时调整教学，体现真实性。从学生的角度来看，当堂检测能促使学生将刚刚理解的知识加以应用，在应用中加深对新知识的理解，体现时效性。在"自觉爱护公共设施"一课的课堂学习快结束时，我向学生抛出了这样一个问题：学校的公共设施是学校的公物，是为了方便同学们的学习生活的，作为享用这些公共设施的我们在日常学习生活中应该如何爱护公共设施？学生们纷纷举手发言"使用时多加爱惜，轻拿轻放；及时通知有关部门修复受到破坏的公共设施；破坏较轻的公共设施，力所能及地想办法来修复"。思想引导着行动，他们真正理解了爱护公共设施的重要性,所以学生们会争先恐后地提出保护学校公共设施的建议,这是"爱护公共设施"自觉意识的渐次流露。

三、课后——学用结合

学生明辨了是非曲直,如何才能落实到自己的行动之中,是学与用的结合,也是思品课教学的目的。所以,在课后我要求学生结合学习内容,检查自己的行为,如"自觉爱护公共设施"一课,设计了"寻找榜样"的作业,让学生在课后寻找校园中自觉爱护和维护公共设施的榜样人物,把他们做的事情拍下来或写下来,然后反思平时做得不好的地方,对自己爱护公共设施提出一些建议。把知识转化为能力,促进学生良好习惯的养成。

实践感悟

感悟一:依托学生活动激发学生思品学习的兴趣

兴趣是最好的老师。有了兴趣,才能激发学生主动参与学习过程,所以在课前选择所需要的微视频时绝对不能随意,必须精挑细选,体现其"微"的特点。当然课前的自主学习,除了可以采用微视频,还可以根据教学内容的需要安排适合的其他学生活动,比如小组调查、完成预习单等多种形式。如此,翻转课堂的优势方能得到充分发挥,只有创设有效的学生活动,才能激发学生学习兴趣,提高教学效率。

感悟二:依托学生活动拓宽学生思品学习的内容

翻转课堂教学模式实行"课前学、课上练"的教学模式。课前学生自由选择时间、地点进行有目的的学习,课上学生以合作交流和答疑解惑为主,加深巩固学科知识。对于学习接受能力较差的孩子能得到更多的指导和针对性练习的机会;而对于要求学得更多更好的孩子,教师则可以提供相应的材料,提出更深层次的问题,并且,当他们在探究过程中遇到困难时,教师可以提供相应的指导。可见,翻转课堂的容量之大是传统课堂远不可及的。

感悟三:依托学生活动培养学生思品学习的能力

不同于传统教学对知识掌握情况的重视,新课程改革下,我们越来越注重学生学习能力的培养和情感态度价值观的养成,而翻转课堂,正是切合了这一思想。翻转课堂的实施,发展了学生的各项能力:通过观看微视频自学,可以培养学生有效提取信息的能力;个性化自学,能够增强自主学习的和探究能力;在分享与讨论的过程中,彼此相互启发、相互激励、共同发展,从而更深入、全面地掌握知识内容,实现高效课堂教学。

在倡导价值观教育的今天,根据教学需要,适时翻转课堂,创设适宜的学生活动,融价值观教育于课堂教学中,让学生自己去体验、认同,进而接纳并践行价值观,由此影响并逐步奠定其一生的精神格局,这是我们思想品德教师的神圣使命。

那片玉米地

青溪中学　九(1)班　陈艺佳

　　远离繁华的都市,我的童年时光都在家乡度过,童年时无忧无虑的笑声都留在了家乡的那片玉米地中。

　　秋日的第一缕阳光透过云彩,射进了我家的小院子,我和奶奶整装完毕,向着玉米地进发。在蜿蜒曲折的小路上,隐隐约约看到西方点点绿色的墨迹。我难抑欣喜之情,迎向了玉米地的怀抱。这是一片多么大的玉米地啊!与天相连,墨绿色的杆上长满了丰硕的玉米,大大小小,好像是一群孩童依偎在妈妈的怀抱。

　　望着这样好的天气,这样美丽的玉米地,我一下把篮子丢到地上,拨开挡在我前面的玉米杆,一会儿往左拐,一会儿往右拐,前进、后退,在玉米地中穿梭着,大笑着。

　　奶奶为我提起丢下的篮子,呼喊着:"快回来,我找不着你了!"这时,我便跑到奶奶跟前的玉米地,继续奔跑,奶奶望着我的身影,笑了⋯⋯

　　跑累了,也安分了,接过奶奶的篮子,与她一同摘玉米。她寸步不离地跟在我的身后,教我选玉米,折玉米。可我一句也听不进去,摸摸这个玉米的须,又摸摸那个玉米的外衣。我拿起一个篮子中的玉米,透着仅有的一层嫩绿色的外衣,清晰地看见里面是一粒粒乳白色挨挨挤挤的玉米粒。

　　那时,我觉得玉米粒很是新奇有趣,便顺手开始摘起了玉米,我也不管奶奶说的或大或小、或好或坏,见一个摘一个。一个人默默地坐到一条小沟边的碎石子上,拣了一个最大的玉米,褪下它的第一层墨绿色外衣,用双腿夹着它,两只肥嘟嘟的小手齐齐抗挣第二层翠绿色的叶子。待第二层剥完,就只剩下两层又淡又薄的外膜,终于能看见玉米粒了!我再接再厉,一下子又剥去了它两层外衣。

　　乳白色的玉米粒在我眼前"扑灵扑灵"地闪烁着,很是好看,我掰下一粒,在手中把玩着,一不小心把它磕在了石头上,汁液如同刚挤下的牛奶般溅了出来,把石头与土地都染成了白色,我深深地望着那玉米,手更是不听使唤,长长的指甲抠在玉米粒上,它的汁液流进了我的指甲盖里,凉凉的,像清澈的溪水滑过,又顺着指甲盖流向了手背。

　　奶奶早已发现我坐在那"胡闹",但只是那么凝望着,嘴角总挂着一点弧度。

　　回眸那片玉米地,是情,亦是趣⋯⋯

让那双疲惫的手休息

青溪中学　九(2)班　陆思媛

每天放学回家时都会看见一群建筑工人在工地上工作,时不时揉搓手掌甩甩手。一双双戴着手套的手,不禁忆起爷爷小屋里的那双白手套,经过岁月的冲刷,那双白手套渐渐磨成了苍苍灰白色,唯一不变的是那双手,那双展现了一个又一个岁月的手。

期中过后,天渐渐变冷了,我才注意到爷爷戴上了手套,是那双厚笨的大白手套,是爷爷小屋里的那副。那双手套是爷爷在年轻时工地里戴的,现在年龄过高也就没有再拿出来过,但对他来说如同珍宝。

但今日为何又重新拾起,戴上了它呢? 自以为是爷爷在怀旧的我得到了肯定的回答:"我想让手不要忘记勤劳。"我的心紧绷了一下,隐隐作痛,心疼于爷爷他老人家过了一辈子也不会忘记过去建造过的土地,过一辈子也不会记得自己的手是冷是热,是好是损,过了一辈子也不会让那双疲惫的手休息,过一辈子也不会忘记建筑事业。

现在望望窗外,不知道那些高高的大楼花了多少时间才建成得以让百姓居住,不知道是花了多少精力去完善改进,又是花了多少时间来填补自己的疲惫。那双为了家人而奋斗的手不停地活动而不去休息,只是浸泡在水中静静地等待疲惫消失至尽。

那双疲惫的手一点一点地染红了人们心中的贫困,给予的是一个温暖的世界,共同的进步,共同的发展,造起美好的天地。

他们为我们这一代人做了极大的贡献,但在这鲜为人知的背后,却满是皱纹,苍白的风貌。在最后的几时几月几日几何之处,让他们在温暖的火炉前闭上双眼,披上毛毯,放下心来享受休息。因为有人在他们身后加快步伐,以最完全的风貌迎接着未来。

那么当下,让那双疲惫的手好好地休息吧。

"谢谢"的魅力

青溪中学　七(1)班　周　钰

几日前,我乘公交车回家,车内发生的一幕让我想起了很多,也改变了很多。

车内,人声鼎沸,售票员扯破嗓子的声音在此刻仿若蚊呐,显得如此渺小。我静静地坐在车厢最后一排靠窗的角落里,突然,车厢内一阵骚动,嘈杂的声音不禁令我皱起眉头,却又可以让我更清晰地看到车厢内所发生的一切。

快到下一站了,只见一个打扮艳丽的女士费力地挤到车门旁,眉头皱紧,不知在嘀咕什么。一位戴着眼镜拎着手提包的青年和一个拎着菜篮似要去买菜的中年妇女以及一个头发花白、穿农民装束、怀中抱着一个咿咿呀呀的婴儿的老爷爷,他们都挤在门口,看样子是要下车。快到站了,售票员扯着喉咙大声喊着"停车! 停车! 快停车!"可司机似乎走了神,丝毫没有要减速的意思,眼见着红白相间的站牌飞快地从窗外闪过,售票员越发着急,声音一次比一次大。终于司机听见了,突然一个急刹车,让车内所有人身体都不由自主地往前倾,几个站不稳的还跟跄了几步。在仅仅只持续了一秒钟的寂静后,随之而来的是如潮水般一次又一次的骂声:

"司机你会不会开车啊!"

"你们有没有职业意识啊?"

"是想让我投诉你们吗?"

……

……

年轻的售票员红着脸低着头不住地道歉:"对不起,对不起,这是我们的失职,请您不要投诉我们!"在这纷乱的声音中,那位老爷爷走下车时温和地对售票员说:

"谢谢,我要下车了。"

车内一霎时安静了下来,大家纷纷把目光投向那个年老的长者身上,那些目光中有疑惑,有惊讶,有赞叹,有不屑,还有……只有我,一直静静地观察着这车厢内的一切动向的我,通过窗户看到老汉说这话时的坚毅和诚挚。

车继续缓缓地前行,车内嘈杂不复。

一句简简单单的"谢谢"似乎改变了许多东西……

老人的修车铺

青溪中学　九(2)班　戚翼飞

穿过楼前一排排嘈杂的小饭馆、小卖部，最里边的那间小屋子便是老人的修车铺了。

老人已经退休了吧！稀疏的头发，花白的胡子，瘦削的脸庞在阴暗的满是汽油味的小屋里更是看不分明了。这间默默无闻的修车铺出现在这条弥漫着吆喝声，充斥着嬉笑声的街道，简直如同一粒石子投入大海，波澜不惊。只有当人们看着"罢工"的自行车惴惴焉不知所措时，才会想起老人的修车铺，想起这个在日常生活中时常被遗忘的老人。

听周围的邻居说，老头子是个奇怪的人。老人整日待在铺子里，在各式各样的零件中穿梭。老人经常出神地盯着面前的老虎钳、扳手，就算门外鞭炮响得震耳欲聋也不会抬一下头。

在小镇的人们还沉睡的时候，老人就已经打开修车铺开始了一天的工作。老人听着老式收音机里的京剧，有时也咿咿呀呀跟着哼几句，他享受着清晨第一抹晨曦降临的快乐，第一只鸟儿飞过的喜悦。当推着自行车匆匆奔来的小青年气喘吁吁地来到修车铺，老人深邃的目光和坚定的神情顿时让你在燥热不安中寻到了一丝清凉与安慰。

老人于是开始了忙碌，他麻利地卸下损坏的零件，眉头紧锁，口中默念着什么，在铺里的架子上快速地扫视一遍，便在满满一屋子的轮胎、轴承和各种零件中找到了自己的目标。老人不紧不慢地装上零件，又细细地检查一遍，一滴滴汗珠从额头滚落，老人来不及擦拭，望一眼铺子里长长的挂钟，又开始了新的工作。

当我打着伞走在空旷的街道上时，老人的铺子里也亮起了点点灯火。窗前一个身影在徘徊，闪动。我仿佛看到了他朦胧的脸在灯下淡淡的笑容，深邃的双眼与发光的工具一起跳动，逐渐在幸福的光辉里荡漾开去……

老人也许是在用生命诠释着"衣带渐宽终不悔，为伊消得人憔悴。"但是在这一份坚定中少了一份哀思，多了一份坦然的幸福。在一片风雨过后，我想，他更愿意在平凡的修车铺中寻找一份属于自己的宁静吧！

夜深了，远处不时传来几声犬吠，老人关上修车铺准备回家了，今夜星光灿烂，月光如银，我一定会枕着这一夜星光酣然入睡……

世上自有真情在

青溪中学　九(4)班　干文琪

在现在的社会中常常有老人"碰瓷"的事情发生,然而就在短短国庆期间,我在异地,看到了一抹与众不同而又绚丽多彩的"颜色"。

"咦?那里怎么有那么多人围着呢?"我忍不住好奇心,硬挤进了人群中。噢!经过询问才知道一个老人在一辆车子前面摔跤了。原本普普通通的小事,却在我的心中翻起轩然大波。那个老人是一个"碰瓷"的,还是只是一个不小心而摔跤的善良的老奶奶?很快第二个想法被我的大脑迅速否决了。在场的人们也议论纷纷。不过我认认真真地听,发现他们不是在讨论老人是不是个"碰瓷"的,就是乐此不疲地讨论有没有人敢扶她。就在这时,一辆警车向我们开来了,那位司机吓得直发抖,看上去六神无主。旁边的路人也压低了嗓子,不再是大声喧哗而开始窃窃私语了。不一会儿,一位警察便严肃地走来询问这场事故的发生了:"你们是发生了什么事故?"司机张了张嘴没有说话。我想也是,大概他百口莫辩了吧!

一直在旁边站不起来的老奶奶勉强坐了起来,用微弱的声音说道:"这……这不关他的事,是我这个要命的身子骨呀!一不小心,踩着了石头!"说罢,这位老奶奶用力地靠着车子,颤颤巍巍地走了起来,就算头上已经满头大汗却还是为了帮那位司机"伸冤"倔强地说:"看!我这不是很好吗!"我看着这一幕,听着这些话,我的心中十分感动,这位老奶奶不仅没有"碰瓷"而且还为了帮助司机,用已经弱不禁风的身子骨勉强站起来,勉强地走路。警察一句话也没说,只是对着两个人点点头,开车离开了。我想明眼人一定都看出,这是对他们两个的赞赏。司机楞了一会儿,慢慢地扶起老奶奶,缓缓地走出众人的视线……

我心中感概万千;有多少人在车祸之后,开车逃走,想要逃避刑事责任;而又多少人在别人态度诚恳送医药费时,却得寸进尺。

通过这次的所见所闻,我用自己的心体会到了我们面对的世界不一定是苍白灰暗的,只是五彩缤纷的世界要用心才能看到;我们面对的世界不一定是只存在假恶丑的,只是真善美没有被你认真发掘。

如果世上的人能多一点像那对司机和老奶奶的人,那么,所有人的脸上都会洋溢着快乐。世上自有真情在!

我爱我家的橘子

青溪中学　七(2)班　邵佳颖

"香雾巽人惊半破,清泉流齿怯初尝。"正如这句诗句所说,橘子是多么清香可口。所以,我最爱我家的"原生态"橘子啦……

在我家后花园,有一片空地,爷爷奶奶便在这种下了三棵橘树。每年盛夏时节,橘子树上便开满了白如雪的小花,十分美丽,远远看去,似乎是天空中落下的绵绵白雪。过了一两个月,当你拨开繁茂的枝叶时,你就能看到一个个碧绿的小橘子,如晶莹剔透的玛瑙似的,这时你可千万别贪吃,这种橘子还没成熟,是非常酸的哦,你吃了后定会"哆嗦"一阵子,直往肚里灌水。

在十到十一月间,橘子才差不多成熟了。橘树上挂满了一只只黄澄澄的桔子,远远地望去,似一盏盏小灯笼,又如一位位活泼可爱的小女孩在迎接着你,向你微笑着。当你剥开橘子皮,一股清香扑鼻而来,一块块晶莹透亮的果肉呈现在眼前,让人看了就迫不及待地伸手去品尝。

当果肉被牙齿咬破,清甜的汁水喷涌而出,充满了整个口腔,令人回味无穷,使人吃了一片,又想吃第二片,吃了第二片又想吃第三片……这么一个个香甜的橘子真叫人喜爱,让人吃了还想吃。

我爱我家,更爱我家的"小精灵"——橘子。

外婆家的草地

青溪中学　七(4)班　林涵韵

都说幼时的回忆是五彩缤纷的,于我来说却不是这样。在我的记忆中,我幼时的嬉戏似乎只限于外婆家的那块草地。

外婆家周围的环境较好,一眼望过去几乎是一片绿色,尤其是外婆家的草地,上面布满了绿油油的三叶草。若是细看,就能发现每一片三叶草都长得不一样。

那时我钟情于捉蚂蚱。那片草地里有许多蚂蚱,不过要走近才能看到。那些蚂蚱机灵极了,藏在三叶草的叶子下,往往一有风吹草动就转移阵地。我总是偷偷拿走外婆的洗菜篮去捉蚂蚱。若是运气够好,一进草地就能发现蚂蚱,轻轻俯下身子,拿篮子连着蚂蚱和三叶草一起扣住,蚂蚱一急,就喜欢往上跳,正好到篮子上,再把篮子提起一点,迅速用纸板把篮子的出口挡住,蚂蚱便已成为我的囊中之物了。

外婆家的楼上还住着我们一个新疆的亲戚。他大约五六十岁了。最大的爱好就是写毛笔字和找四叶草。每年他回来这里小住的时候总能看见他在那密密麻麻的三叶草里低头寻找四叶草。他相信找到了四叶草就代表他是一个幸运的人,接着一整天的心情都会很好。幼时的我无聊时就喜欢跟着那爷爷一起寻找四叶草,往往用了一下午的时间,两人也就找到那么一两棵四叶草,然后像捧着珍宝似的,把那几棵四叶草带回家。

外婆家的三叶草虽朴素无奇,但它的每一片叶子,每一条脉络却都包含着我幼时所有快乐的回忆。

生活中的情趣

青溪中学　九(3)班　朱苏颖

都市中的生活固然是方便的,但是快节奏的城市生活,压力偶尔也会如山一样大。离开繁忙的都市生活,去体验一下乡村生活,你会发现四季的乡村生活有别样的情趣。

春花开在"仙"露里

春天,是万物复苏,充满生机的一个季节,偶尔和家人回乡下,与平时难得一见的兄弟姐妹们一起玩耍也十分有趣。

表姐与我年龄相差不大,自然喜爱的东西也几乎相同。在看到成片成片的油菜花、刚刚露出笑脸的桃花与含苞待放的杏花时,我们同时萌生了一个念头:如果这些美丽脱俗的"姑娘"们在一起会怎么样? 于是,我们找了一个瓶子,打算做"神仙花露",摘几朵杏花,几朵桃花,几朵油菜花放在瓶子中,放上水,轻轻摇几下,花儿在水中跳起了芭蕾。再从河边的杨柳上折下一枝柳枝,沾上我们制作的"神仙花露"洒几滴在各自的身上,洒几滴在泥土中,再互相一对视,为自己"幼稚"的行为笑了。

这份情趣来自大自然的馈赠与儿时的童真。

夏雨滴在记忆中

夏天,是一个闷热多雨的季节,回到乡下,听到最多的一定是知了的叫声。有时傍晚还会下起雨,雨从屋檐上流下来,形成雨柱。这时,妈妈和我一起在屋檐下看着这一幕,她的脸上挂着一种别样的色彩,她指着雨柱对我说:"在我小时候,屋檐下会有一个大坛子,那雨柱会流到大坛子中,待雨停了后,坛子中都是雨水。我那时就喜欢喝雨水,因为雨水是甜的……"说着说着她便笑了。听着妈妈的回忆,我仿佛回到了妈妈小时候,看到了那屋檐,那坛子,那雨水,我也笑了。

这份情趣来自母亲儿时的回忆以及母女的心灵相通。

秋叶落在湖水上

秋天是一个凉爽的季节,身体不太好的姥姥熬过了夏天,到了秋天竟然有了精神,想出去玩一玩。妈妈开着车带着姥姥到了滴水湖。滴水湖离乡下这么近,但时至今日,奶奶也从未去过,一路上,姥姥瞪大了眼睛看着曾经熟悉的农田现已变成了工业区,曾经的小渔船现已变成了大轮船。

到了滴水湖,姥姥竟不要轮椅,说要自己走。作为小辈,爸爸妈妈与我看到这一幕心中像开了花儿一样。姥姥在妈妈帮助下慢慢地行走，路边的树叶发出"沙沙"的声响，叶子随风飘落下来，落在道路上，落在肩膀上，落在湖面上，姥姥看到这风景笑了，妈妈爸爸看着姥姥笑了，我也笑了。

这份情趣来自时代的进步与亲人之间的心灵契合。

冬雪融在温暖中

冬天是一个寒冷的季节，却是让心中洋溢着温情的季节。因为在这个季节中有一个重要的节日——春节。

每逢春节，所有亲戚都会齐聚到乡下。大家一起围坐在饭桌前聊天，有时会讨论孩子们的学习问题，有时会讨论各自的身体是否健康，有时会讨论大家这一年是否过得顺利。在大家聊天时，大伯在灶前，拿着勺子煮着汤和佳肴，却还会时不时插上一句话，大姨就会故作严肃地说："别说话了，小心炒糊了。"大伯笑了笑，继续炒菜。

孩子们一起在外面玩耍，这时，妹妹大叫："看！下雪了！"在上海，平时很难得才下一次雪，正在聊天的大人们也停了下来，欣赏着外面一片片慢慢飘下的雪花，孩子们高兴地手舞足蹈，笑声溅得到处都是。我把手放在外面，一片雪花飘在了我的手上，一会儿就融化了。我想融化这雪花的不仅是我手心的温度，更是我因家人齐聚一堂的其乐融融而发自内心的温暖，想着这些，我笑了。

这份情趣来自家人的团聚以及内心的温暖。

在乡村，不同的季节所体现的情趣也各有千秋，不管是春夏或是秋冬，乡村的生活都有一种别样的悠闲，别样的温馨，别样的情趣……

趣读"翁仲"的故事

青溪中学　九(4)班　蒋静维

人们常说"书是人类进步的阶梯",这话一点都不假,只有读书,才能使人满腹经纶,达到"腹有诗书气自华"的境界,但在通向满腹经纶的道路上,有时会有一些疑问,需要我们自己通过探究,找到正确的答案,从而有所收获。

某日,我闲来无事打开书柜,随手拾起一本封面印着《柳河东集》四个苍劲有力的大字的书,翻开有些泛黄的书页,细细品味其中的一段文章、一个句子、一个文字,甚至是其中一个小小的标点符号……突然,其中有一首诗吸引了我的注意,那是唐代著名诗人柳宗元的《衡阳与梦得分路赠别》一诗。我反反复复地阅读这首诗,对其他部分都能够明白其中的意思,唯独对"翁仲遗墟草树平"这一句诗中的"翁仲"一词很不理解。我就去向爷爷请教请教,请他为我答疑解惑。于是爷爷便对我讲了这样一个故事:

翁仲,原指秦代猛将阮翁仲,传说他身长一丈三尺,异于常人。秦始皇曾命他出征匈奴,死后铸铜像立于咸阳宫司马门外。后来,就称铜像、石像为"翁仲"。因此,"翁仲遗墟草树平"一句中的"翁仲",便指的是"墓前的铜人或石人"。

"哦!原来如此,一个小小的词语,竟然包含有这么丰富的历史故事啊!"看到我饶有兴趣的样子,爷爷笑了,继续对我说:"你知道吗,在我们方言——吴语中还有'翁仲'一词呢!"我没等爷爷说完就迫不及待的开口道:"真的吗?爷爷快讲给我听!"爷爷便又与我讲开了。原来吴语中的"翁仲"一词,它本指"本来能做好的事情,却因一时的疏忽而弄错了,大有有口难言之苦。"那么,吴语中的这一词义又是怎么来的呢?这竟又有一个令人啼笑皆非而有趣的历史传说。

传说清朝的乾隆皇帝,曾到江南一带巡游,随行的人很多。有一次,他来到一座规模很大的坟墓前,那里不但有石碑,而且有石人石马。乾隆皇帝指着一个石人问身边的一个翰林学士:"它叫什么名字?"这位翰林一时记错回答说是"叫仲翁"。乾隆回到京城之后,把这位翰林降为通判。据说降职的圣旨是四句诗"翁仲为何作仲翁,只因窗下少夫工。从今不许为林翰,贬入朝房作判通。"诗中的"工夫""翰林""通判"这些词,乾隆有意颠倒说成"夫工""林翰""判通",实是对这位翰林的辛辣嘲讽。这个故事,后来在江南一带广为流传,因这位翰林的倒霉遭遇,便使"翁仲"一词带有了上述的词义,还使"翁仲"一词成为带有浓厚吴地方言色彩的形容词。原来,我只是想大致向爷爷讨教一番,却不曾想收获了如此之多,真是感觉受益匪浅啊!

这有趣的读书经历虽然已经过去一段时间了,但它在我心中烙下深深的烙印,在我的脑海中久久的回荡。它时时刻刻告诫我：读书不能生吞活剥，囫囵吞枣，一定要细细咀嚼，努力消化；一定要不耻下问，谦虚好学；一定要处处留意，事事用心。只有这样，才能够真正读懂五千年博大精深的中国文化。

书法写人生

青溪中学　七(4)班　林晨昀

　　从王次仲弱冠创"八分书",到"张旭判状得教",再到"吴昌硕拜师";从王羲之"天下第一行书"的《兰亭序》,到颜真卿的《多宝塔碑》,再到郑板桥的《满江红》——书法,可以说是中国传统文化五千年来最具有民族特点的象征,书法的平和自然,书法的结实有力,书法的雄秀端庄,都散发着一种墨香的魅力,深深地吸引着我们。

　　让我最先对软笔书法感兴趣的还是得益于幼时那节书法试听课,当我不疾不徐地走进那间书法教室时,墙壁四周悬挂着各种各样的书法作品一下子吸引住了我的目光,我带着一丝惊愕又渴求的目光望着它们,那笔力苍劲的"众鸟高飞尽"、那坚定有力的"读书破万卷"、那清新秀丽的"秋水清无力"……一位同学坐在座位上,埋头只顾写啊写,笔下好像有源源不断的泉水涌流出来,一张张泛黄的纸上印上了一个个风姿翩翩的字;另一个同学则仔细端详着老师的字帖,她皱皱眉又点点头,然后在纸上如行云流水般写上了力透纸背的字……

　　在妈妈向老师说明了来意后,老师拿给我了一支笔和一张纸。接着只见老师先在纸上轻轻地点了三下,一个黄豆一般大小的点就形成了。我看着纸上由化开的墨汁形成的字觉得很神奇,老师见状就把笔递给了我,让我来试一下。我怀揣着忐忑不安和激动接过笔,我试着像老师写字那样,将手抬得稍微高些,把那只细滑的笔杆握得很紧。我第一次握紧它,不免得手心底似乎冒了些汗,我握着笔的手腕沉了沉,小心翼翼地在纸上点了三下。写完后,老师仔细端详我的"点",我原本放松的心情因老师的检阅而又变得紧张起来。正当我沮丧地看着他沉默的脸庞时,他的脸上却露出了一丝笑容:"不错,就是这样,看这里……"。老师在我写的点上圈圈画画,立刻我的"点"也像老师写的那般有灵气。就是这一个点,老师给我讲了大约半小时,可我并不觉得枯燥,还觉得很有意思,原来一个点可以引发这么多内容。渐渐地,我也不再紧张,还有点小兴奋,看来我和书法是有缘分的。短短的一节课,我却早已被它的魅力所吸引住了。

　　自此,我对书法课产生了浓厚的兴趣,我期盼着每周六的那一节书法课,每次都会催促妈妈早点送我去上课。因为对书法的喜爱,我会关注很多关于书法的事情,也了解了很多有关书法的人和事件;欣赏各个名家的作品,在看作品的时候思考这字的结构、形体、笔画、用力、布局等;平时上课认真书写,仔细聆听老师的指点,及时改进不好的地方;从基本笔画到楷书,从楷书到隶书,从隶书到行书。书法没有捷径可走的,只有坚持不懈的练习,在经过三年多的学习,我的书写能力有了很大的提高。老师看到了我的努力和进步,就带着我去参加了每年一次的写春联活动——到社区里给居民们义务写春联,这我感到无比的荣幸和兴奋。

　　我在大红纸上写上各种祝福的词语，代表着吉利和喜悦；还写上一个大大的"福"字，希望给大家带去很多的福气。看到大家手里拿着我写的字，微笑着点点头，我立刻有了大大的满足感：因为我的字让他们感受到这一份新希望，让烦躁的心会沉静下来，让寂寞的心会温暖起来。原来我也有可以让大家高兴、愉快的能力。书法带给我的满足感，还有那一次次的奖项。在最近一次的上海市"封浜杯"中学书法比赛中，我获得了一等奖的好成绩，这真的是一次意外的惊喜，更是大大的激励，也成为我坚持学习书法的动力，因为书法带给我很多的自信心。刚开始学书法是为了满足妈妈的愿望和自己的兴趣，并没有想过它会改变我什么和带给我什么，但通过这几年的学习，书法已成为我生活学习的一部分，书法已和我密不可分，我喜欢书法、热爱书法，我想成为书法的传承者，也想完成这美好而光荣的使命。

　　不管科技发展到什么程度，我们中华民族宝贵的文化财富不能舍弃，电脑永远也代替不了手写的功能，所以我们每个人还是要认真书写汉字，我们经常说"字如其人"，想必你也一定希望成为一个"漂亮"的人。

轻轻告诉你

青溪中学　九(1)班　朱丽雯

"逝者如斯夫。"光阴流逝甚快,那些还未来得及说的言语,在此我要轻轻地告诉你。

自我懂事起,你和爸爸在家里总是吵架,最终无奈,只好离婚。因为爸爸的离开,我总是怪罪于你无法给予我一个美好温馨的家。直到有一天,我按捺不住心中的怨气,在一次与你吵架过后大声喊叫发泄道:"我讨厌你!"之后,我将自己关在房门里一天一夜未出来。

在那天我有时会透过门缝偷偷地看你在做什么。布,客厅到处都是布,本应干净整洁的客厅被布糟蹋得凌乱不堪。屋子充斥着布散发的恶臭味,但在你看来这些其实是清香的,因为它们连接而成的能换来金钱来供我生活。轻轻地告诉你,其实我并不讨厌你。你总是弯着腰,倚靠在缝纫机上,阳光斜照,你的头发中隐隐露出银光,那是你的白发,额上脸上的皱纹似乎比以前更多了。你为我做了许多,而我现在却在跟你耍脾气,我羞愧地低下了头,从此,房门一直都是敞开着的。轻轻地告诉你,我越来越懂事了。

你见我打开房门,擦了擦汗,什么也没说就去厨房盛上刚煮好的老鸭汤,你一直都知道我最爱吃什么。你将老鸭汤端进我房间桌上,关切地说:"早饭还没吃,肯定饿坏了吧,先别急着喝,等吹凉了再喝。"说完,又回到缝纫机上赶工。我喝着汤,也没顾着汤有多烫,一口气喝下了所有汤,汤的温暖滑到心里,暖暖的,甜甜的。轻轻地告诉你,我爱你。

趁着这余下的几寸光阴,我将用我的行动轻轻地告诉你,我爱你,感谢你为我所做的一切。

我的父亲

青溪中学　九(4)班　龚爱丽

我的父亲,普普通通,黝黑的肤色外加一张孩子气的脸庞,脸上如山路一般弯弯曲曲的皱纹透出岁月的痕迹,仿佛在诉说着他这些年来的不易。

说到父亲,我的脑海中就会"噔"的一下跳出两个字:暴力。对不懂如何用温柔和耐心教导的父亲来说,把犯了错的我狠狠地打上几下是最好的解决问题的方式。

可是,幼小的我又怎会懂得严厉的父亲那平淡简单的父爱呢?脾气暴躁得与父亲一样的我只是让我们父女俩之间的隔阂越来越深,让我们的心也越来越远罢了。

不知从何时起,我的指甲上变得坑坑洼洼起来,我满不在乎。可父亲不知怎的就发现了我手指甲上的这几个"病号",并且语气十分严肃地强烈要求要带我去医院看一下。医院的检查结果出来了,是缺钙。可父亲却眉头紧锁,立即让医院配了一小瓶钙片给我。不就是缺钙嘛,用得着那么小题大做吗?简直是多此一举!

回家后,父亲难得细心叮嘱我,让我每天吃一片钙片,我满嘴答应,并象征性地吃了一片钙片。过了几天,我早已把这件事丢到了九霄云外。一天,父亲进了我的房间,突击检查,当他看到那小瓶子里的钙片不多不少地在那儿安安稳稳地躺着的时候,脸色一下子阴沉下去,我不由觉得大祸临头。"你为什么不吃钙片!"他吼道。他有力雄厚的声音在房间里格外有威慑力。我不知哪里来的勇气,顶嘴道:"不就是缺钙嘛,多大点儿事啊,像这种小毛小病的就让它自己好吧!""你!"父亲的脸由于生气而涨得通红。时间仿佛在此刻停止,空气仿佛在此刻凝结,我吓得连气都不敢出。"唉——"他突然发出一声长叹,竟强压住心头的怒火,心平气和地说,"我也是为了你好啊。你身体要是不好了,你知道我有多担心吗?缺钙是小事,但是你缺钙,这就是头等大事,连国家大事都比不上的!"我看得清清楚楚,他那略微发红的眼角包含着一个作为父亲所有的温情。

我的思绪又飘回到去年的寒假,我为了完成一项作业去父亲的厂里看他如何工作。当时临近过年,厂里只有三个人还在上班,而他是其中一个。他穿着脏兮兮的厂服,手上满是深黑色的机油并散发着一股刺鼻的味道。工作中经常会有飞出的小铁屑划伤他。他就是在这样的环境中一天天工作着,支撑起这个家。不知不觉,我早已热泪盈眶。

之后我天天吃钙片,一是为了补钙,二是我要让父亲不再为我担心。说真的,我不怕生病,就怕父亲哪天离开了我,而我却还是那个不懂事的孩子。

我的父亲,普普通通,但他给予我的父爱是这个世界上最不普通的!

晒晒我的幸福

青溪中学　九(3)班　万欣宇

　　幸福有时就像是一阵清风,温柔地围绕在我们的身旁,为我们抵挡生活中的灰色情绪。即使只是一段短暂的陪伴,也是我心中最妙不可言的幸福,它带给我了太多太多……

　　晚秋的风总带着丝丝凉意,吹在身上也会让人不禁打个寒颤,而在这样一个随时容易生病的季节里,体质弱的我不论如何"抗争",终究难以逃过病魔的纠缠——生病了。由于病情比较严重,被迫住院治疗。

　　孤独地躺在病房里,环顾四周:房间不大,却也显得十分空荡;没有其他家具,只有两张床和一个柜子;四周都是白的,墙壁上没有过多的粉饰,唯一的色彩便是墙外翠绿的杨树;房内充斥着浓浓酒精的味道……一切的一切都散发着医院安静的气息。床侧的输液瓶正"滴答滴答"地将药物输送进我的体内,除了睡觉和配合医生检查,我什么也做不了。

　　正当我闭着眼睛想着平日里耳边回响的老师们的教导声,同学们的欢笑声时,"咯吱"一声开门的声音将我的思绪拉了回来,正当我以为又是医生来检查时,门外的人走了进来。那是一张我再熟悉不过的面孔——妈妈。

　　"妈?"喉咙里情不自禁地发出那从小到大念过无数遍的音节,声音由于感冒而沙哑,却异常清晰地表达出我的惊喜。我用尽全力支起身子,又清了清嗓子问道:"你不是去上班了吗,怎么来医院了?""快躺下,把被子盖好。"还未来得及回答我的问题,看到我的动作她立刻快步上前将我扶着躺下。"妈?"我又唤了她一声。"我今天请了半天假来陪你,把你一个人放在医院里我们也不放心。"她顿了顿,从手上的袋子里拿出一碗冒着热气的粥说道:"先吃点东西吧,别饿着了。"说罢,她斜坐在我的床边,用勺子不断的搅拌着,一口口地喂我。尽管我完全可以自己吃,可那时却突然很想像小时候一样粘着妈妈,偶尔撒撒娇享受着她的照顾,也不知从何时起,我再没这样过,或许是因为长大了吧……粥虽淡而无味,可此时我的心里就像偷吃糖果的小孩一样甜蜜。窗外的阳光将房间染上一层金色,暖洋洋的。

　　喝完后,胃里有些不舒服,妈妈扶着我躺下,坐在我身旁,拍着被子,像小时候一样哄我入睡,嘴里轻声哼着那叫不出名字却十分动听的摇篮曲,周围的空气都仿佛夹杂着属于母亲那温暖的味道,心中的幸福就像水波一样一圈圈荡漾开来,笼罩了全身。渐渐的,意识模糊了,直到醒来才发现妈妈已经悄悄离开了。

　　就像这样,妈妈每天都抽出一点时间来陪我、照顾我。几天后,我的脸上已恢复了红润,可妈妈的脸上却多了一丝疲惫、一丝憔悴。我知道妈妈为了照顾我,每次都把工作带回家做,而且每天都做到深夜。想到这里,心中隐藏的感动与泪水再也抑制不住奔涌而出。

　　这段时间，带给我了太多已失去的感受，让我重新体会到有父母的陪伴是多么的幸福。不要因为长大了就与父母疏远，在他们的心中，你永远是个长不大的孩子。所以幸福不在于是多么壮阔、多么伟大的事，就算只有一点时间，但只要父母陪在身边，就是我最大的幸福！

温暖的一天

青溪中学　七(4)班　朱亦凡

寒假中总有几分寒意,但也总有温暖的一两件事,像一杯杯暖心茶,驱赶走一丝丝寒意。

大年三十,是合家团圆的日子,应该吃团圆饭。可是今年,爸爸在医院里值班回不来,我吵着妈妈要给爸爸送饭,妈妈于是整理饭盒,打包好饭菜随我下了楼。

走过一步步台阶,缓缓上了车。窗外皎洁的月光照射在我端着的玻璃盒上,映出点点光芒,引发我的无穷遐想。

车停了。我连忙打开车门,像刚收到礼物的小孩奔进电梯,落在后面的妈妈还在被我催促。我熟悉地按好楼层,"叮"! 到了三楼后,又熟悉地跑出电梯,又拉着落在后面的妈妈,看看科室,嗯,没错。我和妈妈静悄悄地走向了爸爸的办公室……我轻轻推开了办公室的木门,"吱呀"一声,接着就是我的兴奋的叫声:"爸爸,我们来送团圆饭啦!"爸爸的眼神深情地望着我,从惊讶到喜悦,微不足道的变化却令我记忆深刻。"你们怎么来了?"爸爸连忙起身,窗外皎洁的月色柔化着爸爸满是笑意的脸,招呼我们快进去。

在爸爸办公桌上的玻璃夹层中,夹着我们的全家福。虽然是几年前拍的,照片也已经泛黄了,但照片上一家人的温馨至今未变。我和妈妈打开饭盒,递给爸爸筷子。我和妈妈也拿起筷子,陪爸爸吃饭。爸爸突然站起来拿起筷子夹了块肉说:"给你,多吃点肉。"虽然说饭菜不多,但这顿饭是我觉得最好吃的一顿饭。一瞬间,刚才门外的寒意烟消云散。我们一家三口齐聚一堂,说的每一句话都很小心,生怕说错了什么破坏了屋内的宁静。在屋内的点点光晕下,窗外的烟花显得格外美丽。空中那三种颜色组合而成的烟花齐聚绽放,总有一种不可抗拒的吸引力。总觉得这像我们一家三口呢……

我给父亲带去了温暖,父亲也给我带来了温暖。这温暖就像一杯暖心茶,无时无刻不温暖着我的心。

爷爷奶奶的往事

青溪中学　九(4)班　谢思怡

生活在我们这个年代里的孩子，或被说成是蜜罐里长大的，衣来伸手，饭来张口；或被说成含着金钥匙出生，是家里的小皇帝、小公主。在全家人的宠溺下无忧无虑地生活着的我们，是否真能理解爷爷奶奶的那些往事呢？

还记得爸爸跟我说过的一件事情。在他上学的时候，我们家很穷，为了维持生计，爷爷选择了去外地工作。有一年，奶奶生病了需要做手术，需要很多手术费，可是以当时家里的条件，那简直就是个"天文数字"。当时爷爷在外地工作；爸爸还在上学，自己也需要人照顾。爷爷听闻奶奶的病情，立马放下手头工作，连夜乘车回家，顾不上喝一口水，歇息一下，马上奔跑到亲戚家借钱。当时的人家家里的经济条件都比较拮据，也不知道爷爷跑破了多少双鞋，好不容易才凑足了做手术的钱。

奶奶顺利地做完了手术，全家人心中的一块大石头终于落了地。可是，另一件心事又提上心头，奶奶和爸爸都需要人照顾。斟酌再三，爷爷毅然决然地辞掉了外地的工作，回家照顾奶奶和爸爸。辞去工作可不是件小事，那就等于家里失去了经济来源，更何况奶奶的手术费还欠着一大笔债啊。爷爷没有吭声，默默挑起了一切重担。每天起早贪黑，熬药，接送爸爸上下学，照顾家里卧床的奶奶，承担家里所有的家务和农活，每天都要等奶奶爸爸睡着了，自己才安心合眼。就这样一天又一天，爷爷从未叫过一声苦。就这样几个月过去，奶奶的身体终于大体康复，爷爷马上又重新找工作，辛勤工作，在爷爷的努力下，债务慢慢还清，家里的经济状况也日渐好转……

听着爸爸讲着这个故事，他自己的眼圈也微微红了。爷爷在我们全家人的心目中就是个大英雄，若没有他的辛勤劳动，任劳任怨，无私奉献，一切以家庭为重的美德，我们现在的幸福生活又从何而来？我会珍惜自己现在的幸福生活，多陪伴爷爷奶奶，多孝顺爷爷奶奶，多与他们分享自己的甜蜜生活！

又逢清明忆故人

青溪中学 七(4) 俞 杰

"清明时节雨纷纷,路上行人欲断魂。"又到了清明节,使我不禁想起唐代诗人杜牧的诗句。每年的清明节。天空总会下起雨来,仿佛雨点儿也在哭泣。而这样的景象,更让路上行人为吊念逝去亲人,伤心欲绝。

清明节前后,因为父母各有需要扫墓的逝亲,所以我们在节日前选了离这里最近的父亲家扫墓,扫墓的对象是——曾祖母。

我们走在路道旁,四周白雾缭绕,十分呛人。但没有任何人发出一点点的咳嗽声或埋怨,每个人都为逝者已去而悲伤欲绝。

终于,我们到了我曾祖母的墓地。大家都放下整理自己手中拿的一些花篮,烧纸之类的东西。我也想帮忙却被一口回绝。于是我站在坟前,望着曾祖母的坟,想起了往事:那时曾祖母还未过世,我上小学三年级,一放假就回父亲家和曾祖母聊天,现在回想起,却又是如此的怀念。记得我还有一张她的照片,一头短短的白发,一件淡淡灰白色的大衣,一张带有许多皱纹的脸,还有一个美丽灿烂的笑脸。后来,她的身子渐渐变得不像以往那样健康了。然后她永久地闭上了眼睛,再也不能看见她那张美丽的笑脸了。我继续站在坟边,眼里含着泪水。我使劲擦着泪珠,对她笑了笑,去花篮中拿了一朵美丽的花,放在她的坟前。风吹着我的眼,手,仿佛是曾祖母的手在抚摸着我,那么温暖,舒服,好像在安抚我"不要哭,要坚强"。旁边的亲人们有的在为曾祖母烧纸钱,有的在摆花篮,有的也和我一样在哭泣。"曾祖母,看到了吧,大家是有多么想念你啊!"我轻声幽幽地说道。

一切结束后,我们都振作起来,毕竟逝者已去,要珍惜眼前之人。

过年

青溪中学　七(2)班　邵佳颖

　　"爆竹声中一岁除，春风送暖入屠苏。千门万户瞳瞳日，总把新桃换旧符。"盼啊盼，热闹的春节终于来到了我们的身边。许多家庭都张灯结彩，我们也不例外。

　　我的爸爸妈妈开始剪窗花、贴对联。他们小心翼翼地拿起剪刀，聚精会神、专心致志地剪起窗花，生怕一不小心就剪破了。他们剪得窗花栩栩如生，有晶莹剔透的雪花，有小巧玲珑的小白兔，漂亮极了！接着，用胶带贴在我们窗明几净的窗户上，甚是好看。然后，他们又把对联贴在我们的门上，它写着："梅开春烂漫，竹报岁平安。"它表示了我们一家对新的一年的美好祝愿。

　　而爷爷奶奶则开始准备年夜饭了，这才一眨眼的功夫，奶奶就把芹菜切成了均匀的一段一段。看到这，我心想：奶奶的刀工可真好，转眼的时间就把芹菜切好了，奶奶可真是厉害呀！而爷爷则是"配角"，他走到灶台旁，烧起柴来生火。不一会儿，青烟袅袅，奶奶开始炒菜了，"滋滋滋"一盘盘菜连续倒入大锅中。

　　过了一段时间，一阵香味扑面而来，我步履匆匆地跑向桌子，急忙往桌上一瞧。"哇！"这么多色香味俱全的菜肴，馋得我垂涎欲滴，口水流下三千尺。"开饭啦！"随着奶奶的一声叫喊，我像一支离弦的箭一样奔向饭桌，以迅雷不及掩耳的速度伸出手，迫不及待地向一块红烧肉进发，狼吞虎咽地吃了起来。大家看着我，都笑着说："别急！别急！慢慢吃！别噎着了。"我吃力地把一大块红烧肉咽下肚子后，举起杯子，喜笑颜开地对爸爸妈妈和爷爷奶奶说："爸爸妈妈，在新的一年里，我祝你们工作顺利，身体健康！爷爷奶奶，我祝你们长命百岁，寿比南山！"爸爸妈妈激动地对我说："好，谢谢！我们祝你学习进步，每天更上一层楼！"我们彼此对视着，脸上洋溢着幸福的笑容。

　　甜蜜的年夜饭过后，我们都兴致勃勃地搬着小板凳，跑去院子里赏烟花！烟花五彩缤纷，美极了！有的像一张笑容可掬的脸蛋，有的像倾泄而下的瀑布，有的像怒放的花朵，还有的像清澈的喷泉。真是五光十色，千姿百态呀！这时，我向大家讲起了"年"的故事，大家都听得津津有味，最后我们便在美丽烟花的陶醉下，度过了一个愉快的春节。

　　春节的热闹令我记忆深刻，使我的记忆宝库里，又多了一份美好而又宝贵的回忆。

诚信是金

青溪中学　七(2)班　邵佳颖

　　生活中,诚信是不可或缺的,它甚至比金子更宝贵,一旦丢失,便会对我们造成不可避免的损失,丢了诚信,旁人便会不信任我们,一个一个地离开我们,直至我们独自一人……

　　那日,大雨倾盆,雨点毫不留情地用鞭子抽打着大地,我们的英语成绩公布了,我的心如一头小鹿在乱撞。终于报到我了!"佳佳全班第一——一百分。"我顿时兴奋地几乎要跳了起来,我捧着这份红艳艳的满分试卷,心中别提有多高兴了。窗外大雨如注,而我心中却是晴空万里。

　　一路上,我蹦蹦跳跳地向家奔去。回到家,我兴致勃勃地拿出试卷交给妈妈,等待着雨露般的表扬,但这时,却来了一道晴天霹雳——妈妈检查出了一道错题。我心中姹紫嫣红的花朵顿时凋零,似乎只剩一个光秃秃的枝茎。妈妈语重心长地告诉我:"老师批错了一道题,你应该向老师提出错误。"我抽泣了起来,伤心地说:"可……可是我好不容易才得了一百分,能拿到唯一的奖品,如果扣掉这两分,我就拿不到奖品了!"妈妈严肃地教导我:"你得的这一百分,不是真正的一百分,这不是你用自己真正的实力得到的满分,我是要你真正的成绩。而且你想想你们课本上学过的内容,难道你都忘了吗?"妈妈的眉头紧皱了起来。这时,我的脑海中印出了一句话:"诚信为本,学做真人。"我顿时对自己之前的想法,感到羞愧无比,无地自容,恨不得挖个地洞钻进去。

　　第二天,我向老师提出了这一错题,谁知,老师竟然对我说:"你很诚实,你能面对奖品仍然做出正确的选择,值得表扬,不取消你的奖品。"我的心中顿时盛开了一大片娇艳欲滴的鲜花,散发出芬芳扑鼻的香味,心中高兴极了!通过这件事,我更深深明白了诚信的重要,诚信不会让你失去任何东西,只会让你收获颇多,成为他人值得信任的好伙伴!

　　诚信在我们的生活中,是十分重要的。懂得诚信,便是为真实的人;懂得诚信,便会获得他人的信任和喜爱……

抗日女英雄——赵一曼

青溪中学　八(1)　王思敏

黑暗的牢笼,几缕残阳照在那里,都被无边的黑暗吞噬,在破旧的泥墙上,泛不起一丝涟漪,刺骨的寒风吹遍监牢里的每一个角落。一位身着单薄衣衫的女子,静静地立在那里,面对日寇的严刑拷打,誓死不屈。这位女子,就是赵一曼。

面对凶恶的日军,将生死置之度外的赵一曼忍着伤痛怒斥日军侵略中国以来的种种罪行,凶残的日军见赵一曼不肯屈服,使用马鞭狠戳其腿部伤口。身负重伤的赵一曼表现出了一个共产党员坚强的意志和誓死抗日的决心,痛得几次昏了过去,仍坚定地噙满了泪水说:"我的目的,我的主义,我的信念,就是反满抗日!"日军知道从赵一曼的口中得不到有用的情报,决定把她送回珠河县处死"示众"。她知道日军要将她枪毙了,此时,她想起了远在四川的儿子,她向押送的警察要了纸笔,给儿子写了一封催人泪下的遗书:"母亲对于你没有能尽到教育的责任,实在是遗憾的事情。母亲因为坚决地做了反满抗日的斗争,今天已经到了牺牲的前夕了。希望你,宁儿啊! 赶快成人,来安慰你地下的母亲! 在你长大成人之后,希望不要忘记你的母亲是为国而牺牲的!"

是的,你虽然牺牲了,但我们会将你铭记在心。生存与死亡,逃避与直面,苟且与报国,你选择了后者。你在用你的生命努力,做出最后的抗争! 你用鲜红的热血铺就了开国大典的红地毯,你用生命渲染了鲜花的芬芳斑斓。"振兴中华"这四个字,大概是您心中亘古不变的真理吧。

从您的身上,我看到了那个时代亿万中华儿女沸腾的热血。面对敌人,你们面不改色,挺起胸膛,站在洒满鲜血的战场上,浓烟滚滚,尸横遍野,喊杀声,炮火声震耳欲聋,但你们没有胆怯,血染战袍,为抗日流尽最后一滴血。

革命先烈们用鲜血为我们开创了一条光明的大道,为我们创造出今天的幸福生活。如今,我们作为新时代的少年,要向一切为社会主义社会的进步与发展做出卓越贡献的先烈们深表敬意。

"人生自古谁无死,留取丹心照汗青。"赵一曼,你为了中国的革命事业奉献了自己的一生。我虽不能像您那样为革命献出生命,但是我会努力向您学习,向您的思想高度靠拢,为中华民族的发展献出自己微薄的力量。

革命的传承

　　湖边小亭中，正站着一位身着黑色长袍的年轻人，他一手举着书，一手放在背后，在亭中徘徊，看累了便向远处望去，微风拂过湖面，荡起微波，柳枝在风中摇曳。远处走来两个心怀坦荡，渴望能成就一番抱负的年轻人。"林兄，不知你等来所为何事？"李主一先开口说道。"李兄，你知如今国家处于危难之间，我等都是有学识、有抱负的年轻人，应该为国效力，不知你是否愿意加入我们，一起干番大事业？""既然林兄开口，国家又处于危难之中，我李主一自当为国效力。"

　　李主一可谓"世人皆醉我独醒"。从此，李主一走上了革命的道路。

　　1926年7、8月间，他离开学校回到奉城。

　　在一个漆黑的夜晚，一群人点着火把在极其隐蔽的地方商讨着大事，他们都是社会底层的劳动人民，过了一会始终不见人来，大家开始躁动起来，"到底是谁叫我们来的？这黑灯瞎火的，要是被军官发现肯定会死的！"一个人激动地说。"如今像我们这种人，就算不被抓去，也会被饿死，如今这粮食一天比一天贵。唉……"另一个哀伤而又无奈地说。突然，一个声音从前面的台上传来，李主一高昂振奋地喊道："大家请安静一下，听我说，如今清朝政府腐败，民不聊生。那些权贵从百姓身上搜刮民脂民膏，自己享受着惬意的生活，而我们却吃的是粗茶淡饭，大家何不和我一起去街上游行示威反抗政府！"

　　最终，他发动的暴动配合了上海工人武装起义。

　　不久，李主一在奉贤创办了曙光中学，在这里他创办了地下组织。

　　"哔哔……哔哔……"电报的声音在黑暗而又密闭的地下暗室中回荡着，一位年轻女士坐在电报机前，旁边一盏绿色的台灯为她照明。她头戴耳机，时而听着耳机在纸上写下重要的信息，时而发电报传达这里的情况。另一个年轻人手里拿着油皮纸做的信封到处跑来跑去，大家都井然有序地干着自己的工作。

　　但是，不幸的事还是发生了——

　　在一条狭窄的小巷中，李主一低着头，加急着步伐走在小巷中，他时不时回头窥看有没有敌人跟来，但他却不知道在前面有着更大的危险在悄然来临。在一间破旧的小屋中，正埋伏着一群身着绿色衣服，头戴帽子，手里拿着枪头刀的军队。李主一在门外敲了门三下，并说道："我是李主一，快开门。"过了很久始终没人回应，李主一便自己推门进去了，一瞬间，军队将他包围了起来，一个小兵上前将李主一捆了起来，李主一试图挣脱，一个拿着鞭子的带头司令说："别挣扎了，是没用的。给我带走。"

　　李主一来到了暗无天日的牢房，他的双手被捆绑在架子上，他的身上布满了用鞭子抽打的伤痕，在他的对面坐着一个司令官，不耐烦地说道："快说，你们接下来还会有什么行动，如果从实招来，我就会放了你。"但李主一早就昏了过去。"来人，给我用水把他泼醒。"李主一从昏迷中苏醒了过来，但却始终不肯招供。

后来，李主一的妻子来狱中探狱，看见丈夫如此痛苦，她不禁潸然泪下，李主一虚弱地爬向门口，"我为革命而死是光荣的，要抚养好孩子，并替我在曙光中学操场后面买两亩田，就把我葬在那里，坟墓旁立块石碑，碑上题'死得其所'4个字，这样我虽死犹生……"他坦然地嘱咐，"这里是我写的信，请你一定要交给我的战友，告诉他们，不要离开组织，你走吧。"

"砰！"的一声，李主一在刑场上倒下了。

纵观李主一的一生，他只活了37岁，真可谓是可悲，却又值得人可敬。但这样的革命烈士不仅仅只有他一个人，还有无数个这样充满着热血，爱国的革命烈士。但在这个科技发达的时代，人们渐渐开始淡忘，我们应该把他们永远铭记在我们的心里。

为纪念李主一烈士，人们于1957年5月在曙光中学面北大门的中央大道中间始建李主一烈士纪念碑。"曙光"是革命胜利的曙光，那是希望，它充满了革命烈士的热血和希望。而今天的我们则是革命的传承，未来我们要担负起祖国的重担。谢谢你们，革命的烈士，让我们来接替你们，让中国变得越来越强大！

《我的特种生涯》读后感

青溪中学　九(2)班　苏乔轩

　　这本书的作者是猎鹰,他是前中国陆军特种部队队员。猎鹰十六岁入伍野战军,经历两年的摸爬滚打,后通过特种兵挑选,成为一名丛林侦察兵。在5年的特种兵生涯中,经历无数生与死的严酷考验,后因受伤退伍。脱下军装后,他经过重重磨砺,重新融入社会。

　　故事从猎鹰刚走进部队开始说起,他被选为特种兵,历经艰苦的训练,然后离开训练营,编入特总部队,参加实战,打击猖獗的犯罪分子,直到负伤,退伍回家,开始新的生活。条理很简单,和其他军事小说差不多;但吸引我的,是书中那可以把命交到队友手里的战友情;忠于祖国,服从命令的军人品质;和对比于社会,军营里特有的纯洁、朴实与执着。

　　让我流泪的是受伤后的猎鹰躺在病床上,除了普通的点滴,竟没有医生为他立即手术。更搞不懂的是,竟然能诊断错误,造成感染,差点让神话般的优秀士兵丢掉生命。最后,那个曾经在特勤大队眼皮底下劫人偷车的风云人物,丛林中单独一人行军的特种兵,创造了狙杀记录的狙击手,军区最优秀的士兵,屡战屡胜的英雄,就因为医生的失误与拖延,成了视力衰退,身体虚弱,甚至连枪都不能拿的废人!

　　这个世界真让我无法理解:他们在执行任务时,挑战的是自己的生命,而当他受伤时,受到的竟是这样的待遇。最可恶的是,猎鹰退伍回到地方,拿着特种部队开的证明,享受特种兵应有的特殊待遇——然而分配工作时,竟被分到一家早已停产的罐头厂当保安,真是可笑。这个社会竟沦落到这种地步,真叫人心寒。

　　我也一直以为贩毒头目都是像电视上那样,膀大腰圆,戴着墨镜,叼着雪茄。直到通过作者的眼睛,我看到了那骨瘦如柴,双眼由于疲劳而下陷的毒枭,其实他们也是普通人,只是不幸生于那个以毒品为生的地方,为了生计,为了家人,毅然与法律对抗。如若端着枪的是我,我真不知道自己是否能下得去手。然而军人也是人,他们有铁骨,也有柔肠,在生命面前,他们也有敬畏感。但是军人的忠诚战胜一切。

　　特种兵是共和国的第一道防线,也是最后一代防线。是啊,除了他们,谁还能堪当此重任呢?

　　我为特种兵致敬!

童年去哪儿了？

青溪中学　九（1）班　陈艺佳

当今社会在飞速发展之中，孩子们的物质生活越来越丰富，接受的教育越来越好，但家长们可曾真正了解孩子的心呢？

太阳将要从地平线缓缓隐匿于世人看不见的地方，夕阳的余辉将小女孩的脸染得格外红，她低着头，默默跟在父亲身后，谁也没有发现她的眼神中有不属于她的落寞。秋风扬起尘土，树上的叶子不知不觉地落了……

近日放学之初，迎面走来一对父女，小女孩不停地在父亲周围蹦跳，仰着巴掌大的脸欢脱地讲述学校趣事，她无忧无虑地肆意大笑，毫不顾虑来来往往的行人。"爸爸，爸爸。"女孩拽着父亲长长的衣角，"我明天要穿裙子了。"

我不禁感叹孩子的世界真是天真有趣，也就一条裙子足以让她们像大事一样，满世界宣扬。

女孩依旧紧拽父亲的衣角，渴望得到一点儿回复，可她等来的一句却是："今天语文考了几分？"我惊讶地向这位父亲望去，他紧握手机不断地发送信息，丝毫没有注意到他的孩子，面无任何欣喜的表情，他斜身穿过人群，寻找的是自己的道路……

我分明看见女孩失落地将充满着希望的手一点点离开父亲的衣角，深深的印迹，他却没有看到；我分明看到女孩用瘦小的身躯挤过人群，才能跟随在父亲身后，他却没看到；我又真切地看见女孩燃烧得火热的希望，被父亲无情地浇灭，她的眼里心中满是悲伤，他更没看到……他只看到了他心心念念的手机！

一段路后，我不禁忍不住回望，路的那头，依然有那两个身影，高高瘦瘦的男人独自走在前面，离他不远的，是一个小女孩扎着长长的马尾，默默地随在她父亲的身后。晚风轻轻地吹拂，吹起女孩长长的秀发，吹起树上欲落的金叶子，却吹不起小女孩淡淡的思绪，吹不走小女孩浓浓的沮丧与失望……

汽车行驶在回家的路上，车窗上映着女孩天真无忧的笑脸。孩子的世界的确和我们这些青少年不一样，他们总是因为一些我们所认为幼稚的事而感到高兴。我觉得无论学习如何，拥有一个灿烂的童年，就好像手握一笔财富。父母在小孩的成长中扮演一个极其重要的角色，鼓励比分数重要，陪伴是孩子最好的礼物！

孩子的童年到底去哪了？被分数充斥？还是被补习束缚？家长们又真正了解孩子们吗？放学后的所见所闻，使我对小女孩充满深深的同情与悲伤……

从听"手机风波"谈起

青溪中学　七(2)班　王祎玮

每天清晨,当妈妈把我的早餐放上餐桌的时候,老爸总会在同一时刻按下收音机的按钮,于是我在餐桌前享受美食的时候,总有"990 早新闻"播音员熟悉的声音相伴。

不说暑假里约奥运会把中国国旗弄错的义愤填膺,也不说杭州 G20 峰会的轰轰烈烈,这段时间,传的最沸沸扬扬的莫过于"三星 Note7 召回事件",开始听到召回消息时,我还忍不住嘟哝:"哎,怎么每天都是这个质量问题啊,天下这么大,就没有其他新鲜事吗?"记得当时老爸摇着脑袋插了一句:"No,No,No! 也许还不止如此!"果然事情的发展并不那么简单,没出几日,我竟然在广播里听到"三星 Note7 更新机着火……"而今天出门前听到的是:"美、加等国航空公司宣布,全面禁止旅客携带三星 Note7 手机登机。"整个事件情节曲折,可谓一波未平一波又起,我有时甚至觉得我是在听一部叫"手机引发的血案"的广播连续剧。

每天清晨,妈妈还是像往常一样把我的早餐放上餐桌,老爸也依然总会在那一时刻按下收音机的按钮,而我也开始喜欢静静地守候在收音机旁,等候新闻出现的时刻。每天的我是好奇的、充实的。每一天这个世界都在发生着各种各样的事,重要的、不重要的;有趣的、不有趣的。

不知不觉我已爱上了听新闻,它让我这个大门不出的中学生,在它的带领下让我真正见识到"天下之大"! 我的眼里、我的脑海中,我的内心不仅仅只是装着课堂上书本的知识,我还看到了整个世界!

生活中认识世界的方式还有很多,听广播、看电视、上网、刷手机……而我更喜欢"读万卷书,行万里路",因为我深知认识世界最好的方式莫过于出去转一转,用流行的话来说"来一次说走就走的旅行",用自己的眼睛去看一看,用自己的耳朵去听一听,用自己的心去感受。

我相信当你愿意打开存放已久的收音机,当你点击浏览器后想去看看新闻的网页而不是游戏或购物,或者你愿意抽出几天或一星期的时间去看看这个世界时,你一定能够发现这个世界无处不在的美!

反对邪教，崇尚科学

青溪中学　八（3）班　高欣颖

"12岁女孩刘思影因痴迷'法轮功'在天安门自焚……""一母亲深信女儿阻隔了她的'天堂路'，竟亲手弑女……"播报员的声音从电视里清晰地传出，一字一句，抨击着我的心。

随着报道邪教"罪行"的新闻越来越多，我对邪教的认识也越来越多。我知道，想要避免以至杜绝此类悲剧发生，首先要了解什么是邪教。

邪教是冒充宗教、气功或其他名义建立的。邪教的目的无一不是为金钱、为利益。而邪教也正是利用金钱、利益等等，诱骗无知的人们对它产生兴趣，紧接着迷迷糊糊地加入了邪教组织，引诱或被迫参加一系列由邪教组织的活动。邪教组织的领头者会切断所有外界信息的来源，让受害者知道的统统都是组织自编的虚假信息，背诵着的都是邪教自编的书，若是有人不服从或是发出质疑，就会被组织施以刑法，在身心受到压迫的处境下，受害者本就脆弱的心理更加承受不了，濒临崩溃，只得乖乖服从。就这样，受害者被灌输邪教思想，潜移默化中更改着自己的思想观念，到最后丧失理智，而那些邪教种植的思想观念早已深入骨髓。受害者对邪教首要分子们说的一切都深信不疑，以至于绝对服从他们的命令。

那么，邪教真的就那么"强大"，无法战胜了吗？

答案肯定是否定的。

上文也说到了，邪教并不掌握所谓的"神术""法术"，它们只是靠着对人心人性的了解，准确地找到人们的弱点，然后用"长生""化神""气功"等外衣包装自己，利用"万能"的金钱、利益作诱饵，紧紧地把控住人心。

所以，关键在于我们自己。

不仅要拥有一个正确的价值观。还要以科学知识为武器。有许许多多的邪教骗局，其实只需要一条简单的科学知识就能轻易解开。例如邪教经常使用的"血迹"，只是淘米水加粉末的一场套路而已；可怕的"人头"也只是利用光线通过镜面折射的原理而已……但往往，这些让懂科学的人嗤之以鼻的小把戏，在不懂科学的人看来却是恍如"神仙下凡"，再加上邪教成员在一旁的煽风点火，一朵朵生命之花就此枯萎。

现今，关于抵御邪教的教育做得越来越好，将科学知识用于生活的人也越来越多，这给猖狂的邪教组织造成了巨大的打击。

生命属于个人，更属于社会；生命是一种财富，更是一种责任。珍惜生命，反对邪教，建立正确思想观念，努力学习科学知识，为了自己，也是为了所有你爱的人和爱你的人。

廉洁是兴盛的必要条件

青溪中学　八（4）班　陆天祺

最近，《人民的名义》在网上被竞相报道，在鲜明的人物性格背后，一个个贪官的事例也告诉我们廉洁是我们必须具备的品格。

廉洁，是中华民族的传统美德。孔子曾称赞颜回："贤哉回也，一箪食，一瓢饮，在陋巷，人不堪其忧，回也不改其乐。"可见早在春秋时期，我国思想家就已经开始提倡廉洁了。

曾国藩在担任朝廷重臣时依旧保持廉洁的品质。同治元年，幕僚方宗诚来到曾国藩身边，他这样描述曾国藩寝室的样子：当公夫人未来皖时，宴彭雪芹侍郎于内室，招予陪饮。见室中惟木榻一，竹床二，竹枕二，此外一二衣箱，无他物也。他对后人的劝诫也崇尚廉洁，他的家训有一条就是：家败离不得个奢字，人败离不得个逸字，讨人嫌离不得个骄字。即可看出他对全家提出了廉洁的要求。蜀国的诸葛亮逝世后也只留下"桑八百株，薄田十五顷"。按理来说权越大就越难以廉洁，但诸葛亮和曾国藩都做到了廉洁这一中华传统美德，最终家业兴旺。

而与皇帝的小舅子斗富的石崇呢？一个能斗富斗赢皇亲国戚的官吏，这是他的俸禄能做到的吗？但是最后，他因财遭人嫉恨，最终作为"八王之乱"权力斗争的牺牲品。

纵观历史，改朝换代之初，汉高祖、唐太宗等开国之君都没有贪图享乐，朝廷中大多是有才且有品德的贤人君子任官。故朝廷清廉，举国上下也就都把廉洁当成自己应有的美德，于是清廉兴政。许多亡国之君例如隋炀帝、南唐后主李煜却恰恰相反，不懂廉洁之道。朝廷腐败，于是官吏也纷纷效仿，先祖创下的基业，始于廉洁，而后代把基业毁在了不廉洁。

由此看来，廉洁是家族、国家兴盛的必要条件。一个人廉洁，则其家族兴旺；一个国家廉洁，则国家兴盛。我们应当崇尚廉洁、做到廉洁、发扬廉洁。让廉洁这一传统美德不再成为我们的口号，而是成为我们都能做到的美德。

游春溪

青溪中学 七(4)班 王喆玮

春日,已在无声无息的脚步下带来了生机勃勃的嫩绿色。小草从肥沃的土壤顽强地钻出,为这无边无际的世界添了几抹绿色;柳树那刚刚新生的嫩芽也偷偷地伸出绿绿的小手和脑袋,探索这充满生机的世界。

昨日,我的家人带我去乡下的一个十分著名的农家乐,以此作为我的生日礼物。这郁郁葱葱农家中的绿意,令我感到甚是充满活力。这农家乐前有一条缓缓流淌,不宽不窄的小溪,周旁还有几棵开得茂盛,挺立着的白桦树。远处的微微春风徐徐推动着白色的风车,花儿们都一个个争奇斗艳、百花齐放。

一些游客都陆陆续续地前往自己所心仪的地点,有的是去赏花,有的是去爬山。我的父母则是去了餐馆品尝当地具有特色的农家小菜。而我,则是去了清澈见底的小溪。

我躺在小溪边,默默地欣赏着这大自然无比美妙的音乐。忽然,只听"啵"的声音,我起身并转头往望去,原来是几条活灵活现的鲑鱼在戏耍。我突然心血来潮,想尝试一下我的身手,便脱掉鞋子,卷起裤脚,跳进这仍带着丝丝冬日凉意的小溪。

我慢慢靠近鲑鱼,猛地探手一抓,可鲑鱼一个灵动的摆尾,便逃出了此次追击。富有耐心的我并不觉得沮丧,我抖抖脚做了会"关节操",便准备继续进行抓捕。鲑鱼似明白我将要做的事,连忙飞快地向前游去。我马上踏起脚追去。渐渐地,我体力不胜,于是毫不犹豫地向鲑鱼扑去。"哗",大片的水花的都被我一扑溅起,我笑嘻嘻地抓起肥硕的鱼儿,不顾浑身湿透的衣服,跑去告诉了我的父母,他们都看着我哈哈大笑。

春风吹呀吹,将世间美好的事物吹往心扉。春天似画,如痴如醉的景色令人永生难忘。

我眼中的芬兰

青溪中学　九(4)　潘　越

2018 年 8 月 16 日,我们 16 名学员和 2 位老师所组成的"青溪学子赴芬兰文化交流团"正式出发了。今天我想从三个方面为大家介绍此次游学经历中最令我印象深刻的地方。

1. 在校学习

我们有幸来到了坦佩雷的一所中学———PSYL 中学,与芬兰结对的小伙伴一同走进北欧的课堂,感受异国的课程文化。

在校上课的第一天,我们迎来了将在校全程陪伴我们的校方小伙伴,同时也是我们的住家小伙伴,在他们的帮助下,我们很快深入了解芬兰当地人的学习生活。

每天早上 9：00 我们与学习的小伙伴一起进入课堂。芬兰的初中课堂与我们国内相比有着很大的不同,学生在校上课是走班制的,一节课的时间是 70 分钟。

PSYL 中学的课程中除了我们熟悉的英语、数学、物理、体育、计算机等课程之外,家政课也是他们的主学科,这让我们感到很特别。家政课上,我们与芬兰学生一起做了面包和蔬菜沙拉羹等,洗刷完碗盘后,大家一起快乐地享用美食。课堂上,老师用全英文给我们上课,这样的经历对于我们来说非常难得。

特别值得一提的是 PSYL 中学的运动日,我们小伙伴乘着大巴来到森林覆盖率达到百分之七十的营地,在这,我们和小伙伴们一起开启了别具一格的 Sports Day。尝试了芬兰男孩最爱的运动之一———冰球,纵使有人摔倒,也只是笑嘻嘻地站起身,拍拍衣服,继续练习。之后,我们还学习了打高尔夫球,大家都有模有样地挥着球杆,最后森林丛中的一场飞盘大赛都让我们过了一个不一样的运动日,晚上我们围坐在一起在小河边举行了一场篝火晚会,真是太棒了!

在校生活的最后一天,我们和结对的小伙伴一起来到波利市市政厅举行了隆重而简短的结业式,并从 PSYL 中学校长手中接过了特殊的结业证书,我们的两位带队老师也将代表中国文化的剪纸赠与 PSYL 中学,从此我们两校结下了深厚的友谊。

2. 住家生活

如果要了解芬兰文化,深入芬兰的家庭是非常必要的,此次赴芬兰游学之行我们很幸运可以住在芬兰的 Home stay,了解芬兰当地人的生活,与他们沟通交流,帮助我们更好的了解芬兰文化。住家的"爸爸妈妈"都特别热情,我们用英语交流在学校看到的新鲜事,也利用休息时间一起去自家的果园摘水果,一起去自家的马厩里和芬兰小朋友一起刷马,一起去 summer house 烧烤……我们也与住家小伙伴侃侃而谈中国传统文化,将自己书写的书法字卷赠与住家家庭，我们还教当地小伙伴说中文。在离开住家时，我们都悄悄将自己的感谢信放在床头，这种人与人之间的交流让我们的心越来越近。

3. 文化考察

利用周末时间，我们考察了被波罗的海紧紧包围的芬兰首都——赫尔辛基，白色的建筑点缀在碧绿的林间，不愧有着"北欧白色之都"的美誉。

随后，我们搭乘开往芬兰北部罗瓦涅米的极地列车，到圣诞老人的家里去看看。我们跨过北极圈，圆了儿时的梦想。最后，我们参观北极省立博物馆，躺在特定的教室里感受一次虚拟的北极光的演变，其乐无穷。

短短的 12 天游学生活令我们每一个人都收获满满，我们从一开始的焦虑、胆怯和不知所措渐渐变得自信，落落大方地与住家成员和小伙伴们交流，这一切的变化无时无刻不在发生着。我们认真、积极、守纪的表现也受到了芬兰老师和学校的一致好评。此次芬兰文化交流之旅给我们带来了许多收获。

英国游学记

青溪中学　七(3)　张隽庭

曾经我对于英国的印象仅限于小说中和电视上,而当我真真正正地站在这片土地上,我才感觉到了整个国家的文化与气息。英国美丽的风景,都令我们这支游学小分队赞叹不绝。2017 年 6 月 27 日,由 23 名学员和 2 位老师所组成的"青溪学子赴英文化交流团"正式出发了,我们带着行李,满怀着憧憬和期待,在经历了 15 个小时的飞行后终于踏上了这片西方的土地。我想从三个方面为大家介绍此次游学经历中最令我印象深刻的地方。

1. 在校学习

Oaks Park High School 橡树园是我们这次游学的主阵地,这所学校是坐落于英国伦敦近郊的一所综合性中学。整个学校的规模不大,但绿树操场应有尽有,在这么一所规模不大的学校里有着上千名学生。我们 23 位学员被分为 5 组,每组有 4～5 名学员组成,组长均由八升九的学员担任,他们组织能力强,语言能力强,最重要的是富有责任心,在他们的组织和协调下,我们每组都顺利完成了课程学习,同时也结交到了不少外国小伙伴。

一走进橡树园中学接待处的大门便看到了一个一体化自动签到机。只要选中你的名字就可以自动保留到学校电脑里,学校时刻都可以关注到你的安全。走廊里各式各样的海报手绘画琳琅满目,即使是全英文的海报也足以让你移不开眼,而墙上粘帖的也是一些极富想象力与创意的剪贴画海报还有手工品。

在校上课的第一天,我们就迎来了在校全程陪伴的校方小伙伴,一对一甚至是二对一的人员配比足以体现橡树园中学对我们的重视与关心。主管国际交流活动的副校长 Mr. Jeff 告诉我们,为了此次活动,他们提前三个月就招募了中国学员的小伙伴,大家都很期待中国学员的到来。

每天早晨 8：15 我们的学员会集中在学校的餐厅,外国小伙伴们陆续赶来与学员们交流当天的上课安排,然后在铃声响起之后一起进入课堂开始一天的学习。初次与来自不同国家的伙伴们相遇,有点紧张与羞涩却有着异常熟悉的感觉。

最值得一说的还是橡树园中学的课程可谓是包罗万象：生物、法语、西班牙语、宗教、表演、兴趣课等。我想我们总认为外国的学生十分轻松,但他们的课程实则多种多样,且任务繁重。

在橡树园的学校生活中,最令我印象深刻的是在数学方面的造诣,我们中国学生要比英国学生水平高很多。我很感谢那些头痛的几何题让我在这一刻有了极强的自信心。帮他们讲解数学题、交换解题方法也变成我们互相交流的最好时刻。心与心便在此碰撞在了一起。

英国课堂的戏剧和音乐课也让我感到眼前一亮。英国学生的自由编排以及小组的合作能力非常出色。在课堂中他们常能自由编排一个剧目并由老师直接进行打分。他们不惧失误，不惧嘲笑，把课堂当作生活，把生活融于课堂。我想，这才是我们现在应该去做的。

在最后一天的派对上我们六位八年级的学员与橡树园的小乐队分别表演了节目，我们的《青春修炼手册》舞蹈赢得了英国小伙伴和老师的阵阵喝彩，他们表示这样的节目在英国是不可能看到的，因为英国的男生都不愿意跳集体舞，这让他们看到了我们中国的学员单纯、青涩的一面。此外校长 Ms Hamill 与交流团团长王老师签署了姐妹学校协议，为两所学校的后续交流做了铺垫。

2. 住家生活

这次游学让我体验了一把 Home stay，可以说真正深入了解英国当地人的生活，与他们沟通交流，帮助我们更好的了解英国文化。要入住完全陌生的西方家庭，起初我们是有点担忧的，因为身为独生子女的我们在家可都是"衣来伸手，饭来张口"的，这次要独立面对英国家庭，不仅是挑战，也是锻炼自己生活能力的好机会。我们所有的同学和老师一共被分为 7 个家庭，每个住家家庭都是友好、热情地期盼着我们的到来，每天我们由住家以不同的方式接送上学，住的近就步行前往，住的稍远的可以坐公交或者住家开车接送。在住家我们可以和住家的"爸爸妈妈"或"爷爷奶奶"交流在学校看到的新鲜事，也利用休息时间一起看球赛，逛超市甚至教住家说中文。这短暂的住家生活不仅让我们体验了英国家庭的生活方式，也让我们融入到英语的语言氛围中，锻炼了与人沟通能力。住家家庭虽都是普通家庭，但他们的用心与友好让我们感受到家庭的温暖。有同学甚至表示住家的食物太美味，让她都舍不得回国了。

3. 收获与感想

在橡树园中学交流的这 14 天，最令我欢喜的是校园美丽丰富的布置和装饰，都是由老师和学生一起布置教室，营造良好的学习气氛，从天花板到四面墙壁，甚至地板，都或粘或挂着众多学习卡片和图片，学校也不放过任何一个角落，我们经常能够在过道、餐厅墙壁等地方看到展现学生学习收获的图片、海报和展板。回国后我们将这些布置教室的形式传达给班主任老师，结合学校安排的主题也开始了在校园内有个性化的布置，比如我们班级后面有一面"班级爱心墙"就是用班级每位同学的照片形成的，班级内还张贴了口号和标语，学生天天置身于这么的学习环境，相信对学习和学校的乐趣肯定会大增。

英国的授课的方式与国内类似，主要以提问、讨论为主，但英国的课堂氛围更为宽松，回答老师的问题时学生可以坐着也可以站着，可以随时举手，在老师允许的时候提问。当然，这样轻松的环境也会有个别同学发呆、讲话做自己的事情。这就要求学生有高度的自觉性。回国后，我们游学小分队的成员进行了"青溪学子论坛"的交流，将我们在英国课堂中的所见所闻传递给同学们，也将英国课堂中好的有趣味的授课形式向老师们分享，我相信我们青溪的课堂也会越来越有趣味性，会有更多动手和探究结合的课堂环节把我们所学的知识与实践结合起来。

时间总是过得很快,因此人们必须抓紧时间,才能避免错过与后悔。英国美丽的风景令人难忘,人们的热情好客更深深地在我们的脑海里留下了印记。在短短的 14 天的游学中,我们领略英国的大好风光,结交了许多外国友人。我想,旅行不是为了看到更好的风景,而是在这个路途中和这个世界相遇,然后发现更好的自己。与橡树园小伙伴们相处的每一天我都会在我生命里留下挥之不去的记忆。

我和古筝

青溪中学　七(3)班　孙雨欣

　　听！家里又响起了美妙的琴声，那是我开始弹古筝了。古筝是我的最爱，当然弹古筝也是我的特长。

　　要说我和古筝的缘分，那得从我读幼儿园中班开始说起。有一天吃好晚饭，爸爸妈妈照例带我出去散步，当路过一家琴行时，我被里面传出来的悠扬的琴声给吸引住了，我便问爸爸妈妈："这么好听的音乐是用什么乐器弹出来的啊？"爸爸妈妈告诉我那是古筝。我心想：要是我也能弹出这么美妙的琴声那该有多好啊！

　　于是，我缠着爸爸妈妈也要学古筝，爸爸妈妈拗不过我，便带我走进琴行。热情的琴行老板接待了我们，并安排我上一节试听课。别看古筝看起来容易，只有 21 根琴弦，但还要分什么滑音、颤音、摇指……滑音还要分上滑音、下滑音，对我这个第一次接触古筝的孩子来说，真是听得一头雾水。上完试听课，爸爸妈妈怕我退缩了，便试探性地问我："其实弹古筝是挺难的，要不我们等大一点来学好吗？"但我已经喜欢上了古筝，于是我坚定地回答道："不行，我一定要学，也一定会学好的。"从此，便开始了我的学古筝之路，每周一次，风雨无阻。

　　从《渔舟唱晚》到《茉莉芬芳》……古筝陪伴我的时间越来越长，我的琴艺也越来越好。晨钟暮鼓，日走云迁，随着时光的流逝，我的水平逐渐提高，学了四年多我就通过了十级考试。怎么样，我厉害吧！

　　古筝使我的课余生活变得丰富多彩，同时也让我明白了坚持不懈才会成功的道理。

我在努力着

青溪中学　九(4)班　唐汪芃

穹苍间最后一抹残阳斜斜地射进,氤氲着傍晚迟暮的茶香,独自坐在窗前,喜滋滋地看着墙上那金灿灿的奖状,那是我努力的成果。

思绪被拉回到一年前的夏天,我本信心满满地将一篇修改过多次的作文塞进信箱并满怀期待着等待回信,却不料作文被原封退回……

从那以后,我的心就仿佛浸在一杯清咖啡中,有说不出的苦涩。耳边时而传起同学的冷嘲热讽:"放弃吧,我可不看好你,你不可能成功的。"冷冷的月色更使我的心降到零点,是的,我失败了。我低下头看看那平淡若清水的文字,再看看同学笔下的春之绮丽,夏之明媚,秋之若谷,冬之渺远,独自惘然。

一顿简单的早餐过后,我像原来一样端坐在课桌前,望着空空的作文本,时而拿起却又放下手中的笔,我纠结,我无从着手。我不知应顺从命运安排放弃梦想还是去挑战自我,努力争取。突然窗边一个抖动的身影引起了我的注意,那是一只普通且瘦小的蝴蝶,它的右翅耷拉着看似已被折断,只依靠着左翅慢慢弓起整个身子,却不巧被旧屋檐流下的积水打回原地,又如此反复几次后它不再动了,我不禁感叹生命竟如此脆弱,便离去不再理会。

当我再注意到它时,它已移到一颗绿色盆栽上去了,扇动着它伤痕累累的翅膀,似乎在向我炫耀它的成功,我不禁低下头,我不得不承认,我被它的坚韧和努力所折服,又为我的不敢面对失败而羞怯。都说风雨之后才能看到彩虹,不努力搏一下又怎会成功。

从那以后,我重新振作起来,拿起笔继续写作,因为我清楚地明白我的心中一直有个文学梦的种子而此刻它已生根发芽,我渴望成功。于是每个早晨,都有一个与阳光相伴静静诵读的身影,直到那握着的右手变得酸痛,那浏览文字的双眼变得沉重;每个夜晚,都有一个像早已干旱的土地贪婪吸收雨水般孜孜不倦充实着的自己。直到那钟声敲响第十二下,那温热的咖啡不再冒热气……就这样日复一日,月复一月拼搭着属于我的成功道路。

"我不是归人,是个过客",是郑愁予的惆怅;"所谓父女母子一场",是龙应台的沉练;"绿兮不兮,绿衣黄里",是沁于骨肉的别离之情……无不若一场场美丽邂逅,充溢着脑海。

终于,功夫不负有心人,数月后,我打开作文本竟也能妙笔生花了,参加作文比赛捧回了二等奖,那一刻,我终于可以骄傲地对着镜子里的那个人说——嘿,伙计,我赢了你!

在漫漫人生路上,我始终相信努力奋斗的意义,天空会因此而美丽,梦想会因此而纯真,去放飞自我,勇敢飞翔于梦想的天空,相信自己一定会做得更好!

哇！ 你真棒

青溪中学　七(2)班　胡奕暄

相信大家都知道"友谊第一，比赛第二"这句话吧。去年十月十五日这个晴空万里的好日子，我校举行了一年一度的运动会。那天早上，虽然天空下起了小雨，但雨过天晴后的秋日阳光显得格外灿烂，天空中的小鸟叽叽喳喳地在操场上空嬉戏，好似在为这别开生面的运动会欢呼雀跃，此时的我，不禁想起了同学们那句充满鼓励和力量的话语——"你真棒！"

四百米赛跑比赛马上就要开始了，我被排在了第三道。摩拳擦掌、蓄势待发，只听"砰"地一声，我犹如一支离弦的箭、一只下山的猛虎、一颗出膛的子弹，猛地冲了出去，只见我两腿快速有力地蹬地，双臂配合双腿有节奏地摆动，全力向前冲去，很快便遥遥领先。耳畔呼呼的风声伴随着同学们高亢的呐喊声："加油，加油，必胜，必胜……"我的眼前仿佛出现了自己登台领奖，被同学们欢呼簇拥的胜利情景。可是，好景不长，进入弯道之后，我发现身边有个黑影一下子超过了自己，其他同学竟后来者居上！我急得满脸憋得通红，暗暗心想：快坚持不住了，放弃吧。此时，同学们的鼓励与呐喊，让我一下子又充满了力量，不行！我一定要超过他，我加大了脚步和频率，加快了摆臂的速度。

终点快要到了，我拼尽全力，像奥运选手那样努力地向前探出身体，希望以最快的时间撞线。终于，我第一个冲过了终点，周围瞬间沸腾，同学们纷纷向我竖起大拇指，为我祝贺："你真棒！""你真是我们的骄傲。"耳边的赞叹声不绝于耳……

"你真棒"这句有力的话语至今还在我耳边徘徊，它像一剂良药，时刻给予我前进的动力，提醒我要做最好的自己。

哇！ 她真棒！

青溪中学　七(3)班　张李轩

今天是我们中学举办第四届运动会的日子,场上的运动健儿们奋发图强,努力拼搏,成为了操场上一道亮丽的风景线。

其中,有一道身影却显得格外醒目,她,是一个高个子女生,很爱笑却有些腼腆的女孩子。但,就是她,夺得了400米女子跑和女子垒球的冠军。她就是小季,一个长发飘飘,颇有些运动天赋的女孩。

垒球比赛刚刚结束,马上又要开始女子400米。我不禁有些担心:能跑得动吗? 可惜由于我是男生,不好过问,只好以担忧的眼神望向她。她跟着裁判来到比赛场地,她弯下腰,甩甩头,做了做准备活动。红旗挥出,她摆出起跑的姿势,右臂在前,左脚在后,只听见发令枪"嘭"的一声响,小季如一支离弦的箭一般冲了出去,以迅雷不及掩耳之势把其他几位选手甩得远远的。我们班的同学们很为她感到骄傲,加油声虽然此起彼伏,但都是一样的高亢激昂,"加油! 加油! 小季! 加油!"

糟了! 她在弯道处被超车了! 我们急得直跺脚,只见她脸涨得通红,拼命蹬腿,并有节奏地挥动着手臂。不一会儿,她脚下虎虎生风,仿佛乘风而行,一会儿就重新排在了第一的位置上,马上就要到达终点了。小季猛然发力,身体微微向前倾,"嗒嗒嗒",脚步声如密集的鼓点一样,打在我们紧张的心里。终于,她大步向前跨,越过了终点线,第一名! 我们高兴得拥抱在一起,好几个同学都跑去祝贺小季。

她获得的金牌不仅是一种荣耀,更是一种证明,证明了她坚持不懈的精神,我由衷地替她感到高兴,她可真棒啊!

谢谢你，我的挚友

青溪中学　七（2）班　胡奕暄

挚友是什么？挚友就是当你孤独无助时，不离不弃陪伴你的那个人；挚友就是当你失落难过时，帮你走出困境的那个人；挚友就是当你遇到难题时，与你一起克服难关的那个人。我的挚友小 A 便是这样一个人。

在一次体育课上，老师突如其来地说要考 50 米，面对这横空飞来的考试，一向体育弱项的我不由自主地倒吸一口冷气："唉，还是躲不过这猝不及防的 50 米测试。"考试开始了，我使尽全力让自己的步子迈得大一点，跑得快一点，可最后还是没有及格，才 10.91 秒。小 A 见我垂头丧气的样子，便问："怎么了？"我答道："没及格"。"没事，我帮你。"他告诉我："要跑得快，步子就不能迈得太大，要小碎步，双脚快速蹬地，手拼了命地甩，就会快起来。"我立刻按照他说的方法试着跑了跑，但还是没及格。见我依旧无精打采的样子，他又耐心地鼓励道："你刚刚才开始使用这个方法，还没有融会贯通，只有多加练习，才能进步。你放心，我一定会继续帮你的！"他一边用手做出胜利的动作，一边向我投来肯定的目光，重新给了我十足的信心。

在此后的日子里，无论是中午自修还是放学后，无论是刮风或是下雨，他都认真地陪伴着我在操场上练跑，一次次指导我："腿再迈快一些，手摆动的频率再快一些，步子不要太大，加油，我相信你可以的。"日复一日的练习，终于，我有了很大的进步。

第二次考试时，他站在一旁给我鼓劲，我信心满满。哨声一响，我如同一支离弦的箭，一会儿就冲过了终点线，成绩有了飞速的进步，我和他激动地抱在了一起。

谢谢你，我的挚友，如果没有你，可能我无法从失落中走出；如果没有你，我就无法品尝挑战自我的滋味；如果没有你，我的世界也不会如此精彩。你就像我生命中的暖阳，照耀着我，照亮我前进的道路，谢谢你，我的挚友，我亲爱的挚友！

美丽汉字

青溪中学　七(2)班　邵佳颖

我们中国的历史文化十分悠久,古人创造的汉字也博大精深。它们有的一字多音,有的一字多义。在这茫茫汉字中,我认为"团"字是我心中的美丽汉字……

一日,艳阳高照,我们成群结队地赶去奉贤中学参加两人三足比赛。我们用绸带把脚都绑了起来,蓄势待发,宛如一只老虎随时冲下山冈一样。只见其他学校的同学都健步如飞,整齐地似一人在奔跑似的。顿时我们心中都开始紧张了起来,心都跳到了嗓子眼,生怕不能赢过他们,硝烟味顿时弥漫在周围。

终于轮到我们了,我们把各自的手搭在左右同伴肩上,迈开了一只脚。尖锐又刺耳的枪声在空中响起,我们仿佛出笼的鸟儿一般,争先恐后地飞出了"鸟笼"。我们十分整齐,眼看我们即将到达终点,便开始兴奋,得意了起来。

正如"谦虚使人进步,骄傲使人落后",一场意外发生了——我们摔了。我的脚犹如针扎一般疼,身边的同学也摔得很重。在老师的鼓励下,我们没有放弃,互相给予鼓励,坚持不懈地走完了全程。老师告诉我们,虽然我们没拿第一名,但是我们并没有就此放弃,而是团结坚持地完成了比赛,团结的精神体现了出来,并教导我们,其实比赛并不重要,重要的是让我们学会团结和坚持,只要团结就可以战胜一切困难。

一个"口"包裹着一个"才",就是把所有人的力量和智慧集中在一起,这可以战胜一切困难,这就是"团"。团结,就能战胜一切艰难险阻;团结,就能战胜自我;团结,就可能完成我们认为完不成的任务……可想而知,团结的力量是多么强大,团结的力量绝对高于一个人单独的力量!

我们的汉字数不胜数,只要仔细了解,品味每一个汉字,就能了解它们所包含的各个含义。正如"团"这个字,它不仅表示了一群人的力量与智慧永远大于一个人的力量与智慧,而且更是我们祖先智慧的结晶,告诉了我们一代代人只要团结,就能战胜一切"对手",一切"拦路虎"……

第四章　经验辐射

关注语言结构　设计有效目标

——以《布鲁塞尔大广场》为例

尚同中学　王　洁

作为语文教师,文本解读的功力至关重要,它直接影响了课堂的内容、形式,引导着课堂的教学目标。对于多数年轻教师而言,一节课教学目标的设定都是欠思考的,具有经验性和随意性——了解教学基本要求,并根据自己的解读比较随意地决定学生应该学什么。

以沪教版六年级的课文《布鲁塞尔大广场》为例。这篇课文怎么上,学生要从这篇课文的学习中收获什么? 备课时很困惑。布鲁塞尔大广场,文章先介绍了布鲁塞尔,然后着笔于大广场。词汇丰富,结构整齐,材料的选择与主旨紧密结合,材料很有典型性,每个景点既有外观的描写,又有内涵的撰述。

据此,我设立了教学目标:1.体会文章用恰当的词句概括说明对象特点的好处;2.学习将描写历史建筑与记叙建筑历史有机结合的写法;3.了解布鲁塞尔这座城市深厚的文化。

根据教学目标,结合文章内容,我采取了以下策略:四个景点写法相似,都将描写历史建筑与记叙建筑历史的方法相结合,一段一段地上下去,学生不会有兴趣;那么,前两个景点老师讲解,学生学习,第三个学生讨论,最后一个学生自己做。这样设计在学生接受方面似乎有梯度性。可是课堂下来,讲台上的我都觉得单调乏味,每段都不断地重复着相似的内容,课堂气氛沉闷,我也越来越慌乱。

问题在哪里? 教学目标没设定得有偏差! 刨根问底后发现,根本原因在于文本解读没有做好! 我始终抱着一种观点,课文就是给学生"学"的,而实际上,课文是给学生研读的,在老师的指导下研读。不是老师告诉他们这篇文章用了什么手法,达到了什么表达效果,而是学生在老师的指导下通过对课文文字、语言、结构的分析,懂得什么是表达,知道该如何表达。不是学会按固定的套路分析文章(其实这样学生只是记住了答题模式),而是懂得如何"语",怎样品鉴"文"。

教学目标的设定直接决定了一节课的品质,它会指引教师根据教学要求重构文本,在大量纷繁的可教授的信息和能力中筛选出合适学生的内容,并在此基础上选取策略、设计环节。教学目标的设定要紧扣语文的本真,要充分关注学生的最近发展区域,预设到学生在预习和课堂学习中出现的好奇、提出的问题。

《布鲁塞尔大广场》是一篇说明性较强的介绍性文章,介绍一座城市,介绍一个具有文化底蕴的广场。从这样一篇文章中,学生要学会的是怎样用文字清楚地介绍这座城市、这个广场的特征,并合理、流畅地表达出自己的感受。

针对课堂中出现的问题,我对文本进行了再解读,并结合学生实际,返归语文本身,重新思考教学目标。需要明确的一点是，对课文不应该盲目崇拜，而应在学习的过程中抱有批判的精神。课文，尤其是没有经过时间沉淀的课文，在行文上肯定或多或少有欠斟酌的地方，对此，我们不能视而不见，而应该在与学生共同研读的过程中让他们发现问题，并树立正确的意识，习得正确的方法，养成良好的习惯。

一、引导学生关注文本语言的逻辑性

文章开头即介绍了布鲁塞尔"地理位置优越，气候宜人"，概括性的词句引出文章后，转笔写了气候如何宜人——"冬无严寒，夏无酷暑"，再写地理位置如何优越——"西欧大陆的中心地带"。在学生概括布鲁塞尔的特征时，我将"地理位置优越，气候宜人"分为两点，并让他们分别找出具体表现该特征的句子，并借助多媒体展现了布鲁塞尔的位置及随季节变化的风貌。有学生问我："老师，你这是给我们上地理课呀？"我没有做出任何反应，觉得他只是插话而已，现在想来，这真的是一个非常好的问题——我偏离了语文教学。

语文教学是为了让学生了解这座城市的特征吗？不是！再往前走一步，我们就触摸到了语文。我们要关注的是他如何表达，他为什么这样表达，这样表达的效果如何？概括性词语"地理位置优越，气候宜人"排放顺序是 A—B，而详细阐述这两项特征的语句排放顺序却是 B—A，表达顺序上逻辑欠妥。对六年级的学生而言，语言的逻辑性尤为要关注，两个词语随意的排放，可能造成表达条理方面的缺失。

"布鲁塞尔还是一个历史悠久、名胜古迹繁多的古老城市。"这是文章第二节的总起句。那么接下来的段落将围绕着布鲁塞尔的历史悠久、布鲁塞尔名胜古迹繁多这两方面展开详细的阐述。文章在介绍了布鲁塞尔的悠久历史，一笔带过"豪迈的古建筑"引人注目，转而开始介绍大广场的概况，对城市的这两个明显的特征缺乏应有的叙述或描写。段落的设置在此处就出现了问题：段落的划分应以逻辑为基础，主旨句应使文段条理清晰，还应使文段语言严谨。

这篇文章的学习就可以引导学生发现这些问题，并通过小组讨论的方式让他们对课文相关部分提出自己的修改意见。让学生形成这样的认识：在行文过程中，在语句安排和结构的安排上，应时刻注意语言的逻辑性。

二、引导学生关注文本语言的有效性

语言是人类最重要的交际工具，是人的思想和情感的载体。既然是工具和载体，它的实用性就不可忽视，语言的修饰要以语言的有效为基础。语言有效性实现的程度，决定了表达或沟通达成的程度。六年级的语言教学要扎实稳健，目前在语文的教学中太重视语言的修辞，而偏废了语言表达的有效性。

学生写作文时无话可说或流水账叙事，语言要么平乏单调，要么堆砌辞藻，缺乏情感，这跟教学中忽视了语言有效性意识的培养有关。总是只运用概括性的词句，泛泛而谈，那么不论叙述一件事情，还是说明一件事物都无法表达清楚。学习、品味课文的语言，是帮助学生学习有效地表达的重要途径。

《布鲁塞尔大广场》一课描述了大广场上四个景点，对四个景点的描述的语言有的具体生动，有的就只是浮光掠影。课文这样介绍天鹅咖啡馆："大门上装饰着一只展翅欲飞的白天鹅，天鹅纯白高雅，华贵大方，具有无限的美感。"就有效程度而言，用"大门上装饰着一只纯白的展翅欲飞的白天鹅"即可，"纯白高雅，华贵大方"作为词汇积累，是润色，是修饰。描绘布鲁塞尔市政厅时，文章用"雄姿勃勃""美妙绝伦、巧夺天工"来形容，可是读来，我们并不清楚市政厅是怎样的。只用概括性的华丽的词句，事物的状貌和特征就十分模糊，语言也就失去了有效性。相反，小于廉雕像就栩栩如生，"他的头发卷曲蓬松，小鼻子向上翘起，光着浑圆的屁股，旁若无人地撒出一道弧形的尿流。"一个可爱又顽皮的小孩儿形象跃然纸上。

有效的语言是用文字勾勒图景，激发读者的想象力，使文字有声有色有味。就此，课堂上可以尝试让学生品读比较对四个经典的描写，说说怎样的描写让读者印象深刻、倍觉有意趣（而非让单纯地、重复地学生提炼各景点的特征），并让他们模仿介绍一处熟悉的建筑或景点。让他们在品读和写作中真正观察、感悟怎样的语言是有效的。

三、引导学生关注文本语言的准确性

规范使用语言，还要注意语言的准确性。用词准确，不冗余，不混乱，词性要准确。

文章首段说明布鲁塞尔气候宜人，在"冬无严寒，夏无酷暑"后，又随手添上一笔"景色秀丽"，这与气候无关，实属冗余。在描绘小于廉雕像一段，作者首先点出该雕像是"布鲁塞尔第一公民"，接着介绍关于他的传说来表现对民众对他的喜爱之情以及他不负盛名。然而关于他激怒过路女神被罚的传说却与文段涵义毫不相关，也没有做出对他这项"头衔"的来源的解释，给读者的解读带来困惑。

代词的使用是值得注意的一项规范。一般而言，代词可指前或后的一件物或一件事，指代明确。在《布鲁塞尔大广场》中，课文介绍了中国送出的两套军装，而最后说，"每逢10月1日，小于廉就穿上此装"，"此"指代什么令人疑惑。

就此，可以设计让学生自己发现问题，勇敢地质疑，在提出问题—解决问题的过程中习得新知。

在再次深入解读文本的基础上，我对教学目标进行了修改：

1. 对比品读文章对介绍对象的描写，体会用恰当、具体的词句介绍事物特点的好处；尝试生动地介绍一项事物。2. 学习把握段落结构，能够分析段落之内句与句之间的关系。3. 学习将描写历史建筑与记叙建筑历史有机结合的写法；了解布鲁塞尔这座城市深厚的文化。

深入解读《布鲁塞尔大广场》一课，我们发现它是训练和培养学生语言逻辑性、有效性、准确性等规范运用的很好的范本，由此设计教学目标，才是关注了语文教学的本真。

构建生活化的语文课堂

四团中学　赵　静

摘　要：《语文课程标准》强调："语文课堂要从学生已有的生活经验出发，让学生亲身经历，把语文知识与生活联系起来进行理解与应用。"因此，教师应该努力构建生活化的语文课堂，所谓生活化的语文课堂，就是指在语文课堂教学中，从学生的生活经验和已有生活背景出发，联系生活讲语文，把课堂教学与生活联系起来，使课堂教学变成学生积极参与、乐于学习的过程。只有这样，学生才会真正成为学习的主人。

关键词：语文　生活化

早在 80 多年前，伟大的教育家陶行知先生就提出了"生活即教育"的教育主张。时至今日，当上海的二期课改进行得如火如荼之时，我们不难发现，陶行知的这一教育思想与语文新课标中所提倡的教学理念是一致的。《语文课程标准》强调："语文课堂要从学生已有的生活经验出发，让学生亲身经历，把语文知识与生活联系起来进行理解与应用。"因此，教师在教学中不能忽视学生的自我需要，不能脱离学生的实际生活，不能进行填鸭式的灌输教育。教师应该尊重学生的独特感受，引导学生联系生活加深理解和体验，帮助学生在此基础上获取知识、享受学习的快乐。教师应该努力构建生活化的语文课堂，所谓生活化的语文课堂，就是指在语文课堂教学中，从学生的生活经验和已有生活背景出发，联系生活讲语文，把课堂教学与生活联系起来，使课堂教学变成学生积极参与、乐于学习的过程。只有这样，学生才会真正成为学习的主人。

一、创设生活情境，自然导入新课

陶行知先生说："教师应该激发学生的学习兴趣，因为治学以兴趣为主。兴趣愈多，则从事弥力；从事弥力，则成效愈著。"现代心理学研究也表明：学生学习的内容和学生熟悉的生活背景越接近，学生自觉接纳知识的程度就越高。生活化的语文课堂首先就是要将教学活动置于学生熟悉的生活之中，淡化学生的被动意识和学习意识，强化学生的主体意识和生活意识，从而极大地激发学生的兴趣，自觉地投入到学习过程中。在执教《散步》时，笔者紧扣课题，以聊家常的方式引起学生对生活的回忆："你平时喜欢散步吗？能不能和我们分享一个印象最深刻的散步故事？"在学生讲述了自己的散步故事之后，再阅读莫怀戚的《散步》，学生的学习障碍自然得以消除，学习兴趣自然更加高涨了。在执教《受宠的象》时，笔者以学生最熟悉的话题引入："你喜欢动物吗？ 如果让你用一个词语来形容以下五种动物,你会用什么词语呢?"在提问的同时借助多媒体展示图片:大象、狐狸、熊、公牛、驴。在笔者新颖有趣、密切联系生活实际的教学导语的激发下,学生开始唧唧喳喳地讨论起来。在学生回忆生活、充分表达后,笔者自然地带领学生进入了新课环节:"让我们一起走进《受宠的象》这则寓言故事,读完之后,如果让你们再用一个词语来形容这五种动物,你又会用什么词语呢?"在这些生活化的导语中,笔者始终是以激励的语言、欣赏的态度和商量的口吻去调动学生学习的积极性,让他们有一种被关注的幸福感,从而使他们勇于发言、乐于交流、善于分享,体验到学习生活的乐趣。

二、利用生活经验,理解语言文字

现行教材中的绝大多数课文都来自作者的生活体验和心灵感悟,我们要尽量将语文课堂教学还原生活,并尽量贴近学生的生活实际,将教学活动置于逼真的社会背景之中,在教学关节处予以点拨,让学生熔于生活的大火炉中,以自己的亲身体验来理解文字背后的意义。在执教《散步》时,笔者特地设计了这样一个问题:"'但我和妻子都是慢慢地,稳稳地,走得很仔细,好像我背上的同她背上的加起来,就是整个世界。'你怎样理解'慢慢地''稳稳地'这两个词? 可以联系自己的生活谈感受。"有学生回答:"因为母亲年纪大,而儿子年龄小,两个人都怕摔,所以我们要'慢慢地''稳稳地',是对家人的一种关爱。"也有学生回答:"他们在田野上散步,这样做是为了让母亲和儿子都能尽情欣赏大自然的美丽景色。"因为笔者的这个问题设置建立在学生已有的生活经验基础之上,所以学生能够感同身受,回答非常精彩,他们的回答远比教参上"突出了作者对家庭的责任感"这一解释更丰富。在执教《两小儿辩日》时,"及其日中则如探汤"中的"汤"是古今异义,学生很难记住"汤"的意思竟然是"热水"。笔者便通过讲述旅游故事,帮助学生加深记忆。"日本的温泉很有名,如山形县就是一处以温泉出名的旅游胜地,如果你去那里旅游,你会看到很多店门口的招牌上写着大大的'汤'字,但是你可千万别把它们当成了饭店,它们可是浴室哦!因为日语中也有汉字,而日语中的'汤'就是热水的意思。"听完这则小故事,学生都哈哈地笑出了声,但也在笑声中记住了这个"汤"的古义。

三、还原生活场景,亲身体验乐趣

教材中的每一篇课文都是以语言文字为载体,记录着一定的生活信息。学生学习语文,就是通过在头脑中把语言文字还原成客观事物,从而获得主观感受。但是有的文本内容却离学生的生活实际较远,给学生的学习带来了难度,这时候教师就要借助于多媒体演示,形象、直观地再现课文所描绘的生活画面,把语言文字直接变成活生生的生活场景展现在学生面前,可以使学生身临其境,加深对课文的理解。在执教《观沧海》时,笔者没有急于讲解诗的内容,而是让学生看了一些有关沧海的图片,这些图片主要是沧海波澜壮阔、气势澎湃的画面。接着笔者又介绍了曹操观沧海时的状况,然后再借助诗歌的配乐朗诵,将学生一步步引入诗歌的美妙境界,让学生身临其境地去体会诗人当时的心情。最后,笔者再让学生从自身生活体验出去,去领会曹操那博大的胸襟,并对照反省,看看自己的胸襟如何,该如何达到曹操的那种境界。虽然这是一节古诗欣赏课,但这节课的课堂内容却很丰富。学生参与积极,兴致很高,气氛非常活跃。在执教《山川之美》时,笔者精心挑了几幅与文字相配的山水图片,在讲解古文前先让学生欣赏图片,在文章中选出与图片相符的诗句。最后再在图片的提示下试着背诵全文。学生在整节课都始终情绪高涨,表现出了浓厚的学习兴趣。近期执教了《马来的雨》一文,借用自己亲身经历,会议结束后钻入自己高温暴晒后的车内,学生幻想我当时的场景,想必酷暑难耐,好想来上一场及时雨,同时,我穿入语境,下了一场爽快淋漓而又干脆利落的马来雨,感受如何? 从而学生立刻能感受到站在马来街头淋雨的酣畅淋漓。

四、精心设计作业,贴近社会生活

作业是巩固课内知识的重要手段,除了发挥它的基本作用之外,教师还应发挥它的桥梁功能,实现教学生活化的延伸,即通过作业这一手段,引导学生走出学校、走向社会、走进生活。教师可以在课后布置一些具有启发性的作业,引导学生联系实际,开动脑筋,实现学以致用。这看起来不难,实际上需要教师花费很大的心思,设计出新颖、有挑战性的问题,引导学生关注生活,在生活中去寻找答案,完成"从生活到知识再到生活"的螺旋式上升过程。如在《有家真好》这一单元学完之后,笔者布置了一份单元作业:设计一份以"有家真好"为主题的小报,小报内容包括:1. 有一张家庭照片,并附一段关于照片的说明文字。2. 搜集并抄写五句与"家"相关的诗或名言。3. 写一段 200字左右的文字,表达自己对家的独特感受。这份作业形式新颖,不仅巩固了这个单元的知识点,也锻炼了学生制作小报的实践能力,比布置一篇单元作文要更贴近学生的生活,更能引导学生走进生活。

语文学科是最富内蕴和思想的,是最富有灵气与诗性的,这些特点决定了真正的语文教育必须使语文与生活紧密结合起来,不断地为语文课堂注入生活的"活水"。只有这样,语文课堂才不会死气沉沉,才会焕发出勃勃生机。孔子曾说过:"知之者不如好之者,好之者不如乐之者。"教师要通过构建生活化的语文课堂,努力让学生成为学习的"乐之者"。

参考文献

[1] 弗莱雷·保罗. 被压迫的教育学[M]. 顾建新等译. 上海:华东师范大学出版社,2002.
[2] 郑金洲. 基于新课程的课堂教学改革[M]. 福州:福建教育出版社,2005.
[3] 郑桂华. 听郑桂华讲课[M]. 福州:华东师大出版社,2007.

思维导图在七年级数学复习课中的应用

塘外中学　袁晓婷

摘　要： 知识的整理对任何一门学科都是重要的，数学也不例外，在以往传统的教学过程中，我们的老师们为此也做了学多探究工作，得到了不少研究成果。但在我们的实际教学中，发现学生的知识还是碎片化的、支离破碎的，并未在脑海中形成体系，而本文将从如何借助思维导图辅助学生学习、整理、归纳。

关键词： 思维导图　数学复习课

教师经过长期的专业训练拥有良好的教学经验，学习过程中有很强的自主性，有自己的学习方法；而学生接触数学专业时间不长，对该课程知识很难有全面系统的了解，也就很难如教师期望的那样对知识点进行不折不扣的全面理解。于是在传统教与学的过程，教师辛苦讲学，学生听课大打折扣的情况的确经常出现。为了解决这样的问题，提高学生对数学知识点归纳的有效性，依据人学习记忆的科学规律，提出了以思维导图为载体来进行更为有效的数学知识点归纳，从而激发学生的学习潜能，培养学生的创造思维。

一、理论依据

建构主义理论： 建构主义理论认为：学习并非对教师所授予知识的被动接受，而是学习者以自身已有知识和经验为基础的主动建构过程，特别强调学生对知识的主动探索、主动发现和对所得知识意义的主动建构。应用思维导图就是学生主动建构知识的一个过程。

根据脑科学理论： 大脑神经是一个由中心向外发散的网络神经元，大脑的思维也呈现出一种发散性的网状图像。思维导图正是这种大脑思维的真实反应。

根据知识可视化理论： 将任何抽象和复杂的事件、过程、关系用图形、图画等形式，以一种直观的图解形式展示出来，而利用思维导图刚好能将知识可视化、清晰化、结构化。

二、思维导图应用于数学复习课中的意义

作为教的策略，思维导图能改变学生的学习方式，切实提高教学效果。学生要展示思维导图，课前则必然要去温习以前的学习内容或预习后续学习内容。这时不仅需要学生去温习、预习，或去查阅相应的教学资料，更要学生对所学内容进行思考斟酌、整合提炼，然后创作出自己独特的思维导图，这便是一种自主学习。

作为学的策略，思维导图能促进学生的有意义学习，全方位发展学生素质。思维导图帮助学生整合知识，建构知识网络，浓缩知识结构，从而使学生从整体上把握知识。它的绘制过程就是学生提炼知识、分析问题、解决问题的过程，学生从中既能感受到创作的愉悦，也能享受到学习的乐趣。学生通过演讲展示，不仅锻炼了胆量，展示自己的才华，增强自信，而且更能激发学生积极向上的人生态度，提高自己的语言表达和演讲水平。

作为一种元认知策略，思维导图能提高学生的自学能力、思维能力和自我反思能力。思维导图允许学生自由联想，不像传统的思维方式那样遵从概念进行"线性思维"，而是按照大脑思维的结构进行放射性的"网状思维"，这就极大地促进了学生的想象力和创造力。

三、思维导图在数学复习教与学中的具体的应用

在期末复习的过程中，教师可以利用思维导图进行期末复习计划的梳理，让制作的计划更清晰明了。

1. 思维导图在教师课堂中知识整理的应用

教师在上课过程中的板书，可以不再一味地用"左边知识梳理，右边方法梳理，中间做题"这样的形式，可以利用思维导图的形式进行板书，针对不同的知识点采用不同的颜色，让板书更清晰，知识框架更结构化。以下是复习课中利用思维导图复习的板书，学生在教师用思维导图上复习课时，学习的兴趣明显比以往浓烈，很多同学也跃跃欲试，想要自己尝试利用思维导图整理知识。

与此同时，教师还可以利用软件 imindmap 进行知识整理，在课堂中进行逐一展示。

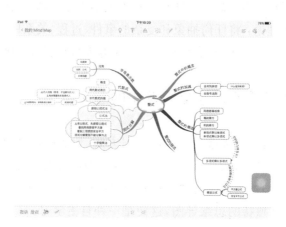

2. 学生用思维导图整理学习提纲

学生在复习的过程中,利用思维导图,根据自己对知识的认识,以及查阅资料,自主整理知识,通过学生自主利用思维导图整理的过程中,将以前碎片化的知识结构化,形成体系。同时,在这个过程中,也发挥学生自己的想象能力,对整体的构图、涂色、排版等能力都综合运用于一张图中。

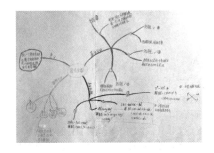

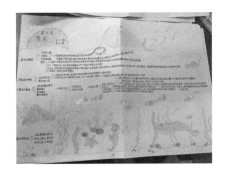

3. 师生共同利用思维导图整理学生错题

在期末复习阶段,为提高学生成绩,对错题的整理尤其重要,教师如何在学生平时的错题中挑出典型的错题进行归整,然后再反馈给学生,学生如何将自己的错题进行归纳,便于自主复习。那么教师可以利用 imindmap 软件,在对知识点进行梳理后,利用拍照功能,可在课堂中直接发现学生错题并进行展示、点评、订正;也可在课后学生的作业中拍照,在课上进行点评、订正,并且能做到永久保留的效果,在后期依旧可以拿出来纠错。

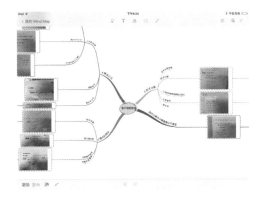

上图是对七年级分式这一章知识点和学生错题的整理。

运用思维导图复习数学，培养了学生的自主学习的能力，锻炼了学生的数学思维，让学生学会将数学知识系统化。同时绘制的过程也是创作的过程，让学生自己绘制杰作的同时，体验数学的乐趣，并从中获得成就感，提高学习能力，开发个人潜能。

参考文献

［1］李丁. 基于思维导图的数学创新思维培养的研究［D］. 河北师范大学,2014.

［2］刘宝莲. 浅谈思维导图在初中数学教学中的应用研究［J］. 教育：00225－00225.

［3］吴志丹. 协作建构思维导图在数学复习课中的应用探究［J］. 电化教育研究,2010(7)：108—110.

［4］邓燕萍. 思维导图在建构数学知识体系中的应用研究［D］. 广州大学,2013.

［5］黄志坚,陈小清. 例谈利用 xmind 软件制作教学概念图［J］. 生物学教学,2012,37(10)：40—41.

［6］周洪伟. 提高初中数学复习课有效教学的若干策略［J］. 成功(教育),2010(8)：112—112.

一样的"哈姆雷特"，不一样的"精彩"

——"等腰三角形性质"同课异构的思考

尚同中学 韩 瑾

摘 要：伟大的文学家莎士比亚曾说："一千个人眼中有一千个哈姆雷特。"对于教师而言又何尝不是呢？同一本教材，不同的老师可以上出不同的经典。笔者有幸参加过上海不同区县的教研活动，听到了两节同课异构的《等腰三角形性质》（为了叙述方便，简称课堂 1 与课堂 2），下面就这两节课作如下分析与比较。

关键字：教学设计 同课异构

1. 案例背景

"等腰三角形的性质"是沪教版《数学》七年级第二学期第 14.5 节内容，主要内容是探究等腰三角形"等边对等角""三线合一"以及"轴对称图形"这 3 条性质，并以 2 道例题和 3 道习题来进行 3 条性质的简单应用。

2. 案例异同

2.1 新课的引入方式不同

课堂 1 是从让学生按角、边分类入手，先复习等腰三角形的有关概念。并且引导学生理解研究一个图形性质时，往往研究它的边、角，以及图形内部的特殊线段的数量和位置关系。从定义出发知道两边相等后，教师提出问题 1：两个底角有什么关系？让学生通过观察图形，给出两底角相等的猜测。

这样引入数学化味道浓，且学生对问题的发现、结果的预测快速有效。

课堂 2 则通过给定具体的等腰三角形实例，让学生复习等腰三角形。并且给出一个生活情境问题：如图是西安半坡博物馆屋顶的截面图，已经知道它的两边 AB 和 AC 是相等的，建筑工人师傅对这个建筑物做出了两个判断：

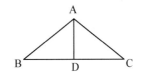

① 工人师傅在测量了 $\angle B$ 为 37° 以后，并没有测量 $\angle C$ 就说 $\angle C$ 的度数也是 37°。

② 工人师傅要加固屋顶，他们通过测量找到了横梁 BC 的中点 D，然后在 AD 两点间钉上一根木桩，认为木桩是垂直横梁的。

这样引入符合初中生现有的认知水平，也满足新课程标准中"教师应该为学生创造合适的生活情境，让他们感受数学的应用意义，激发学习兴趣"这样的要求。并且这两个问题转化为数学语言，就是等腰三角形两底角是否相等？底边中线是否垂直底边？正是本节课要研究的两条重要性质。

2.2　性质的证明手段不同

课堂 1 中的老师没有选择教材中折纸叠合的操作活动来说明两个底角相等，而是借助一组问题串，帮助学生总结证明角相等的方法，并让学生体会如何根据实际条件选择合适方法。问题串如下：

问题 1：怎么证明两个角相等？我们目前学过的证明角相等的方法有哪些？

（角平分线、对顶角、平行的性质、全等……）

问题 2：小组讨论后，请给大家介绍下，证明 $\angle B$ 和 $\angle C$ 相等所使用的方法？

通过这样两个问题，学生结合上节课所学自然联想到利用全等证明，然后就是思考、讨论如何在等腰三角形中构造出两个全等三角形。可以发现学生在讨论的过程中都非常活跃，很多学生能想到联结顶点与底边上的某一点。并且能根据特殊点想到底边中点。讨论到这一步，便可添加出底边中线这一辅助线，利用 S.S.S 证出两底角相等。教师此时稍加引导，学生又能想到辅助线的另一种添加方法，顶角平分线。

问题 3：通过刚才的证明，由 $\triangle ABD \cong \triangle ACD$ 得到了 $\angle B = \angle C$，我们可以得到哪些边、哪些角相等？

此问题提出后，学生根据全等三角形性质，立马得到其他边、角对应相等的关系。并且发现添加的辅助线无论是底边中线、顶角平分线都是同一条，甚至也是底边的高。也就自然将"等腰三角形三线合一"这一性质证明出来。

这一过程的思维训练，体现了教师的高水平。学生若是可以真正体会这样的思考方式，掌握通性通法，并在以后的四边形或其他图形的性质学习中利用的话，我想这样的学生应该是真正地学会了学习。但是从课堂中部分同学的反应看来，学习能力处于中下水平的学生想要理解这一节课是有难度的。

课堂 2 中的老师选择了教材中提供的活动素材，先是学生根据直观进行猜想，随后动手操作感知等腰三角形两个底角互相重合，通过叠合法的说理感受两个底角在数量关系上是相等的。

但是我们也能发现教师在处理的细节上与教材有些许差别，学生直接对等腰三角形进行对折并尝试说出折痕是等腰三角形的一条什么线，而教材先画出顶角的平分线后再对折。尽管学生对折痕的认识可能是顶角平分线、底边的中线或是底边的高。

由于叠合法说理过程对于七年级学生而言,语言理解上有些困难。教师在此提出初中几何说理应该进入演绎推理阶段,自然地引导学生思考如何证明。有了之前的操作活动,学生联想到添加顶角平分线、利用全等三角形来证明角相等也是水到渠成。教师也尊重学生的不同想法,比如添加底边中线进行证明的说理。

接着也是利用过程中得到的 $\triangle ABD \cong \triangle ACD$,让学生思考还能得到什么结论(边、角),最后通过师生讨论得到等腰三角形三线合一性质。不过教师在此性质证明之前,为了巩固底角相等的性质,给出了如下辨析题:

(1) $\because AB = CD$

　　$\therefore \angle B = \angle C$(等边对等角)

(2) $\because AB = AC$

　　$\therefore \angle ADB = \angle ADC$(等边对等角)

(3) $\because DF = EF$

　　$\therefore \angle E = \angle F$(等边对等角)

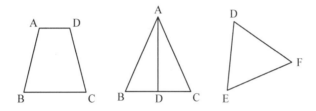

同样的,在三线合一性质得出之后,为了巩固学生的理解,给出了一组填空。

1) 在 $\triangle ABC$ 中,因为 $AB = AC$,$\angle 1 = \angle 2$(已知)所以 $BD = CD$,$AD \perp BC$(等腰三角形三线合一)

2) 在 $\triangle ABC$ 中,因为 $AB = AC$,$AD \perp BC$(已知)所以 _____(_____)

3) 在 $\triangle ABC$ 中,因为 $AB = AC$,_____(已知)所以 _____(_____)

这一过程中,教师为学生铺设的每一个活动,都充分考虑现阶段学生的认知水平和接受能力,降低了学生思维的难度。单纯从本节课的教学目标出发,教学效果是非常好的。但是整个过程中,教师很少关注本节课在其他图形性质发现、证明中推广应用的作用,没有教给学生解决一类问题的方法。

2.3 例题的讲解效率有所不同

课堂 1 与课堂 2 在例题上的选择都是以教材为主,

例 1:如图,在 $\triangle ABC$ 中,已知 $AB = AC$,若 $\angle B = 70°$,求 $\angle A$ 和 $\angle C$ 的度数。

例 2:如图,在 $\triangle ABC$ 中,已知 $AB = AC$,$\angle B = 30°$,AD 是 BC 边上的中线。求 $\angle 2$ 的度数。

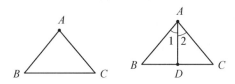

课堂 **1** 的老师对例题没有任何改动。在前期过程中,教师在学生思考这一块,时间把握有问题,没有多余时间解决进一步问题。因此例题教学中辐射的面不够广。

课堂 **2** 的老师在两个例题的基础上给出变式,例题1增加变式1:在等腰 $\triangle ABC$ 中,有一个角是70°,其余两个角分别是 _____。变式2:在等腰 $\triangle ABC$ 中,有一个角是100°,其余两个角分别是 _____。例题2增加第2小问:$AD \perp BC$ 吗? 为什么?

从课本例题上寻找知识新的"生长点",力图让学生充分理解、应用新学性质解决多样化问题。

2.4　课堂小结侧重点不同

课堂 **1** 的老师除了总结本节课学习的知识,更注重对本节课中研究问题的思想方法进行总结。研究几何图形的性质一般从定义出发,研究边、角、图形内的特殊线段的数量关系及位置关系。添线的本质是问题的转化,把未知的新问题归结为已经解决的老问题,这一数学思想就是化归思想。

课堂 **2** 的老师则将小结重点放在了理解新学性质之上,尤其是让学生思考运用"等腰三角形的三线合一"的先决条件是什么? 其次还要具备一个什么条件,才能运用"等腰三角形三线合一"的性质?

3.　关于两节课的几点思考

3.1　总体感受

两节课都非常精彩,教师都能以民主的精神、开放的态度、合作的方式、较为宽松的环境去组织教学活动。教学过程呈现出的是一种双向的交流、动态的建构。两位教师无论是以问题串还是实际问题为导向,都给学生主动建构知识学习搭建了合适的活动平台。

课堂 **1** 的老师从语言到问题串,让学生的思维一直处在类比总结的过程中,形成了很强的正迁移。

课堂 **2** 的老师教态自然、思路清晰,严谨又有条理,能够跟着学生思维走。重视问题的"变式",长此以往,学生解决问题的能力自然可以得到提高。

3.2　"折或不折"

关于本节课等腰三角形的性质探究中,是否有必要进行对折这项操作活动,一直是困扰许多教师的问题。通过听课后的交流,可以发现无论是第一次接触这节课的年轻教师还是已经有丰富教学经验的教师对此都有疑惑,而每个人针对自己的选择也都能说出许多道理。

支持"折"的老师表示,这节课是七年级的教学内容,从几何学习的过程上看,学生正处于由实验几何向论证几何的过渡阶段,独立的完成说理论证有难度,尤其是需要添加一条辅助线重新构造图形。而"折"可以引导学生知道应该通过添加顶角的平分线来构造全等,从而进行说理,降低思维难度。但是从上课效果上,我也发现关于"折痕是等腰三角形的什么线"这一问题,有学生会提到底边的高或底边的中线,虽然是正确的结论,但是不能用作叠合法进行说理。教师必须引导学生说出折痕是顶角平分线,从而进行正确的叠合法说理。这个环节从课堂表现来看并不是很好,学生大多并不能理解。

支持"不折"的老师表示,叠合法的说理对于老师和学生而言都是一个很大的挑战。在直接进行逻辑说理的过程中,教师可以从问题的本质——"如何说明角相等"出发,引导学生回顾已经掌握的方法,如角平分线、平行线性质、对顶角和全等三角形等,而根据已有的条件和图形本身的特点,知道需要利用全等,从而想到要添辅助线。然而在真正实施这一环节的时候,并不是所有人都能像老师预想的那样添出正确的辅助线,许多同学无从下手。

对此,笔者认为无论是"折或不折"都有一定的道理。首先"折"的确可以降低添加辅助线的难度,但是从问题本质上看,学生并不理解添加辅助线的目的是为了构造两个全等三角形,更不知道这条辅助线的说法。他们仅仅只知道把这条折痕作为辅助线后,就能说明角相等。而"不折"虽然更接近问题的本质,也能让学生感受探究图形性质的一般方法。但是对于现在的学生而言,能力不足导致他们无法完全消化老师归纳的一般方法,也不能简单地找到对的辅助线,降低了学习的积极性,而且避免叠合法说理也没有从根本上解决学生的问题。或许教师可以不用去引导学生往任何一个方向去思考,先让他们自己去独立的想一想,去交流可以使用什么方法说明这个问题。如果学生选择"折",教师就追问为什么,在他们表达不清的时候再给出叠合法说理的模板或是纠正他们错误的地方。如果学生选择"不折"而是利用添加辅助线说明全等,也可以追问为什么。让他们通过这个特殊的问题探究,理解一般图形的探究方法。

3.3 课堂追问

两位老师的两节课都很精彩,不纠结学生的掌握应用情况,从知识与过程层面去考虑,使学生有经历。但是课堂不仅要关注学生做了什么,更要关注他们如何想到这点。反思自己的教学,课前备课总在想"这个环节学生有动手操作、动脑思考的机会吗?"甚至为了能给他们创造机会绞尽脑汁。真正上课的时候,却为了加快上课的速度,象征性地请学生回答,讲出答案后就直接进入书写练习或应用,若是学生回答不出,就换下一个能说的学生,如此循环。时间一长,许多学生开始害怕回答问题,因为讲不出会觉得尴尬又丢人。如果教师在这一环节放慢脚步,给学生时间去说一说他们如何想到这些,不仅可以帮助他们学会表达自己的理解与分析过程，也能帮助其他同学进行思维训练。在学生卡壳的时候，给他们时间、鼓励他们，比起无情地抛下他们，学生也能感觉数学的学习不是令人尴尬的，而是积极的。

4. 教学启示

4.1　发现问题、提出问题比解决问题更重要

就像中国要从制造转向创造一样，我们的课堂也希望学生可以从单一地解决问题变为主动地发现问题。但是这在应试教育下，困难不少，可我们不能因为困难就不去尝试。两位老师本可以直接提问学生证明底角相等或是三线合一，但是他们都从不同层面让学生感受数学问题是从哪里产生。课堂 1 从数学知识自身建构出发，试图让学生理解一般图形性质研究的角度与过程；课堂 2 让学生明白数学不是无用的，也不是孤立存在的。在我们的生活中处处都需要数学，也处处都体现着数学。只要我们善于用自己的数学眼光去发现问题，提出并解决问题。

4.2　重实质、轻形式才是数学教学的要义

很多数学课中，教师为了让课堂显得饱满充实，会添加许多形式的活动。但是不可否认一部分活动的开展是无效的，不能对学生的思维起到促进作用，教师应该仔细选择要开展的活动。两节课中我们可以发现教师开展的具体活动不一样，但是都是紧紧围绕学生需要出发。课堂 1 从学生今后解决一类问题出发，让学生明白研究图形性质应该关注哪些方面。课堂 2 从学生现阶段年龄、认知水平出发，创设实际问题情境，理解数学问题。在具体实施中也充分考虑他们的思维水平选取直观操作活动。这些都是值得我们借鉴的地方。

一节课成功与否，不是看课堂中学生发言多不多，也不是看内容上没上完，而是要看有没有高水平的认知思维活动，有没有围绕数学学科概念的本质和主要思想方法，有没有在学生的认知基础上提出问题，开展活动。培养学生的思维能，帮助其逐渐形成良好的学习方法才是最重要的。

通过"同课异构"的方式，可以让我们思考得更全面，感受更深刻。

参考文献

[1] 陈丽琴."同课异构"——不一样的精彩[J].中学数学月刊，2009(9)：30—32.
[2] 汪国华.数学教学的本源性——两个案例的启示[J].中学数学参考，2008(12).

初探建构主义学习设计在思想品德教学中的运用

四团中学　陈雨君

摘　要：学习不是被动地接受，不是死记硬背和机械训练；学生不仅是学习的接受者，还是知识的建构者。笔者认为建构主义学习设计为"二期课改"的要求提供了一个实际可操作的组织教学的方法，并尝试将建构主义学习设计运用到思想品德课的设计中，其中包括六大元素：情境、小组、桥梁、任务、展示和反思。笔者希望能转变学生对于思想品德课的上课状态，从被动到主动，在尊重学生的个性差异的基础上让学生认识学科学习的价值。

关键词：建构主义　思想品德教学

一、问题的提出

上海市"二期课改"提出：教学不是单向灌输，而是要更多关注学生的情感、态度，为学生学会学习、终身学习打基础。提倡科学探究的教学和体验性教学，培养学生的创新精神和实践能力。学习不是被动地接受，不是死记硬背和机械训练。学生不仅是学习的接受者，还是知识的建构者。要让学生在体验中学习，提倡学生主动参与、乐于探究，提倡交流与合作学习。而建构主义学习设计为"二期课改"的要求提供了一个实际可操作的组织教学的方法。

目前，我担任七八年级的思想品德教学。我想着学生是课堂中的主角，我充当的是一个引导者，学生在讨论与自我反思中学习到知识。但在实际教学过程中，我精心设计的教案在实际教学中激不起一点的涟漪，提问过后不是活跃的讨论而是突然的沉寂，从开始到结束上课几乎是我一个人的自弹自唱。对于是小学科的思想品德课，学生本身就比较轻看，再加上他们不感兴趣的教学内容，学生更加不为所动。上课时，学生自动将我和他们隔离开来，我讲我的，他们有自己的世界。学生如此的学习表现让我不断反思自己的教学设计——"学生需要什么？""他们期待什么样的课堂？""他们对怎样的问题感兴趣？"……建构主义学习理论解答了我的困惑。"纸上得来终觉浅，绝知此事要躬行。"知识不是物品不能被传递，学生不是银行的保险柜，把知识装入后不会丢失。知识的获得是学生自己建构意义得来的，而且这种建构是以学生已有的经验为基础的。

结合上海市"二期课改"的要求和精神，我尝试将建构主义学习设计运用到思想品德课的设计中，希望能转变学生对于思想品德课的上课状态，从被动到主动，在尊重学生的个性差异的基础上让学生认识学科学习的价值,使德育渗透进学生的心灵,内化于学生的行为。

二、"建构主义学习设计"的内涵与教学过程中的实际操作

建构主义学习设计以建构主义学习理论的假说①和程序为基础,是一种在现实世界中自然而然地发生的如何进行学习与教学的思维方法。基于这种理念,建构主义学习设计包括了六大元素:情境、小组、桥梁、任务、展示和反思。《建构主义学习设计》一书中将建构主义学习设计的六大元素作了以下的描述总结:

1. 创设一种情境。为学生学习描述相应的目的,确定一个学习主题,并选择相应的评估体系。

2. 组织小组。将学生、资料和设备系统化,促进意义的生成。

3. 建立联系。通过描述学生的发展水平、社会经济环境和文化背景,在学生的已有知识与他们期待学习的知识之间搭建一座桥梁,揭示他们的前概念,并建立与实际生活的联系。

4. 精心构思一项任务。让学生在参与任务的同时,解决那些他们自己预先提出的疑问,并仔细考虑学生对这些问题的回答,确保他们会持续思考。此外,在构思任务期间,还要通过设定社会意义来描述学生是如何展开学习的。

5. 筹备一次展示会。让学生制造各种手工作品为学习的成果,并且要他们介绍这些手工作品,以及说明他们是如何确定社会意义的。通过这种展示来演示他们合作思考的结果。

6. 鼓励反思。鼓励学生通过他们的情感体验和身体反应、感官印象以及他们描述分享意义和一般意义的语言,来反思他们在学习情节中的思考过程。

根据建构主义学习设计的理论知识,我尝试重新设计了七年级第八课"文明社区　家家奉献"的第二框内容"社区为家庭、学校服务"这一课。以下是我的教学设计案例。

水平:初中七年级

学科:思想品德

标题:社区为家庭、学校服务

情境 40 分钟	这个情境的目的是让学生了解弱势群体、一般家庭、青少年,他们的需求以及这些需求是否已得到关注或解决? 是通过什么方式解决的? 学生的学习主题是分小组展开工作,要认识社区组织为家庭生活与青少年的学习生活提供了的各种服务,树立融入社区、建设社区的意识。在评估中,小组要提交一份书面文字,向大家介绍社区组织为弱势群体、一般家庭、青少年提供的服务和帮助。

---

① 建构主义者明确提出了一个假说,即人类的发展是伴随着知识的个性化建构和社会化建构逐渐展开的。

小组 2分钟	由教师帮忙给学生分组,每组4人,将四张课桌拼在一起。通过讨论,每一个学生将自己的想法记录在纸上,最后由一个学生负责整合汇总。
桥梁 8分钟	教师描述自己与社区组织相关的经历,并要求学生朗读他们课前写的有关社区组织的故事。
任务 12分钟	学生列出社区组织为弱势群体、一般家庭、青少年提供的服务和帮助。总结得出社区组织的作用。 教师提问: (1) 哪些人是我们身边的弱势群体? (2) 他们分别需要解决哪些问题? (3) 你所观察到的社区组织给他们提供了哪些帮助? (4) 你家享受过社区组织提供的哪些服务? (5) 你家目前面临哪些棘手问题,希望得到居委会或其他相关部门的解决? (6) 双休日或假期里,最喜欢去哪些地方和小伙伴们一起活动? (7) 通过这些活动,你收获了什么? (8) 你能谈谈社区对于我们而言,起到了什么作用吗?
展示 10分钟	学生小组用胶带把记录纸贴在白板上,上面写有社区组织为弱势群体、一般家庭、青少年提供的服务和帮助;社区组织在我们生活中的作用,然后向大家介绍自己是怎么得出这些结论的。
反思 8分钟	社区组织提供的服务都是免费的吗?感觉自己的生活便利吗?表现在哪些方面?思考过这样便利的生活归功于什么吗?社区组织给予了我们什么?我们可以为社区组织做些什么?

这样的课堂设计有助于打破"一言堂"的教学模式,让教学过程充满生成性或建构性的活动,学生在已知经验下,通过对问题的思考,继而获得新知。这是一个自我生产的过程。课堂设计促使每一位学生都参与课堂,有机会发表自己的观点,在讲述与倾听的过程中与同学们一起完成知识的建构。

三、建构主义学习设计的实践效果

在运用建构主义学习设计的过程中,学生成了老师。学生在相对轻松、自由的课堂环境下发表着自己的看法,倾听着别人的观点,在互动中,学生的知识经验得到互补和生成。

分小组学习的模式,其实也就是尊重了学生个性的差异。一般情况下,教师面向全班授课,提问后请同学回答,当同学回答说"不知道"时,老师会说:"请坐,再想想。"然后就没下文了。那这位"不知道"的同学真的"再想想"了吗?这样的情况就导致了教师只和少数同学在互动,即使广范围地请学生回答问题,那么学生参与回答的次数最多两次,回答问题过后他们还会继续参与课堂多久?总有被遗漏的学生,这些学生参与学习了吗?课堂表面,一问一答,似乎互动得很好,其实学生并没有在真正地学习,他们只是在听然后说出老师想要的答案。但分小组学习后,情况就有所好转,每位学生都参与了课堂学习,随着任务的进展,学生没有时间偷懒,都被驱动起来。在学习过程中,知识相对薄弱的学生可以多听,表达能力强的同学可以多说,合作学习有助于学生的共同进步。分小组学习和展示的方法,可以凸显小组的强项和优势,另一方面劣势也同样暴露出来,这时教师的教学就更有针对性了。

当下课铃声响起，学生和我说："老师，这节课怎么这么快就结束了!"这也就证明了学生已经沉浸在学习中了。这样的上课方式促使学生有更多的思考，而且感到轻松快乐。让学生一改以往对思想品德课"沉闷、无聊、讲大道理"的负面印象，喜欢上思想品德课的氛围，从而也就能更好的落实德育了。

"授之以鱼，不如授之以渔。"这样的教学模式就是"授之以渔"，培养学生自主学习的能力，通过对知识的建构，穿过杂草丛生的草地来到一片鸟语花香的净土，得到知识的果实。

参考文献

[1] [美]加侬，柯蕾.建构主义学习设计：标准化教学的关键问题[M].宋玲 译.北京：中国轻工业出版社，2008.

[2] 邵龙宝.学习共同体与创新人格的培养——建构主义教育理念在思想道德修养课程教学中的理论研究与实验[C].上海市第九届教育科学研究获奖成果论文集.

巧用错题集提高检测有效性

塘外中学　周慧玉

摘　要： 错题集是学生在学习过程中对做过的错题进行整理记录的一份书面材料。教师巧用错题集,在后续的教学中可以有目的地、有针对地来辅导学生学习。同时在错题集中寻找检测卷试题,帮助老师避免题海找题,省时省力的同时让检测更加有效。本文从错题集的有效整理开始,让学生去主动阅读错题集,教师分析学生的错题,从而从错题中变式、强化,让错题集真正为我们的教学服务,提高检测有效性。

关键词： 错题集　检测有效性

检测,是对学生近阶段所学知识的一次测试。既是帮助学生来自查自己对所学知识的掌握情况,也是学生对老师所教知识的反馈。教师可以从检测结果中发现学生对现有知识的掌握程度,以及在教学中可能存在的需要改进的地方,足见检测在教学中具有非常重要的意义。但是从众多的题目中去挑选好题、有效的题组成一份检测卷,对于老师来说,难度还是蛮大的。特别是仓促间出好的一份检测卷,学生做下来的结果可能根本不能达到检测的目的。那么,对于教师来说,出好一份检测卷,就显得非常重要。在笔者看来,一份质量高的检测卷当中的试题,我们不妨从学生平时的错题集中选取,错题集中的错题就是学生学习中遇到的困难的,通过错题的变式、挖深,让学生对于检测题目既是熟悉,减轻学习的负担,又能提高检测的有效性,同时也减轻老师出题的困难,所以教师要学会巧用错题集。

一、巧用错题集,先要有计划、有目的地整理错题集

"有效学习理论"认为,有效的学习应有三个方面：有效果的、有效率的、有效益的。巧用错题集可以培养学生良好学习态度和习惯,指导学生学会归纳分析、梳理,抓住问题的关键,条理化、系统化地解决问题,并通过错题集解决零散、疏漏等问题。学生因人而异,要根据学生的知识基础和能力水平选择相应的错题,而不是一刀切地对所有的错题都进行记录。长此以往,对于基础差的学生来说,负担太大,会适得其反。对于错题的选择,我们可以这样去做：(1)常犯的粗心错误应该记录,时时提醒自己不能再犯;(2)概念理解错误应该记录,加深对概念的理解,也可以找相似题加深理解;(3)解题方法错误更该记录,梳理方法,遇到类似方法题可以依样画葫芦。同时,记录错题时,应该写下相应的理

由,易错点或者正确做法等等。

二、巧用错题集,要让学生主动去翻错题集

就笔者所教的农村学校物理学科,虽然要求学生平时及时记录练习作业中的错题,但时常会遇到一些问题。比如学生记录时字迹潦草,辨识度不高;只抄题,没有分析错误原因或正确的思考过程等等。这样一来,这本错题本就变成了抄写本,没有任何再次使用的价值。因此要让学生认真对待错题的收集工作,就要让他们认识到错题集的重要性。我们可以采用这样的方式:让学生以小组的形式,互出一份练习卷,而这练习题的来源就是自己平时的错题集。通过班级学生的练习,评价这份练习卷的优点以及需要改进的地方。通过同学间的投票和教师投票,票选出最好的一份练习卷,相应的这组组员就可以得到一份奖励。

三、巧用错题集,要会分析学生错题产生的原因

科学家钱学森曾说过:"正确的结果是从大量错误中得出来的;没有大量错误作台阶也登不上最后正确结果的高座。"建立错题集是各门学科常做的一种提高学生反思能力的方式,也是行之有效的提高学生自主学习的一种方式。教师在查看学生错题的过程中,明确学生错误的原因,是概念性错误,还是属于粗心错误,是方法错误,还是能力不足造成的错误。不同的错误反应了学生对知识点的掌握水平,学生的学习基础,也能让老师明确前段时间教学过程中存在的问题,及时在后面教学中进行改进。

例如题1,这是八年级物理第二学期杠杆新授课之后的一个练习题。很多同学做题时都错选了 B 或 D 选项。这就反映出学生对杠杆的五要素不明确,属于概念性错误。在新授课时如果学生没有认真听课就容易出现这样的错误。在后续的讲评和练习中,如果仍有学生对这一知识点不明确,那么我们可以用题 2 作为检测,查看这部分学生对这一知识点是否掌握。

1. 下列关于力 F_1 力臂的作图中,正确的是(　　　)

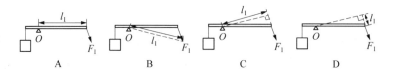

A　　　　　B　　　　　C　　　　　D

2. 轻质杠杆在力 F_1 和 F_2 作用下处于静止状态,在图中分别画出力 F_1 和 F_2 的力臂 l_1 和 l_2。

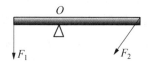

四、巧用错题集,要将错题集作为学生的复习资料

　　运用错题集可以解决错题时空上分散、指导纠错吃力费时、容易疏漏的问题。学生做错题后,以前我们常做的往往是让学生原题订正,时间一长,学生就淡忘了。若是只有一本练习本还好,多几本学生差不多就是做过忘过。看似学生做题无数,其实是低效率的。同样对于老师来说,不记录学生的错题,在复习时就不能有针对性地对学生易错知识点进行复习检测,后来的复习补救就没有了依据。使用错题集以后,每个学生各种情况下的错题都按本来面目集中到错题集上,师生复习都有准确的依据。平时指导学生订正分析时,将错误类型相同的归集在一起,找出共因,采取相应的纠错补救方法。同时,对于能力比较高的学生,可以指导他们将错题全面分类,一按内容分类,使知识系统化;二按题型分类,化繁为简,集中目标;三按错因分类,可以举一反三,事半功倍。这样学生就可以更好地掌握方法,减轻了负担,提高了效果,体会到错题集的优越性。

五、巧用错题集,教师要对错题进行变式、强化。

　　以初中物理月调研测试为例,有选择、填空、作图、计算和实验五个大题,根据一次考试60分钟的时间设置适量的题目。确定双向细目表来确定每一道题的考点、分值、难易程度,接下来的工作就是在错题中选题。从错题中挑选考题,一是可以让学生的复习有侧重点,二是可以对原本的错题进行再测试,这样既可以起到一题多用,同一知识点、同一方法再巩固的作用,也可以避免题海战术,造成学生做题疲劳。例如:"杠杆上受到的最小力"这一问题,学生往往容易弄错,根据难易度我们可以出这样的练习:

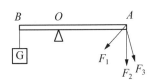

　　1. 如图所示的杠杆,O 为支点,B 点挂一重物G,在 A 点分别施力F_1、F_2、F_3,使杠杆平衡,这三个力中最小的是(　　)

　　A $F1$。　　　　B $F2$。　　　　C $F3$。　　　　D 无法确定。

　　变式 2. 如上题内容,当力由 F_1 方向变为 F_3 方向时,力 F 的大小变化是。

　　变式 3. 如题1,$G=20 \mathrm{N}$,在 A 点施加最小的力 F,使杠杆水平平衡。求力 F 的大小和方向。

　　当然,以上只是这个问题的一些变式和加深,针对自己所教学的学生的能力,我们也可以做适当的改变,也可以再深入。

总之,将错题集巧妙地应用起来,用它来解决我们教学中的一些问题,这是很有帮助的。在检测试卷命题中,从错题中找练习,想变式,检测题来源于错题,又高于错题。既是省了教师题海找题的过程,也让你的检测更加具有针对性。同时对学生来说,考的都是做过的,既是巩固了之前所学知识,检测之前的学习掌握程度,对一部分同学来说,学习的自信度也能相应地提高。

参考文献

[1] 王晓东.如何建立和运用物理错题集(课程教育研究),2014,(23):152—152.
[2] 郝新社.谈如何整理、使用英语错题集(校园英语教研版),2015(1).

初中化学教学中提高学生环保意识的思考和实践

四团中学　张　雁

摘　要： 青少年学生是祖国的未来和希望，在初中化学教学中对学生进行环保意识教育，很有必要，将有助于提高学生的综合素质，促进公民素质的提高。本文就初中化学教学中提高学生环保意识的现实意义、策略途径等作一些方面的探讨，供同行参考。

关键词： 初中化学教学　环保意识　素质教育　实践探索

随着社会的发展，环保问题越来越受到人类社会的关注，但现实状况不太理想，破坏自然生态环境现象时有发生，目前的环境状况也并不乐观。究其原因，还是人们对环保意识不强，缺乏相关知识和对其危害性认识不够。青少年学生涉及到千家万户，又正值学习的最好时期，正是形成良好的世界观和人生观的重要时期。因此，在青少年学生中进行环保教育很有必要。

一、中学生环保意识现状

近年来，我始终关注着环保教育问题，有意识地了解学生对环境问题的态度，并做了一些调查工作。调查发现，不少学生自我为中心意识严重，责任意识较差，对环境问题持漠视态度，认为与自己的生存无多大关系，在学习化学之前对环保认识不够，没有深刻认识到环境问题的重要性，缺乏保护环境的宣传意识和行为意识。社会上一些破坏环境现象屡见不鲜，在某种程度上来说影响了学生环保意识形成。

二、化学教学中对学生进行环保教育的现实意义

教育影响着一代人的思想，青少年学生又处于接受教育的最佳时期。化学是一门自然学科，与人类社会生活关系密切，是所有学科中与环保联系最紧密的学科之一。初中阶段未设立专门的环保课程，社会、学校和教师也注重教学成绩，使得青少年学生环保意识薄弱。因此，在化学教学中对学生进行环保教育既很必要和可行，又有着重要的现实意义。中学化学课程标准对八至九年级的阶段目标中这样阐述：通过对资源和环境等有关知识的学习，初步认识化学与生活、化学与生产、化学与自然及化学与社会发展的关系，确立关心与化学有关社会问题的意识，具有保护环境和合理使用自然资源的意识和社会责任感……

随着工业发展与人民生活水平的提高，身边环境遭受着严重的污染，如：臭氧空洞，温室效应，酸雨肆虐，光化学烟雾……身边事例也不少，比如把废旧电池随手乱扔；吃完早饭把塑料袋随手抛在教室里；公共场所随手丢弃的口香糖，甚至在教室里随意乱扔垃圾。这些发生在身边的现象，反映了较差的环保意识问题。因此，在化学教学中对学生进行环境教育、提高学生环保意识是化学教学的任务和使命，是每个化学教师义不容辞的责任，这不仅是完成学科教学基本要求的需要，更是提高学生素质，实施素质教育的重要途径之一。

三、化学教学中提高学生环保意识的策略和途径

（一）在化学课堂教学中，重视环境保护教育

作为一名化学教师，应在化学课堂教学中积极渗透环境知识，充分挖掘教材素材并结合学生实际，采用多种形式让学生内心体验，深刻理解环境污染给人类带来的危害。

1. 挖掘教学素材进行环保教育

化学与环保有着密切的联系，在化学教学中教师要善于挖掘丰富的环保教学素材。在学习空气有关内容时，可穿插"空气污染与危害""臭氧空洞和臭氧层保护"等内容。如据监测统计，2006 年全国二氧化硫排放量为 2588.8 万吨，烟尘排放量为 1078.4 万吨，工业粉尘排放量为 807.5 万吨，排放远超环境容量。一些大气污染严重城市，每年因城市大气污染而造成的呼吸系统门诊病例 35 万人，急诊病例 680 万人，肺癌死亡率要比其他城市高出 50%。在人类的历史上发生过多起严重环境污染事件，如：伦敦烟雾事件，由于伦敦上空受冷高压的影响，从家庭和工厂排出的燃煤烟尘被滞留在低空逆温层下，导致4000 人死亡。又如：印度博帕尔、我国重庆井喷事件，由于大量有毒物质的泄露，造成大量人员死亡。一个个发生在人类历史上的真实事件，使学生的内心受到强烈的震撼，让学生懂得环境污染对人类产生的危害，激发学生的环保意识，唤起他们保护环境，从我做起的意识和责任，为了子孙后代都能享受到阳光、绿地，贡献自己一份力量。

2. 开展丰富多彩的教学活动进行环保教育

（1）开展环保知识小竞赛

教师向学生介绍一些涉及 STS 内容的科普读物，发掘教育内涵，引导学生关心社会、生活，关心科技的发展，增强环保意识。同时，有目的地选用一些题目，开展综合应用能力的知识小竞赛。这样在增长知识的同时，又明确了社会环保责任意识。

（2）组织辩论赛

在学习了塑料的有关知识后，可以进行"塑料是否应该用来做日常用品"的辩论。可以引导学生从 20 世纪 60 年代和 90 年代的一些家庭用品入手，比较两个年代的材料有什么不同，开发塑料制品的影响，从各种途径查找有关资料来支持自己的观点。辩论后老师要引导学生辩证看待问题，各种各样的塑料制品给人类生活带来方便，但塑料不易受腐蚀、较牢固

的优点也正是塑料废物的缺点,塑料已成为环境问题的一大根源,让学生意识到生活中要正确使用塑料。

（3）介绍一些研究的趋向

在讲解能源知识时可向学生介绍有关新能源。如：可燃冰是一种天然化合物,是未来的一种潜在新能源,科学家推测,全世界储存量比煤、石油储存量大 100 倍。我国近海底已发现巨大的"可燃冰"带,青藏高原等高寒土层领域也可能存在大量"可燃冰"。我国科技工作者已着手研究开发"可燃冰",为我国在新世纪使用高效能源开辟了广阔的前景。经常介绍一些这方面的知识,可以培养学生环保意识。

（二）在化学实验教学中,注重环境保护教育

化学是一门以实验为基础的学科,在化学实验教学中不仅要传授理论知识、操作技能,还需培养学生的环保意识,同时要求学生利用所学化学知识,了解和掌握一些预防环境污染、改善环境和治理环境的方法。

1. 积极推行微型实验,有效控制环境污染,宣传环保思想

微型化学实验与常规实验相比具有节约药品、实验现象明显、污染程度低或没有污染、安全等优点。由于试剂用量是常规实验的数十分之一至千分之一,也就减少了实验所产生的"三废",将环保思想贯穿于化学教学教育的全过程中。如：硫在氧气中燃烧实验,若按常规实验每次需要硫粉 0.3—0.5 克,反应生成二氧化硫为 0.6—1 克,在微型试验中每次仅需硫粉 0.02 克,反应生成二氧化硫为 0.04 克。不仅观察到明显实验现象,而且减少污染。

2. 深入研究和科学改进实验,增强环保意识

化学实验过程中常常会伴随有气体、液体或固体产物的生成,特别是有毒气体不仅会直接影响到师生健康,直接排放还会造成大气污染。因此,在涉及有毒气体性质和制备的实验中,就必须增加尾气处理装置,及时把有毒气体转化成无毒或毒性降解物。如,硫在氧气中燃烧实验,可以进行以下改进：把一个燃烧匙的柄固定在橡皮塞上,在集满氧气的集气瓶里倒入少量的水,放入一粒锌、一小块大理石和一片绿叶。将少量的硫在燃烧匙内点燃,观察火焰的颜色后,立刻伸入集气瓶,塞上橡皮塞,观察火焰颜色变化,熄灭后振荡,过一会儿,就可以看见大理石和锌粒表面有少量气泡冒出,树叶发黄。该实验集几个实验于一体,既验证了氧气的性质,酸雨的成因和危害,还阻止了实验中二氧化硫对空气的污染。

3. 合理处理废弃物,使学生养成自觉保护环境习惯

随着工农业迅速发展,"三废"排放量日益增多,使得上海空气饱受可吸入颗粒及氮氧化合物的危害,农药和化肥的过度使用还导致了水体富营养化,使水质污染日趋严重,严重影响了人们的身心健康。如何防止和降低化学污染,养成良好的保护环境的意识,是化学教学中需要探讨的一大课题。因此,在化学实验教学中,要经常提醒学生,进行化学实验不仅要节约药品减少废弃物,还需对废弃物妥善处理,变废为宝。例如,利用高锰酸钾制取氧气的残留固体可以作为氯酸钾制氧气的催化剂，除此之外，还可以做钾焰色反应，进行一些处理后可以用作花、草、树、木的良好肥料。

（三）在化学课外活动中，加强环境保护教育

学生环保意识培养仅靠在课堂上是不够的，教师应多鼓励和指导学生积极参加各项课外环境保护实践活动，在亲身体验中加强学生环境保护教育。

一方面利用社会实践、夏令营等活动组织学生参观附近工厂及污染湖泊等，初步了解我区大气污染、水体污染情况，让学生亲身体验身边环境污染程度及其危害性，增强环境保护意识。另一方面通过相关课题的研究，来加强环保教育。如在学习水资源状况时为加深了解，组织学生观察学校附近被污染的小河，研究被污染的原因。师生可以一起探讨如下问题，A：电镀厂未经处理的工业废水直接排放在河中。B：沿河居民向河中丢弃生活垃圾，泡沫饭盒不易降解，长期漂浮在水面上。C：农用化肥和含磷洗衣粉使用，使水质富营养化，某些水生植物的过量生长导致其他水生动物死亡。教师进而引发学生思考，在对待水的问题上，个人与家庭应该怎样做，企业对社会应负什么责任。在与社会的真实接触中，使学生树立社会责任感和危机意识，有的学生表示有志于从事人类的化学事业，愿为人类创造美好家园而努力学习，这样陶冶了学生爱护环境，为国分忧的情操。

四、化学教学中开展环保教育的效果

多年来，我比较重视学生的环保意识教育，通过这一实践尝试，也取得了一些成效。一是，积累了一些教学经验，为我以后进一步进行环保教育奠定基础。二是，通过教学，学生的环保意识得到明显提升，深刻认识到环境保护的重要性，并在行为方面得到很大的改善。三是，由于学生深刻懂得了其中道理，因此，学生乐意成为家庭和社会的义务环保宣传员，并能向社区提出一些改善环境的意见和建议，勇敢阻止一些社会上破坏公共环境的不良行为。

五、问题与讨论

教学实践探索过程中感觉到还有两大方面的问题需要解决，其一，意识和行为毕竟属于两个范畴，环保意识可以通过课堂教学强化得以提高，但教育的真正目的是要转化为行为。即使学生的环保意识得到增强，但要转化为行为，还有一定的难度，因此，如何才能将学生的环保意识上升到行为层面，还需要作进一步的探索。其二，目前的教育评价基本仍然注重学生的考试成绩，在这样的情况下，要将学生的环保意识转化为行为，变得更为艰难，因此，如何从评价层面引导和激励学生形成良好的行为举止，也是今后需要探索的课题。

参考文献

［1］马振海.素质教育与实践［M］.郑州：河南大学出版社,2001.

［2］王道俊,王汉澜.教育学［M］.北京：人民教育出版社,2003.

［3］孙建民,孔繁升.初中化学课堂教学艺术［M］.北京：中国林业出版社,2003.

［4］王春.化学新课程教学中实施绿色化学教育的策略探讨,化学教学 2009(7).

浅谈综合阅读课中的三个突破

塘外中学　顾慧慧

摘　要： 综合阅读课程是基于语文学科，融合了历史等学科整合而成的跨学科的、拓展型的、综合性的学校课程。综合阅读和语文是教学的双典，综合阅读是语文的继续与补充，是阅读引向广阔社会的扩展与延伸，是学生主动求知和发展的广阔天地，鉴于两者相似却不相同的特征，语文老师在上综合阅读课程时要解除三个束缚。突破一：突破传统语文课堂设计的束缚。突破二：优化传统课堂的形式。突破三：突破以掌握获得知识为最终目标，而是更关注人的素养的培养。

关键词： 综合阅读课语文突破

综合阅读课程是基于语文学科，融合了历史等学科整合而成的跨学科的、拓展型的、综合性的学校课程。综合阅读课的活动设计是课堂教学的补充和拓展，与同一时期的课堂教学紧密结合，并受课堂教学的指导，旨在丰富学生的个性，培养学生的创新能力和团体合作精神，其活动的形式根据不同年级的学生设计，主要活动形式为：

六年级：插画、课本剧表演、故事创作

七年级：作品欣赏会、阅读小报展、话题专场

八年级：诵读比赛、板报展示、辩论赛

综合阅读课程与传统语文课程相辅相成，却又别有洞天。传统语文课堂的设计指向性较强，都是为了品味语言，了解作者的思想等作铺垫；形式较为固定，一般都有教学五环节构成；目标一般都是要让学生掌握知识，而作为阅读课更注重于让学生获得各种能力的提升，促进学生的综合发展。

鉴于两者相似却不相同的特征，语文老师在上综合阅读课程时要解除三个束缚。

突破一：突破传统语文课堂设计的束缚。综合阅读教学是学生、教师、文本之间的对话过程，其目标、价值都与语文学科有着区别，阅读是学生的个性化行为，应让学生在主动积极的思维和情感活动中加深理解和体验，有所感悟和思考，受到情感熏陶，获得思想启迪，享受审美乐趣。

以《昆虫记》为例。

第一次上《昆虫记》

【环节一】以精美的昆虫图片导入，学生简述法布尔的生平。

【环节二】学生分享阅读《昆虫记》后了解到的昆虫的特点；学生用第一人称的方式来介绍自己最感兴趣的昆虫，让其他同学来猜猜介绍的是何种昆虫。

【环节三】以"被管虫"为例,学习制作"昆虫卡片"。

第二次上《昆虫记》

【环节一】请学生介绍图片中的螳螂;出示《昆虫记》中对螳螂的介绍,初步感知《昆虫记》的语言风格。

【环节二】出示《昆虫记》和"百度百科"对螳螂捕食的不同描述,感受法布尔《昆虫记》语言是带着感情色彩的,有深厚的文学气息。

【环节三】出示法布尔对部分昆虫学家责难的辩驳之辞,感受法布尔昆虫记语言风格形成的原因在于其对昆虫的无限热爱。

【环节四】发散到整部书中,还有哪些地方体现了法布尔对昆虫的热爱。

【环节五】出示鲁迅先生和周作人对《昆虫记》的评价以及法布尔被法国推荐其为诺贝尔文学奖候选人的相关材料,小结《昆虫记》的语言风格,及这种语言风格形成的原因。

第一堂课更多倾向于语文,第二堂课则更有阅读的韵味。

语言是优美生动的,这也是通过初步的阅读,学生能够感受到的。但仅仅了解作品的语言风格是明显不够的,我们要透过这种语言风格形成的原因,来真正了解作者的写作目的或者作品的社会意义。第一次上《昆虫记》时就将重心放在了了解《昆虫记》的语言风格上,其结果是学生停留在修辞等语文化较强的单纯的分析方面,再也走不出来。而第二次上课时候,将重心放在了这种风格形成的原因这一层面,通过与"百度百科"中的相关内容进行比较阅读,学生了解到两种不同的文字之所以语言风格不同,是因为两者的写作目的是不同的,"百度百科"中的说明介绍类的文字是满足读者获取知识的需要,而《昆虫记》生动形象的文字是源于作者对昆虫的无限热爱,是为了引发读者的探究欲望的。

学生在阅读内容的选择、阅读时间的分配、阅读方法的运用等方面都有很大的欠缺,学生的阅读愿景往往仅停留在了解故事内容、提高作文水平等方面,对名著更深入的阅读价值涉及得微乎其微。教师通过课堂设计介入学生阅读就显得尤其必要了。既基于语文,又高于语文,实现了对语文的突破。

突破二:优化传统课堂的形式。这并不代表不需要教师,不需要老师的"教",综合阅读课程对教师提出了更高的要求,需要教师转变教学观念,确定学生作为阅读的主体,改变以讲授为主的教学方式。教师在综合阅读教学中有效发挥作用的方式是组织、引导、激励。教师的作用真正定位在"导"上,教师越是导之有方,学生的主体作用就越能充分发挥,教师顺着学生个性发展之"势",指导之、引导之、辅助之、启发之。

为了更好地"导势",我们综合阅读课程以4课时为单位推进,以让学生获得完整的思维过程为最终目的而开展。以《城南旧事》为例。

延伸阅读的每一课时分为前课、中课、后课。前课是整个过程的基础,指上课之前学生根据教师布置的阅读要求采取小组合作的方式完成自主阅读;中课是核心,指课堂上在教师的指导下对重点问题进行探讨和交流;后课是巩固,指学生在课后根据教师布置的内容进行适当的拓展,并为下一课时做准备。在此过程中始终以学生的自主学习为主体,让学生在主动积极的思维和情感活动中与教师共同建构文本的内容和意义,从而优化自我结论,提升阅读质量。

前课——小组合作,完成阅读卡片

在正式上课之前,教师会对班级中的学生进行阅读水平的划分,之后形成四到五人的阅读小组,每组成员包括阅读水平较高以及阅读水平较弱的学生。此小组的组员是固定的,每个小组由组员推荐并确定一名组长。阅读小组的活动贯穿整个阅读过程,课前既要合作完成阅读卡片,课堂上也要对重点问题进行探讨和交流,课后更需要积极配合完成一系列的拓展活动。

中课——教师引领,激发思维火花

通过前课的自主阅读和小组合作等一系列充分的准备,学生对于要阅读的内容已经有了整体把握,对于一些重点问题也有了自己的认识和思考,接下去进入的就是整个阅读的核心环节——中课。教师需要在课堂上起到引领作用,对于一些重难点问题要引导学生进行思辨,从而激发他们的思维火花。

后课——活动展示,深化阅读体验

后课,是本课时中课的结束,也是下一课时的开始,为下一课时把学生前期的阅读成果通过活动的形式展现出来奠定了基础,这样不仅能够搭建平台,让学生积极参与,而且更加深化了学生的阅读体验。

在综合阅读指导过程中,突破了课堂局限性,整个过程中,有独立学习思考,有小组间互相检查,彼此互补,有失误的同学可以得到同伴的矫正帮助,甚至可以督促个别懒散的同学及时完成阅读要求,为下一个阶段的阅读做铺垫。课堂上,师生都是探究者,老师可以将自己的认识传达给学生,但不是强加给学生;学生可以将自己的理解告诉老师,但不是接受老师对与错的简单评判。师生之间是相互探讨,相互启迪,而最终达成相互提高。小组之间的互相交流。每人原本有一种思想,两人交换,结果一人就有两种思想;数人交换,一人就有多种思想。总之个人和小组的思考与探讨,都是把学生放在主体地位的体现,给学生的学习留下了自由的空间,随时培养学生独立自主的学习习惯,开发学生潜能,提高学生思维能力。

通过前课、中课、后课的无缝衔接,学生阅读思维和素养都得到了不同程度的提升,能够从整体上对文章乃至整本书进行建构和整合。通过三个课时的集中阅读,可以有效加深记忆,多角度、全面地、整体地阅读,从而获得"文字—文学—文化"的提升。

突破三:突破以掌握获得知识为最终目标,而是更关注人的素养的培养。综合阅读课程更重视"修身养性",激发学生的思维,培养学生正确的文化价值观和价值判断力,满足学生在未来社会的可持续发展需要。

以时文阅读为例。

教师采用的问题链有这些:你们小组为什么选择这个材料呢?(材料的价值)你们选择用了这些材料,想得出什么观点呢?你准备用什么来证明你的观点呢?仅仅用刚刚的这些材料够吗?怎么用这些材料来证明你的观点呢?(材料间的选择和排序)怎么证明会更能说服别人呢?(联系社会、联系文化)

这些问题链的设计，将学生的思维一步步推进，拓宽思维的广度和深度，保证了学生思维品质的提高。

综合阅读课程让学生通过阅读老师和学生推荐的反应当下时代发展的政治、经济、历史等有价值的文章，对其进行阅读、分析、评论，起到引导学生关注当代文化生活，学习对文化现象的剖析。关注社会发展，对国内外重大事件及身边发生的事件有敏锐的感觉，能及时发现其社会意义和影响。关注现实生活和社会的发展，对感兴趣的社会、历史、文化现象进行理论思考，独立作出自己的价值判断，从而达到培养学生思辨力，提高思维品质的目的。

综合阅读课程通过这三个突破，实现了它的意义：促进人的成长需要、改变学生学习方式的需要、改善农村教育现状的需要、培养综合性人才的需要。通过这三个突破也实现了它的总目标：拓展阅读视野，提高文化品味，陶冶思想情操，提高人格修养，养成兴趣习惯，形成方法策略，提高认知力、思辨力和判断力。

浅谈足球游戏对促进青少年
心理健康的研究

塘外中学　朱莉苇

摘　要：在青少年阶段，学生的身体和心理都发生着巨变，且逐步迈向成熟，身体和心理的健康对于他们将来人格的形成及成长起着至关重要的作用。因此本文从足球游戏中寻找促进青少年心理健康的有效方法，让青少年掌握一定的心理健康知识，认识到心理健康的重要性，了解足球游戏对发展青少年的智力、形成良好的心理品质、改善人际关系以及预防心理障碍等方面的作用。

关键词：足球游戏　青少年　心理健康

1　前言

足球运动，有"世界第一运动"的美誉，是全球体育界最具影响力的单项体育运动。足球运动在青少年人群中的影响越来越大，尤其在我国大力推行"校园足球"的大背景下，越来越多的青少年投身于足球运动之中。足球游戏是青少年接触足球运动的一个主要组成部分，青少年阶段在学习、生活、人际关系等方面的压力都越来越大，这很容易加重青少年的心理负担从而产生心理健康问题。足球游戏是一项能放松身心的对抗性的综合集体性运动，它不但可以激发青少年的拼搏、对抗，还能释放情绪，培养青少年团结协作的精神，形成一种积极向上的人格，增强自信敢于展现自我。

2　足球游戏的特点

2.1　启蒙足球意识激发学习兴趣

足球运动历史悠久，现在足球运动已具有高对抗性，技术战术的要求非常高。特别对于足球运动的脚踢球、停球、头球、带球、变向启动、突破、射门、守门等基本技术都有严格的动作规范。足球游戏作为足球教学的辅助手段，可以组织生动活泼的足球教学课，调动青少年学习足球的积极性，初学者通过足球游戏可以发展身体协调性，也能有效地提高球性。在足球教学中运用足球游戏有助于集中学生上课的注意力，激发学生对足球课始终保持浓厚的兴趣，并对下一次课产生心理上的渴望和要求。

2.2　足球游戏的易控制性

足球的游戏规则可以自拟,具有灵活性,可根据青少年的实际足球水平和身体能力而定,主要以分组的形式进行,对场地的规格大小要求不高,也不受天气、人数、性别、器材等限制,组织形式也可根据需求的不同条件,以及学校的场地实际条件而进行改变,而且通过进行游戏,让青少年更多接触足球,有助于其球性和技术的掌握和熟练。

2.3　游戏的趣味性和娱乐性

足球运动是世界第一运动,被世界各国人民所喜爱,其很重要的原因就是它本身也是从游戏中发展出来的,具有很强的趣味性和娱乐性。足球游戏有丰富的活动内容、多样化组织形式,能有效地活跃运动气氛,激发青少年兴趣。足球游戏内容同样也具有活泼性、丰富性、生动性、对抗性及竞争性的特征。

2.4　减轻学习压力加强思想教育

足球游戏是足球教学中必不可少的教学手段,足球游戏的诸多优点可以让青少年在学习中释放压力,增强学习效果,这是教师完成教学任务的有利因素。足球游戏的组织形式多样化,可以是个人、双人或者多人,有明确的规则限制,具有技巧性、竞赛性和对抗性。通过足球游戏能培养青少年的团队意识以及遵守纪律、互帮互助、机智灵活、勇敢顽强等优良品德和作风。

2.5　辅助足球教学提高教学质量

足球游戏是结合足球运动的各种基本技术和基本战术,以游戏的形式进行教学训练,它有明确的技术、战术要求和规则。可针对本课的教学内容安排一些专门性练习,既激发学生学习的兴趣又增加练习的次数,达到事半功倍的效果。如:开始部分运用集中注意力的游戏;准备部分运用活动性的游戏;基本部分运用专门性的游戏。而学习单个基本技术和战术可以采用多种不同的游戏方法,可见足球游戏的包容性和灵活性。科学地将足球游戏的辅助功能与足球教学巧妙地结合起来,可以促进足球教学工作的进一步发展。

3　足球游戏对青少年的心理影响

3.1　足球游戏对于青少年智力的影响

随着现代足球运动发展,不但具有高强度、高节奏、高对抗的体能特征,还需要队员具有稳定的心理素质和场上敏锐的嗅觉、出色的意识、聪明的跑位,这就对参与足球游戏的青少年的感知觉、观察力、记忆力、创造力、注意力、思维能力等方面要求比较高。青少年在足球游戏中不断地调动观察、记忆、思维和想象能力,才能运用准确而复杂的动作,同时足球游戏中复杂的战术通过外界刺激—感受器—大脑皮层—反馈—途径不断给神经系统以刺激，使中枢神经系统迅速、灵活、大量地做出判断，从而促进青少年智力水平的发展。

3.2　足球游戏教学降低青少年抑郁焦虑情绪

如今生活环境节奏越来越快，青少年的心理健康水平不容乐观，国内外的相关文献调查表明，青少年在高压的学习的环境下，容易出现一系列的心理问题，如紧张、孤僻、抑郁、焦虑情绪等。国外一些研究表明，通过运动可以提高自信和展示自我的能力，青少年在初中阶段处于身理心理的一个高速发展时期，但在这个阶段心智尚未完全成熟，由于知识的变更、环境的变化、社会的迅速变迁，如何应对会不断出现新的问题，调查显示，在青少年学生中存在不同原因而导致的情绪问题，比如低落、自卑、失望抑郁等倾向。虽然现在国家和社会越来越重视青少年心理健康问题，并且配备心理健康教师通过心理咨询来试图解决学生存在的心理健康问题，但是心理的抑郁需要一个日常的释放渠道。足球游戏是一种合适青少年进行宣泄的有效方式。经常参加足球运动对心理健康有着积极的作用，足球运动被称之为勇敢者的运动，经常参加足球运动可以培养勇敢顽强、不断进取、坚韧不拔、胜不骄败不馁等优良意志品质。足球游戏的组织形式多为集体进行，有明确的规则限制，具有明显的对抗性、竞赛性和技巧性。在足球教学过程中运用足球游戏有利于陶冶学生的情操，培养团队精神、顽强拼搏作风、文明守纪品质和竞争合作意识。更重要的是。学生在足球游戏中，能够寻觅到足球运动的乐趣，既锻炼了身体，又获得了心理上的享受。

3.3　足球游戏教学提高青少年的社会适应能力

社会适应是个人为与环境取得和谐的关系而产生的心理和行为变化，它是个体与各种环境连续而不断改变的相互作用过程，而足球游戏在提高青少年有诸多作用。1. 有助于学习和理解社会行为规范。足球游戏练习在体育教师指导下进行，青少年通过足球游戏的练习潜移默化养成球场上的礼仪规范，对游戏规则的遵守。这就使学生在足球游戏中养成自觉学习行为规范准则的能力。2. 有助于体验不同的社会角色，足球游戏中每个学生都在其中承担某一角色，每个角色有不同的分工，这就有机会让学生体验不同的角色和"做什么，怎么做"的社会意义，为他们走向社会打下基础。3. 有助于培养团结协作的精神。足球游戏主要以团体形式为主，青少年在投身于这项活动强身健体的同时也学会了如何恰当地处理个人与集体的关系，如何融入集体之中，与他人沟通及合作，并在其中强化了个人的组织性和纪律性。4. 有助于提高青少年的心理素质。足球游戏是有竞技性的，凡是有竞技性都要争高低，人的心理承受能力与心理适应能力会在不断地锤炼中得到了显著地加强。

3.4　足球游戏有利于青少年人际关系的改善

当今社会的青少年多数是独生子女，往往集万千宠爱于一身，家长尽可能地为其提供最好的物质和生活条件，造成了现在的青少年比较自私，养成了只知有己不知有人的个性,自我为中心的不良习惯,合作协作能力比较差,这与我们提倡的所需要的团队协作大相径庭。足球游戏是项集体活动,讲求团队协作,默契配合,在足球场上人与人通过语言、眼神、肢体进行沟通,传达合作意向,通过不断地足球游戏练习,可达到心领神会。在足球游戏过程中队员可以通过击掌、拍拍肩膀、竖起大拇指、握手等身体接触手段传达信息,表达情感,进而促进人际关系。足球游戏不会因为面孔的生疏、年级的不同、相识的时间不同而受影响,无论何时何地,队员只要有一个目标,就能迅速地达成共识,相互接受。在球场上良好的人际关系就会延伸到生活的各个领域。在球场上得到的信任和良好的人际关系会深入青少年的内心,有利于他的换位思考,更能让他明白合作的重要。

3.5　足球游戏促进青少年与大自然的和谐发展

足球游戏的场地在户外,势必给青少年提供更多的户外活动的机会和广阔的活动空间,使青少年在紧张繁忙的学业之余可以放松心态亲近大自然,沐浴在阳光之下呼吸着新鲜的空气,活动身体,舒展筋骨,使紧张疲惫的身心可以得到最大程度的恢复,在自然的环境下回归人的生命属性,享受大自然于大自然和谐相处。

结语与建议

足球游戏是丰富教学内容、提高学习效果的有效方法,它对提高足球教学质量、培养青少年意志品质、心理健康和树立终身体育的信念大有裨益。足球游戏自身的魅力和优势,应该引起教育者和研究者的关注,不断地探索完善足球游戏对青少年成长及心理健康的关系。学校应该推动足球游戏的开展,营造积极向上的氛围,增进足球游戏在青少年心理健康中的效果。

参考文献

[1] 刘伟.浅谈足球游戏对足球教学效果的影响.
[2] 阮奎.论足球游戏在大学生足球教学中的运用,福建论坛(社科教育版),2009,(6).
[3] 龙军.浅析足球游戏在足球教学中的应用.
[4] 田野.足球运动与青少年心理健康教育,中国校外教育,2010(4).
[5] 田国成,吴承川.足球教学中的心理教育,齐齐哈尔师范高等专科学校学报,2006,(4).

后记　我与学校共成长

青溪中学　薛晨红

　　十月是收获的时节,对我而言,收获的是我与学校的共同成长。时至今日,我们的青溪中学六周岁了,今天的青溪,已成为了奉贤区域范围内老百姓满意,社会声誉好,令人向往的新优质学校之一,本人也获得上海市五一劳动奖、上海市园丁奖,被评为奉贤区名校长。这样的结果,固然得益于考试成绩这个重量级的衡量指标,但却又远不止于此。今天,家长所关心的,不再仅仅是分数,而是孩子的身心是否健康快乐,老师是否爱孩子,孩子是否得到老师和同伴的尊重等等。所以我们的办学理念、学校的文化必须朝着这个方向发展。大家都知道在青溪,学生喜欢老师、喜欢学校。在青溪,老师是人文的、是与人为善的,这是最获得家长认同和赞许的地方。学校"三心三有"即"学生开心有进步、教师安心有担当、家长放心有认可"的办学愿景得到师生和家长的认可。我觉得营造浓郁的校园文化氛围,创建优美育人的环境是重要的,但更重要的是让我们的老师无论走到哪里,都烙下青溪人卓越为学、淡然为人的文化印记,让每位学生无论在何时都铭记我是青溪"五有"学子的文化理念。

　　当然,一所学校的发展还离不开教师专业水平的提高,作为校长要"标杆引领,典型导向",为学校教师专业成长指引方向。基于我曾在教研部门工作15年,对教育教学有着较为深入的研究,每学期我都会常态听每位教师2节课、常态检查每位教师的备课2次、常态参与每个教研组2次活动、常态参与每个年级组的活动2次……正是这一系列的常态工作促成了我校教师的专业素养全面提升,六年来获得了诸多荣誉:包蓓姹荣获全国模范教师和上海市教育楷模,侯敏荣获上海市教学能手,在2018年奉贤区"卓越教师"评选中,1人被评为名校长、3人被评为名教师、6人评为区骨干教师优秀教师,学校也荣获奉贤区教师专业发展优秀学校,获奉贤区"五一"劳动奖,奉贤区优质校,连续三年获得奉贤区"和润品质"奖。

　　更重要的是孩子们在这里乐学、善学、好学。孩子们看到我都会亲切地叫一声"校长妈妈",我也能叫出全校每一个孩子的名字。哪个家庭困难,哪个家里有变故,我都会及时送上问候、送上暖暖的爱意和拥抱。我们确定了培养青溪"五有"学子的培养目标即"知书达理有修养、与人为善有爱心、知难而上有毅力、开拓进取有创意、见多识广有眼界",并开发与之匹配的适合青溪学子的校本特色课程。"我是地球小卫士"特色项目获国家级优秀奖;"寻根青溪、放眼世界"探究项目在两岸三地作交流;我们的《我是消防小卫士》《大厨来了》《我是小鲁班》等一批课程被评为奉贤区特色课程;乡村少年宫的多项课程活动代表区域在全市展示获奖;我们组织的井冈山"红色之旅",英国、芬兰、新加坡、韩国等"开启世界之窗"的游学活动,真正改变了教育教学模式途径以及评价方式,促进了每位孩子健康快乐地成长……这些丰富多彩的课程与活动,让每位孩子都在学校生活里获得了满满的幸福。

六年的躬耕灌溉,换来了如今的硕果满园。连续四届中考高中上线率100％、连续四年获课程教学优秀奖,面对纷涌而至的赞许和认可,我要感谢我的老师们、感谢我的孩子们、感谢那些为了青溪的成长默默付出的人们。青溪人将会继续以"青溪流淌、未来绽放"为愿景,为办一所家长、社会满意的新优质学校而不懈努力。

图书在版编目(CIP)数据

静水深流：青溪中学迈向新优质学校的探索之路/薛晨红主编.—上海：上海三联书店,2020.7
ISBN 978-7-5426-6917-9

Ⅰ.①静… Ⅱ.①薛… Ⅲ.①中学－办学经验－上海
Ⅳ.①G637

中国版本图书馆 CIP 数据核字(2019)第 269961 号

静水深流：青溪中学迈向新优质学校的探索之路

主　　编／薛晨红

责任编辑／方　舟
装帧设计／一本好书
监　　制／姚　军
责任校对／张大伟　王凌霄

出版发行／上海三联书店
　　　　　(200030)中国上海市漕溪北路 331 号 A 座 6 楼
邮购电话／021-22895540
印　　刷／上海惠敦印务科技有限公司

版　　次／2020 年 7 月第 1 版
印　　次／2020 年 7 月第 1 次印刷
开　　本／890×1240　1/32
字　　数／430 千字
印　　张／20.75
书　　号／ISBN 978-7-5426-6917-9/G·1551
定　　价／88.00 元

敬启读者,如发现本书有印装质量问题,请与印刷厂联系 021-63779028